한국 서원의 로컬리즘
- 상주와 논산지역을 중심으로 -

이 저서는 2022년 대한민국 교육부와 한국연구재단의
지원을 받아 수행된 연구임(NRF-2022S1A5C2A02093518)

한국 서원의 로컬리즘
-상주와 논산지역을 중심으로-

영남대학교 민족문화연구소 편

책을 펴내며

　영남대학교 민족문화연구소는 한국연구재단의 2019년 인문사회연구소 지원 사업에 선정되어 동아시아 서원 문화와 글로컬리즘이란 주제로 연구를 수행하고 있다. 본 연구팀은 서원이 가진 유교 문화의 함축성에 주목하여 동아시아 유교 문화권을 넘어 세계에서 한국의 서원이 가지는 특수성을 밝히고 그 경쟁력을 높이는 것을 목적으로 연구를 진행하였다.

　그러나 팬데믹 사태로 2020년 초반부터 현지조사가 불가능하고 현지연구자의 협조도 제한되면서 연구에 어려움이 많았다. 그럼에도 1차년 연구는 동아시아 서원의 기원과 제의례의 완성(2021)이란 학술서로 출판하여 대한민국 학술원 우수학술도서에 선정 되었다. 또한 2차년 연구는 동아시아 서원 아카이브와 지식 네트워크(2022)로 간행하고, 그 과정에서 연구자와 일반인들에게 소개할 만한 자료를 선정하여 역주 옥원사실(2021)도 출판했다.

　3차년에는 〈동아시아 서원 문화의 지역성과 운영 실태〉라는 주제로 연구를 진행하였다. 연구팀에서는 현존하는 자료의 분량과 수준, 서원 역할의 비중, 다양성 등을 고려하여 한국 서원에 대해서는 별도의 심화연구를 진행하기로 결정하였다. 그래서 서원의 사회적 위상, 사족들의 활동, 현존 자료의 유무, 지역의 대표성 등을 판단하여 상주와 논산지역을 선정하였다. 상주는 정치적으로 남인뿐만 아니라 영남의 서인 내지 노론의 중심지였으며 학문적으로는 퇴계-서애의 학통을 계승한 퇴계학과 송시열·송준길의 학통을 계승한 호서학이 병존하였다. 또한 이들이 건립한 도남서원·흥암서원을 중심으로 서로 공존과 대립을 이어왔다. 반면 논산은 학문적으로 김장생의 학통을 계승한 김집·송시열·송준길로 대표되는 호서학의 중심지이다. 정치적으로는 노론과 소론의 근거지로서 돈암서원과 노강서원을 중심으로 양 세력의 공존과 대립이 이어져왔다.

이처럼 각기 다양하면서도 비슷한 정치·학문·사회적 구조를 가진 두 지역을 대상으로 한국 서원의 지역성을 파악하기로 결정하고, 각 지역내 서원의 건립 추이와 개별 서원의 운영, 강학, 사회적 활동 등을 주제별로 비교하고자 했다. 이후 2022년 4월에 학술대회를 통해 중간점검을 마친 후 2022년 10월까지 최종원고를 수합하고, 2023년 3월까지 저자들의 교정을 진행하였다. 그 결과물이 한국 서원의 로컬리즘이라는 본 학술서이다. 책을 출판하기까지 많은 분의 도움이 있었다. 흔쾌히 어려운 연구를 맡아주신 이해준·이구의·이연숙·김자운·홍제연·이경동·김순한·박소희 선생님께 감사드린다. 아울러 관심을 가지고 본 연구팀에 참여해 주신 이수환·배현숙·정순우·정병석·류준형·이우진 교수님과 이병훈·채광수·이광우 연구교수의 노고가 있었기에 본 연구가 가능하였다. 모든 분께 지면을 통해 감사를 전한다. 마지막으로 어려운 여건에도 불구하고 기꺼이 출판을 맡아주신 신학태 사장에게도 감사드린다.

2023년 4월
연구책임자 조 명 근

차 례

책을 펴내며

조선시대 서원의 지역적 성격 ■ 이해준 ·· 1
   Ⅰ. 머리말 ·· 1
   Ⅱ. 서원과 향촌사회 ··· 3
   Ⅲ. 서원의 창건과 인맥 ··· 6
   Ⅳ. 서원의 학맥, 지역네트워크 ··· 10
   Ⅴ. 맺음말 ·· 17

제1부 상주지역 서원의 지역성

조선시대 상주지역 서원의 동향 ■ 송석현 ·· 23
   Ⅰ. 머리말 ·· 23
   Ⅱ. 17세기의 서원 건립 양상 ·· 25
   Ⅲ. 18세기 서원의 건립과 운영 ·· 36
   Ⅳ. 맺음말 ·· 56

조선후기 상주 近嵒書院의 변천과 운영 양상 ■ 이병훈 ·················· 61
   Ⅰ. 머리말 ·· 61
   Ⅱ. 16~18세기 서당에서 서원으로의 변천 ······································· 63
   Ⅲ. 17~18세기 근암서원의 경제적 기반 ·· 82
   Ⅳ. 18세기 근암서원의 강학과 운영 ··· 89
   Ⅴ. 근암서원의 정치·사회적 활동 ··· 101
   Ⅵ. 맺음말 ·· 106

17~18세기 상주지역 남인·노론계 서원의 인적구성 분석 ■ 박소희 ······111
　-도남·흥암서원을 중심으로-
　　Ⅰ. 머리말 ·· 111
　　Ⅱ. 17세기 도남서원의 인적구성과 활동 ··································· 113
　　Ⅲ. 18세기 흥암서원의 인적구성과 도남서원을 둘러싼 남·노 갈등 ········· 129
　　Ⅳ. 맺음말 ·· 142

18-19세기 상주지역 남인 세력의 갈등 ■ 김순한 ························147
　-상주 옥동서원의 位次是非를 중심으로-
　　Ⅰ. 머리말 ·· 147
　　Ⅱ. 18세기 옥동서원의 위차 시비 ··· 149
　　Ⅲ. 19세기 도남서원 追配를 둘러싼 상주 남인 세력의 갈등 ········· 171
　　Ⅳ. 맺음말 ·· 189

상주 연악서원과 구곡문화 ■ 이구의 ···193
　　Ⅰ. 머리말 ·· 193
　　Ⅱ. 연악서당과 연악서원 ··· 194
　　Ⅲ. 연악문화와 연악구곡 ··· 205
　　Ⅳ. 맺음말 ·· 227

제2부 논산지역 서원의 지역성

조선시대 논산지역 재지사족의 동향과 서원건립 ■ 이연숙 ············233
　　Ⅰ. 머리말 ·· 233
　　Ⅱ. 논산지역 재지사족의 동향 ··· 234
　　Ⅲ. 서원건립 추이와 제향인물의 성격 ······································· 248
　　Ⅳ. 맺음말 ·· 261

차 례

조선시대 논산지역 서원의 운영과 특징 ■ 이경동 ················265
―遯巖書院, 魯岡書院, 竹林書院을 중심으로―
   Ⅰ. 머리말 ··· 265
   Ⅱ. 원임의 구성과 역할 ·· 268
   Ⅲ. 원생의 선발과 운영 ·· 275
   Ⅳ. 경제기반과 재정운영 ······································ 283
   Ⅴ. 맺음말 ··· 293

17~18세기 충청지역 소론계 서원과 魯岡書院 ■ 홍제연 ···········297
   Ⅰ. 머리말 ··· 297
   Ⅱ. 충청지역 소론계 서원의 건립 추이 ···················· 300
   Ⅲ. 니산 파평윤씨와 서원 창건 시도 ······················· 309
   Ⅳ. 노강서원의 위상변화 ······································ 317
   Ⅴ. 맺음말 ··· 323

조선후기 竹林書院의 강학 운영상과 道學書院으로의 위상 확립 ■ 김자운
···327
   Ⅰ. 서론 ·· 327
   Ⅱ. 건립 이전 김장생의 황산 강학과 황산서원 제향 인물의 선정 기준 ·· 332
   Ⅲ. 죽림서원의 강학 공간과 사계 예학이 반영된 '憲章堂' ·· 340
   Ⅳ. 조선후기 죽림서원의 강학 운영상과 특징 ············ 346
   Ⅴ. 결론 ·· 355

'돈암서원과 노강서원'에 대한 교육학적 이해 ■ 이우진 ···········359
   Ⅰ. 들어가는 말 ·· 359
   Ⅱ. 세계유산위원회가 주목한 서원의 가치 ················ 362
   Ⅲ. 돈암서원과 노강서원의 건축 원리와 교육철학 ······· 366
   Ⅳ. 나가는 말 ··· 374

조선시대 서원의 지역적 성격

이 해 준

I. 머리말

조선시대 서원은 지역별, 학맥별로 각각 다양한 특성을 지닌 한국지성문화의 요람이다. 서원에서 지역의 지성들은 여론 및 공론을 결집하고, 사회사적 활동을 했으며, 동시에 교육과 강학·제향 및 도서출판·문화예술 등 지성사적 활동도 펼쳤다. 서원은 지역의 지성사적 전통과 정신문화적 유서가 서려 있는 역사 현장이자 선비들의 활동무대였다.

조선의 서원은 자신들이 존경하고 멘토로 삼는 스승의 연고지에 후학과 문인들이 건립하여, 추숭 제향하고, 교육 교류의 장소로 고급 인재들이 수시로 출입하고 접촉, 교류했던 거점 공간이자 상징적 기구였다. 특히 지식의 일방적 전수교육이 아닌 강론과 학문 토론의 장을 마련하였고, 지역의 공론을 결집하는 여론과 공론의 결집처로서 지역 지성들의 대표적인 사회사적 활동 장소이기도 하였다. 이에 따라 지역별, 학맥별로 다양한 교육·문화적 특성을 지니고 있었다.

서원은 향약의 시행과 향음주례, 의병의 결집, 여론형성과 상소 등 문화사적 활동은 물론 정치적 활동까지 전개하였던 중요한 장소였다. 그런가 하면 도서출판·문화예술 등 각종 사회 교화 활동이 펼쳐졌던 곳이며, 향약과 향음주례가 행해진 곳, 의병의 격문과 정치 사회적 현안에 대한 사림들의 연명 상소가 작성된 곳, 다양하고 격렬한 학문 토론이 이루어졌던 곳, 그리고 서원의 현판과 기문들에서 보듯 당대 석학들의 교류와 활동 현장이기도 하였다.

　서원에는 이러한 유교문화의 자료들이 다양한 형태로 남아 전한다. 서원은 기록물을 소장하는 지식의 창고로 많은 문집과 문헌을 소장하고 있으며, 서적과 판본을 생산·유통·확산시키는 출판 및 도서관의 기능도 수행했다. 서원에는 서원 관리와 활동 등을 확인할 수 있는 근거 자료인 고문서 등이 다수 보존되고 있어 각 시대 각 지역의 서원 모습을 생생하게 엿볼 수 있게도 한다.

　특히 본 발제와 관련하여 세계유산으로 지정된 '한국의 서원'은 조선 서원이 지닌 독특한 특성을 잘 보존·정립한 사례로 세계유산으로서의 탁월한 가치를 인정받는데 다음의 표가 바로 그러한 한국의 9개 서원이 지닌 가치와 특성을 보여주는 것이다.

탁월한 보편적 가치, 등재기준, 속성

구 분	criterion(iii)					criterion(iv)				
	서원발전	교육체계	강학특성	제향특성	사림활동	건축적 특징	입지	배치	건축물	경관
소수서원	제도도입	●	●	●	◎	건축요소	●	◎	●	●
남계서원	설립주체	●	◎	●	●	배치방식	●	●	●	◎
옥산서원	출판활동	●	◎	●	●	누각도입	◎	●	●	●
도산서원	학맥형성	◎	●	●	●	경관구현	●	●	◎	●
필암서원	운영방식	●	◎	●	◎	평지특성	●	●	◎	●
도동서원	교육체계	●	●	●	●	경사특성	●	●	●	●
병산서원	사회활동	◎	◎	●	●	누각특화	◎	◎	●	●
무성서원	교화활동	●	●	◎	●	입지특화	●	◎	●	◎
돈암서원	예학심화	●	●	●	◎	강당특화	●	●	●	●

● 탁월한 충족　◎ 평균수준의 충족

Ⅱ. 서원과 향촌사회

　소수서원이 처음 건립된 이래 조선의 서원은 향촌 사회·정치활동 근거지 기능을 가지며, 지역별로 많은 사림을 양성하여 정계에 공급하였고, 16세기 후반 이후 18세기 초까지 '사림의 시대'를 주도할 수 있었다. 서원은 그런 점에서 사림의 시대를 있게 한 모태였고 그것을 유지시키는 핵심 기구였다.
　서원은 교육기관으로 알려지기도 하지만, 그보다는 향촌사회의 문화거점이자 지성사적 활동 공간으로, 지연과 학연이 맺어준 교류의 장이었다. 여론과 공론의 [결집], [소통], [대변]의 기능을 충실히 수행한 특별한 곳이었고, 지역간, 학맥간 네트워크 형성이라든가 강학(회), 소회, 창의 등을 통한 사회활동도 매우 중요한 모습이었다.
　즉 향촌사족 간 결속의 매개체로 지연과 학맥, 때로는 정파의 연대와 교류의 거점이었던 것이며, 서원은 지역별로 커다란 영향력을 가지고 정치적으로 민감한 사안이 발생하거나, 학술적으로 논란이 된 사안, 혹은 향촌사회에서 제기된 문제의 해결을 위하여 통문이라는 의사 소통의 방식을 통해 향촌유림들의 목소리를 반영하며, 지역 여론을 주도하기도 했다. 사림의 집단 활동은 서원의 네트워크에 의해 공론 형성과 수렴이 구체화되었으며, 이를 통해 국가와 사회에 전달하는 역할도 서원이 담당하였다. 연명상소로, 때로는 격렬한 학문토론으로, 때로는 의병의 격문으로 그 모습을 드러내어 서원은 지방의 사론을 대변하는 중요한 역할을 담당했던 것이다. 향촌사회에서 서원은 지역의 지성사적 전통과 정신문화적 유서가 서려 있는 곳이었다.
　그런가하면 한국의 서원은 "유교문화의 자료관, 박물관"으로 일컬어질 만큼 다양하고 특징적인 유형, 무형의 자료들을 간직하고 있는 특별한 곳이다. 역사와 교육 전통, 제향, 건축, 경관, 기록유산 등 유·무형의 문화유산들은 바로 이러한 유교, 선비문화의 다양성과 특성을 집약적으로 보여주고 있다. 서원은 지연과 학연별로 문화의 다양성과 지역성이 집약된 문화유산과 자료들을 지니고 있다.

조선의 서원은 유·무형의 다양한 문화유산과 함께 도서 출판 기능도 수행하였다. 출판의 내용은 주로 제향인물의 문집, 저작들이 주류를 차지하고 있고, 출판을 위한 목판도 소장하고 있다. 그리고 서원에는 서원 교육, 운영과 관련된 다양한 자료들로 강학 규약, 강학 내용, 평가, 그리고 강학 의례와 관련된 자료, 심원록과 방명록 같은 사회교류의 문서들도 많이 남아 전하고 있다.

이같은 서원의 사회사적 특성은 지역성, 향촌사회 지성사의 실제 모습과 연계가 되어 있었다. 서원은 17세기 후반에 이르면 각 지역별로 경쟁적으로 건립되어 발전하였고, 학맥과 학파가 형성되면서 향촌사회에서 정치·사회적 활동을 벌이는 세력거점이 되어 갔다. 그리고 이와 함께 서원의 건립이 급격히 증가하는 남설 양상이 나타나게 된다. 물론 이러한 서원 성격도 없지 않아 영조 대에는 173개소의 서원 사우를 훼철하는 강경책이 나타나기도 한다. 그런데 이처럼 한국 서원의 성격을 중앙 정치세력과 연결시켜 보거나, 서원을 교육과 그 조직만으로 고정시켜 두면, 그 사회사적 의미는 매우 한정적으로 이해될 수밖에 없다.

즉 시각을 향촌사회의 지성사적 동향과 연결시켜 보면 해당 지역에서 왜, 그리고 건립주도 세력이 과연 어떠한 배경과 기대를 가지고 있었을까? 또 이에 대한 다른 향촌세력의 반향이나, 주도세력의 위상변화, 그리고 서원을 통해 이루어진 향촌활동 등도 서원을 바라보는 주요 관심대상인 것이다.[1]

한·중·일 서원은 향촌사회와의 관련성 측면에서 큰 차이점을 보인다. 중국·일본의 서원이 지닌 기본 성격이 학문 토론, 교육적 전통이라면, 한국의 서원은 향촌사회의 문화거점이자 지성사적 활동 공간이었다는 점에서 보다 특별하다.

---

1) 정만조, 「한국서원의 발자취」, 『한국의 서원문화』, 한국서원연합회, 2014.

조선 서원은 단순한 교육 강학의 기능만을 담당한 것이 아니라, 정치와 사회, 문화적 기능을 포괄하는 사족들의 활동 거점이기도 하였다. 특히 학문적 스승을 받들고 학맥을 이루어가는 과정에서 제향기능은 그 어느 것보다 강한 것이 조선의 서원이었다. 여론과 공론의 [결집], [소통], [대변]의 기능을 충실히 수행하였으며 이점은 중국·일본의 서원에서는 찾아보기 어려운 점이다. 특히 통문, 상소 자료의 시대적 성격과 변천, 그 사회사적 의미는 그런 점에서 중요하며, 정치 및 학술 논쟁과 서원의 기능도 한국 서원의 부각되는 성격이다. 한편 심원록, 고왕록, 부의록 등을 통한 지역간, 학맥(당론)간 네트워크 형성이라든가 강학(회), 소회, 창의 등등을 통한 서원 활동은 매우 중요한 모습의 하나인 것이다.

첫째로 한국의 서원은 서원의 건립주체이자 핵심세력인 사림이 향촌사회에 기반을 두고 있었으며, 도학을 실천한다는 공통의 특징을 지닌다. 사림세력은 충절과 의리 등을 앞세우고, 민생 등의 향촌사회 문제를 거론하면서, 정권을 장악하고 있던 기득권층인 훈구척신들을 부정, 공격하였다. 사림의 名分論과 현실대응은 민중의 지지를 얻게 되며, 새로운 정치세력으로 부상하는 계기를 마련하였다.

둘째로 한국의 서원은 지역, 학맥별로 독특한 서원문화를 가지고 있다는 것이다. 한국서원들은 소수서원이 처음 건립된 이래 그들 세력의 재생산을 위한 학교이며 향촌이나 중앙에서의 사회·정치활동 근거지라는 기능을 가졌다. 서원은 지역별로 많은 사림을 양성하여 정계에 공급하였고, 16세기 후반 마침내 집권을 실현한 이후 18세기 초까지 '사림의 시대'를 주도할 수 있었다. 서원은 그런 점에서 '사림의 시대'를 있게 한 모태였고 그것을 유지시키는 핵심기구의 하나였다.

셋째로 조선시대의 사족은 향촌사회의 중심 리더로서 사족 중심의 향촌민 통제와 교화, 그리고 향촌공동체를 자치적으로 운영하는 주체였다는 점이다. 바로 이러한 향촌민 교화와 향촌사회를 이끌어갈 주체로서 성리학으로 무장되고 修己에 힘쓰는 사족을 양성할 적절한 기구가 바로 서원이었던 것이다.

  이처럼 서원은 향촌교화, 향촌자치와 직결되는 정치, 교육, 문화적인 모습을 두루 갖춘 사림인들의 문화서섬이었던 것이다. 사림세력은 그 뿌리를 향촌사회에 두고 있었고, 향촌사회의 교화 기능이 매우 중시되었다. 조선 초기 소학의 보급과 향약의 실시 등 일련의 노력이 대부분 향교를 기반으로 정착 되었다면, 조선 중기 이후에는 서원으로 그 주도권이 넘어 왔다. 이에 서원은 사회교육을 실현하는 곳으로서 지방의 풍속과 예속의 교화에 크게 이바지하 였다. 서원은 또한 향촌 질서를 재편성하고 향촌 지역공동체를 이끌어 간 정신적 지주였다. 즉 서원은 향촌 사림들의 학문 및 장수처로서 지역 선비들이 모여 세상사를 논의하고 여론을 모으는 거점 역할을 수행하였던 것이다.

III. 서원의 창건과 인맥

1. 건립 유서와 기반

  서원에 제향된 인물의 성격(지위)은 관념상 서원조직의 다른 어느 것보 다 우선하며, 어떤 의미에서 그것은 당연할 수도 있다. 그러나 문제는 그 인물이 어느 시기에 어떠한 필요에 의하여 제향 되고 있는지가 더욱 중요 하다. 한 인물의 학문이나 사회적 지위와 함께 이를 선양, 추앙하는 세력이 있었을 때 서원이 건립되고 있음을 보여주는 것이고, 따라서 제향된 인물 과 함께 혹은 그 보다 더욱 중요하게 〈건립된 시기〉와 그 〈주체세력〉을 주 목하지 않을 수 없게 되는 것이다.[2]

  즉 서원 건립이 왜 그 시기에, 그곳에, 그리고 그 인물을 제향하게 되었 는지는 매우 중요한 관심거리이다. 대체로 서원 건립의 유서와 기반은 지

---

2) 이해준, 「한국 서원과 향촌사회」, 『한국학논총』 29, 국민대한국학연구소, 2006.

역에 연고를 가지고 후학의 양성이나 학행으로 모범을 보였던 유적(書齋, 講舍, 遺墟, 影堂, 祠堂 등)이 있어 후대에 이를 토대로 서원을 건립하는 경우가 바로 그것이다.

물론 각 서원은 정밀하게 살필 경우, 이러한 유서 이외에도 창건 시기나, 지원세력의 노력 여부 등이 관련되어 있기도 하다.

2. 창건 주체

서원을 창건하는 주체들을 모두 논위하기는 어렵고 문제가 있어 본고에서는 도산서원과 돈암서원의 사례를 소개하여 보고자 한다. 도산서원은 퇴계 이황(李滉, 1501~1570)의 강학터였던 도산서당을 토대로 건립되었다. 조선 서원들이 대부분 선현의 출생지나 거주지, 강학터, 유허지에 세워지는데 도산서원은 이중 강학지인 도산서당을 유서로 지은 예이다. 퇴계의 문인들이 도산에 터를 잡아 간청하여 퇴계가 이곳에 서당을 짓기로 결심하고 60세가 되던 1560년에 이곳에 도산서당을 창건한다. 이렇게 건립된 도산서당에서 퇴계는 조목(趙穆), 김성일(金誠一), 류성룡(柳成龍) 등 저명한 후학들을 배출해냈다. 그리고 도산서당은 학문적으로나 정신적으로나 조선시대 영남 유학자들의 정신적인 고향으로서의 기능을 하였던 것이다.

이 도산서당을 유서로 하여 퇴계 사후 4년이 지난 1574년에 드디어 도산서원이 건립되며, 그리하여 현재의 도선서원 영역에는 퇴계가 제자들을 가르쳤던 도산서당 영역과 퇴계 사후에 그의 학덕을 기리는 도산서원 영역이 함께 존재한다. 도산서원은 조선시대 내내 퇴계의 학통을 이어받은 영남 남인을 대표하는 총본산으로서 그들의 여론을 형성하고 주도하는 곳이었던 것이다.

논산의 돈암서원도 사계 김장생의 강학 기반이 모태가 되어 건립된 서원이다. 김장생의 강학활동은 아버지인 황강 김계휘가 건립한 정회당(靜會堂)에서 비롯된다. 1557년(명종 12) 옥사에 연루되어 연산에 낙향한 김계휘는 정회당을 건립하고 인근의 명망 있는 집안에서 천거된 실력 있는 자제를 받아 강학하였다. 아들 김장생 또한 이곳에서 함께 공부했다. 김계휘는 1573년(선조 6) 경상도 관찰사로 재임히면서 300석과 각종 장서 등을 조달해 주기도 하였고, 16세기 말의 정회당 유생명단을 보면 김장생 등 105인이 수록되어 있다. 그러나 이러한 정회당의 강학 전통은 임진·정유왜란으로 중단되었다가 김장생에 의하여 다시 이어졌다.

김장생은 55세가 되던 1602년(선조 35) 연산의 옛 아한정 자리에 '양성(養性)'이라는 편액을 걸고 강학을 시작하였는데, 이후 30여 년을 양성당에서 머무르며 학문연구와 후학을 양성한 것으로 알려진다. 양성당에서는 수많은 문인들을 배출되어 호서예학의 산실이자 돈암서원 창건의 인적 배경이 되었다.

3. 서원의 건립과 주체

그리고 이를 지원하는 세력들은 지역의 사회조직으로 지역단위 향촌사회의 변천이나 구조, 서원과의 연관 관계를 구체적으로 보여주고 있다. 건립과정에는 제향인물과 관련된 지역의 사족 세력의 연대와 지방관의 사회경제적 지원이 필수적이다. 이는 서원이 지닌 공공적 성격을 반영하고 있으며 그만큼 인적 네트워크가 중요했음을 말해준다. 이 네트워크는 제향인물, 혹은 지역과 관련된 학연·지연·혈연 등 일정한 연고를 갖고 있게 마련이다.[3]

서원의 건립주체세력은 대부분 향내의 유림 혹은 도유(道儒)로 나타나고 있지만 내용상 이들은 재분류될 수 있는 것으로, 향중공론으로 창건되는 경우라 하더라도 그 주동세력이 학통, 성씨, 당색, 혹은 이들 세력의 연대에 의한 것 등등 매우 다양하다. 이 주체세력이 누구이며, 건립당시 그들

---

[3] 이수환, 「한국서원의 인적구성과 경제적 기반」, 『한국의 서원문화』, 한국서원연합회, 2014 : 이해준, 「한국서원의 지성사적 전통과 지역네트워크」, 『한국의 서원문화』, 한국서원연합회, 2014.

의 지위가 어떤 상태에 있었는지의 문제는 바로 당시대 그 지방사회구조상 그들 주체세력들이 차지하는 위치를 설정하는 기준점이 되어 준다. 지방사회의 변천이나 그 구조와 서원의 관계가 구체적으로 드러나게 마련이다. 조선후기의 향촌사회사 연구에서 서원연구가 큰 비중을 차지하게 되는 것도 바로 이러한 이유 때문이며, 서원의 역사적 의미도 바로 이런 데서 부각될 수 있다.

그 모습을 돈암서원의 창건과 사회활동으로 간략히 살펴 정리해 보자. 돈암서원은 1631년(인조 9) 김장생이 세상을 떠난 직후부터 건립을 추진하여 1634년(인조 12)에 건립된 서원이다. 1632년(인조 10) 김집을 필두로 김장생의 문인들은 충청도 20개 군현의 유림들과 함께 창건을 발의하였다. 당시 실무를 맡은 유사에는 현직관료 6인, 전직관료 9인, 유학 4인, 생원 4인이었다. 구체적으로 보면, 현직관료 중에는 천안 군수, 니산 현감이 포함되고 전직관료로는 전군수 윤전, 김정망, 임위, 송준길, 송시열, 이유태 등이 참가하고 있었다.

한편 열읍 유사는 해당 지역의 지방관 및 향교·서원·사림들에게 통문을 돌려 재력을 모았던 인물들로서 20개 지역, 총 56인인데 열읍 유사의 지역 분포를 보면

    공주목(20명) : 공주(4) 니산(3) 연기(3) 전의(2) 회덕(7) 진잠(1)
    청주목(26명) : 천안(3) 문의(3) 직산(2) 회인(1) 목천(3) 청산(3) 황간(2)
              보은(3) 영동(2) 옥천(4)
    홍주목(10명) : 온양(3) 신창(2) 아산(3) 평택(2)

등으로 나타나 공주목·청주목·홍주목으로 폭넓은 분포를 보인다. 이들의 존재가 바로 김장생의 학맥이나, 호서사림의 영향력을 보여준다. 이들은 모두 호서지역의 서인 노-소론계 활동의 뿌리들로 모두 사계와 신독재 문하에서 배출되고 있었던 것이다. 결국 이 같은 집중도와 연계 속에서 돈암

서원은 호서지역 산림과 예학의 산실이자 본거지로서 17세기 전 기간 동안 충청도 서인계의 수원(首院)으로서 중요한 역할을 담당할 수 있었다. 이러한 모습은 1635년 논암서원 첫 봉안례에 참여한 인사들의 면모에서도 대동소이하다.

〈표〉 1635년 돈암서원 봉안례 참석자 거주지별 분포

공주목	니 산	17	공주목	홍 산	1	전주목	진 산	1
	공 주	20	홍주목	정 산	1		익 산	10
	연 산	31		청 양	2		용 안	1
	은 진	16	청주목	옥 천	4		진 안	1
	회 덕	12		영 동	2		전 주	10
	진 잠	2		진 천	2		여 산	6
	부 여	5		보 은	1		고 산	6
	임 천	1		황 간	1	기 타	서 울	1
	석 성	1	전주목	금 산	1		미 상	5
총 계 164									

돈암서원은 호서 서인계 학맥의 거점으로 이후 활발한 활동을 벌인 송준길, 송시열, 이유태, 유계, 윤원거, 윤문거, 윤선거 등이 모여 강학과 유회를 열었던 곳이기도 하였고, 17세기 조선 예학의 새로운 전통을 수립한 '호서예학'의 마련 주역들이었다.[4]

IV. 서원의 학맥, 지역네트워크

조선시대 서원 본연의 기능은 교육과 교화이다. 그러나 조선시대 서원

---

[4] 이해준, 「호서지역 서원의 지역적 특성과 정치적 성격」, 『국학연구』 제11집, 한국국학진흥원, 2012.

은 단순히 이러한 기능만 수행했던 것은 아니다. 공론정치를 표방하고 있던 사림들은 16세기 이래 서원을 구심처로 정치·사회 활동을 전개해 나갔다. 지역 내 중요한 현안이 있을 때, 나아가 정치적으로 향촌유림의 의견을 표출할 때, 그 중심지가 바로 서원이었던 것이다.5)

1. 공론과 학맥

서원들은 지역별로 커다란 영향력을 가지고 있었으며 정치적으로 민감한 사안이 발생하거나, 학술적으로 논란이 된 사안, 혹은 향촌사회에서 제기된 문제의 해결을 위하여 통문이라는 의사 소통의 방식을 통해 향촌유림들의 목소리를 반영하며, 지역 여론을 주도하기도 했다. 그리고 바로 이러한 공론의 형성과 사회사적 역할이 바로 중국이나 일본의 서원과 근본적으로 차별화된 특성이기도 하였다. 중국이나 일본의 서원들은 정부에 상소하거나 자신들의 의견을 소회하는 것이 불가하였기 때문이다.

서원은 또한 사림의 공론을 형성하고, 사족들의 연명상소를 발의하거나 여론을 수렴하는 취회소로서의 역할이 매우 컸다. 즉 향촌사족 간 결속의 매개체로 지연과 학맥, 때로는 정파의 연대와 교류도 서원을 거점으로 이루어졌던 것이다.

영남지방에서는 퇴계의 학통을 이어받은 정구(鄭逑)·정경세(鄭經世)·장현광(張顯光)·장흥효(張興孝)·이현일(李玄逸)·조덕린(趙德隣) 등이 도산서원(陶山書院)을 중심으로 도남(道南, 상주)·임고(臨皐, 영천)·옥산(玉山, 안강) 서원 등에서 퇴계가 주장한 주리 중심의 성리설을 강론하거나 퇴계의 예설을 기초로 하여 예학 연구를 심화시켰다.

마찬가지로 호서지역에서는 김장생(金長生), 김집(金集), 송시열(宋時烈),

---

5) 이해준, 「한국 서원의 지역네트워크와 사회사적 활동」, 『한국서원의 전통가치와 현대적 계승』, 한국학중앙연구원 출판부, 2018

송준길(宋浚吉), 윤선거(尹宣擧), 유계(兪棨), 윤증(尹拯), 권상하(權尙夏), 박세채(朴世采) 등의 유학자들이 율곡 이이와 우계 성혼의 성리설에 입각하여 수사학을 이해하고 성선의 내용을 해실하였다. 특시 충정도 언산의 돈암서원은 조선 예학의 태두인 김장생을 제향하는 곳인 만큼 그 문인들에 의한 예학의 연구와 강학이 활발하여서 조선예학의 메카가 되기도 하였다.

요컨대 17세기에 서원은 유생 스스로의 분발과 자기 수련인 장수를 기초로 한 위에서 저명한 유학자나 그 문인들에 의한 강학활동이 활발하였고 그런 과정에서 형성되는 학파의 확산을 위해 제향기능 역시 강화되는 질적인 발전을 보이고 있어서, 장수·강학·제향 기능의 본격적인 가동을 통한 사림 양성기구인 학교의 성격을 확립하였다고 하겠다.

그리고 17세기 후반 이후가 되면 서원은 더 이상 학교로서의 존재에만 머물지 않았다. 사림의 시대가 본격화하면서 서원은 사림이 정치·사회적 활동을 벌리는 향촌에서의 거점 내지 기반이 된다. 그리하여 정치·사회적 기구로서의 성격을 갖고, 각 학파 형성의 토대가 되었다고 보아야 한다. 뿐만 아니라 서원은 의리명분 문제와 관련된 사안을 놓고 이를 공론화하는 과정에서 벌어지는 토론이나 논쟁에 대해 향촌별 사림들의 견해를 조율하고 수렴하며, 나아가 자기들이 지지하는 붕당에 유리한 여론을 조성하는 장소로서의 기능도 수행하였다.

율곡과 우계를 문묘의 제향인물에 포함시키려는 서인측의 움직임과 효종임금의 승하에 따른 상복을 어떻게 입어야 하는가 하는 문제에서 비롯된 서인·남인 사이의 논쟁인 예송에서 자기당의 주장을 지지하는 유생들의 상소가 서원을 근거로 하여 빗발쳤던 것은 그 좋은 예였다. 서원은 이제 본래의 강학·장수·존현의 기능 이외에 사림의 정치활동 근거지로서의 역할을 더하고 있는 셈이다.

충청도 지역의 경우는 돈암서원이 기호학맥과 연계된 상징적인 곳이었다. 그리하여 기호지역의 학파 활동이 돈암서원을 중심으로 활발하게 이루어졌다.

그리하여 서원은 교육과 제향, 다양한 사회교화활동 외에도 정치적 사회현안에 대하여 당시 최고의 지역지성인인 선비들이 공론을 형성했던 곳이다. 그리고 이러한 공론은 때로는 통문을 통하여 공론 형성과 수렴하는데 서원은 공론 수합처, 여론 형성 주체로서의 서원은 커다란 기능하였다. 사림의 집단 활동은 서원의 네트워크에 의해 구체화되었으며, 통문이 그 네트워크를 연결하는 매개였다6). 또 통문을 통해 수렴, 형성된 사림 공론을 국가와 사회에 전달하는 역할도 서원이 담당하였다. 연명상소로, 때로는 격렬한 학문토론으로, 때로는 의병의 격문으로 그 모습을 드러내어 서원은 지방의 사론을 대변하는 중요한 역할을 담당했던 것이다.7)

서원은 교육과 제향, 다양한 사회교화활동 외에도 정치적 사회현안에 대하여 당시 최고의 지역지성인인 선비들이 공론을 형성했던 곳이다. 그리고 이러한 공론은 때로는 연명상소로, 때로는 격렬한 학문토론으로, 때로는 의병의 격문으로 그 모습을 드러내어 역사의 한 부분을 차지했다.

2. 옥산서원과 영남유림소

옥산서원 설립 후 이언적의 문묘 배향이 논의될 때 경주사림들은 서원을 중심으로 성균관과 도내의 유림들이 적극 나섰고, 옥산서원을 중심으로 하여 안동·상주권 유림과 협조체제를 유지하면서, 선조 말 광해군 초기에 정인홍을 비롯한 대북세력이 회재와 퇴계를 무훼하고 있을 때 '회퇴(晦退)'를 적극 변호하여 남명학파와는 대립하였다. 이때 옥산서원은 유림들의 근거지로 유생을 조직하고 동원하는 등 중요한 역할을 담당하였다. 옥산서원을 중심으로 한 경주유림들은 이후에도 우계, 율곡, 그리고 우암의 승무(陞廡)를 반대하는 영남남인들의 유소에 적극적으로 참여하였다. 그런가하면

---

6) 박현순, 「공론 주도세력으로서의 사림과 통문 네트워크」, 『조선서원을 움직인 사람들』, 글 항아리, 2013.
7) 권오영, 「19세기 영남유림의 강회와 학술활동」, 『조선시대의 사상과 문화』, 2003.

사도세자의 신원을 요구하는 상소와 영남만인소, 대원군의 서원철폐 반대, 1884년(고종 21)에는 복제개혁에 반대한 만인소 등에 적극 참여, 또는 주 관 역할을 하였다.

뿐만 아니라 서원은 의리 명분문제와 관련된 사안을 놓고 이를 공론화 히는 과정에서 벌어지는 토론이나 논쟁에 대해 향촌별 사림들이 견해를 조 율하고 수렴하며, 나아가 자기들이 지지하는 붕당에 유리한 여론을 조성하 는 장소로서의 기능을 수행하였다. 예를 들면 율곡·우계의 문묘종사 찬반 논쟁이 그 하나의 예가 된다. 문묘종사란 정통성을 부여받은 유학자임을 공식적으로 인정받는 일이어서 당사자는 물론 그 문인, 학파의 도학적 정 통과 정치적 위상까지 크게 강화해 준다. 그동안 남인은 문묘에 종사된 퇴 계를 앞세워 서인에 대한 학통상의 우위를 차지해 왔다. 인조반정으로 집 권한 서인이 유생을 앞세워 그 학적 연원인 율곡·우계의 문묘종사를 서둘 고, 남인과 특히 영남유생들이 이에 결사적으로 반대한 것은 이런 사정이 있었기 때문이었다.

3. 필암서원의 노론계 인맥과 활동

필암서원은 제향인물인 하서 김인후에 대한 추숭활동과 서원의 인적 교 류와 연대가 주목되는 사례이다. 이 과정에는 1차적으로 전라도 및 장성지 역의 하서 문인과 후손에 의한 노력이 전제가 되지만, 여기에 중앙 서인노 론계의 적극적 지원과 정조의 관심이 부각되는 형태였다.

우선 서인계는 박세채의 1672년 행장찬술, 1675년 김수항의 묘표찬술, 1682년 송시열의 신도비명 찬술 등과 같은 지속적인 지원을 한다. 이를 통 하여 서인 노론계 인사들은 하서와 하서의 문인, 후손으로 대표되는 이 지 역사족세력을 그들의 강고한 지지기반으로 확보할 수 있었다.

이 같은 하서의 현양과 추숭활동을 통하여 보여준 장성지방 노론계의 활동과 강한 결집력은 1725년(영조 원년)에 있었던 전라도 유생 1200여명이 올린 상소에서 가장 극명하게 나타난다. 이 상소는 당시 전주·남원·라주·장성·담양 등지의 노론계 사림들이 송시열(宋時烈)과 그의 적전인 권상하(權尙夏)를 현양시키고자 한 것으로 송시열과 권상하에 대한 무고의 탄핵과 치죄 요청, 그리고 송시열을 배향한 정읍 고암서원(考巖書院)을 복액을 청한 것이었다. 당시의 소두인 김택현(金宅賢)은 김인후(金麟厚)의 5대손이자 송시열의 학맥을 이었던 장성지역의 노론계 중심인물이었다.

이러한 움직임은 하서의 문묘배향 논의에서 더욱 본격화된다. 1771년 전라도 유생 양학연(梁學淵) 등이 김인후를 문묘에 배향 상소를 올리는 것으로 시작되는데, 곧바로 승무가 허락되지 않지만, 정조가 사제문을 지어 학덕을 포장하고, 예관 치제하는 특전을 내리자 이에 고무된 8도 유생 박영원(朴盈源) 등과 정헌(鄭櫶) 등이 연이어 하서(河西)의 문묘(文廟)종향을 건의하고, 계속된 6-7차의 상소[1786년 8도유생 박영원 등 문묘배향 건의(불윤), 1789년 8도유생 심익현 등 문묘배향 건의(불윤), 1790년 8도유생 이약겸 등 문묘배향 건의(불윤), 1796년 김무순, 이명채 등의 문묘배향 상소]를 통하여 마침내 1796년 문묘 배향이 결정되고 영의정 증직과 부조묘, 「문정(文正)」이라는 시호를 내리고, 『하서집』 간행까지 지원하기에 이른다. 이러한 필암서원의 상소와 통문, 중앙세력과의 연대 등은 전라도 수원으로서 필암서원의 기능과 위상을 한껏 강화시켜 주었을 것이다.

호남지방의 이 계열 인사들의 학문적인 종주로써, 위치가 흔들리지 않았다고 할 수 있다. 특히나 필암서원은 그러한 세력의 정치적 거점으로써 장성지역은 물론 호남사림의 중심처이기도 하였다.

4. 무성서원 강학활동과 의병 창의

무성서원은 한국의 여러 서원 중에서도 창건 연혁과 변천과정에서 독특한 특성을 가진 곳이다. 즉 흥학당이라는 서당 강학과 향음주례, 향약의 전통이 합쳐져 오랜 전통을 이어왔던 것이다. 이러한 무성서원의 강학례와 향약적 전통은 한국 서원의 특성을 특화할 수 있는 자료로 무성서원 강습례는 기본적으로 향음주례의 예법에 따라 진행된 점과 개최 시기가 전통적인 민속의례인 춘3추9(3월 3일과 9월 9일)에 맞춰져 있는 점 등에서 다른 지역의 강회와 다른 독특한 면을 갖고 있다. 무성서원의 강습례는 경서 강독을 위주로 한 강학 활동에 더하여 고례 습례라는 특별한 예교적 의미를 함께 갖고 있다. 그리고 이러한 강습례는 1871년 대원군의 서원훼철에서 존치된 무성서원이 전라우도의 수원으로서 '강학명도(講學明道)'의 모범을 보이자는 차원에서 1873년부터 더욱 활성화되었다고 한다.

특히 무성서원은 한말의 창의지로도 유명한데, 강습례의 시행과 명성이 바로 1906년 병오창의의 거점이 되게 한 요인이었다. 병오창의, 무성창의로 일컬어지는 모성서원의 창의는 강습례를 계기로 모인 사족들이 일으킨 의병이었다. 이는 무성서원의 강회와 유림 동원력, 정신사적 위상과 지성사적 대표성을 기반으로 한 것이었음을 잘 보여준다.

이밖에도 조선시대 서원은 서책의 보관처, 즉 장서, 도서관으로서의 기능과 의미도 컸다. 그리고 서원은 향촌사회에서 교육과 제향 뿐 아니라 지역의 도서관이자 지역출판문화의 중심지로 역할을 하면서 지방문화의 창달에 크게 기여하였던 것이다.

서원에는 강학의 도구로써 각종의 교과용 도서나 사전류, 주요 저술이나 각 시기의 대표적 출판물들이 보급·소장되게 마련이었고, 제향인물이나 그의 학맥을 잇는 인사들의 문집류, 자료나 사적들이 보존된 도서관이었다. 책의 보급과 열람이 어려웠던 시대에 있어서 이러한 장서(藏書)의 기능은 지역에 커다란 문화적인 기여를 하였다.

서원은 이러한 지방의 도서관적 역할 뿐만 아니라 서적을 직접 출판하기도 하여 지방 출판문화의 중심지로서 문화 창달과 지식보급에 큰 역할을 하였다. 서원은 사설교육기관 이기 때문에 사서삼경과 같은 자체에서 필요한 교육용 서적을 간행하기도 하였고, 서원에 제향인물의 문집이나 실기 등의 서적을 판각, 출판하여 배포하기도 하였다.

그리고 서원에는 이러한 유교문화의 자료들이 다양한 형태로 남아 전한다. 서원은 강학 의례와 관련된 자료, 당시의 학적부라든가, 학칙, 재정, 인적구조, 교육과정 등을 전해주는 다양한 고문서 자료들이 남겨져 있다. 이들은 각 시대, 각 지역의 서원 모습을 생생하게 엿볼 수 있게 한다. 이들 기록유산 등 유·무형의 서원문화유산들은 한국의 서원이 지닌 다양성과 특성을 집약적으로 보여주고 있는 것이다.

V. 맺음말

조선시대의 유교문화가 확산·정착되어가는 과정에서 서원은 매우 중요한 역할을 하였는데, 조선 중·후기 사족활동의 거점은 서원이었다.

한국의 서원은 지역의 고급 인재들이 수시로, 출입하고 접촉·교류했던 지성들의 집회소이자 상징적인 기구였다. 따라서 서원은 지성사적 전통과 정신문화적 유서가 서려 있는 곳이었으며, 교육만이 아닌 강론과 학문 토론의 장이 되기도 하였고, 때로는 여론과 공론을 결집하는 지성들의 집회소이기도 하였다. 그리고 서원에서 배출한 인물들은 지역 지성들의 선후배 간의 유대와 결속력을 보여주며, 이 토대 위에서 지연·학연을 배경으로 하는 정치세력의 거점이 되기도 하였다. 그런가하면 서원에서 이루어지는 선현들에 대한 제향의례나 강학의례, 기타 여러 형태의 생활의례들은 서원이 사회교육의 실현처였음을 보여주는 중요한 부면이었다.

그러나 이러한 제향과 교육기능과 함께 서원이 지닌 특징은 바로 지성문화의 거점으로 다양한 문화 활동과 학맥과 관련되는 지역네트워크, 때로는 정치적 활동까지 하였던 열린 교류와 소통의 공간이었다는 점이다. 서원은 학연과 지연에 바탕한 도학자, 스승을 제향하고 그를 멘토로 삼아 선비로서의 삶을 살아가고자 하는 유생들이 모여 토론하고 소통하던 곳이었다.

그리고 조선의 서원에는 이러한 모습을 전해주는 다양하고 많은 자료들이 남아 전하고 있다. 강회, 학문토론과 문답 자료라든가, 공론을 일으켜 논란을 벌이거나 전달하는 통문, 국가에 의견을 전달하는 상소활동도 서원에서 이루어지고 있었다. 그런가하면 시도기나 심원록을 통해서 여러 형태의 인적 교류와 실상이 유추되기도 하고, 또는 창건과 운영에 관련된 지원세력들의 모습도 기록으로 남아 전한다. 그런가하면 제향인물의 문집을 간행한다든가, 문학적인 교류의 모습을 통하여 서원이 도든 문화의 거점으로 존속하였음을 확인하게 된다. 특히 조선시대의 출판문화를 선도했던 것도 서원이었다. 서원에서는 제향인물의 문집이나 실기의 판각이 이루어지기도 하고, 사회사적 명망과 결속의 정도에 따라서는 향약이나 시회 등 각종 계회 자료들이 발간되기도 하였다.

　유교문화는 다른 문화와 달리 인물과 사상, 정신, 학문, 그리고 가치관을 중시하는 문화이다. 다시 말하면 서원문화는 종합문화이자 그곳에서 살고 생활했던 사람과 그들의 정신이 핵심이며, 따라서 앞으로 우리가 주목하고 개발할 서원 문화의 대상·범위·유형도 유교적 인물의 사상, 저술을 비롯하여 조선시대의 교육, 제례, 경제, 생활문화, 유적, 유물 등이 망라되는 종합적인 것이어야 하며, 그 가치를 올바로 이해하고 계승·활용하는 무엇보다 필요할 것이다.

【참고문헌】

정만조, 『조선시대 서원연구』, 집문당, 1997.
이수환, 『조선후기 서원연구』, 일조각, 2001.
이상해, 『서원』, 열화당, 2002.
경기대 소성학술연구원, 『한국의 서원과 학맥연구』, 국학자료원, 2002.
정순우, 『서원의 사회사』, 태학사, 2013.
한국서원연합회, 『한국의 서원문화』, 2014.
한국서원연합회, 『한국의 서원유산』, 2014.

정만조, 「조선조 서원의 정치·사회적 역할」, 『한국사학』 10집, 한국정신문화연구원, 1989.
이해준, 「조선후기 서원연구와 향촌사회사」, 『한국사론』 21집, 국사편찬위원회, 1991
이해준, 「한국 서원과 향촌사회」, 『한국학논총』 29집, 국민대 한국학연구소, 2006.
국민대 한국학연구소, 『동아시아 유교문화권 속의 서원』, 국제학술세미나 자료집, 2009.
이해준, 「한국 서원 유형·무형유산의 특징」, 『한국서원의 어제와 오늘, 그리고 미래』, 국가브랜드위원회, 2011.
이해준, 「호서지역 서원의 지역적 특성과 정치적 성격」, 『국학연구』 11집, 한국국학진흥원, 2012.
이수환, 「영남지역 퇴계문인의 서원건립과 교육활동」, 『국학연구』 18집, 2011
박현순, 「공론 주도세력으로서의 사림과 통문 네트워크」, 『조선서원을 움직인 사람들』, 글 항아리, 2013
최연숙, 「19세기 도산서원의 사회인식과 소통 방식」, 『조선서원을 움직인 사람들』, 글 항아리, 2013
이해준, 「한국 서원의 지역네트워크와 사회사적 활동」, 『한국서원의 전통가치와 현대적 계승』, 한국학중앙연구원 출판부, 2018.
이해준, 「한국의 서원, 역사적 가치와 활용방안」, 『한국의 서원, 세계유산등재백서』, (재)한국의 서원통합보존관리단, 2020.
이해준, 「조선 서원의 지성사적 전통과 문화」, 『서원』, 국립전주박물관, 재)한국의 서원통합보존관리단, 2020.
이해준, 「'한국의 서원'의 통합관리 정책」, 『세계유산 한국의 서원 등재이후의 과제』, 세계유산 '한국의 서원' 국제학술포럼, (재)한국의 서원통합보존관리단, 2021.

제1부

상주지역 서원의 지역성

송석현 ▪ 조선시대 상주지역 서원의 동향
이병훈 ▪ 조선후기 상주 近嵒書院의 변천과 운영 양상
박소희 ▪ 17~18세기 상주지역 남인·노론계 서원의 인적구성 분석
    -도남·흥암서원을 중심으로-
김순한 ▪ 18-19세기 상주지역 남인 세력의 갈등
    -상주 옥동서원의 位次是非를 중심으로-
이구의 ▪ 상주 연악서원과 구곡문화

조선시대 상주지역 서원의 동향

송 석 현

I. 머리말

　서원은 조선시대 교육기관이자 향촌 사족들의 거점으로 기능하였다. 따라서 서원에 대해서는 다양한 분야에서 많은 연구가 이루어졌다.[1] 서원에 대한 지금까지의 연구는 거시적인 연구를 바탕으로 제반 사항에 대한 미시적 연구가 진행되고 있으며 개개 서원의 구체적인 실체 역시 밝혀지고 있다.[2]
　다만 지금까지의 많은 연구 성과에 비해 하나의 군현 단위에서 서원의 전반적인 양상을 정리한 연구는 아직 부족한 편이다. 서원은 조선시대 지배층인 사족들의 활동 중심지로 서원의 건립에서 운영, 변화 등 전반적인 모습에서 사족들의 상황이 반영되어 있다. 따라서 개별 서원에 대한 연구와 함께 군현 단위의 지역에서 서원의 양상을 살펴보는 것은 서원의 건립을 주도하는 사족들의 변화 모습을 볼 수 있는 중요한 요소라고 생각한다.
　이 글에서는 서원 연구가 많이 축적된 영남에서도 상주지역의 서원 건립 양상에 관해 서술하고자 한다. 영남은 가장 많은 서원이 건립되었으며 자료도 다른 지역과 비교하면 많이 남아있는 편이어서 영남 지역 서원에

---

1) 대표적인 연구로는 정만조,『조선시대 서원연구』, 집문당, 1997 ; 이수환,『朝鮮後期 書院研究』, 일조각, 2001 ; 윤희면,『조선시대 서원과 양반』, 집문당, 2004 ; 이해준,『朝鮮後期 門中書院 研究』, 景仁文化社 2007 ; 정순우,『서원의 사회사』 태학사, 2013 등이 있다.
2) 이수환,「2000년 이후 한국서원 연구의 현황과 과제」,『민족문화논총』67, 영남대학교 민족문화연구소, 2017, 129~130쪽.

대한 연구가 서원 연구를 주도하고 있다. 개별 서원의 사례연구는 대부분 영남지역의 서원을 대상으로 하고 있다.[3]

그 가운데 상주는 안동과 함께 영남의 내읍으로 인조반정 이후에는 한동안 정치적·학문적으로 영남을 대표하기도 하였다.[4] 동시에 환국 이후 서인계·노론계 사족들이 서원 건립을 주도하기도 하였다.[5] 따라서 상주에는 다양한 성격의 서원들이 존재하고 있었고, 각 서원에 대한 연구도 점차 증가하여 축적되고 있다.[6] 조선후기 상주 서원의 성격에 대한 전반적인 정리가 필요한 시점이다.

본 글에서는 기존의 연구를 바탕으로 17~18세기 상주지역 서원들의 건립과 운영 양상을 정리하고, 상주 지역 서원의 특징을 살펴보도록 하겠다. 다만 서원에 따른 자료의 차이에 따른 한계로 인해 조선후기 상주의 모든 서원을 분석하지 못한 점은 아쉬움이 남는다. 또 서원의 특징을 정리할 때에는 정치, 사회, 경제 등 다양한 요소가 고려되어야 하지만 자료의 한계로 서원의 건립과 제향 및 추향, 훼철과 복설 등의 사항에 중점을 두고 다루도록 하겠다.

---

3) 이수환, 앞의 논문, 120쪽.
4) 오수창, 「仁祖代 政治勢力의 動向」, 『한국사론』 13, 1985 ; 김학수, 『17세기 嶺南學派 연구』, 한국학중앙연구원 박사학위논문』, 2007.
5) 김학수, 앞의 논문, 2007 ; 채광수, 『18세기 영남지역 노론계 서원 연구』, 영남대학교대학원 국사학과 박사학위논문, 2019.
6) 상주의 서원에 대한 개별 연구는 다음과 같다. 송석현, 「17세기 후반~18세기 초반 도남서원의 운영과 상주 사족의 동향」, 『조선시대사학보』 79, 2016 ; 채광수·이수환, 「昌寧成氏 聽竹公派의 상주 정착과 노론계 院宇 건립 활동」, 『조선시대사학보』 79, 2016 ; 김순한, 「18세기 후반 상주 玉洞書院 청액활동과 사액의 의미」, 『민족문화논총』 72, 2019 ; 김순한, 「상주 玉洞書院 소장 자료의 유형과 특징」, 『한국서원학보』 9, 2019 ; 이병훈, 「16~18세기 近嵒書院의 변천-조선후기 서원 변천의 한 사례」, 『영남학』 71, 2019 ; 이병훈, 「17~18세기 문경 근암서원의 운영 실태」, 『嶺南學』 73, 2020 ; 김순한, 「조선후기 사주 白玉洞影堂」의 운영과 陞院」, 『민족문화논총』 79, 2021; 채광수, 「서원의 지식 네트워크 활동의 실제-상주 道南書院의 詩會를 중심으로-」, 『한국서원학보』 12, 2021.

Ⅱ. 17세기의 서원 건립 양상

1. 도남서원의 건립

조선시대 상주는 읍의 규모에 비해 사족들의 성장이 늦었다. 특히 지역의 토성 사족들보다는 타읍에서 이주한 사족들이 많았다.[7] 이 때문인지 서원의 건립 역시 다른 지역보다는 늦어져서 1606년이 되어서야 상주 최초의 서원인 도남서원이 건립되었다. 서원이 향촌 사족들의 구심체 역할을 하였다는 것을 생각해보면 상주 사족들의 결집이 다른 지역보다는 늦었다고 할 수 있다. 〈표 1〉은 상주의 서원 현황을 정리한 것이다.[8] 이를 통해 17세기와 18세기의 서원 건립 양상에서 차이가 있음을 알 수 있다.

〈표 1〉 상주의 서원

명칭	건립연대	제향자	추향	사액	위치(상산지)	비고
道南書院	1606(선조39)	鄭夢周, 金宏弼, 鄭汝昌, 李彦迪, 李滉	盧守愼(1617), 柳成龍(1631), 鄭經世(1636)	1676(숙종2)	주 동쪽 20리	
玉成書院	1631(인조9)	金得培, 申潛	金範(1647), 李埈(1647), 李塤(1710)		주 남쪽 30리 西山 북쪽 기슭	
近嵒書院	1664(현종5)	洪彦忠, 李德馨	金弘敏(1693), 洪汝河(1693), 李榘(1786), 李萬敷(1786), 權相一(1786)		주 북쪽 樹介村	
花岩書院	1692(숙종18)	金安節, 金濤	成灠, 申碩蕃		주 동쪽 20리	
興岩書院	1702(숙종28)	宋浚吉		1705(숙종31)	露岳 동쪽 기슭	

---

7) 李樹健, 『嶺南士林派의 形成』, 영남대학교 출판부, 1979, 92~95쪽.
8) 지리지, 읍지 등의 사료와 기존의 연구성과에서 정리한 내용을 바탕으로 작성하였다.

명칭	건립 연대	제향자	추향	사액	위치 (상산지)	비고
淵嶽書院	1702 (숙종28)	朴彦誠, 金彦健, 康應哲	金覺, 趙光壁, 康用良(1726)		주 남쪽 陽山리	
涑水書院	1703 (숙종29)	孫仲暾, 申祐	金宇宏(1730), 趙靖(1703), 趙翊(1826)		단밀현 서북 1리	
鳳山書院	1708 (숙종34)	盧守愼, 沈喜壽, 成允諧	丁好善, 金弘微, 曹友仁, 黃翼再		주 서쪽 鳳凰山 아래	정호선 상주 목사
西山書院	1708 (숙종34)	金尙容, 金尙憲	金祖淳(1855)	1861 (철종12)	주 서북쪽 수리	顯忠書院 으로 사액
雲溪書院	1711 (숙종37)	成灠, 申碩蕃, 趙根, 申碩亨, 成汝櫶, 金三樂	成灠(1784~86)		주 서쪽 50리	
玉洞書院	1714 (숙종40)	黃喜, 全湜	黃孝憲(1746), 黃紐(1746)	1789 (정조13)	牟東 白玉 峰 아래, 주 서쪽 60리	
孝谷書院	1724 (경종4)	宋亮, 金冲, 高仁繼, 金光斗			주 남쪽 孝谷山아래	
芝岡書院	1745 (영조21)	鄭國成, 趙又新, 曺希仁, 趙挺融			주 북쪽 30리	
洛巖書院	1745 (영조21)	金聃壽, 金廷龍, 金廷堅			주 동쪽 20리	
愚山書院	1796 (정조20)	鄭經世	鄭宗魯			
熊淵書院	1798 (정조22)	蔡貴河, 蔡壽, 蔡紹權, 蔡得沂			주 북쪽 60리	
鳳崗書院	1817 (순조17)	姜淮衆, 姜詞				

17세기에는 도남서원, 옥성서원, 근암서원이 30년 정도의 간격을 두고 차례로 건립되었다. 세 서원의 제향자에는 동방오현, 상주목사를 지낸 신잠, 이덕형과 같은 중앙의 지원과 명분을 얻을 수 있는 인물들이 포함되어 있다. 18세기에는 1692년 화암서원이 건립된 이후 서원의 건립이 증가하며 상주의 인물들을 주향으로 하는 서원들이 증가하였다. 따라서 이 장에

서는 도남서원, 옥성서원, 근암서원을 통해 17세기 상주의 서원에 대해 분석하고, 이후의 서원들은 18세기 서원으로 분류하여 분석하도록 하겠다.

상주의 사족들은 16세기 중반부터 각종 계를 결성하면서 향촌 사회에서 결집하고 있었다.[9] 그러나 향촌 사회에서 영향력을 확대하는 것은 임진왜란 이후로 보인다. 다른 지역과 마찬가지로 전쟁 기간의 의병 활동은 전후 복구과정을 주도하고 사족의 결집과 향촌 사회의 주도권 장악할 수 있는 명분이 되었다.[10]

16세기에 계를 결성한 사족 가문들은 임진왜란이 끝나자 洛社契를 결성하고 전쟁의 참화를 복구하기 위해 최초의 사설 의료기관인 存愛院 건립을 주도하였다.[11] 이들은 주로 상주 읍치의 남쪽인 남촌지역에 거주하는 경우가 많았으며 향사당 건립, 향안의 복구 등을 주도하였다. 그리고 낙사계 사족들이 주도하여 상주 최초의 서원인 도남서원이 건립되었다.

도남서원의 건립은 1605년 4월 송량, 김각, 윤진, 정경세, 조정, 이전, 이준, 강응철 8인이 정몽주, 김굉필, 정여창, 이언적, 이황의 5현을 모시는 서원을 건립하기 위해 논의한 이후 정경세가 통문을 돌리면서 시작되었다.[12] 이때의 8인 가운데 조정을 제외하면 모두 낙사계에 참여한 인물들이

---

9) 존애원 관련 자료를 보면 병인계, 무인계, 낙사계 등의 기록이 남아 있다. 상주문화연구소, 『存愛院』, 文昌社, 2005.
10) 정진영, 「임란 전후 상주지방사족의 동향」, 『조선시대 향촌사회사』, 한길사, 1998.
11) 한기문, 「조선후기 상주 존애원 설치의 배경과 의의」, 『尙州文化硏究』 10, 2000 ; 우인수, 「조선후기 상주 존애원의 설립과 의료 기능」, 『대구사학』 104, 2011.
12) 『愚伏集』 卷14, 雜著 「道南建院通文」, "士子進學之功, 莫甚益於群居講習, 後生崇道之典, 莫甚大於尊事先賢, 此書院之所以設, 而今古之所共由也, 吾南書院之盛, 甲於吾東, 殆至於比邑有之, 而吾鄕獨闕焉, 豈不爲一邦之大欠事而多士之所深歎耶, 恭惟國朝儒賢, 四先生之出皆在是道, 後生末學, 雖不及摳衣親炙於函丈之間, 而聞見敬慕之誠, 比之遠方, 尤益親切, 今欲選地於有洛之涘, 營立書院, 以寓羹墻瞻想之懷, 此係斯文大擧, 須與同志共議, 以重其謀始之事, 玆就各面別定有司, 文到宜偏告面內諸君子, 以五月初七日來會于玉成洞書堂, 幸甚, 嗚呼, 秉彛好德, 有生之所同, 會友輔仁, 吾儒之至樂, 想所樂聞, 故玆奉告"

다. 이후 서원 건립에 대한 논의가 반복되면서 참여하는 인원은 계속 증가하였고 최종적으로는 230여 명이 함께하였다.[13]

상주에서 최초의 서원을 건립하는 일인 만큼 지역 사족들의 공론이 잘 집약되었다. 창건을 알리는 통문은 정경세가 짓고, 서원의 규약은 낙사계의 규약을 만든 송량이 자성을 주도하였다.[14] 서원의 위치와 배치, 이름 등은 유성룡과 협의하여 정하였다. 건물이 완성된 이후 사당의 상량문은 정경세가 짓고, 강당의 상량문은 이준이 지었다. 이러한 과정을 정경세가 도남서원을 통해 서애계를 결집하고 퇴계의 문인들 가운데 그의 위상을 분명히 하고자 한 것으로 보기도 한다.[15] 서원 건립을 주도한 인물들은 유성룡의 문인들이 많이 분포하고 있으며 이후 유성룡을 추향하는 과정에서 그러한 면모가 드러나게 된다. 그러나 도남서원 건립 과정에서 핵심은 당시 상주의 선후배 사족들이 대부분 동참하여 진행되었다는 점이다.

도남서원은 이후 추향의 과정에서 사족들 사이에 견해차가 발생하였다. 1617년 노수신을 입향하는 과정에서 노수신의 위차 등의 문제로 경상도 강좌 사림들이 반발하였고, 상주 사족 중에서도 반대하는 견해가 있었다. 결국 정경세의 중재로 배향으로 이루어졌다.[16]

---

13) 도남서원에 참여한 사람들이 작성한 것으로 보이는 「道南書院創設稧案」에는 1605년 238명의 인물이 참여하였다. 이후 1656년까지 추록이 지속적으로 이루어져 총 423명이 기록되었다.
14) 『愚伏集』 卷14, 雜著 「道南建院通文」
15) 김학수, 앞의 논문, 2007.
16) 『愚伏集』 卷13, 書 「答道南山長丁巳」 '承示諭, 斯文盛禮, 一鄕大事, 乃生出一節拍, 極爲未安. 但反復令城主書則非有他意, 但慮寒岡之意實不快於從享, 而故爲宛轉於已定之鄕論耳. 若然則寒岡之意必不如此. 而又安有不悅者相唱和之理. 恐牧令公親切之情過爲疑慮耳. 今旣稟問於隣邑. 通諭於一鄕, 盛禮之擧只隔一宿. 而遽爲停止, 則傳播之說, 紛紜百端, 不可以戶說, 而鬧端作矣. 豈非不幸之甚乎. 令公之意果歉於從享, 而使之姑停, 則決然行之果爲未安. 今旣無此語則何可揣探其意而停止耶. 今但以無是慮之意洞陳於前, 繼以遽停生鬧之意詳說於後. 則令城主過慮之疑將必釋然. 何嘗有固必耶. 淺見如此, 惟願熟思細商, 使無後悔, 至善至善. 未由面論, 脈脈'

1631년에는 유성룡을 배향하고 1635년에는 정경세가 추향된다. 정경세의 추향 과정에서 조정(趙靖)은 정경세 문인들의 독단적이고 돌발적인 진행이라는 우려를 보이기도 하였다.[17] 당시 상주 사족들의 다수가 유성룡의 문인이라는 점에서 학봉 김성일과 가까운 조정은 다른 사족들과는 견해를 달리 한 것으로 보인다.[18] 그렇지만 정경세의 학문적, 정치적 위상으로 추향이 이루어질 수 있었다.

도남서원은 추향의 과정에서 경상도 강좌의 사림들이나 내부적으로 일부의 반발이 있기는 하였으나 상주 사족들의 폭넓은 참여와 지지를 통해 운영되었음을 알 수 있다. 제향 과정에서 필요한 제문, 봉안문과 같은 다양한 문자들의 저술도 상주 사족들이 직접 하였다.

5현을 봉안하는 봉안문은 정경세가 직접 작성하였다. 이후의 추향에서 노수신과 유성룡의 고유문은 이준이 쓰고, 정경세의 배향 제문은 정경세의 제자인 전식이 작성하였다. 스승인 유성룡의 조언이 있다고는 하지만 서원 건립의 발의와 진행, 이후의 문자 작성에까지 상주 사족들이 주도하고 있다고 할 수 있다. 이는 17세기 초반 영남에서 상주 사족들의 학문적, 정치적 영향력이 높은 상황과 함께 상주 사족들이 도남서원의 건립과 운영에 적극적으로 참여하였기 때문에 가능한 것이었다. 이후 상주의 서원들은 다른 지역 인물들의 참여가 보이는 것과는 다른 특징이다.

이런 도남서원의 성격은 이후로도 계속 유지가 된 것으로 보인다. 상주에 많은 서원이 건립되는 과정에서도 도남서원은 상주를 대표하는 서원으로 기능하였고, 폭넓은 사족 가문들의 참여가 계속 이루어졌다.[19]

---

17) 『溪巖日錄』, 「乙亥 10月 1日」
18) 일반적으로 조정은 김성일의 형인 김극일의 사위로 김성일의 문인으로 보고 있다.
19) 송석현, 「17세기 후반~18세기 초반 도남서원의 운영과 상주 사족의 동향」, 『조선시대사학보』 79, 2016.

2. 옥성서원과 근암서원의 건립

　도남서원에 유성룡을 추향하던 1631년 상수 읍지의 남쪽 지역인 靑里에 옥성서원이 건립되었다. 옥성서원은 김득배와 신잠을 제향하였다. 김득배는 상산김씨 가문으로 고려 말 홍건적을 토벌하여 공신에 책봉되었다 이후 모함에 빠져 상주에서 효수되었으나 누명이 벗겨지고 上洛君에 봉해졌다. 신잠은 1553년부터 상주목사로 재직하며 18개의 서당을 건립하였다. 이 서당들은 상주 사족들의 교육 공간이자 활동 중심지가 되었고, 서원으로 승원하거나 밀접한 연관을 맺는 경우가 많았다. 따라서 상주 사족에게는 유성룡과 함께 상주의 학풍을 진작시킨 인물로 숭상받았다.
　옥성서원 건립은 홍양이씨 이전, 이준 형제가 주도한 것으로 보인다. 특히 이준은 당시 정경세와 함께 상주를 대표한다고 할 수 있었다.[20] 서원 건립이 논의된 修善書堂이 두 형제가 강학 등의 활동을 하던 곳이며 서원의 위치 역시 홍양이씨 가문의 세거지와 가까운 청리지역이었다.
　옥성서원과 관련된 사료가 많지 않기 때문에 건립의 명분이나 자세한 과정에 대해서는 알 수가 없다. 다만 건립 과정에서 일어난 논의를 통해 일부 유추할 수 있을 뿐이다. 옥성서원 건립 논의는 1630년 수선서당에 신잠의 사당을 세우는 것에서 출발하였다. 이준이 작성한 기문에 의하면 신잠은 상주목사로 재직하며 서당을 창건하여 향촌 사회에서 학문을 일으켰다는 명분이 있었다.
　김득배의 경우에는 왜적을 토벌한 공로가 가장 크며 무엇보다 지역 출신의 인물이라는 점이 중요한 요소였던 것으로 생각된다. 이준은 "우리 고을은 文物의 고향인데 지금까지 전대의 현인을 정려한 곳이 없는 것은 이 땅에 사람이 없어서가 아니다"라고 하여 상주 출신의 인물을 제향하는 서

---

20) 이준은 사당의 기문과 신잠과 김득배의 봉안문, 축문을 작성하였고, 이후의 논란에서도 적극적으로 대처하였다.

원 건립의 정당성을 강조하였다.[21]

신잠은 수령으로서 학문을 일으킨 공로로 서원 제향의 명분이 뚜렷하였고 당시 신잠의 외손인 李溟이 경상감사로 재직하며 사당의 건립에 경비와 노비 등을 지원하며 서원 건립을 도왔다.[22] 하지만 김득배의 경우 상주 사족의 일부가 반대한 정황이 드러난다.

반대 의견을 대표하는 인물은 강응철로 정경세, 이준 등과 함께 유성룡의 문인으로 임진왜란 의병, 낙사계, 존애원, 도남서원 건립 등의 주요 활동을 함께 한 인물이다. 강응철은 김득배가 서원에 제향할 만한 요건을 갖추지 못한 것을 명분으로 반대한 것으로 보인다.

이준은 강응철에게 보낸 편지에서 "고금의 사당에 모시는 도는 하나가 아니어서 혹은 효행·충직·절의·도학으로 하기도 하고, 혹은 국가에 공이 있거나 백성들에게 은택이 있는 경우도 있습니다. (김득배의) 고사를 살펴보면 그 사항이 하나가 아니며 후세에게 모범이 되어 일세에 드러나지 않은 것이 없습니다"라고 하며 서원 제향의 정당성을 주장하였다.[23] 동시에 조정에게도 같은 논지의 편지를 보내어 강응철을 설득하기를 청하였다.[24]

정경세는 기본적으로 제향에는 찬성하면서도 신잠의 외손인 이명이 감사를 그만둔 후에 추진하는 것을 권하였다.[25] 무엇보다도 정경세는 당시

---

21) 『蒼石集』 卷10, 書 「答康明甫」, '以吾州文物之鄕, 至今無前賢旋異之地, 非此地之無人也' ; 이때 상주 출신 인물 가운데 노수신이 도남서원에 추향되어 있었다.
22) 『洛史彙纂』 「兩先生祠記」 '崇禎辛未秋, 方伯李公溟以書而抵愚伏諸公曰, 聞本州諸老, 欲爲先賢立祠, 而患財力之詘, 敢以若干財而佐其經費, 且將應役之隷爲廟僕, 盖公於靈川爲外孫也'
23) 『蒼石集』 卷10, 書 「答康明甫」, '古今之祠, 非一道, 或以孝行, 或以忠直, 或以節義, 或以道學, 或有勳業於國家, 或有惠澤於生民, 考諸古事, 其類非一, 無不標表一世以矜式後人'
24) 『蒼石集』 卷10, 書 「與趙女仲」, '近聞康明甫有入享未妥之語, 或恐不識先生之大忠大功大冤者, 亦偶有此見欲望兄將此議說破也'
25) 『洛史彙纂』 「愚伏先生言行錄」 '且有遺愛, 父老有享祀之議, 全沙西在慶州, 致書先生, 叩以此事, 先生亦以爲可, 而以非其時答之, 時靈川外孫李溟爲南帥, 先生之意,

유성룡의 도남서원 제향을 추진하는 과정에서 상주의 향론이 분열되는 것을 원하지 않았던 것으로 보인다. 결국 당시 상주를 대표하는 이전, 이준, 전식 등의 노력에도 논의가 시작된 이후 3년이 지난 1633년에야 서원이 건립될 수 있었다.

하지만 김득배의 제향에 대한 반대 여론이 완전히 사라진 것은 아니었다. 이후 김득배의 후손인 김범을 서원에 추향하기 위한 시도가 있었다. 김범은 상주 사족들에게 있어서는 학문의 스승이자 여러 가문을 혼인으로 연결하는 중심적인 인물이었다.[26] 따라서 일부 사족들은 김범의 제향을 반대하는 것이 아니라 무인인 김득배의 아래에 김범을 모실 수는 없다고 주장하였다. 이를 통해 보면 서원 건립 당시의 반대 역시 김득배가 상주 출신 인물이지만 무인이라는 인식이 큰 장애물이었다고 할 수 있다.

이전은 반대측에서 "김학사는 무인이다"라고 한 것을 두고 학사라는 용어 자체가 유학자인 관리가 청환직의 후보로 뽑힌 것을 말하는 것이니 무인이라고 할 수 없으며, 정몽주가 문하생을 칭하였다고 반박하였다. 동시에 정경세 등이 사당을 세우기로 논의한 것이 김득배의 사업과 충절을 잘 보여준다고 하였다.[27]

전식은 이러한 논란에 대해 더욱 적극적으로 김득배를 변론하는 글을 지었다. 김득배의 관직이 정당문학이니 무인이 아니고, 정몽주의 시를 근거로 하여 유학자로서 도원수가 되었으며, 이미 제향이 되었는데 저렇게 시끄러운 것은 부당하다고 하였다.[28]

蓋欲待李之歸而從容爲之也'
26) 권태을, 「后溪·西臺·愚谷·石川 先生의 敎學이 尙州儒學史에 끼친 영향」, 『后溪 金範·西臺 金冲·愚谷 宋亮·石川 金覺 先生의 尙州儒學史上 存在意義』, 2012 ; 姜貞和, 「后溪 金範의 學問性向과 士意識」, 『南冥學硏究』 10, 2000.
27) 『月澗集』 卷2, 書 「與全淨遠」, '所謂學士, 乃是儒官之淸選, 非武人之所得稱也, 又圃隱先生乃其門生, 而其詩又有書生合討文之句, 事蹟明白如此, 當初愚伏諸公之議立祠尊奉者, 以其事業忠節之可觀也'
28) 『洛史彙纂』 〈辨誣〉 戊寅 '金蘭溪得培入賢祠之後, 俗儒或以爲武人而譏之, 譏其位

이러한 논란 때문인지 김범의 추향은 1647년이 되어서야 이준과 함께 이루어졌다. 옥성서원은 1648년 서산의 산사태로 인해 건물이 묻혀 위판만 보전하여 수선서당으로 이안하고, 1710년 다시 중건하면서 이전을 추향하였다.[29]

서원의 창건을 사실상 주도한 이준은 사당의 기문을 작성하고, 김득배와 신잠의 봉안문과 축문을 직접 작성하였다. 김범과 이준을 추향할 때에는 韓克昌이 봉안문을 쓰고 康用良이 축문을 썼다.

한극창은 존애원 건립과 운영에 함께 참여한 韓瑞의 아들이고, 강용량은 강응철의 아들이다. 청주한씨 가문은 향사당 건립, 의병 참여, 낙사계와 존애원 참여 등 상주 사족으로의 지위가 굳건하였다. 이때까지만 하더라도 일부 반대가 있었지만, 상주 사족의 힘만으로 서원의 건립을 추진할 수 있었다고 할 수 있다. 하지만 1710년 이전을 추향할 때가 되면 봉안문은 안동의 권두인이 쓰고 축문은 안동 출신으로 상주 산양지역으로 이주한 김해가 썼다. 옥성서원의 건립을 주도한 가문들의 영향력이 줄어들고 다른 지역 사족들의 참여를 통해 서원의 운영을 유지하고 있음을 볼 수 있다.

근암서원은 옥성서원 건립 후 약 30년이 지난 1664년 상주의 북쪽이자 현재의 문경 지역인 山陽에 건립되었다. 먼저 산양지역의 학풍을 일으키기 위해 임진왜란 도중에 불타버린 근암서당을 1615년 복원하였다. 그리고 1653년 李榘가 홍언충을 모시는 사당을 건립하자는 내용의 통문을 상주 사림들에게 보내면서 본격적으로 서원 건립의 논의가 시작되었다.[30]

당시 산양지역의 사족들을 제외한 상주의 사족들은 이미 도남서원과 옥성서원이 있는 상황에서 더 이상의 서원 건립은 편하지 않으니 홍언충을

次亦在靈川之上云云, 其官是政堂文學, 則非武人明矣, 況鄭圃隱詩曰, 公本書生合討文, 奈何提劍掌三軍, 忠魂毅魄今安在, 回首靑山空白雲, 則以儒而爲都元帥者也, 忠魂毅魄字, 亦甚有力, 況今已享之事, 不當如彼囂囂也'

29) 『洛史彙纂』, 「謹書玉成事蹟後」
30) 『近嵒書院創建錄』, 「癸巳四月通本州文」

옥성서원에 합향할 것을 제안하였다.³¹⁾ 이러한 의견을 제안한 향교의 상유사는 한극성과 황빈이고, 도남서원 원장은 전극념, 옥성서원 원장은 정헌세였다. 모두 낙사계에 함께 참여하면서 도남서원과 옥성서원의 선립과 운영을 주도하던 가문의 후손들이었다.

이들과 달리 근암서원의 건립을 주도하던 사족들은 상주 북쪽의 산양지역에 세거하는 가문들이었다. 산양지역의 사족 가문은 부림홍씨를 제외하고는 대부분 17세기 초반에 이주하였다. 장수황씨는 상주의 대표적인 사족 가문이나 17세기 초반 黃廷幹 대에 산양지역에 자리를 잡았으며, 전주이씨 이구는 황정간의 외손자로 병자호란 이후 산양에 정착하였다. 안동권씨 권구 역시 17세기 중반에 산양으로 이주하였다. 상주 중심의 낙사계 사족들보다는 사론을 주도할 수 있는 영향력이 약하였다. 따라서 산양의 사족 가문들은 주변 함창, 용궁의 인천채씨, 옥천전씨 등과 함께 근암서원의 건립을 주도하였다.

상주 사족들의 반대로 인해 사당 건립 논의는 1664년에야 다시 시작되었다. 이를 주도하던 전명룡은 목사에게 글을 보내 지금 짓는 것은 조정에서 금지한 서원이 아니라 복원된 서당에 사당을 짓는 것이니 일꾼의 지원을 요청하였다.³²⁾ 서당 완공 이후에는 묘지기와 고지기의 면역을 위한 완문을 요청하고 있다.³³⁾ 다만 실제적인 서원으로의 승원은 1669년 이덕형을 제향하면서 예조의 허락을 받아 이루어진 것으로 보인다.

사당이 완공 된 이후 그 상황을 향촌에 알리는 통문에서 홍언충의 후손인 홍여하는 "우리 고을의 서원은 도남서원 이외에 옥성서원이 있는데 事體로써 말하자면 우암[홍언충]의 사당이 옥성의 아래에 있는 것은 아니다"라고 하였다. 서원의 건립을 반대한 상주 중심의 사족들에게 근암서원이

---

31) 『近嵒書院創建錄』, 「答通」 "第念一州三處立祀事, 涉未安, 似不可別設, 顧是玉成, 亦一鄕醫奉安之地, 他日合享, 未知如何".
32) 『近嵒書院創建錄』, 「甲辰七月日呈牧伯文」.
33) 『近嵒書院創建錄』, 「甲辰十月呈牧伯文」.

옥성서원에 버금가는 서원이라는 것을 드러내었다.

건물이 완성되고 홍언충의 봉안문은 안동 풍산의 金應祖가 쓰고, 이덕형의 봉안문은 홍여하가 작성하였다. 홍여하는 사당의 상량문도 직접 작성하고, 서원의 향사에 앞서 허목에게 글을 요청하기도 하였다.[34] 본인의 선조를 모시는 서당의 건립인 만큼 추진 과정에서 표면적으로 나서지는 않았지만, 건립이 결정된 이후에 적극적으로 참여하고 있다.

홍여하는 1693년 김홍민과 함께 추향이 이루어졌다. 이때 봉안문은 안동인 權愈가 짓고 고유문은 예안인 金兌一이 작성하였다. 1786년 이구, 이만부, 권상일을 동시에 추향할 때에는 상주 인물인 조석철, 유종춘 등이 제문을 작성하였다.

근암서원의 건립은 산양 사족들의 성장을 보여준다고 할 수 있다. 산양 지역은 안동권과 매우 가까운 만큼 서원 건립과 추향 과정에서 안동권 사족들이 많이 참여하고 있다. 서원 건립을 주도한 가문인 안동권씨와 안동김씨의 본향이며 거리상으로도 매우 가까워 교류가 활발하였기 때문이다.

근암서원은 건립 이후 상주 북쪽 지역 사족들의 결집처 역할을 한 것으로 보인다. 도남서원이 상주를 대표하는 서원이라는 상징성으로 향교와 함께 사론의 통합을 이루는 곳이라면 옥성서원은 남쪽 지역의 사족을 대표하고 근암서원은 북쪽 지역의 사족을 대표하는 역할을 하였다.[35]

도남서원과 옥성서원의 건립과 추향 등의 과정에서 그 주체는 상주의

---

34) 『木齋集』 권4 書 「擬上許眉叟」 '某白, 鄕曲疎闊, 未遂納拜之願, 傾灊則有素矣, 伏惟a124_390d秋凉, 尊道體起居加衛, 煩恐, 尙州山陽縣近嵒地, 有水石之勝, 申靈川牧尙時, 就建書堂, 頃年, 構廟屋, 祀寓庵洪先生, 因號近嵒書院, 寓庵, 乃某高叔祖, 玆者, 尙之儒士, 謂黃菴李先生, 亦吾鄕人也, 鄕諸老與李先生同時耆, 皆有尸祝之所, 而獨李先生無之, 寔儒林欠事, 與寓庵幷祀近嵒爲宜, 議以克合, 將以今十一月上丁, 擧縟禮, 而侑食之文, 需執事屬筆, 然後慊於多士之心, 故使某敢再拜以請, 伏惟執事, 特賜肯諾, 惠以高文, 以賁斯文盛擧, 如何, 不勝懇祈之至'

35) 권상일이 쓴 『청대일기』에는 수령의 방문, 강학 등과 함께 상주의 각종 현안에 대한 논의가 두 서원에서 활발하게 이루어지는 것이 나타난다.

사족들이었다. 논의가 발의되고 진행되는 과정에서 대부분 상주 사족들 사이의 의견 수렴과 대립이 중점이었다. 하지만 근암서원의 경우 상주 읍치에서 거리가 멀고 사족들의 성장과 확산이 상주의 다른 지역보다는 늦은 만큼 산양 주변의 사족들과 함께 건립을 시도하고 있다. 특히 안동지역 사족들의 적극적인 참여가 다른 서원들과의 차이점이라 할 수 있다.

Ⅲ 18세기 서원의 건립과 운영

1. 서인계 사족의 서원 건립

18세기 상주에서는 1692년 화암서원의 건립 이후 1725년까지 30 여년 사이에 임호서원, 흥암서원, 연악서원, 속수서원, 봉산서원, 운계서원, 서산서원, 옥동서원, 효곡서원 등이 연달아 건립된다. 18세기 후반에도 지강서원, 낙암서원, 우산서원, 봉강서원이 꾸준히 건립되었다. 이 장에서는 1절과 2절에서 18세기 전반의 서원 양상, 3절에서 18세기 후반의 서원 양상으로 구분하여 서술하도록 하겠다.

18세기 상주에서는 서원 건립이 증가하는 가운데 전반에는 서인계 인물을 제향한 서원이 건립되고 후반에는 문중서원이 건립되는 경향이 나타나고 있다. 이런 가운데 서원의 운영과 추향, 사액 등에서 가문을 연계로 하여 중앙 관료의 지원을 받는 서원들도 보인다.

17세기에 건립된 상주의 서원들은 상주 출신의 인물들을 주향으로 하는 데 있어 어려움이 있었다.[36] 이후 상주 사족들은 지역 인물을 제향하는 祠宇의 건설에 집중하였다. 1653년에는 홍언충을 제향한 鄕賢祠, 1656년

---

36) 도남서원은 정몽주, 김굉필, 정여창, 이언적, 이황, 옥성서원은 김득배, 신잠, 근암서원은 홍언충, 이덕형을 제향하면서 건립되었다.

에는 손중돈의 생사당을 복원하며 申祐를 함께 모신 景賢祠, 1685년에는 송량을 제향한 世德祠를 건립하였다. 그리고 1688년에는 봉산서당에 노수신의 사당을 건립하였다.

이때 건립된 사당 가운데 17세기에 서원으로 승원 된 것은 홍언충을 제향한 향현사뿐이다. 향현사 역시 근암서원으로 승원을 추진하면서 일부 상주 사족들의 반발이 있었다. 건립된 사당들은 17세기 동안 서원으로 승원하지 못하였으며 새로운 서원의 건립 역시 이루어지지 않았다. 그리고 1692년 화암서원의 건립을 기점으로 다수의 서원들이 건립되기 시작하였다.

화암서원 이후에 건립된 서원들은 상주 출신의 인물들을 주향으로 하고 있다. 주로 중종대 사림정치기 활동한 인물들과 선조-인조대 활약한 인물들이 그 대상이다. 〈표 1〉에 나타난 제향인을 보면 흥암서원의 송준길과 속수서원의 손중돈, 서산서원의 김상용, 김상헌, 김조순을 제외하면 모두 상주 출신으로 사화와 관련이 있거나 선조-인조대 활동한 인물들이었다. 제향된 다른 지역의 인물들은 상주 경주손씨의 선조인 손중돈을 제외하면 서인계 인물들이다.[37] 새로운 서원의 건립과 함께 추향도 진행되었다. 이때 추향된 인물들도 대부분 17세기 이후 상주 사족의 중심으로 활동한 가문 출신들이다.

도남서원 이후 옥성서원과 근암서원의 건립을 거치며 상주 사족들은 더 이상 서원의 건립과 운영에서 도남서원과 같은 지역 사족의 폭넓은 지지와 참여는 어렵게 되었음을 알게 되었다. 따라서 이 시기의 서원 건립 양상은 17세기와는 차이가 있다. 서원이 위치한 지역 주변의 몇몇 가문들이 중심이 되어 서원을 건립한 것이다. 그리고 이는 상주라는 지역의 특성으로 인해 서인계 사족들이 영남의 다른 지역과는 달리 서원을 건립할 수 있게 하였다.

---

37) 다만 속수서원의 손중돈은 상주 경주손씨의 선조인 만큼 다른 서인계 인물들과는 차이가 있다.

상주지역은 17세기 후반 예송과 문묘종사의 과정을 거치면서 영남에서 서인계 사족들의 활동이 활발한 지역이었다.[38] 상주의 서인계 사족은 17세기 초반부터 정착하여 세시적 기반이 굳건하였으며 다른 사족들과의 교유관계도 폭넓게 이루어졌다. 이를 바탕으로 상주의 서인계 사족들은 17세기 후반 당파 사이의 대립 상황에서 영남 서인계 사족의 활동을 주도할 수 있었다.

숙종대에는 원사 건립의 남설현상이 나타났고, 1694년 갑술환국 이후에는 서인계 서원에 대한 사액이 남발되었다.[39] 상주 서인계 사족은 중앙 서인계의 지원이 적극적으로 시행된 이 시기에 향촌 사회의 기반과 17세기 정치적 활동을 통한 서인계 집권층과의 유대를 바탕으로 서원을 건립할 수 있게 되었다.

1692년 건립된 화암서원은 상주에서 서원 건립이 확산되는 시기의 첫 번째 서원으로 서인계 사족들이 주도했다는 점에서 의미가 있다. 상주에서 상산김씨는 많은 분파가 존재하였고 다양한 가문과 혼인을 하였다. 그 가운데 김안절과 김도가 속한 전서공파는 인천채씨, 창녕성씨, 평산신씨와의 교유와 혼인이 두드러졌다.[40]

서원을 건립하며 봉안문은 성만징(成萬徵)이 작성하였고, 상량문과 축문은 채하징(蔡河徵)이 작성하였다.[41] 성만징은 송시열의 수제자인 권상하(權尙夏)의 문인이자 강문8학사의 한 사람으로 1704년 만동묘의 향사를 둘러싼 문제에서 송시열을 변론하였다.[42] 채하징은 송시열의 예론을 옹호하는 상소의 대표자로 이 상소로 인해 경흥으로 귀양을 다녀온 인물이었다.[43] 이들은 상주의 대표적인 서인계 가문 출신으로 특히 성만징은 당시

---

38) 김학수, 앞의 논문, 2007 ; 설석규, 『조선시대 유생상소와 공론정치』, 선인, 2002.
39) 정만조, 『朝鮮時代 書院研究』, 집문당, 1997, 141~154쪽.
40) 『商山金氏大同譜』.
41) 『洛涯遺稿』, 「花巖書院事蹟」.
42) 『秋潭集』, 「萬東祠是非辨」.

상주만이 아니라 영남의 대표적인 서인계 사족이라 할 수 있다.[44]

김안절은 서인과 남인의 대립이 심해지기 전에 활동한 인물로 조정의 매부이며 이괄의 난에서 이준, 조광벽과 함께 창의하였다. 동시에 상주의 대표적인 서인계 사족인 신석번과 매우 친하여 김안절이 죽은 후 묘표를 작성하였다. 결국 재지적 기반이 굳건한 상산김씨 가문의 인물로 당색을 가리지 않고 상주 사족들과의 교류가 넓은 것이 서인계 사족들이 건립을 주도하였음에도 서원 건립이 가능한 요인이 된 것으로 생각된다. 관과 중앙과의 교유관계가 넓은 서인계 사족들은 화암서원의 건립을 통해 재지적 활동의 기반을 닦았고, 18세기 중반에는 성람과 신석번을 추향하며 서인계 가문들의 영향력이 확대되는 것을 보여준다.

상주의 서인계 사족들은 이러한 경험을 바탕으로 자신들의 영향력을 확대할 수 있는 서원을 건립하게 된다. 1702년 흥암서원의 건립은 화암서원 건립에 참여한 바 있는 성만징을 중심으로 상주의 서인계 사족들이 주도하였고, 송시열과 함께 兩宋으로 일컬어지는 송준길을 제향하는 만큼 관의 적극적인 지원하에 이루어졌다.[45]

특히 성만징은 권상하와 협의하며 서원 건립 논의에서부터 봉안과 사액, 경원장 위촉 등을 주도하였다.[46] 흥암서원은 원장직을 권상하, 이재, 유척기 등 송시열의 문인들인 중앙의 고위 관직자가 맡고, 일유사·이유사가 존재하는 등 전형적인 서인계 서원의 운영을 보이고 있다.[47] 흥암서원의 운영에는 창녕성씨가 많이 참여하게 되며 18세기 후반에는 그 비중이 더욱 높아진다.

---

43) 『肅宗實錄』 4년 7월 2일, 7월 5일 기사
44) 김학수, 앞의 논문, 2007 ; 채광수, 앞의 논문, 2019.
45) 흥암서원의 건립과정에 대해서는 채광수, 이수환, 앞의 논문, 2016 참조.
46) 김학수, 「영남지역 서원의 지역적 특성과 정치사회적 성격」, 『조선시대 서원의 지역성과 정치적 성격』, 2007, 108~109쪽.
47) 홍충보존위원회, 『흥암서원지』, 「임원록」.

흥암서원을 기반으로 서인계 사족들은 곧바로 1711년에 지역 출신인 성람과 신석번을 제향하는 운계서원을 건립하였고, 2년 뒤에는 김상용과 김상헌을 제향하는 서산서원을 건립하였다.

운계서원은 상주의 대표적인 서인계 가문인 창녕성씨와 평산신씨가 자신들의 선조를 모신 서원이다. 성람은 정경세, 이준 등과 함께 활동한 창녕성씨의 상주 입향조이며, 신석번은 정경세의 문인으로 17세기 중반 송준길에 의해 산림으로 추천되기까지 한 인물이다.[48] 결국 운계서원은 상주의 서인계 사족들이 선조의 현창을 통해 지역에서 가문의 입지를 강화하기 위해 건립되었으며 이를 위해 중앙의 서인 관료들의 참여를 얻으려고 노력하였다.

운계서원의 상량문은 송시열과 송준길의 문인인 任埅이 작성하였다. 성람의 봉안문과 축문은 송시열의 5대손인 宋煥箕가 작성하고, 신석번의 봉안문은 洗馬를 역임한 李樸, 축문은 권상하가 작성하였다. 임방은 상량문에서 신석번의 학문이 성혼과 이이에게 있음을 밝히면서 동시에 정경세, 이준과의 종유를 언급하고 있다.[49] 송환기가 쓴 봉안문에서는 성람 학문의 연원을 이이에게 두고, 그가 상주에 정착함으로 자손들이 자리 잡을 수 있었다고 하여 상주에 대한 애정과 지역성을 강조하였다.[50] 두 사람 모두 학문으로는 이이에게 연원이 있음을 밝히면서도 상주 향촌 사회와의 깊은 관계를 부각시켰다. 이는 곧 당시 상주 서인계 사족들의 정체성이라고 할 수 있다.

서산서원에 제향된 김상용과 김상헌은 상주와 큰 연관이 없을 것 같지만 김상용은 정경세, 이준과 함께 사마시에 합격한 동방으로 1604년 상주 목사로 재직하며 상주 사족들과 많은 교유를 하였다. 김상헌은 존애원에서

---

48) 우인수, 『조선후기 산림세력 연구』, 일조각, 1999 ; 송준길은 이조판서, 좌찬참으로 있으면서 영남의 인물로서 신석번을 여러 차례 추천하였다.
49) 『百源集』 卷6, 부록, 「上樑文[判書任埅撰]」 '私淑淵源 傳襲牛溪栗谷之後, 請益浸灌, 從遊愚伏, 蒼石之間'
50) 『聽竹先生遺稿』, 「雲溪書院奉安文」.

도를 닦고 유교를 장려하였다고 한다. 이러한 명분을 통해 두 사람을 제향하는 서원이 건립될 수 있었다.[51]

서산서원의 건립에는 청도김씨가 주축이 되고 창녕성씨의 지원 속에 관의 후원이 있었다. 1708년 처음으로 서원 창건을 발의한 金必千, 서원이 건립된 직후인 1713년 청액소를 올린 金必粹는 모두 金三樂의 아들이다.[52] 김삼락은 정경세의 문인인 김백일의 후손이지만 신석번, 신석형 형제와 교유하고 창녕성씨를 후처로 맞으며 서인계와의 관계가 깊어졌다.

창녕성씨의 참여는 서산서원의 이건 과정에서 잘 드러난다. 1797년 김상용의 7대손인 목사 金在淳의 지원 속에 송준길의 현손이자 이재의문인인 宋明欽에게 학문을 배운 成最烈과 成載烈이 이건을 주관하였다. 오히려 서산서원은 이 과정에서 창녕성씨의 영향력이 강해지게 된다. 19세기 사액을 받을 때는 목사가 겸직하는 일유사를 제외한 모든 임원을 창녕성씨가 맡고 있으며, 성달원은 홍암서원과 서산서원의 원임을 겸직하기도 하였다.[53]

서인계 사족들은 세 서원을 연이어 건립하며 지역에서 활동 거점을 마련하는 동시에 중앙의 관료들, 그리고 지방관과의 관계를 더욱 강화할 수 있었다. 다만 세 서원의 위상에는 차이가 있었다. 홍암서원은 사액서원으로 중앙 정부에서나 지방에서나 그 위상이 확고하였고, 서산서원은 중앙의 인식이 높았으며 안동김씨 세도정권의 지원에 19세기에는 사액도 받았다.

반면 운계서원은 두 서원에 비해 한계를 보여주고 있다. 이는 1719년 서원 훼철에 대한 논의에서 잘 드러난다. 당시 예조판서 민진후는 3월 28일 서원을 중첩해서 설립하지 말라는 금령 이후에 새로 건립한 서원에 대한 폐단을 아뢰었고, 이후 영남의 조사 결과에 대해 논의하였다. 민진후는 상주에서 충렬사, 연악사 등은 철거하기로 하고, 서산서원과 운계서원의

---

51) 『西山書院事實』(국립중앙도서관소장).
52) 김학수, 앞의 논문, 2007, 114~115쪽.
53) 채광수, 앞의 논문, 2019, 63~65쪽.

처분에 대해 왕에게 묻자 영조는 서산서원은 보존하고 운계서원은 철거하라고 하였다.[54)]

이에 운계서원은 훼철된 것으로 보이며 성림과 신식빈은 화암서원 등 다른 서원에 추향을 하는 등 주향 서원이 없다가 1784년 운계서원이 복원되면서 다시 복향한 것으로 보인다.

상주의 서인계 사족들에게 운계서원은 향촌 사족으로서의 기반을 더욱 굳건히 할 수 있는 중요한 서원이었지만 중앙의 인식은 여러 남설된 서원들과 차이가 없었던 것이다. 오히려 서산서원이 선정신(先正臣)을 배향했다는 명목으로 남을 수 있었고, 결국 이러한 차이가 상주 서인계 사족의 한계라고 할 수 있다.

2. 남인계 사족의 서원 건립

남인계 사족들 역시 서원 건립에 적극적이었다. 먼저 속수서원은 1703년 상주의 동쪽인 단밀 지역에 건립되었다. 속수서원에는 상주목사를 지낸 손중돈과 여말선초 인물인 신우를 제향하였다. 손중돈은 그 후손인 손등이 상주에 정착한 경주손씨의 상주 입향조이며, 신우 역시 단밀 지역에 정착한 아주신씨의 입향조이다. 경주손씨는 상주 사족으로서 활발히 활동하지만, 아주신씨는 의성과 인접한 단밀의 특성으로 인해 의성 지역을 중심으로 활동하게 된다.[55)] 따라서 속수서원은 의성의 아주신씨들과 관련한 사족들의 참여가 눈에 띈다.

먼저 1656년 경현사를 건립한 이후 봉안문을 안동 풍산의 김응조가 지었다. 서원으로 승원하면서 상량문은 이준의 아들인 이원규가 지었다. 축문과 고유문은 신우의 후손인 申悅道와 申適道가 지었다.[56)] 특히 신열도는

---

54) 『書院謄錄』 숙종 45년 4월 초1일.
55) 장필기, 「조선후기 의성 아주신씨가의 가계 이력과 향촌 재지 기반」, 『한국사학회』 88, 2007.

장현광의 제자로 그의 권유로 의성의 읍지인 문소지를 지은 인물이다. 김응조는 신열도와 함께 장현광으로 제자로 신열도와 함께 여문10현으로 꼽히기도 한다. 속수서원의 건립에는 상주의 사족들과 함께 의성 사족으로서의 정체성이 더 강한 아주신씨와 안동권 사족들도 참여하였다.

속수서원은 1730년 김우굉과 조정을 추향한다. 이 과정에서 풍양조씨들이 서원의 운영에 적극적으로 참여하게 된다. 풍양조씨는 일찍부터 상주에 정착한 유력 사족으로 폭넓은 관계망을 갖고 있었지만 상주의 서원에 제향된 인물은 없었다. 가문을 대표하는 조정, 조익 형제는 선조에서 인조대에 걸쳐 향촌에서 다양한 활동을 하였지만 동시대의 상주 사족들이 대부분 유성룡의 제자로 인식되는 반면 조정은 김성일의 형인 김극일의 사위이자 김성일의 제자로 인식되고 있었다.

조정을 속수서원에 추향하며 봉안문은 이현일의 아들인 李栽와 17세기 후반에 상주의 노곡에 정착한 이만부가 작성하게 된다.[57] 이러한 관계는 17세기 안동에서 학봉계를 아우른 이현일과의 관계와 함께 속수서원이 안동권의 영향을 많이 받는 곳이었음을 잘 보여준다.

풍양조씨는 1730년 경상감사로 부임한 趙顯命에게 조정의 증손인 趙大胤의 묘표를 새로 받았다.[58] 당대 세도가문인 풍양조씨와 일족이라는 명분으로 묘표를 청한 것으로 보이며 이러한 관계는 1760년 풍양조씨 대종중의 족보를 상주에 보관하는 것으로 이어지게 된다.

당대 세도가의 지원과 안동, 의성 지역의 학봉계와의 관계망을 바탕으로 풍양조씨는 속수서원에 조정을 추향할 수 있었던 것으로 보이고, 19세기에는 조익의 추향도 이루어졌다. 풍양조씨의 상주에서의 영향력은 점차 확대되어 조석철은 속수서원을 중심으로 강학을 하며, 만년에는 도남서원

---

56) 『退齋先生實記』「奉安文」.
57) 『密菴集』,「涑水書院奉安文」;『息山集』,「涑水書院奉安享賢文」.
58) 『歸鹿集』,「處士趙公墓表」.

에서도 강학을 하고, 다른 서원의 운영에도 참여하게 된다.

속수서원은 상주와 의성의 경계에 위치하여 의성의 아주신씨가 주도하였지만 18세기 중반 조정과 김수광을 추향하며 풍양 조씨를 중심으로 한 상주 사족들의 참여가 확대되었다.[59] 동시에 학봉계열의 안동권 사족들과의 연계도 강화된 것으로 보인다.

연악서원은 16세기 상주 인물인 박언성, 김언건, 강응철을 제향하였다. 강응철은 유성룡의 제자로 정경세와 동시대에 활동을 한 인물이며, 박언성과 김언건은 그들보다 한세대 이전의 인물들이다.

이들 가문인 상주박씨, 영산김씨, 재령강씨는 일찍부터 상주에 정착하거나 상주의 토성으로서 17세기 상주지역의 사족 활동에 적극적으로 참여하고 있었다. 특히 1702년 연악서원의 건립은 강응철의 후손인 재령강씨와 이준의 후손들을 중심으로 이루어진 것으로 보인다.

연악서원은 건립한 지 얼마 되지 않아 훼철되었다.. 1702년 전라감사인 민진원은 서원이 남설되는 상황에서 서원의 건립을 억제할 것을 상소로 올리게 되고 1703년에는 서원의 남설이 금지되었다.[60] 하지만 제대로 지켜지지 않자 앞서 언급한 1719년 예조판서인 민진후의 건의로 1703년 서원 금령 이후 건립된 서원에 대해 조사하게 되고 1725년에 경상도에서 16개 서원이 훼철되었다. 연악서원이 이때 훼철 대상에 들게 되었다.

당시 사림들이 유소를 올렸으나 받아들여지지 않았고 이에 직접 상언을 올리게 되었다. 상주 사족인 강만정, 성덕징, 이시우가 중심이 되어 작성한 상언은 1719년 조사 당시 훼철하지 말 것을 관리들이 정하였으나 관리들이 교체되며 제대로 전달되지 않아서 이후에 훼철 대상으로 들어갔다며 그 부당함을 호소하였다.[61] 이에 예조판서 沈宅賢은 서원을 보존하는 것으로

---

59) 『청대일기』에는 도남서원 재임과 속수서원 재임의 중복에 대한 문제도 언급되고 있다.
60) 『承政院日記』 숙종29년 4월 4일 기묘.
61) 『芸亭集』, 「淵嶽書院復享時上言」.

비변사에 계를 올렸고 연악서원은 복원할 수 있었다.[62]

　이 무렵인 1726년 연악서원에는 김각, 조광벽, 강용량이 추향되고 있다. 상황을 볼 때 복원과 함께 추향을 한 것으로 보이는데 김각은 영산김씨, 조광벽은 풍양조씨의 인물들로 모두 김언건, 강응철과 함께 활동한 인물들이며 강용량은 강응철의 후손으로 17세기 후반 활동한 인물이다. 연악서원은 상주 낙동의 주요 가문들이 모두 참여하는 형태가 되었으며 추향하는 과정에서 봉안문과 축문을 모두 풍양조씨 조석철이 작성하여 풍양조씨 가문의 영향력이 커지고 있음을 볼 수 있다. 추향 이후 김언건은 그 행장을 이익에게 받고, 묘갈문은 안동의 이상정, 묘갈음기는 유주목이 작성하였다.[63]

　연악서원의 복향 상언에 참여한 인물을 보면 강만정은 강응철의 후손이고 이시우는 이준의 후손이다. 특이한 것은 성덕징으로 창녕성씨인 그는 상주의 대표적인 서인계 사족이다. 1718년 송시열, 송준길의 문묘종사 상소를 올렸으며, 1725년에는 송시열의 도봉서원 복향을 청하는 상소에 참여하였다.[64] 1726년과 1735년에도 중앙의 노론과 소론의 대립에서 노론을 지지하는 영남의 유소에 참여한 인물이었다. 이런 성덕징이 상언에 참여한 이유는 당숙인 成虎詳이 조정의 5남인 조흥원의 사위로 상주 사족들의 당색을 초월한 혼인관계로 인한 것으로 보인다.

　결국 연악서원의 복원에는 성덕징과 창녕성씨를 통한 중앙과의 인맥이 중요하게 작용하였다고 할 수 있다. 연악서원은 상주 일부 가문들이 중심이 되어 서원을 건립, 운영하였으나 18세기 서원의 난립 상황에서 운영의 한계로 인해 더 많은 가문이 참여하였고, 관이나 중앙 남인들과의 관계 강화에 노력하였다.

---

62) 『芸亭集』, 「禮曹 啓辭」.
63) 『星湖全集』, 「芸亭金先生行狀」.
64) 『肅宗實錄』 卷62, 11월 8일.

3. 18세기 후반 서원의 운영

18세기 전반 상주의 사족 사회는 남인과 서인이라는 정치적 입장 차이를 배경으로 향촌 사회의 문제들을 두고 대립하였다.[65] 따라서 서로 간의 세력 확장과 결집을 위해 여러 가문이 서원을 중심으로 결집하는 모습을 보여주었다. 지방 향촌에서는 중앙의 정치 상황에 대한 활동을 17세기만큼 활발히 할 수 없었으며, 상주의 각 가문은 정치적 대립보다는 각자 가문의 현창과 이익을 위해 움직이게 되었다.

18세기 후반 서원은 향촌공동체적 연대 관계가 강조되기도 하였으나 문중적인 분기 현상을 보여주기도 하였다.[66] 상주의 일부 사족들은 향촌사회의 활동에서 가문을 강조하고 있으며 이는 선조들의 문집을 간행하고, 서원의 운영이 달라진 것으로 나타났다. 기존 서원에 대한 추향이 지속되는 와중에 단일 가문이 주도하는 서원이 건립되어 문중의 선조를 제향하는 것이 일반화되고 있었다.

가문의 강조로 인한 문중화는 영남이라는 지역과 남인이라는 정치적 성향을 떠나 하나의 종중을 통한 결집이 이루어졌다. 이는 중앙의 세도 가문이 대종중의 족보를 편찬하는 과정에 참여하는 모습에서도 드러난다. 중앙의 세도 가문들은 족보를 작성하고, 그 과정에서 전국 각 지역에 흩어져 있는 문중들의 지원과 참여가 이루어졌다. 지역의 사족들은 이를 통해 중앙과의 유대를 강화하고자 하였다. 그리고 이를 통해 형성된 유대는 향촌 사회에서 서원의 운영이나 선조의 현창 사업에서 중앙의 지원을 받을 수 있게 하였다.

18세기 후반 상주에서는 기존 서원의 추향 작업이 다양한 모습으로 나타나고 있었다. 추향을 통해 다양한 가문을 참여시켜 지역에서의 영향력을

---

65) 송석현, 앞의 논문, 2016.
66) 이해준, 『朝鮮後期 門中書院 硏究』, 경인문화사, 2007, 43쪽.

더욱 확대하고자 하는 경우도 있고, 추향 과정에서 서원의 주도권이 바뀌거나 가문들끼리 대립을 보이기도 한다.

먼저 다양한 가문들이 참여하며 지역에서의 영향력을 확대해 가는 양상은 근암서원의 추향 과정에서 볼 수 있다. 산양지역의 근암서원은 1786년 이구, 이만부, 권상일을 추향하게 된다. 근암서원은 홍언충과 홍여하를 제향한 부림홍씨와 건립에 적극적으로 참여한 전주이씨, 안동권씨가 운영을 주도하였다. 그리고 18세기 후반이 되어 산양의 사족인 전주이씨와 안동권씨가 자신들의 선조를 서원에 추향하는 데 성공하였다.

이구는 17세기 초반 활동한 인물로 근암서원의 건립 당시 本州에 상황을 알리는 통문을 작성하며 서원의 창건을 주도한 인물이다.[67] 이만부는 권상일과 함께 18세기 전반 상주를 대표하는 학자라고 할 수 있다. 특히 권상일은 산양지역 출신으로 상주를 대표하는 학자이자 관료였다.[68] 이구와 권상일은 17세기 초반 산양지역에 정착하여 근암서원의 건립과 운영에 관여한 전주이씨와 안동권씨 가문 출신으로 근암서원 추향의 명분이 충분하였다. 이만부의 경우에는 지역적 연고는 부족하였으나 유학을 계승하여 상주에서 향약을 펴고 학문을 가르쳐 그 중심을 잡은 것을 강조하였다.[69]

각각의 선조들을 추향하는 데 성공한 가문들은 문집을 간행하기 위해 노력하였다. 이구의 문집인 『活齋集』은 손자 이사번과 증손 이유춘 등이

---

67) 『近嵒書院創建錄』, 「癸巳四月通本州文」.
68) 18세기 권상일과 근암서원의 활동과 영향력에 대해서는 이수환, 『청대일기』를 통해 본 권상일의 서원활동, 『민족문화논총』 62, 2016을 참조.
69) 『息山集』, 附錄 上 「近嵒書院奉安文」, '吾道之南, 師儒世作, 抽關啓鍵, 牖我蒙學, 斯我先生, 應期挺生, 承襲前人, 詩禮鯉庭, 弱齡志顓, 已在閩洛, 無文不涉, 無理不覈, 博而積之, 旣涵旣秩, 亦旣蹈之, 見卓行立, 卷而南遷, 山與俱息, 日工時程, 敬準誠的, 文編道東, 受用之切, 精發易統, 究竟之法, 旋招一謝, 歸袂翩然, 樂我初服, 與道周旋, 山頹一旿, 士淚沾裳, 德有其鄰, 學不異方, 推身及物, 礪世磨俗, 鄕申呂約, 塾遵程氏, 名敎之中, 砥柱功卓, 畏壘議起, 疇不曰宜, 惟玆嵒院, 四賢舊祠, 時雖相後, 道則揆一, 同堂揭虔, 曠世休匹, 羣謀允叶, 鄰牘齊發, 辰良日吉, 衿佩紛集, 像位有儼, 德將在斯, 靈應啓佑, 庶幾格思'.

가장사초를 바탕으로 수집하여 이만부가 서문을 쓰고, 1723년에는 안동의 權斗經에게도 서문을 받았다. 따라서 18세기 초반 문집의 체제를 갖추었으나 간행 여부는 분명하지 않다. 『활재집』은 이구가 근암서원에 추향된 이후인 1805년 정종로가 행장을 쓰고, 남한조가 묘갈명을 작성하여 부록을 추가하고 간행하였다.

이만부의 문집인 『息山集』은 1740년 이전에 어느 정도 정리가 되었으나 후손들이 가난하여 간행하지 못하던 것을 1798년 영남의 유림과 향교에서 비용을 대어 간행하기로 논의가 일어났다고 하였다. 그리고 1813년 정종로를 중심으로 상주 갑장산 북장사에서 교정을 마치고 간행하였다고 한다.[70]

권상일은 1783년에 죽림정사에 먼저 봉안을 하였다. 그리고 1786년 근암서원에 추향하고, 4년 후인 1790년에는 僖靖이라는 시호를 받았다.[71] 권상일의 문인인 조석철과 그 후손들은 1796년 그동안 모은 가장초고를 바탕으로 편집하였고, 1797년 정종로에게 서문을 받아 간행하였다.

근암서원 추향 과정의 특징은 서원의 창건과 운영에 관여하던 산양 사족들의 선조들이 제향되고, 새롭게 이만부가 제향되면서 기존 사족들간의 유대를 강화하면서 새로운 가문의 참여가 이루어진다는 점이다. 특히 안동 권 사족들과의 관계가 두드러진다. 이구의 봉안문과 축문은 권상일의 문인인 조석철이 지었고, 이만부와 권상일의 봉안문과 축문은 유성룡의 5대손인 안동 풍산의 柳宗春이 작성하였다.

이는 이만부와 권상일의 혼인에서도 볼 수 있다. 이만부는 첫 번째 부인인 의성김씨 김이해의 딸이 죽고 유성룡의 증손인 柳千之의 딸과 혼인하였다. 권상일은 두 번째 부인인 여흥이씨 이만영의 딸과의 사이에서 태어난 아들을 柳聖和의 딸과 혼인시켰다. 유성화는 유성룡의 5세손으로 풍산

---

70) 『息山集』, 「息山集跋」
71) 『正祖實錄』 권30 14년 4월 11일.

유씨의 적장자이다. 권상일이 여흥이씨가 죽고 난 후 맞은 세 번째 부인은 예안의 진성이씨 李柔의 딸이다.

근암서원은 17세기 중반 건립된 이후 지속적인 추향을 거쳐 도남서원과 함께 상주 남인계를 대표하는 서원으로 자리잡게 된다.[72] 그러나 참여하는 가문들의 성격과 서원 운영에 참여하는 구성원들을 보면 상주의 산양지역 사족들을 중심으로 안동권 사족들의 참여가 두드러지게 보인다.

황희와 전식을 제향하고 있던 옥동서원은 1746년 황효헌과 황뉴를 추향한다. 옥동서원은 장수황씨와 옥천전씨 가문의 인물이 제향되었으나 운영에 있어서는 사실상 장수황씨가 주도하고 있었다. 옥동서원에 제향된 전식은 정경세의 제자로 인조대 대사간을 지내면서 17세기 중반 상주를 대표하는 사족이었다. 전식의 아들 全克恒은 병자호란이 일어났을 때 한양을 지키다가 죽었다.[73] 전식은 黃德柔를 사위로 삼아 장수황씨와의 관계를 맺었으나 전식의 아버지 전여림 대에 상주에 정착한 옥천전씨는 15세기에 이미 상주에 정착한 장수황씨에 비하면 상주에서의 기반이 약하였다.

이러한 상황은 옥동서원의 운영과 사액 과정에서 드러난다.[74] 18세기 옥동서원 원장의 가문별 상황을 보면 장수황씨 22명, 풍양조씨 16명, 흥양이씨 13명, 진주강씨 10명, 상산김씨 5명, 부림홍씨 5명, 신천강씨 3명, 경주손씨 3명, 성산여씨 3명 등이다. 앞의 네 가문이 원장을 번갈아 가며 맡고 있다고 할 수 있으며, 특히 장수황씨는 다른 가문들보다 훨씬 많은 숫자가 보인다. 그러나 옥천전씨는 1761년 全始亨과 1763년 全氣和 두 명만 원장을 역임하였다.[75]

---

72) 이병훈, 「16~18세기 近嵒書院의 변천 – 조선후기 서원 변천의 한 사례」, 『영남학』 71, 2019.
73) 『正祖實錄』 권21 10년 2월 2일.
74) 이후 옥동서원의 사액과정은 김순한, 「18세기 후반 상주 玉洞書院 청액활동과 사액의 의미」, 『민족문화논총』 72, 2019를 참조하였다.
75) 『玉洞書院任員錄』, 1714~1800년.

1788년 옥동서원 청액을 하는 과정에서도 문제가 발생하였다. 청액의 과정은 상주의 여러 서원과 장수황씨 문중을 중심으로 발의하고, 중앙의 황희 봉손이 지원하는 형태였다. 이 과정에서 옥천진씨의 참여가 크지 않은 상태였다.

결국 7월 상소문의 초안을 작성하며 주향을 황희만 기록한 것을 두고 한양 사람들과 다툼이 일어나기도 하였다.[76] 이 사건은 11월까지 계속되며 상주에서 논의가 일어나기도 하였고, 결국 옥동서원에 제향된 4현의 사적을 모두 기록하는 것으로 바뀌게 된다.[77]

그러나 이후 4현의 사적을 책자로 만들면서 순서를 위패의 순서가 아닌 나이순으로 기록하여 황효헌이 전식의 앞에 오게 되는 것으로 인해 양 가문의 충돌이 해결되지는 않았음을 보여준다. 1789년 사액이 결정되고 예식을 위한 경비를 조달하기 위해 각지에 부조를 요청한 현황을 보면 더욱 두드러진다. 이때 장수황씨 문중의 부조를 제외하고는 풍양조씨와 진주강씨가 많은 부조를 하였고, 이 양 문중을 제외한 타 문중의 부조 실적은 저조하였다. 전식 문중에서 보내온 부조는 동전 1관을 제외하면 전무한 상태였다.[78] 이는 18세기 옥천전씨와 옥동서원의 관계가 약화되고 있음을 보여준다.

결국 옥동서원은 18세기 후반 추향과 사액을 거치면서 장수황씨 문중이 주도권을 장악하게 되고 문중서원화 된다고 할 수 있다. 이 과정에서

---

76) 『疏廳日記』'七月初一日, 黃聖休趙奎鎭黃夏鎭黃弼熙, 訪金典籍, 則疏草已成, 但疏中只擧元位, 不及配位, 盖以京議, 援據近例, 而嶺人爭之, 不得故也, 雖曲從京議, 而心甚未安, 卽袖來就質京中諸處計'

77) 『疏廳日記』'己酉正月初一日, 二十四日, 疏首與黃聖休將往宋別檢家, 歷訪奧監察於霜臺直房而來, 捧疏蒙批之後, 雖有傳便於本院, 而不可無直便通奇之道, 且自上有親撰祭文之敎, 則親撰之時, 或慮有採錄正配位事蹟之念, 故上來之日, 雖已略略修錄, 而自疏廳狩難詳記精書, 罔夜走人于尙州, 以爲修錄四賢事蹟之地, 納疏之後, 留在闕外, 事體如何, 故夕後還接於板井洞舊館'

78) 김순한, 앞의 논문, 2019, 117쪽.

장수황씨는 지역 사족인 옥천전씨보다 중앙 문중과의 유대를 강화하였다. 상주 장수황씨 문중과 한양의 장수황씨 문중의 유대는 당시 활발하게 일어나고 있던 족보의 간행이나 옥동서원에 대한 지원에서 확인할 수 있다.[79]

1780년 상주의 黃啓熙가 옥동서원의 원장으로 있으면서 서원의 재정이 어려울 때 의령현감을 지내던 黃昌源이 여러 물품을 보내어 서원의 운영을 도와주었다.[80] 1781년 중앙에서 장수황씨 족보를 간행할 때는 황계희가 상주 문중을 대표하여 시일이 촉박하니 조금 늦추어서 완벽하게 하는 것이 어떻겠냐는 내용을 당시 우참찬이자 족보 편찬 업무를 주관하는 것으로 보이는 黃景源에게 보내기도 하였다.[81] 황경원은 도암 李縡의 문인으로 영조와 정조대에 각종 판서와 대제학을 역임한 인물이다. 황창원은 황경원의 사촌으로 청풍부사 등을 지냈다.

황계희는 대산 이상정이 '우리 도를 맡길 만하다'라고 평가하였으며 1777년 사마시에 합격한 후로는 과거 공부를 그만두고 학문에만 정진하였다. 1783년 경상도 관찰사로 부임한 李秉模는 그에게 『講義』의 편집과 교정을 부탁할 정도로 영남에서 유망한 인물이었다.[82] 황계희는 이러한 지방에서의 위상을 바탕으로 장수황씨 종중을 통해 중앙의 관료들과 관계를 맺을 수 있었던 것으로 보인다. 그리고 중앙과 지방 문중의 이러한 유대를 바탕으로 상주의 장수황씨는 옥동서원의 사액을 추진할 수 있었던 것으로 보인다.

1789년 청액소 당시의 임원으로 참여한 인물이 옥동서원의 원장 黃聖休, 재임 黃彌熙, 黃宅坤이었으며, 한양에 도착하여 가장 먼저 한 일도 종친

---

79) 일반적으로 족보 편찬은 17세기부터 본격화되었고, 18~19세기에 가장 활발한 것으로 본다. 김명자, 『조선후기 安東 河回의 豊山柳氏 門中 연구』, 경북대학교 박사학위논문, 2009, 181쪽.
80) 『審幾堂集』 권1 書, 「答黃宜寧」
81) 『審幾堂集』 권1 書, 「與黃判書」
82) 『審幾堂集』 권1 書, 「答李方伯」

인 감찰 黃瑗, 종손 黃道源과 성균관의 영남 유생들을 만나 청액소에 대해 의논하고,[83] 당시 우의정인 蔡濟恭을 만나 청탁 활동을 하는 것이었다.[84]

옥동서원은 두 가문의 선조가 제향된 서원이었으나 18세기 문중의 영향이 강해지며 그 운영을 둘러싸고 두 가문 사이에 충돌이 있었고, 결국 상주에서의 기반이 크고 중앙 문중과의 유대를 이룬 장수황씨가 서원을 장악하는 모습을 보여준다.[85]

지방과 중앙 문중의 유대는 풍양조씨에게서도 보인다. 1730년 조현명이 경상감사로 재직하며 풍양조씨 대동보 창간보를 간행하고, 그 목판을 상주 호군공파 자손들의 보호를 받을 수 있는 淸溪寺에 보관하고 보각 수호답을 사서 두었다. 1760년 족보를 중간한 후에는 갑장산 南長寺에 보각을 짓고 창간보와 중간보를 함께 보관하였다. 이후 수호답을 지속적으로 보충하여 보각 수리와 추간 비용을 마련하였으며 호군공파 자손 2인을 보각 유사로 정하였다.[86] 풍양조씨는 1826년에도 趙寅永이 경상도 감사로 왔을 때 역시 남장사에서 종회를 열어 족보의 보관에 대한 논의를 하고 있다.[87]

조선시대 족보의 지역적 편간 사정을 살펴보면 15~17세기까지는 안동권을 비롯한 영남의 재지사족들에 의해 많이 간행되었고, 17~19세기 전반

---

83) 『疏廳日記』 6월 초4일~8일.
84) 『疏廳日記』 6월 9일, '九日, 朝前趙奎鎭黃聖休, 往見俞承旨恒柱, 借得下人, 因往蔡相濟恭家以闖阻, 先見其胤子弘遠 夤緣納卿 而進拜乘間 言請額事顚末 蔡相答曰 士林之事 吾何知之云云 奎鎭起而請曰 今日儒生之上來者 專恃於大監 大監若不指揮 則嶺士於何稟質 蔡相賜顔 無甚落落 奎鎭又起而請曰 京中諸議多言 非特今日設疏與否 一聽大監指揮而決之 蔡相答曰 須爲之也'
85) 현재 19세기 옥동서원의 임원록이 남아있지 않지만 20세기의 임원록을 보면 黃氏 96명, 李氏 42명, 趙氏 40명, 全氏 10명 등으로 18세기에 임원을 맡은 문중들과 비슷한 구성을 보이지만 황씨의 비중이 좀더 높아졌음을 알 수 있다. 이러한 경향은 19세기에도 지속적으로 이어져 온 것으로 보인다. 『玉洞書院任員錄』, 1900~1962년.
86) 이연숙, 「18~19세기 풍양조씨의 대종중 형성과 족보간행」, 『민족문화』 43, 2014, 341쪽.
87) 『南長寺宗會時日記』(상주박물관 소장).

까지는 서울의 벌열가문을 비롯하여 기호지방에서 많이 간행되었다.[88] 족보는 지속적인 추가 간행이 필요한 사업이라는 점에서도 이렇게 문중의 족보를 통해 형성된 관계는 이후에도 계속 유지되었으리라 생각할 수 있다.

경술환국으로 중앙에서 남인과 서인의 대립이 단락되고, 이인좌의 난 이후 영남에 대한 유화책이 시행되자 향촌 사회에서는 정치적 대립도 줄어들었다. 이는 상주 서인계 사족들의 활동에도 중앙과의 관계망 유지와 지원에 어려움을 겪게 하였다. 상황의 변화는 서인계 사족이 중앙의 지원 속에 다수의 서원을 건립할 수 있었던 18세기 전반과 달리 서원의 남설로 인한 훼철 문제에서 중앙의 지지를 받을 수 없음을 보여준다.

18세기 후반 화암서원과 운계서원의 훼철과 복원, 그리고 추향 과정은 서인계 사족의 문제점을 잘 드러내고 있다. 향촌 인물을 제향한 운계서원이 문벌가문을 제향한 서산서원에 밀려 훼철되고 이 과정에서 서인계 사족들은 선조들의 위패를 두 서원에 번갈아 가며 모시며 대립하기도 하는 모습을 보여준다.

1692년 건립된 화암서원은 상주의 토성 사족인 상산김씨 김안절과 김도를 제향하였다. 그러나 건립 과정에서는 서인계인 창녕성씨와 인천채씨가 주도하였다. 이어서 상주 서인계 사족들은 선조를 제향한 운계서원을 창건하며 활동의 중심이 흥암서원, 운계서원이 되었다.

1725년 蔡之洪이 쓴 봉안문에 의하면 운계서원을 건립하며 화암서원에서 김안절과 김도의 위패도 옮긴 것으로 보인다.[89] 하지만 운계서원이 1742년 서원금령으로 인해 훼철되면서 두 사람의 위패는 화암서원으로 돌아왔다.[90] 이때 성람과 신석번의 위패는 화암서원으로 옮기지 못하였다. 1747년 화암서원을 옥산 아래쪽으로 이건하면서 두 사람을 추향할 수 있

---

88) 이수건, 『한국의 성씨와 족보』, 서울대학교출판문화원, 2003, 66쪽.
89) 『洛涯遺稿』 附錄 事實 奉安文, '乙巳○合享雲溪書院時○詠議鳳巖蔡之洪撰'
90) 『洛涯遺稿』 附錄 事實 還安文, '是歲 復還安花巖 朝家有甲午後今甲 而雲溪毁撤 故多士呈文巡相 還安舊廟, 還安文'

었다. 그러나 1769년 다시 조정의 명령으로 두 사람을 철향할 수밖에 없었고, 1784년 운계서원을 복원하면서 다시 제향하게 되었다.[91]

이런 복잡한 상황에서 세향인을 옮기는 과정은 대부분 청녕'싱'씨와 인친채씨, 평산신씨들이 주도한 것으로 보인다. 운계서원으로 합향할 때 봉안문을 쓴 채지홍은 권상하의 문인으로 성만징과 동문 관계이다. 화암서원으로 돌아올 때의 환안문은 채명보가 쓰고, 고유문과 축문은 성만징의 아들인 성이홍이 작성하였다. 화암서원은 건립부터 이후 추향에 있어서까지 서인계 사족들이 계속 주도하고 있었음을 볼 수 있다. 다만 지리적으로 상주의 동쪽에 위치한 화암서원보다 자신들의 세거지와 가까운 운계서원을 유지하기 위해 노력하였고, 서원이 훼철되자 자신들의 영향력을 이용하여 화암서원에 선조들의 추향을 시도한 것이다.

김안절을 운계서원으로 옮기면서 봉안문의 순서를 둘러싸고 옥동서원에서 사액을 청하면서 생긴 것과 같은 문제도 있었다. 한원진의 문인인 權震應이 「雲溪祠奉安文」을 작성하게 되었는데, 김안절과 신석번의 순서에 대해 화암서원의 사람들이 원망을 품게 되었다. 姜潤은 나이는 김안절이 많지만 서원의 건립은 화암서원이 빠르니 주객과 선후를 잘 헤아려서 서로 간에 원망이 없어야 한다고 충고하였다.[92]

당시 이 과정을 주도하던 서인계 사족들의 청탁을 받은 권진응이 신석번을 김안절보다 먼저 언급하려고 하였고, 이에 상산김씨들이 반발한 것으로 보인다. 이후의 과정은 분명하지 않으나 앞서 언급한 상황을 보면 서인계 사족들이 서원 운영을 주도하면서도 상산김씨의 반발이 적지 않았다고 할 수 있다. 서인계 사족들이 관의 직접적인 지원을 받지 못하는 상황에서 토성 사족으로 정착한 지 오래된 상산김씨의 의향을 무시할 수는 없었다.

두 서원의 제향을 둘러싼 복잡한 과정은 18세기 후반 상주에서 서원의

---

91) 『聽竹先生遺稿』 卷下, 「雲溪書院事實」 '己丑又因朝令撤享 其後享於雲溪書院'
92) 『法川集』 권1, 書 「與權話議亨叔」

운영과 제향을 둘러싼 가문간의 충돌이 서인계와 남인계를 가리지 않고 나타났으며, 운계서원의 훼철은 서인계 서원도 중앙에서 전폭적인 지원만을 기대할 수는 없다는 것을 보여준다.

상주의 서인계 사족들은 운계서원을 복원하면서 조근, 신석형, 성여훈, 김삼락을 추향하였다.[93] 조근은 본관이 함안으로 송시열의 문인이다. 1662년 지방의 유림들이 이이와 성혼의 문묘종사를 청하는 상소를 올릴 때 영남에서는 성만징과 신석형 등이 주도하였다면 경기지역을 주도한 사람이 조근이었다.[94] 예론에서도 송시열을 지지하여 경흥으로 유배되기도 하였다.[95] 그는 어릴 때 상주 無量洞에서 10여년을 지냈으며, 35세인 1665년에는 낙동역으로 유배를 오기도 하였다.[96] 상주에 연고가 있으면서 정치적으로 창녕성씨와 밀접한 관계를 맺고 있는 인물이었다. 신석형은 신석번의 동생으로 영남의 우율문묘종사 반대소를 비판하는 상소를 주도하였다.[97] 성여훈은 성람의 셋째 아들로 처는 인천채씨 채유종의 딸이다. 어려서 김상헌에게 학문을 배웠으며 권상하가 그의 묘갈명을 지었다.[98] 김삼락의 본관은 청도로 후처가 창녕성씨이며 상주의 서인계 가문이다. 1639년 문과에 합격하고 청도부사, 익산군수 등을 지냈다. 운계서원 복원 과정에서 다수의 인물이 추향되는 것은 중앙 관료의 지원을 받을 수 없게 된 상주 서인계 사족들의 결집이라고 볼 수 있다.

1745년 건립된 지강서원은 진양정씨 정국성과 창녕조씨 조희인, 조우신, 조정융을 제향하였다. 1752년 건립된 청암서원은 陶溪精祠와 雅谷精祠를 합사하여 유포, 유달준, 박눌, 이겸, 유종인, 홍약창, 남영, 정윤해, 박성

---

93) 『嶠南誌』 권8, 尙州郡 敎院, '府使成灆 進善申碩蕃 校理趙根 侍直申碩亨 郡守成汝櫄 牧使金三樂'
94) 『현종실록』 권6, 3년 12월 19일 무오 ; 『승정원일기』 177책 12월 20일.
95) 『승정원일기』 269책 3월 25일 경신.
96) 『損菴集』 「年譜」.
97) 『효종실록』 권4. 5월 1일 계축.
98) 『한수재집』 권26. 묘갈 「郡守成公汝櫄墓碣銘幷序」.

민, 이영갑, 남근명을 제향하였다. 1796년 건립된 우산서원에는 진양정씨가 정경세를 독향으로 제향하였다가 1835년에 정종로를 추향하였다. 1796년 선립된 낙암서원에는 의성김씨 김남수, 김성통, 김성견을 제향하였다. 1798년 건립된 용연서원에는 인천채씨 채귀하, 채수, 채소권, 채득기를 제향하였다. 1817년 건립된 봉강서원[경덕사]은 진주강씨 강회중, 강형을 제향하였다.

　18세기 후반에는 전형적인 문중서원들이 건립되는 것이다. 사당의 건립도 활발하였다. 1783년 청도김씨 김우태, 김시태를 모신 道安祠, 1784년에는 상산김씨 김선치, 김혜와 경주손씨 손만웅을 모신 龜湖祠, 1794년에는 산양의 장수황씨 황시간, 황상중을 모신 道川祠, 1824년에는 창녕성씨 성진승, 성진항을 모신 東華祠, 1844년에는 개성고씨 고윤종, 고흥운, 고인계, 고유를 모신 竹谷祠가 건립되었다.

　이 서원들은 중앙의 서원 금령 이후에 건립된 만큼 향촌사회의 공론을 얻거나 관의 지원을 받는 것이 어려웠다.[99] 따라서 더욱 문중 중심의 건립과 운영이 이루어질 수밖에 없었다.

IV. 맺음말

　조선시대 상주는 다른 지역에 비해 서원의 건립이 늦게 이루어졌다. 17세기에는 도남서원, 옥성서원, 근암서원이 30여년의 간격을 두고 건립되었다. 상주 사족들이 향론을 결집하여 건립한 도남서원과 달리 옥성서원은 내부적으로 논란이 있었고, 근암서원은 서원이 건립된 산양 주변의 사족들을 중심으로 건립이 추진되었다. 따라서 근암서원은 도남서원, 옥성서원에

---

99) 이 때 건립된 서원들은 대부분 중앙의 지리지나 서원 관련 기록에서는 누락 되어 있다.

비해 산양 주변 지역 사족들의 참여가 많이 보이고 시간이 지나며 안동권 사족들의 영향도 강해진다.

18세기에는 다른 지역과 마찬가지로 서원의 건립이 확대되는 양상을 보인다. 다만 상주지역은 영남에서 서인계 서원의 건립이 가장 활발하게 이루어졌다. 창녕성씨, 평산신씨와 같은 상주의 서인계 사족들은 서인계 산림, 관료들과의 관계를 바탕으로 관의 지원을 받을 수 있었고, 이는 흥암서원, 서산서원, 운계서원의 건립으로 이어졌다.

18세기의 서원들은 이전과 같이 다수 사족의 참여와 지원이 힘든 상황에서 서원의 남설을 금지하려는 조정의 상황으로 서원의 건립과 운영이 더욱 어려워졌다. 이러한 상황은 남인계와 서인계를 가리지 않고 비슷하였다.

상주 사족들은 참여 가문들의 확대를 통하거나 대종중이라는 연계망을 통해 중앙 세도가와 연계하는 방법으로 상황을 바꾸려고 하였다. 하지만 많은 서원들은 일반적인 양상에 따라 문중서원화 되었다.

【참고문헌】

윤희면, 『조선시대 서원과 양반』, 집문당, 2004.
이수환, 『朝鮮後期 書院研究』, 일조각, 2001.
이수환, 『조선시대영남서원자료』, 국사편찬위원회, 1999.
이해준, 『朝鮮後期 門中書院 研究』, 景仁文化社, 2007.
정만조, 『朝鮮時代 書院研究』, 集文堂, 1997.

강상택, 『朝鮮後期 嶺南地域의 書院研究』, 부산대학교 박사학위논문, 1993.
김성윤, 「영남의 유교문화권과 지역학파의 전개 - 안동권·상주권·성주권을 통해 본 영남학파 사유체계의 지역적 특징과 그 전승과정에 나타난 문화 양상을 중심으로 - 」, 『朝鮮時代史學報』 37, 2006.
김순한, 「18세기 후반 상주 玉洞書院 청액활동과 사액의 의미」, 『민족문화논총』 72, 2019.
김순한, 「상주 玉洞書院 소장 자료의 유형과 특징」, 『한국서원학보』 9, 2019.
김순한, 「조선후기 사주 白玉洞影堂」의 운영과 陞院」, 『민족문화논총』 79, 2021.
김학수, 「17세기 嶺南學派 연구, 한국학중앙연구원 박사학위논문」, 2007.
김학수, 「영남지역 서원의 지역적 특성과 정치사회적 성격」, 『조선시대 서원의 지역성과 정치적 성격』, 2007.
김학수, 「18세기 한 鄕班 출신 功臣의 정치·사회적 존재 양상」, 『조선시대사학보』 77, 2016.
김형수, 「17~18세기 상주·선산권 지역사회와 서원·사우의 동향」, 『영남학』 7, 2005.
송석현, 「17세기 상주 지역 사족의 동향」, 『嶺南學』 27, 2015.
송석현, 「17세기 후반~18세기 초반 도남서원의 운영과 상주 사족의 동향」, 『조선시대사학보』 79, 2016.
이병훈, 「조선후기 영남지역 원사의 건립과 변화 검토」, 『한국서원학보』 6, 2018.
이병훈, 「16~18세기 近嵒書院의 변천 - 조선후기 서원 변천의 한 사례」, 『영남학』 71, 2019.
이병훈, 「17~18세기 문경 근암서원의 운영 실태」, 『嶺南學』 73, 2020.
이병훈, 「조선후기 향촌운영기구의 건립 추이 - 문경지역 院祠와 書堂을 중심으로 - 」,

『민족문화논총』 79, 2021.

이수환, 「『청대일기』를 통해 본 권상일의 서원활동」, 『民族文化論叢』第62輯, 2016.

정만조, 「英祖14年의 安東 金尙憲書院 建立是非」, 『한국학연구』 1, 1982.

채광수·이수환, 「昌寧成氏 聽竹公派의 상주 정착과 노론계 院宇 건립 활동」, 『조선시대사학보』 79, 2016.

채광수, 『18세기 영남지역 노론계 서원 연구』, 영남대학교대학원 국사학과 박사학위논문, 2019.

채광수, 「조선후기 영남지역 노론계 가문의 분포와 서원 건립 추이」, 『한국서원학회』 8, 2021.

채광수, 「서원의 지식 네트워크 활동의 실제-상주 道南書院의 詩會를 중심으로-」, 『한국서원학보』 12, 2021.

조선후기 상주 近嵒書院의 변천과 운영 양상

이 병 훈

Ⅰ. 머리말

서원의 설립 목적은 유생들의 藏修와 講學을 통한 인재양성에 있었다. 여기에 유생의 분발과 흥기를 위해 師表가 되는 先聖·先賢·名儒 등을 제향하는 祠廟를 부설하여 祭享의 기능을 아울러 갖추었다. 반면 사우는 처음부터 祀賢과 風化만을 목적으로 하였다. 즉 충절인의 공덕을 기리는 報本崇賢 사상과 해당 지방에 공이 있는 인물에 대한 보답과 사현을 통한 향촌민의 교화를 주목적으로 하였다.[1] 이처럼 서원과 사우의 건립 목적은 처음부터 달랐다.

조선시대 건립되었던 서원과 사우는 약 1,700여 개소로 파악된다. 이 가운데 서원은 680개소, 사우는 1,041개소로 사우가 서원에 비하여 더욱 많이 건립되었다.[2] 그러나 시기별로 나누어 보면 서원 제도가 도입되었던 16세기 초반의 중종 이래로 17세기 후반의 현종대까지는 서원이 사우보다 많이 건립되었다. 이러한 상황이 역전된 것은 숙종대 부터이며 이후 계속 사우의 건립이 서원보다 많았다.

숙종대에는 정치적 이해관계와 향촌 사회에서의 기득권 확보라는 두 측면이 복합적으로 작용하면서 서원과 사우가 폭발적으로 증가하였다. 그 결

---
1) 정만조, 「17-18세기의 서원·사우에 대한 시론」, 『조선시대 서원연구』, 집문당, 1995, 91쪽.
2) 윤희면, 『조선시대 서원과 양반』, 집문당, 2004, 84쪽.

과 폐단은 더욱 심화되고, 제향인의 질적 저하를 초래하였다. 이에 서원 新設과 疊設을 금지하는 禁令이 시행되었지만 효과를 보지 못했다. 그 결과 1741년(영조 17)에는 1714년(숙종 40)의 갑념 이후 선립된 서원·사우·영당 및 追享 서원과 사우 등을 훼철하고, 감독을 소홀히 한 지방관과 금령을 위배한 사림을 처벌하는 조처가 시행되었다 숙종대 이래로 서원과 사우의 성격은 비슷해졌지만 여전히 서원이 가진 위상은 상대적으로 높았다. 그렇기에 가능하다면 서원을 건립하거나, 금령을 피하여 사우로 건립하였다가 추후 陞院하는 사례가 빈번하였다.

문경 근암서원은 앞에서 언급한 시대적 변화에 대응하여 서당에서 사우로, 사우에서 서원으로 변천하였던 조선후기 서원의 전형적인 모습을 보여준다.[3] 뿐만 아니라 관련 자료가 일부 남아 있어서 이를 활용한 사례 연구에 적합한 곳이다. 본 연구는 『近嵒書堂創建古蹟』을 주로 활용하였다.[4] 이 자료는 죽림서당 시절부터 1750년(영조 26)까지의 관련 자료들을 필사한 것으로 초창기 변천상을 이해하는 데 중요한 자료이다. 아울러 18세기 근암서원 인근에 거주했던 권상일의 『청대일기』는 '창건고적'의 내용을 보완해 준다.[5] 본고에서는 이들 자료를 활용하여 그 변천 과정과 운영 실태를 개관해 본다.

---

[3] 안동에서는 풍악서당이 병산서원으로, 도산서당이 도산서원으로 승원한 대표적 사례이다. 이외에도 16세기 중반 이래로 서원 제도가 확산되면서 도학적 성격의 서당은 추후 서원으로 승원하는 사례가 많았다(이병훈, 「16세기 안동지역 재지사족의 성장과 서당 건립 활동」, 『민족문화논총』 69, 영남대학교 민족문화연구소, 2018).

[4] 『근암서당창건고적』에 대해서는 「문경 근암서원 소장 자료 해제」, 『한국서원학보』 8, 한국서원학회, 2019를 참조 바람.

[5] 『청대일기』는 한국국학진흥원의 번역본(2015, 전4권)을 활용하였다.

Ⅱ. 16~18세기 서당에서 서원으로의 변천

1. 16~17세기 중반 죽림서당에서 근암서당으로의 변천

현재의 근암서원은 경상북도 문경시 산북면 錦川路 351-5[書中里 148-1]에 있다. 이곳은 조선후기의 행정구역상 상주목 산양현 樹介谷이었다. 배향 인물은 寓庵 洪彦忠(1473~1508)을 主享으로 漢陰 李德馨(1541~1613), 沙潭 金弘敏(1540~1594), 木齋 洪汝河(1621~1678), 活齋 李榘(1613~1654), 息山 李萬敷(1664~1733), 淸臺 權相一(1679~1759) 등을 並享하고 있다.

근암서원은 1552년(명종 7) 4월부터 1554년(명종 9) 12월까지 상주목사를 역임[6]한 靈川子 申潛(1491~1554)이 1554년(명종 9) 건립한 竹林書堂에서 시작되었다.[7] 임진왜란 이후 近嵒書堂에서 鄕賢祠, 근암서원으로 변천하였는데, 이는 17-18세기 서원 신설 금령을 피하여 서당에서 사우를 거쳐 승원하였던 서원들의 전형적인 모습을 잘 보여준다.[8]

---

6) 『명종실록』 권13, 명종 7년(1552) 4월 25일 정축 ; 권17, 명종 9년(1554) 12월 13일 기묘.

7) 『商山誌』(1928), 「書堂」. 여기에는 모두 24개소가 등재되어 서당별로 위치와 창건연대 등을 상세히 기록하였다. 이 가운데 상주목사 신잠이 설립하였다는 서당은 18개소로 전하지만 여기에는 霞谷·道谷·石門·首陽·魯東·修善·龍門·瀨濱·梅嶽·梧山·孤峯·鳳城·白華·鳳巖·松巖·智川·竹林 등 17개소만이 기재되어 있다. 뒤이어 闢翼·磻溪·芝山·修稧所·存愛院·鄕約社·鄕約堂을 수록하였다. 그러나 근암서원의 전신이었던 書堂이 무엇이었는지는 각 자료마다 달리 말하고 있어서 혼선이 있다. 1686년(숙종 12)에 작성된 부훤당 김해의 「영빈서당이설기」에는 '죽림서당'으로 확인된다. 그러나 『상산지』에는 신잠이 건립하였던 瀨濱書堂으로 확인된다. 또한 현재의 상주시 은척면 무릉리에는 신잠이 건립하였다는 '죽림서당'이 현전하고 있다. 『근암서당창건고적』에는 서당의 명칭이 나오지 않으며, 서당의 건립 연대도 1544년(중종 39)으로 誤記되어 있다. 이러한 혼선은 김해가 밝히고 있듯이 세월이 오래되고 관련 기록들이 남아 있지 않기 때문이다. 본고에서는 가장 오래된 김해의 기문을 따르되 이후 변천 과정은 『상산지』와 『근암서당창건고적』의 내용을 종합하여 정리 한다.

신잠에 의해 건립된 죽림서당은 처음에는 山陽縣舍 건너편 熊巖의 산기슭 아래 옛 鵠原寺 터에 있었다. 당시 4칸의 집을 짓고서 堂과 室로 나누고 '죽림'이라 하였는데, 인근에 옛 竹林寺 터가 있었기 때문이다.[9] 1574년(선조 7) 栢潭 具鳳齡(1526~1586)이 이곳을 지나다 산양 사림들의 요청으로 4일간 머물렀을 때 서당 강당을 '尊性堂'이라 명명하고 詩를 남겼다.[10] 그러나 죽림서당은 1593년(선조 26) 왜군에 의해 모두 소실되었다.

1597년(선조 30) 소실된 죽림서당을 옛날 터에 복원하려는 계획을 세우고, 七峯 黃時榦(=黃廷幹, 1558~1642)과 西齋 蔡得江(1574~1660)을 有司로 선발하였다.[11] 이들은 옛날의 書堂奴였던 仁希와 倫伊 등 2인을 불러서 옛날 터에 거주하도록 하고, 당시 상주목사에게 요청하여 屯田의 種子로 移轉해 두었던 荒租 1섬을 題給 받았다. 이것을 正租로 헤아리면 11말[斗]이었는데, 기근으로 어려운 면내의 전답에 반을 나누어서 가을에 10여 섬[石]을 얻었고, 이듬해에는 더욱 증가하여 20여 섬을 거두었다. 이렇게 모은 수익으로 穆里에 사는 권씨에게 논을 買得하여 서당에 소속시켰다.[12]

---

8) 서원 신설 금령을 피하여 건립했음은 주21)의 「통문주문」에 잘 드러난다. 한편, 상주목 내에는 서당에서 서원으로 승원한 사례가 많다. 이는 신잠이 16세기 중반 서당을 건립한 이래로 각 면의 유생 교육과 공론 수렴의 장소로 활용되었기 때문이다. 특히 이들 서당은 서원제도가 정착하면서 높은 수준의 道學書堂으로 탈바꿈하였으며, 鄕賢을 제향하면서 추후 서원으로 승원할 수 있는 토대를 갖추고 있었다. 17세기 상주에는 道南·玉城·近嵒書院만이 있었는데, 옥성서원은 首陽書堂이 모태이며, 근암서원은 죽림서당이었다. 18세기 들어서는 봉성서원(봉성서당)이 설립되었다(송석현, 「17세기 상주지역 사족의 동향」, 『영남학』 27, 경북대학교 영남문화연구원, 2015, 347쪽).
9) 金楷, 『負暄堂集』 卷3, 記, 「穎濱書堂移設記」.
10) 具鳳齡, 『栢潭集』 卷3, 五言律詩, 「山陽尊性堂感題」; 『근암서당창건고적』(1면) "萬曆甲戌(1574) 具栢潭鳳齡遇訪有詩…"
11) 『근암서당창건고적』, 「蔡西齋得江日記」에 수록된 것이다. 이하 본문에서는 '창건고적'으로 서술한다.
12) 『근암서당창건고적』에 의하면 이 논은 원래 金億·金希 형제가 강원도로부터 산양현 수곡으로 이주하여 현내의 답 2곳을 매득한 곳이었다. 그러나 속오군에 소

이렇게 서당의 건립자금이 마련되자 면내로 옮겨 건립하려고 했다. 그러나 樹谷이 吉地로 낙점되면서 그곳의 밭을 매입하고, 1603년(선조 31)에 먼저 좌우로 齋舍를 건립하여 유생의 독서처로 삼았다.[13]

이후 1614년(광해군 6) 인근에 거주하며 서당에서 함께 공부하였던 황시간, 高仁繼(1564~1647), 金進士 등이 규모가 협소하고, 한쪽으로 치우쳐 있음을 들어서 主峯의 서북변 樹介谷에 서당을 개축하고자 했다. 그래서 1615년(광해군 7) 2월 9일 卞懷珍(1527~1623) 등과 서당의 개축과 이건을 논의하여, 진사 황시간을 산장으로 하고, 徐尙德을 유사, 채득강과 金遠聲을 營造有司로 하여 4월 15일에 瓦役과 工役을 동시에 시작하여 수개월 만에 마쳤다. 이때 강당과 동·서재의 제도를 모두 갖추고, 이곳의 옛 산성의 이름을 따라서 '近嵒'으로 정하였다.[14] 또한 수개곡으로 이건한 후 죽림에 있었던 건물은 '修稧所'로 사용하였다.[15]

이상과 같이 근암서당은 묘우를 제외하고 강당인 존성당과 동재, 서재를 갖추어 이전의 죽림서당 시절보다 규모를 확장했음을 알 수 있다. 규모 외에도 서당의 임원을 산장과 유사라 칭한 것에서도 이미 중건을 하면서 승원을 고려했음을 짐작할 수 있다. 실제로도 산양현 사림들은 1604년(선조 37)에 이미 홍언충을 제향하는 서원을 건립하는 것에 대하여 서애 류성용에게 품의하여 동의를 받은 바 있다.[16]

  속되면서 멀리 도망하였고, 김억의 처부 권씨가 穆里에 살고 있었기에 그 논을 싼값에 사서 서당에 소속시켰다.
13) 한편 『상산지』(서당, 「영빈서당」)에는 1603년(선조 31) 영빈서당을 중건하였다고 나온다. 『근암서당창건고적』에서 먼저 좌우에 재사를 건립하였다는 것은 이때의 중건을 일컫는 것으로 보인다.
14) 김해, 『부훤당집』권3, 기, 「영빈서당이설기」.
15) 수계소는 1623년(인조 1) 건립 되었다(『상산지』, 서당, 「修稧所」). 「영빈서당이설기」에 나오는 내용과 종합하면 죽림에 있던 서당을 수개곡으로 이건 한 후 원래 서당을 개수하여 수계소로 사용한 것으로 볼 수 있다.
16) 1603년(선조 36) 당시에 이미 詳議하여 '근암서원'으로 講定 하였지만, 애석하게도 산양현 士友들의 의론을 모으는 것이 확실치 않아서 서원으로 하지는 못하였

2. 17세기 중반 근암서당에서 향현사로의 변천

1653년(효종 4) 4월에 산양 사림들을 중심으로 우암 홍언충을 제향하는 것에 대한 논의가 다시 일어났다. 이에 활재 이구가 '근암서당'에 홍언충을 제향하는 일로 상주목내 校院에 通文을 발송하였다. 그는 홍언충의 뛰어난 문장과 곧은 도, 삶의 출처와 절개를 류성용도 칭송하며, 향사하기에 합당하다고 언급했음을 들어 위패 봉안을 적극적으로 추천하였다. 그러나 향교, 道南·玉成書院에서는 한 고을에 3곳의 제향처를 설립하는 것은 옳지 않다고 보았다. 그들은 鄕賢을 봉안하고 있는 옥성서원[17]이 있으니, 그곳에 合享할 것을 제안하였다.[18] 당시 이들 교원의 제안은 받아들여지지 않았으며, 9년이 지난 1664년(현종 5)에 홍언충 제향 논의가 재발하였다.

1664년(현종 5)은 서원 창건을 허락하지 않는다는 事目이 반포된 후였다.[19] 그래서 前영해부사 全命龍(1606~1667) 등은 1664년(현종 5) 7월 상

다(『근암서당창건고적』, 「道內通文(1665)」). 당시 사정은 정확히 알 수 없지만 임란 직후의 황폐한 향촌 사정에서 비용이 많이 들어가는 서원 건립은 어려웠을 것으로 추정된다.

17) 옥성서원은 首陽書堂을 바탕으로 1630년(인조 8)에 이준 등이 주도하여 1633년(인조 11) 蘭溪 金得培, 靈川子 申潛을 배향하여 서원으로 승원하였고, 1647년(인조 25)에 后溪 金範, 창석 李埈 등을 추배하였다. 이들 네 인물은 당시 상주지역 향현으로서 배향되었다. 김득배의 제향 논의와 김범의 추배 논의 당시에도 반대 여론이 있었기에 각기 鄭經世와 全湜이 이를 중재 및 변론하면서 배향이 진행되었다. 한편 이러한 모습은 당시 상주지역 향론이 분열되고 있었음을 나타내는 것으로 볼 수 있다(송석현, 앞의 논문, 2015, 351쪽).

18) 『근암서당창건고적』, 「癸巳(1653)四月通本州文(李活齋)」; 「答通」. 1653년(효종 4) 5월 19일의 답통에는 향교 상유사 韓克成·黃㷋, 掌議 李命圭, 유사 朴有文·郭孝延, 도남서원 원장 全克恬, 옥성서원 원장 鄭憲世 등이 연명하였다. 이들은 모두 16세기 이래로 상주를 대표하는 사족들로서 청주한·장수황·홍양이·옥천전·진양 정씨 가문의 인사들이었다. 도남서원 원장은 전식의 둘째 아들이며, 옥성서원 원장은 정경세의 사촌이었다.

19) 1657년(효종 8) 충청감사 서필원은 서원의 남설로 인해 향교를 등한시하고, 保奴의 冒占, 풍속의 傷敗, 官給 祭需의 과다 등을 폐단으로 지적하였다. 나아가 첩설

주목사 朴承健(1609~1667)에게 상서하여 자신들의 입장을 설명하고, 묘우 건립에 필요한 인력 지원을 요청하였다.[20] 이들은 고을의 서당은 이전부터 있었던 것이며, 홍언충을 제향하는 공론은 근래 10년 동안 온전히 갖춰졌던 것이었지만 큰 흉년으로 실행을 하지 못했던 것이라고 했다. 그래서 서당 건물에 한두 칸의 사당만을 짓는 것이기에 이미 터와 재목은 준비했으며, 다만 기와를 굽고 재목을 운반할 약간 명의 丁夫가 필요하다고 했다. 당시 이들의 요구는 수락되어서 8월 6일에 開基하여 강당의 뒤 터에 묘우를 짓고 '鄕賢祠'라 했다. 사우로 명명한 것은 조정에서 서원의 신설을 일체 허가하지 않았기 때문에 이를 어기지 않기 위해서였다.[21] 당시 공사 상황은 홍여하의 '상량문'에서도 일부 확인할 수 있다.

> "마을 어른들은 힘을 보태고 재물을 모으며, 많은 선비들도 책을 내려놓고 일을 돕네. 재실·부엌·욕실을 갖추니, 申侯의 옛 모범을 더욱 넓히네. 축문 읽고 薦祼하며 성대히 제사 지내니 이에 서애 문하의 正論을 준수했네. 엄연히 빛나고 새롭게 얽었기에 地勢도 매우 받들고, 정결하게 제사지내 내려진 복이기에 향기가 널리 퍼지네. 이에 길일을 지나, 긴 들보 올리기를 시작하네."[22]

된 서원은 철거하고 건립을 하려면 반드시 조정의 허락을 받도록 주장했다. 그리하여 서원과 향현사를 건립할 때는 반드시 조정의 허락을 받도록 하였다.(『효종실록』 권18, 효종 8년 6월 21일 임진)

20) 『근암서당창건고적』, 「甲辰(1664)七月日呈牧伯文」; 洪汝河, 『木齋集』 卷5, 說 「山陽書堂立社呈文(代儒生作)」. 이 정문의 소수는 전영해부사 전명룡이었지만, 상서는 목재 홍여하(1620~1674)가 작성하였다. 이외에도 홍여하는 사당의 상량문도 작성하였다.

21) 『근암서당창건고적』, 「通本州文」. "… 朝家申命 切不許創建書院 故不敢違 愼重之憲 乃於書堂後址 規營廟宇 定以爲鄕賢祠 上以盡祭社之誠 下不失黨膠之儀矣. 旣復以此陳告于明府 而明府嘉之特典 丁夫以資工役 玆又吾黨之幸也…"

22) 洪汝河, 『木齋集』 卷6, 上樑文. 「寓庵洪先生立祠上樑文」, "… 鄕老出力而鳩材 多士釋經而敦事 齋廬庖湢之備設 益恢申侯之舊規 尸祝薦祼之縟儀 韋遵厓門之正論 儼輪奐而創構 面勢甚尊 精肸蠁而降歆 芯芬旁達 玆歷吉日 將擧脩樑…"

이를 보면 향현사(근암서당)가 서애의 학통을 계승했음을 분명히 하였다. 그리고 사당만 새로 지은 것이 아니라 전반적으로 건물 규모를 확대했음을 알 수 있다. 또 이때 鄕老들이 재물을 내고 많은 유생들도 공사를 살폈음을 재확인할 수 있다. 이처럼 향현사는 사림의 노력과 지방관의 협조로 건립이 이루어졌다.

한편 홍언충을 제향하면서 향현사라 명명한 것에 대한 불만이 나오기도 했다. 高原郡守 曺挺融(1598~1678)은 근암서원에 통문을 보내어 賢人을 받드는 것에 서원과 향현사가 있지만 홍언충의 제향처를 사우로 하는 것에 대해서는 연유를 모르겠다고 의문을 표시하였다. 그는 일찍이 모든 향부로들이 류성용에게 품의하여 홍언충을 제향하는 서원의 건립을 인정받은 바 있다고 주장하였다. 그렇기에 비록 사우에 제향되지만 事體로 보아서 옥성서원의 아래에 있지 않다고 했다.[23] 이처럼 향현사를 옥성서원과 대등한 것으로 이야기하는 것은 향현이라도 서원과 사우에 제향되는 차이가 곧 해당 인물을 평가하는 기준이 되었기 때문이다. 이후 향현사에서는 1665년(현종 6)에 봉안식이 거행된다는 것을 상주와 도내의 사림들에게 통보하였다.[24] 당시 봉안제문은 류성용의 고제인 鶴沙 金應祖(1587~1667)가 썼다.[25]

이상과 같이 17세기 상주지역은 읍치의 도남서원과 남쪽의 옥성서원을 중심으로 사족들이 분립하고 있었다.[26] 이들 입장에서는 향권이 더 분산되는 것을 막기 위하여 산양현을 중심으로 성장하고 있던 북쪽의 사족들을 견제할 필요가 있었다. 그래서 홍언충의 사당 건립을 반대했던 것이다. 이에 산양 사림들은 재차 사당 건립을 추진할 때에 이전과 달리 독자적으로

---

23) 『근암서당창건고적』, 「曺高原通文」.
24) 『근암서당창건고적』, 「通本州文」・「道內通文」. '도내통문'을 보면 봉안례는 1665년(현종 6)에 거행되었다. 봉안일은 본월 초3일이라고만 확인된다. 정확한 월은 알 수 없지만 춘향 이전인 1~2월로 추정된다.
25) 『近嵒書院事蹟』, 「洪彦忠 奉安文」.
26) 송석현, 앞의 논문, 2015, 333~360쪽.

상주목사의 허가를 받은 뒤 향내·외에 통보하였다. 실제 죽림서당의 이건 [황정간·서상덕·김원성·채득강]과 홍언충 제향을 주도[이구·전명룡·채극계·권구]하였던 인물은 산양현과 그 인근에 거주하던 자들이었다.[27]

홍언충의 제향 과정에서 상주 사림들이 서원 건립을 반대하는 것을 확인하였던 산양 사림들은 새로운 방법을 모색하지 않을 수 없었다. 산양의 사림들은 이를 독자적으로 극복하기는 어려웠기에 상주와 연고가 있고, 지역 내 異見이 없을 儒賢이 절실히 필요하였다. 그래서 치열한 논의를 거쳐 이덕형을 봉안하기로 정한 것이다. 그 과정에서 이덕형과 직·간접적으로 관련이 있었던 홍여하의 역할이 두드러졌다.

3. 17세기 후반 향현사에서 근암서원으로의 변천

산양현 사림들은 1669년(현종 10) 11월 7일에 이덕형을 병향하고, 근암서원으로 승원하였다. 당시 봉안문은 홍여하가, 상향축문은 김해(1633~1716)가 지었다. 이덕형은 그의 陳外家가 상주이며[28], 鄭經世(1563~1633)와 출처를 고민할 정도로 친분이 두터웠다. 이덕형의 사후에 정경세는 그의 行狀을 지었으며, 蒼石 李埈은 유고를 정리하여 문집의 발문을 썼다. 이는 이덕형이 활동할 무렵 영남사림, 특히 서애-정경세 문인들과의 유대가 남달랐음을 보여준다. 이런 분위기 속에서 상주목사로 부임한 이덕형의 아들 李如珪는 1634년(인조 12) 상주에서 『漢陰集』을 간행하였으며, 손자 李象鼎 역시 1668년(현종 9) 상주에서 重刊本을 간행하였다. 이처럼 상주에서 이덕형 추숭 사업이 진행되면서, 그의 제향에 관한 논의도 계속 제기되어 왔다.

특히 산양현 사림들은 홍언충을 제향한 향현사에 그의 병향을 꾸준히

---

27) 송석현, 앞의 논문, 2015, 358~359쪽.
28) 조부 李振慶은 진사로서, 이덕형이 현달하여 좌찬성에 증직되었다. 조모는 진사 金胤宗의 女 尙州金氏이다. 조모의 묘소가 상주 內西面 開元里에 있었다.

제기하였는데 이를 주도한 인물이 홍여하였다.[29] 이덕형을 병향하던 당시의 명분은 홍여하가 眉叟 許穆(1595~1682)에게 보낸 편지에 잘 드러난다.[30] 상수 특히 산양현 사림들은 상수가 이덕형의 신외가로서 그를 상수인으로 인식하고 있었다. 또한 고을의 여러 향현들과 그의 同榜들은 모두 제향하는 곳이 있지만, 이덕형만 명망에 비해 제향처가 없으니 홍언충과 함께 근암서원에 병향하는 것이 마땅하다고 여겼다.

산양 사림들 입장에서는 자신들의 이해를 대변할 기구로 홍언충을 제향하는 향현사를 건립했지만 도남·옥성서원에 비교하여 그 격이 낮은 것에 불만이 있었다. 그러나 승원하기 위해서는 조정의 허가를 얻을 명분이 필요하였다. 그런 점에서 이덕형은 당대의 名儒로서 아직 제향된 바가 없었으며, 상주와는 혈연이 있었기에 향내외의 공론을 형성하고 나아가 서원 첩설의 혐의도 피하는 데 적합한 인물이었다.

이에 1669년(현종 10) 산양현 사림들은 승원은 斯文의 큰일이므로 일을 시작할 때 뜻을 같이하는 자들과 함께 의논하여 신중히 진행하려고 상주 사림들에게 가부를 문의했다.[31] 이처럼 향론을 결집한 후 도내로 통문을 발송하여 11월 7일에 이덕형을 병향한다고 알렸다.[32] 그러나 묘우 건립에 많은 물력을 소모했던 상황이었기에 서원을 방문하는 인사들을 供饋하는

---

29) 오용원, 「한음 이덕형의 후대 평가와 추숭사업」, 『한음 이덕형의 학문과 사상』, 해드림출판사, 2017, 550~552쪽. 홍여하는 갑자사화 당시 피화된 洪貴達(1438~1504)의 5대손이며, 향현사에 제향된 홍언충은 홍여하의 고숙조가 된다. 홍여하의 부친 洪鎬(1586~1646)는 정경세의 문인으로서 관직에 진출한 후 이덕형과 직접 만나기도 했다. 당시 이덕형은 홍호를 단순히 젊은 관료가 아닌 國士로 예우했다(홍여하, 『목재집』 권8, 「先考通政大夫司諫院大司諫府君家狀」). 이로 보아 홍여하 역시 이덕형을 깊이 존숭하였음을 짐작할 수 있다. 실제로도 홍여하는 이덕형을 조선 제일의 문장가, 역사가로 인식하고 있었다(홍여하, 『목재집』 권4, 「答李大方筬」).
30) 홍여하, 『목재집』 권4, 「擬上許眉叟」.
31) 『근암서당창건고적』, 「奉漢陰先生時通本州文」.
32) 『근암서당창건고적』, 「道內通文(己酉, 1669)」.

것이 큰 문제로 부각되었다. 실제 湖翁 曺挺融(1598~1678)은 도내의 오랜 친구와 지방관들에게 보낸 통문에서 근암서원은 물력이 부족하여 묘우를 겨우 건립하고, 부엌과 청사에는 아직 그릇과 물건 등을 갖추지 못했다고 전하며, 서로가 형편에 맞춰 綿布와 음식·소금을 보내주길 요청하였다.[33]

이와는 별도로 향현사 유생들은 관찰사 민시중에게도 협조를 요청하였다. 유생들은 곧 봉안일을 맞이하는데 도구뿐만 아니라 典守할 남자종과 밥을 지을[炊爨] 여자종도 없는 상황이라고 밝혔다. 이에 관찰사는 米布 약간을 상주와 함창, 용궁에서 나누어 주도록 뎨김을 내려서 봉안일에 선비들을 공궤할 수 있도록 하였다. 또 도내 각 읍 가운데 屬公奴婢 3口를 내려주어 장차 서원을 전수할 수 있도록 해주길 요청하였다.[34] 이처럼 당시 봉안례는 향현사의 여력만으로는 어려운 상황이었지만 여러 인사들과 지방관의 도움으로 거행할 수 있었다.

승원한 이후 많은 선비들이 찾게 되면서 기존 건물(재실·강당)이 협소하여 遊息하기 어렵다는 지적이 나왔다. 그래서 1679년(현종 5) 文會에서 건물을 중수하기로 결정하고, 각자 물력을 부조하기로 했지만 흉년으로 어려움이 있었다. 이에 부족한 재원을 보충하기 위하여 문경현 許山 기슭에

---

33) 『근암서당창건고적』, 「通道內知舊使君文(己酉, 1669)」. 조정융의 외조부는 예천에 거주하던 이황의 종손자 李閱道(1538~1591)이다. 아버지는 梅湖 曺友仁(1561~1625)으로 상주 매호(사벌면 매호리)에 우거하였다. 조정융은 전적, 형조좌랑, 울진현령, 공조정랑, 정선군수, 예조정랑, 고원군수, 성균관사예 등의 내외직을 역임하였다.
34) 『근암서당창건고적』, 「呈方伯文」. 1669년(현종 10) 6월 22일까지는 養拙齋 沈梓(1624~1693)가 재임했으며, 그 이후에는 認齋 閔蓍重(1625~1677)이 재임하였다. 한편 상주목사는 6월 5일까지 李楚老(1603~1678)가 재임하고, 10월 21일 韓壽遠(1602~1669)이 부임하였다. 다만 한수원이 부임 직후 사망함으로써 이듬해 1월 28일 吳始壽가 부임하였다. 『창건고적』에 당시 상주목사에게 올린 정장이 없는 것으로 보아서 관찰사는 민시중으로 보인다. 민시중은 송시열의 문인이자, 閔鼎重·閔維重의 형이었다. 경상도 관찰사 시절에는 전결을 조정하여 백성들의 부담을 덜어주는 등 치적을 올렸다.

있는 폐암자의 재목과 기와를 옮겨와서 서원을 개수하는 데 사용할 수 있도록 상주목사에게 요청하였다.[35]

이상과 같이 근암서원은 상주목의 세번째 서원으로 승원한 후 산양현 사림들의 강학과 유식의 공간으로 활용되었다. 그러나 병향 과정에서 제기되었던 것처럼 비약한 재정 상황은 향후 근암서원의 운영과 성장을 저해하는 요소로 남아 있었다.

4. 18세기 근암서원 추향과 의의

1) 17~18세기 상주지역 사족 동향

상주지역 사족들은 1616년(광해군 8) 도남서원의 盧守愼(1515~1590) 追配와 1631년(인조 9) 옥성서원의 金得培(1312~1362), 金範(1512~1566) 제향시에 이견이 나오면서 심각한 분쟁이 발생했었다.[36] 그럼에도 불구하고 1669년(현종 10) 근암서원이 설립되기 이전 읍치의 도남서원과 남쪽의 옥성서원을 중심으로 그곳의 사족들이 향론을 주도하고 있었다. 한편 17세기 이래로 상주 북쪽에 위치한 산양현과 인근의 사림들 역시 꾸준히 성장하고 있었다. 이와 함께 자신들의 입장을 대변할 기구가 필요해짐에 따라 1653년(효종 4) 홍언충을 제향하는 서원 건립을 발의하였다. 그러나 두 서원과 향교를 중심으로 활동하던 상주 사족들은 자신들의 영향력이 축소되는 것을 우려하여 서원 건립을 반대하였다. 이처럼 17세기 초중반 이래로 상주지역 내 사림들은 점차 분열되고 있었다.

---

35) 『근암서당창건고적』, 「呈牧伯文(기미, 1679)」. 이처럼 폐사찰이나 폐암자의 건물 자재나 터를 활용하여 건물을 건립하거나 개수하는 것은 당시 일반적인 현상이었다(이수환, 「16세기 안동지역 서당의 경제적 기반」, 『조선의 서당에서 배우는 사회적 교육의 지혜』, 새물결, 2018, 219~223쪽).
36) 송석현, 앞의 논문, 2015, 349~352쪽.

상주지역 사족 사회는 류성용이 1580년(선조 13) 상주목사로 부임하여 정경세, 이준, 全湜(1563~1642) 등과 같은 제자들을 양성한 이래로 17세기까지 퇴계-서애 계열의 남인계 사족들이 향권을 주도하였다.[37] 한편으론 申碩蕃(1596~1675)을 중심으로 그의 문인이었던 黃尙中(1619~1680)과 송시열의 문인 채하징, 昌寧成氏[38] 가문 등의 서인계가 공존하고 있었다. 주지하다시피 상주에서 남서인이 공존할 수 있었던 것은 정경세의 사위 宋浚吉(1606~1672)이 우거했던 영향이 컸다. 그러나 이들 두 집단은 중앙의 당쟁이 격화되자, 17세기 중반 이후 독자적 노선을 지향하면서 점차 첨예하게 대립하였다.

특히 정경세와 이준의 문인이었던 신석번은 당시 영남 서인을 대표했다. 그는 송준길의 천거로 중앙정계에 등용[39]되었고, 1666년(현종 7)에는 류세철 등의 영남 남인들이 송시열의 예론을 공박한 상소를 반박하는 「宋時烈辨誣疏」를 올려 영남 남인들과 대척하였다. 당시 변무소는 成灠의 손자인 成震昇이 疏首였다. 아울러 신석번의 제자였던 황상중은 1663년(현종 4) 「牛栗陞廡疏」의 소수로 참여했다.[40] 그의 가문은 대대로 퇴계학통의 남인 집안으로 황시간(1558~1642)은 寒岡의 문인으로, 정경세·전식·이준과 더

---

37) 실제 정경세는 상주목 최초의 서원인 도남서원 건립을 주도하였으며, 상주지역에 퇴계-서애 학맥의 도통을 확립하고자 노력했다. 상주목 남쪽에서는 이준 등이 주도하여 1630년(인조 8) 首陽書堂에 김득배, 신잠을 배향하여 서원으로 승격하였고, 1647년(인조 25)에 김범, 이준 등을 추배하였다. 이들 네 인물은 당시 상주지역의 향현으로서 배향되었다.
38) 창녕성씨는 서경덕과 이이의 문인이었던 성람이 상주에 정착한 이래로 그의 후손들은 서인계라는 기본적인 입장을 견지하면서도 전통적인 남인지역에서 그 기반을 확립해 나갔다. 창녕성씨(청죽공파)의 계보를 보면 다음과 같다. 성람[서경덕·이이]-성여훈[김상헌]-성호영·호징[송시열]·성진승·진항·성만징·성맹징·성문징·성원징[권상하](채광수, 「창녕씨 청죽공파의 상주 정착과 노론계 원우 건립 활동」, 『조선시대사학보』 79, 조선시대사학회, 2016 참조).
39) 『현종실록』 권1, 현종 즉위년 11월 1일 무오.
40) 『승정원일기』 178책, 현종 4년 4월 5일 임임.

불어 商山四老로 칭송되었다. 그러나 황상중은 일찍부터 서인계와 종유하였고, 상주의 대표적인 서인 가문인 창녕성씨와 통혼하였다.[41]

함창에 거주하였던 송시열의 문인 蔡河徵(1619~1687)은 갑인예송(1674, 현종 15) 이후 송시열이 유배되자 그를 옹호하는 상소를 올렸다가 慶興으로 유배되었다.[42] 반면 산양 주림의 蔡獻徵(1648~1726)은 李玄逸의 문인으로 남인계열에서 활동하였다.[43] 18세기에 들어와서는 성람의 현손 성만징이 1701년(숙종 27)「沙溪辨誣疏」와 1702년(숙종 28) 송준길을 제향하는 興巖書院 창건을 주도하였다. 흥암서원은 1705년(숙종 31) 사액되고[44], 1716년(숙종 42)에 다시 어필사액과 致祭가 있었다.[45] 어필 사액과 치제는 흥암서원에 대한 국왕의 관심이 컸음을 나타낸다.

이를 반영하듯 당시 노론의 영수였던 權尙夏(1641~1721)는 직접「興巖書院御筆碑後記」를 작성하고 원장으로 취임하였다. 흥암서원은 영남지역에 서인세력을 확대하는 교두보가 마련되었다는 것을 의미했다. 이후 상주에서는 1708년(숙종 34) 화동면 義微書堂에 김상용·상헌 형제를 제향하는 西山書院이, 1711년(숙종 37)에는 화서면에 성람·신석번·趙振(1543~1625)·申碩亨·成汝櫄·金三樂을 제향하는 雲溪書院이 건립되었다. 나아가 1747년(영조 23)에는 노론계 인사들로만 구성된 『鄕案』이 작성되었다.[46]

---

41) 이연숙,「17-18세기 영남지역 노론의 동향―송시열 문인가문을 중심으로」,『역사와 실학』23, 역사실학회, 2002, 96쪽.
42) 『숙종실록』권7, 숙종 4년 7월 2일 경자 ; 7월 3일 신축 ; 7월 5일 계묘 ; 7월 22일 경신.
43) 김형수,「17·18세기 상주·선산권 지역 사회와 서원·사우의 동향」,『영남학』7, 경북대학교 영남문화연구원, 2005, 143쪽.
44) 宋浚吉,『同春堂集』續集 卷10, 附錄,「年譜」. "壬午七十五年 尙州興巖書院成. 後四年儒生等上疏請額 時書院疊設有禁 李相頤命白上曰 方今朝令雖嚴 若如宋某大賢 不宜在此限 上特命賜額"
45) 『승정원일기』498책, 숙종 42년 10월 14일 경자 ; 『숙종실록』권58, 숙종 42년 10월 14일.
46) 채광수, 앞의 논문, 2016, 402쪽.

이처럼 상주는 17세기 중반 이후 영남지역 서인 내지 노론의 근거지가 되면서, 18세기 들어와서는 그 세력이 크게 신장되었다. 이에 상주지역 남인계도 유기적으로 대응하였다. 1669년(현종 10) 근암서원의 이덕형 병향과 승원은 상주내 남인 세력의 거점을 마련하고, 나아가 자파세력을 더욱 공고히 하려는 노력의 일환으로도 볼 수 있다.[47] 당시 남서인 간의 대립이 첨예해질수록 도남서원은 상주의 수원으로서 정치적 문제에 적극적으로 대응하였다. 이에 근암서원 역시 도남서원과 공조하면서 상주지역 남인계 유생들의 공론을 취합하는 장소로 기능하였다. 또한 18세기 이래로 남인계 향현들을 꾸준히 追享하면서 그 세력을 유지하였다.[48]

실제 근암서원에 처음 제향되었던 홍언충은 조선전기의 인물로 당파와 무관하였다. 그러나 이덕형을 비롯하여 이후에 병향된 인물들은 남인계 학자 관료들이었다. 김홍민은 이이를 탄핵하였던 인물이며, 홍여하는 송시열 세력과의 알력으로 관직에서 쫓겨났다. 이구는 이이의 성리설을 강하게 비판했었으며, 퇴계의 학문을 존숭한 이만부는 상주로 이거한 인물이지만 그의 부친 李沃은 송시열의 극형을 주장하였던 대표적 기호 남인이었다. 권상일은 퇴계를 私淑하고 『퇴계언행록』을 교열했으며, 이만부와 교유가 깊었을 뿐만 아니라 기호의 남인들과도 교류하였다. 근암서원은 서당 시절부터 서애의 학맥을 계승했음을 표방해 왔고, 18세기 초반에는 김장생의 승무반대소 소청과 윤지술 등의 노론을 배척하는 유소의 소청이 설치되었던 상주의 대표적인 남인계 서원이었다.

---

47) 송석현, 앞의 논문, 2015 및 오용원, 앞의 논문, 2017 참조.
48) 도남서원은 1616년(광해군 8) 노수신·류성용을 추향하고, 1635년(인조 13)에 정경세를 추향하였다. 나아가 1677년(숙종 3)에 사액되면서 상주지역 남인들의 구심체가 되었다. 한편 상주내 노론 세력들은 18세기 이래로 도남서원의 운영에 개입하면서 심각한 鄕戰을 유발하였다(이수환, 「청대일기를 통해 본 권상일의 서원 활동」, 『민족문화논총』 62, 영남대학교 민족문화연구소, 2016).

2) 홍여하·김홍민 추향과 그 의미

홍여하를 추향하기 위한 논의는 1700년(숙종 26) 12월에 사계 김장생의 문묘종사를 반대하는 공론이 형성되어, 1701년(숙종 27) 2월 소청을 설치한 근암서원의 道會에서 발의되었다. 당시 처음 안동 사림들에게서 추향 의견이 나온 후 용궁과 상주[산양현]지역 사림들도 거듭 찬성하였다. 이에 공론을 정하여 근암서원에서 9월 中丁에 봉안하는 것으로 도내에 통보하였다.[49] 이와는 별도로 3월에 근암서원 원장 申彌成, 재임 李天成, 蔡命龜 등이 향교와 도남·옥성서원에 재차 통보하였다.[50] 그러나 이들 세 곳에서의 답통은 바로 오지 않았다. 당시 도회에서 결의한 홍여하의 병향 결정에 대하여 이견이 많았기 때문이다. 향교와 옥성서원에서는 5월 1일에 稟目을 보내와서 고을의 장로들과 문의한 결과 소청 도회에서의 공론을 존중하지만, 三位[홍언충·이덕형·홍여하]를 병향하는 막중한 일을 향내에 논의하지 않고 마음대로 처리한 것에 대하여 질책하였다.[51]

또한 전 경주부윤 孫萬雄(1643~1712)도 발문을 보내와서 상주의 사론을 듣지 않고 소청에서 한쪽의 의견만을 듣고 결정한 것에 대하여 향내에서 비난이 있다고 전했다.[52] 그는 이를 수습하는 방안으로서 이미 여러 선대의 현인들이 의논하여 정한 김홍민의 옥성서원 제향이 位次 문제로 어려운 상황이니, 그를 근암서원에 병향하는 방안을 제안하였다. 옥성서원에서는 1636년(인조 14) 后溪 金範(1512~1566)의 추향 논의[53]가 있었지만 1647

---

49) 『근암서당창건고적』, 「道內通文 辛巳(1701)二月」. 이 통문은 소청 공사원 金俠 등 40여 인과 소수 金侃 등이 연명하였다.
50) 『근암서당창건고적』, 「本院通校院文 (三月)」.
51) 『근암서당창건고적』, 「鄕校玉成稟目(5월 1일)」. 당시 향교 上齋는 洪道達, 장의 趙世頊·蔡夢徵, 옥성원장 李泰到, 재임 韓翼明·金杰이었다. 도남서원은 임원이 不齊하여 의견을 낼 수 없었다.
52) 『근암서당창건고적』, 「前府尹孫萬雄跋」.
53) 李埈, 『月澗集年譜』 卷1, 崇禎9年丙子(1636) 9月. "會鄕校 議追享后溪金先生範于

년(인조 25)에서야 이준과 함께 추향되었다. 이후 50여 년이 지나서 김홍민(1540~1594)의 추향이 진행되었다. 김범은 김홍민의 부친이었기에 위차가 문제가 되지 않았지만 이준은 김홍민보다 나이가 어렸다.

아마도 당시에 향선배였던 김홍민을 나이순에 따라서 앞에 두자는 의견과 이미 배향된 위패를 옮기는 것은 옳지 않다는 의견이 맞섰던 것으로 추정된다. 당시 옥성서원은 興陽李氏가 운영을 주도하고 있었기에 이들이 강력하게 반대했었던 것으로 보인다.[54] 또한 1710년(숙종 36) 이준의 형인 月澗 李𡊠(1558~1648)의 追享이 원활히 진행된 것에서도 이를 짐작할 수 있다. 상주내 영향력이 컸던 상산김씨와 흥양이씨 가문의 대립은 결국 새로운 돌파구가 필요하였다. 즉 도남·옥성서원에 추향이 어려운 상황에서 다른 서원의 모색이 필요했고, 근암서원이 유일한 대안이었다.

근암서원은 홍여하 병향의 공론을 수렴하는 절차상의 문제로 상주목 사림들의 불만이 컸던 때였다. 여기에 상주목 내에서 남인계와 서인계 사이의 대립이 첨예한 시기였다. 그렇기에 남인계 내부의 분열은 서인에게 향권을 빼앗길 수 있는 상황이었다. 당시 손만웅이 제시한 절충안은 바로 옥성과 근암 두 서원의 문제를 해결하고, 향후 상주목내 남인들의 분열을 봉합할 수 있는 방법이었다. 이에 근암서원 측은 손만웅의 의견을 따라서 재차 상주 교원에 통문을 보내어 김홍민과 홍여하의 추향을 문의하였다. 그러자 향교와 도남·옥성서원에서는 홍여하·김홍민을 함께 병향하는 것에 찬성하는 답통을 보내왔다. 나아가 소청에서 정한 9월의 봉안일이 급박하므로 행사 준비를 위하여 11월 중 길일을 잡아 거행하고, 그 사이에 한번 제회하여 향론을 갖추자고 제안하였다.[55]

玉成" ; 肅宗大王三十六年庚寅(1710) 11月27日丁巳. "士林奉位版追享于玉成書院". 1710년(숙종 36) 11월 27일에는 李𡊠(1558~1648)을 추배하였다.
54) 1692년(숙종 18) 산사태로 매몰된 옥성서원은 위판을 修善書堂으로 옮겼다. 당시 수선서당은 흥양이씨가 운영을 주도하고 있었다(송석현, 앞의 논문, 2015, 351쪽).
55) 『근암서당창건고적』, 「同年八月鄕校道南玉成答本院通文」. 이때 통문을 보내온

그러나 8월에 인현왕후가 승하하면서 봉안례는 國葬 이후로 연기되었다.[56] 상주 사림들은 1702년(숙종 28) 2월 26일 옥성서원에서 향회를 개최한 후 4월 下丁에 김홍민과 홍여하를 봉안하기로 정하고 도내에 통문을 발송하였다.[57] 이와는 별도로 근암서원에서는 3월 3일에 제회하여 상주와 인근의 교원에 봉안일을 재차 통보하였다.[58] 또한 근암서원 회중에서는 이현일(1627~1704)에게 봉안문을 부탁했다.[59] 그러나 이현일이 건강상 문제로 거절하면서, 원장 신필성이 4월 1일 霞谷 權愈(1633~1704)에게 봉안문을 부탁하였다.[60] 또한 蘆洲 金兌一(1637~1702)에게는 축문과 고유문을 부탁하면서, 금번 추향이 금령에 저촉되는 것은 아닌지 자문을 구하였다.[61] 어

인사들은 향교 上齋 孫景郁, 掌議 趙世珩·李星緯, 齋任 金南紀·蔡命龜, 도남원장은 金楷, 재임 蔡似甲·趙涵, 옥성원장 李泰至, 재임 韓翼明·金杰 등이었다. 또한 김홍민·김홍미 형제는 이덕형의 조모 상산김씨의 먼 친척조카로서 외족으로서의 척연과 지연을 넘어 학문적으로 연계되어 있었다. 특히 이덕형은 이들 형제와 종유하였는데, 특히 김홍미와 친밀하였다(김학수, 「한음 이덕형의 사우 및 교유관계」, 『한음 이덕형의 학문과 사상』, 해드림출판사, 2017, 254~258쪽). 이처럼 김홍민의 근암서원 추향에는 이덕형과의 특수한 관계도 일정한 영향을 주었다.

56) 『숙종실록』 권35, 숙종 27년 8월 14일 기사 ; 『근암서당창건고적』, 「辛巳八月遭」.
57) 『근암서당창건고적』, 「壬午二月二十六日會于玉成書院沙潭金先生奉安事 發道內通文」. 이날 모임에서는 공사원 李善到, 李天成 등을 선발하고, 會員으로 전부윤 손만웅, 유학 金五盍, 高漢羽, 전별검 申彌成, 전참봉 金宇泰, 생원 金時泰, 유학 李泰至, 金是漢, 康世楷, 康汝楷, 韓翼明, 李再潤, 金是澍, 高待望, 李善至, 金世萬, 權游, 李天成, 高必大, 찰방 孫景錫, 유학 蔡允中, 金杰, 宋之奎, 宋之斗 등이 연명하였다.
58) 『근암서당창건고적』, 「通本州校院各書堂及隣近學宮文」. 당시 근암서원 회원은 유학 李冑萬, 高待羽, 전별검 申彌成, 전참봉 金宇泰, 유학 蔡荊龜, 高漢瞻, 洪后謙, 權深, 李日成, 高漢望, 高侗珵, 權游, 高雲馺, 생원 李師蕃 등이었다. 이들 외에도 권상일 역시 모임에 참여 하였다(권상일, 『청대일기』, 임오 3월 3일).
59) 『근암서당창건고적』, 「會中上李南岳書」; 「李南岳玄逸答書」.
60) 『근암서당창건고적』, 「別檢申彌成上權判書愈書」; 「權判書愈答書」; 권상일, 『청대일기』, 임오(1702) 4월 7일.
61) 『근암서당창건고적』, 「會中上金司諫書」; 「金司諫兌一答書」; 「會中再書」; 「金司諫再答」.

렵게 거행되는 봉안례가 금령으로 인해 문제가 발생하는 것을 우려했던 것 이다. 이에 김태일은 금령은 신설과 첩설에 관계된 것이며 이번 추향은 금령 이전에 설립된 곳에서 시행되기에 금령과 무관하다는 의견을 축문과 함께 보내왔다.[62]

한편 근암서원 임원들은 상주목사 李益著에게 정문하여 4월의 봉안일에 참석하는 유생들을 공궤할 수 있도록 還穀 米租를 특별히 題給해 주길 요청하였다. 아울러 기존에 사용하던 촛대와 향합이 낡아서 교체하고자 했으나, 경내에 목기를 제작하는 工人이 부재했다. 그래서 안동 鄕射堂 首席에게 부탁하여 그곳의 공인이 촛대 2쌍과 향합 2좌를 제작하여 보내주길 요청하였다.[63] 원임들은 4월 15일에 봉안례를 점검하고, 4월 23일에는 각 읍에서 모인 300여 인이 제회를 개최하였다. 4월 25일에는 고유제를 행하였는데 고유문은 김태일이 지었고, 위판은 張大杰이 썼다.[64] 그리고 4월 26일에 봉안례를 거행하였다.[65]

이와같이 1702년(숙종 28)에는 김홍민, 홍여하를 추향하고, 1786년(정조 10)에는 이구, 이만부, 권상일을 추향하였다. 18세기 말에 추향된 인물들은 근암서원과 직접적인 관계에 있었다. 이구는 황시간의 외손으로서 병자호란 이후 산양에 내려와 정착하였다. 그는 근암서당 산장으로서 홍언충 제향처 건립[향현사]을 발기하고, 1650년(효종 1) 「우율문묘종사반대소」를 직접 작성하는 등 산양에 정착한 이래로 적극적인 향촌활동을 전개하였다.[66]

---

62) 金兌一, 『蘆洲集』 卷3, 書, 「與申退伯弼成書 壬午(1702)」; 祝文, 「近嵒書院追享時告由文 院舊享洪寓庵 李漢陰兩公 壬午夏追配洪木齋 金沙潭兩賢」. 제문은 권상일의 아버지 權深이 받아 왔다(권상일, 『청대일기』, 임오 4월 12일; 4월 23~26일).
63) 『근암서당창건고적』, 「呈牧伯文」; 「通安東鄕射堂文」.
64) 권상일, 『청대일기』, 임오(1702) 4월 15일; 4월 23·25·26일.
65) 『근암서당창건고적』, 「禮成祭祝文 金司諫兌一(壬午四月二十六日丁丑)」; 「金沙潭洪木齋兩先生奉安祭文 權判書愈」. 霞谷 權愈(1633~1704)는 홍여하·김홍민의 봉안문과 홍여하의 묘갈명을 지었다. 둘의 상향문은 金楷가 지었다. 김홍민의 행장은 그의 동생 金弘微가 지었다.

이만부는 1697년 서울에서 상주 외답 노곡으로 卜居하였다. 그의 조부 李觀徵은 의성에서 태어나 경상도 관찰사를 역임하였고, 부친 李沃은 淸南을 대표하는 인사였는데, 許穆과 柳元之 등에게 배우면서 서애계 학인들과 교류하였다. 이런 인연으로 이만부 역시 柳千之의 딸과 혼인하였으며, 갑술환국 이후 그의 처가가 있는 상주로 내려왔다. 이처럼 그의 가계는 근기 남인을 대표하였기에 그는 상주 정착 이후 영남 남인을 대표하는 역할을 하였다.[67] 또한 1725년(영조 1) 덕천서원 원장이 되기 전까지 근암서원(1724~1725)의 원장을 역임하면서 교육과 건물 정비에도 노력하였다.

권상일 가계는 17세기 초반 증조부 權垢가 예천 지금곡에서 산양 근암리로 이주하면서 정착하였다. 가학을 통해 학문을 익혔던 그는 주변의 서원, 향교의 강회나 사찰·서원 등의 거점에 참여하면서 수학하였다. 그 후 문과에 급제하여 사환 했으며, 낙향한 뒤에는 근암서원의 원장으로서 문풍을 진작시켰다. 또한 도산서원·도남서원 원장을 역임하는 등 도내에서의 위상 또한 높았다.[68]

이처럼 제향인들은 김홍민을 제외하고 모두 근암서당의 산장과 서원의 원장을 역임한 경력이 있었다. 재임 당시 이구는 근암서원의 전신인 향현사 건립을, 홍여하는 서원 승원을 주도하였다. 이만부와 권상일은 근암서원의 초창기 건물과 강학의 기틀을 마련하였으며, 당대 영남 남인을 대표하는 전직 관료이자 학자로서 도내에서 위상이 높았다. 특히 권상일은 근암서원에 제향되기 이전 도내 사림의 공론으로 1783년(정조 7) 산양 수계소에 위패를 봉안하였다.[69] 당시 상주목 내외에서 272명이 참석하고, 정언

---

66) 박인호, 「활재 이구의 역사인식과 현실비판」, 『조선사연구』 22, 조선사연구회, 2013.
67) 김주복, 「식산 이만부의 학문형성과 교류양상 일고찰」, 『한문학보』 19, 우리한문학회, 2008.
68) 우인수, 「영남 남인 권상일의 정치·사회적 활동과 위상」, 『민족문화논총』 62, 영남대학교 민족문화연구소, 2016.
69) 당시 권상일을 바로 근암서원에 추향하지 않은 사유는 확인이 안 된다. 근암서원

을 지냈던 趙錫龍(1721~1793)이 초대 산장을 맡았다.[70]

그러나 3년이 되는 1786년(정조 10) 11월 6일에 근암서원으로 위패를 移安하였다. 이때 이만부·이구 등도 함께 추향하였다. 이는 금령을 어기지 않는 범위에서 영남을 대표하는 유현을 제향하여 서원의 위상을 더 높이고, 나아가 이들 가문의 조력을 받으려는 서원 측과 서원에 선조를 제향하려는 후손들의 이해관계가 부합한 결과로 보인다. 이들의 추향으로 근암서원의 재정이 개선된 것은 확인할 수 없지만 서원의 위상을 제고하는 데는 일정한 도움이 되었다.

이상과 같이 산양현 유생들은 죽림서당을 근암서당 → 향현사 → 근암서원으로 격상시켜 나갔다. 17세기 당시 상주목내에 도남·옥성서원만이 있었던 상황에서 북부의 근암서원 건립은 산향현과 그 인근 유생들의 여론을 대변하는 역할뿐만 아니라 장수처로서 기능하였다. 승원과 추향 과정에서 드러나듯 상주 내 기존 교원은 근암서원을 견제한 측면도 있었다. 이것은 향내의 주도권을 유지하려는 움직임이었다. 그러나 서인(노론)계가 성장하면서 남인계의 분열을 막고, 여론을 결집하기 위한 필요성이 커지면서 승원과 추향이 진행되었다. 18세기 말에 추진된 추향은 기존 남인 세력에 우호적인 정조의 정책에 편승하여 진행된 면이 있다. 상주목 내 노론 세력과 대립이 커져가는 가운데 남인계 향현을 추향하여 재차 남인계의 결집과 분위기를 환기시키는 효과가 있었다.

에 이미 4인[부림홍 2·상산김 1·광주이 1]이 제향된 상태였기에 주도권을 갖기 어렵다는 판단이 컸던 것으로 추정된다.

70) 『駿奔錄-竹林 任員錄 合 癸卯 10月日』(청대 권상일 후손가 소장본). 1783년 10월 17일 봉안식에 상주의 도남·근암·옥성서원 원임과 함창의 남계서원 원임을 포함하여 상주[산양·함창]지역 유생 260명과 안동·예천·군위·칠곡·선산·성주 등지에서 12명이 참석하였다. 「임원록」에 따르면 1783년 제향이후 1786년까지 山長 1인과 재임 2~3인을 두고 있다. 산장은 前正言 趙錫龍(1721~1793), 生員 蔡瀗(1715~1795), 幼學 洪龍吉, 유학 蔡涞, 유학 高日就, 유학 申弘岳, 參奉 權復仁[권상일 손자], 유학 柳聖霖, 유학 李顯朝 등이 역임하였다.

Ⅲ. 17~18세기 근암서원의 경제적 기반

1. 서원전과 원속이 확보 노력

서원 운영에 필요한 기본적인 조건은 원임과 원생의 인적 기반과 토지·노비·院屬 등의 경제적 기반이다. 특히 서원전과 원노비처럼 서원이 소유권을 가진 경제적 기반을 다수 확보해야 제반 사업을 안정적으로 운영할 수 있다. 하지만 17세기 이래로 도망 등으로 관리가 어려운 노비보다는 토지를 더욱 선호하는 것이 일반적이었다. 한편으로는 서원이 위치한 고을의 양인을 대상으로 원속을 모입하여 신공을 받아 부족한 재원을 보충하거나, 서원전의 경작을 맡기면서 노동력을 확보하였다. 이외에도 관으로부터 屬店과 屬寺, 寺奴婢 등을 획급 받기도 했다. 이처럼 서원의 재원이 다양한 것은 여러 요인이 있지만 기본적으로 안정된 운영을 위해서였다.

그러나 근암서원은 재원을 마련할 자금이 부족하여 관의 지원에 절대적으로 의지하고 있었다. 이처럼 열악한 경제적 기반은 근암서원의 전신이었던 죽림서당 시절부터 확인된다. 1597년(선조 30) 산양현 사림들은 임진왜란을 겪으면서 소실된 죽림서당을 복원하기 위하여 황시간·채득강 등을 유사로 선발하고, 기존의 書堂奴 2구를 불러 이전의 서당 터에 거주시켰다. 그 후 상주목사에게 요청하여 屯田의 荒租 1섬[石]을 종자로 제급 받았다. 이것으로 縣內에 종자를 제공하고, 그 수확물을 식리하여 토지를 매득할 자금을 마련하였다. 이를 가지고 1599년(선조 32)에 현내의 논[畓] 2곳을 매득할 수 있었다. 그러던 중 노 1구가 군역에 차정되는 일이 발생하여 체찰사 이원익에게 청원하여 환속과 면역을 허가받았다.[71]

1664년(현종 5) 7월부터 시작된 향현사 건립은 9월에 마무리 하고, 1665년(현종 6) 향현사에 홍언충을 봉안하였다. 문제는 향현사를 유지·관

---

71) 『근암서당창건고적』, 「蔡西齋得江日記」.

리하는 것이었다. 이를 해결하기 위해서 향현사 측은 재차 지방관에게 의지하였다. 즉 상주목사 朴承健(1609~1667)에게 1664년(현종 5) 9월 유생들의 거접시 공궤와 묘우의 守直을 위해 山東의 장정 2명을 특별히 소속시켜 주길 요청했고, 10월에는 전명룡 등이 守直과 庫直하는 烟戶 5명의 군역을 면제해주길 청하였다.[72] 또한 1669년(현종 10) 승원 후에는 관찰사 민시중에게 서원 전수와 유생 공궤를 위한 속공노비 3구를 요청하였다. 이처럼 승원 당시 근암서원에는 5인의 원속만 확인되며, 소유한 토지의 규모와 전래 노비 및 속공노비의 유무는 알 수 없다.

1730년(영조 6) 상주목사에게 올린 정장에서도 노비는 확인되지 않으며, 齋直·고직 등 8인의 假屬만이 있었다. 그런데 이들이 充軍되어 서원의 일상 활동이 불가능해지자 서원 측에서는 상주목사에게 군역을 면제해주길 요청하였다. 이러한 상황은 1734년(영조 10)에도 반복되었다.[73] 이때는 募入한 院生들이 그러했다. 근암서원은 踏印을 받은 17인의 원생이 充軍錄에 오르자 상주목사에게 다른 충군들과 별도로 분류하여 면제해주길 요청하였다. 이처럼 근암서원은 18세기 초반까지 양인 가운데 재지기, 고지기, 원생으로 소속된 자들만이 있었다. 또한 매번 수령이 교체될 때마다 이들 원속의 군역 문제가 반복되고 있었다. 이를 통해 서당 시절부터 지방관의 도움이 없다면 운영이 어려울 정도로 경제적 기반이 매우 열악했음을 알 수 있다. 이러한 사정은 서원전도 마찬가지였다.

죽림서당을 중건하면서 마련한 논이 있었지만, 17세기 말에는 그것의 유무도 확인되지 않는다. 다만 1699년(숙종 25)경 근암서원 도유사 趙泰胤(1642~1707)[74] 등이 상주목사에게 보낸 정문을 보면, 근암서원은 건립 당

---

72) 『근암서당창건고적』, 「甲辰九月呈牧伯文」; 「甲辰十月呈牧伯文」.
73) 『근암서당창건고적』, 「庚戌(1730)呈牧伯文草」; 「甲寅(1734)七月呈牧伯文(權相變)」.
74) 조태윤의 증조부는 광주목사 趙翊이며, 증백조부가 黔澗 趙靖이다. 조태윤의 후처인 양천허씨 백부가 許穆(1595~1682)이다. 趙泰胤은 경상도 관찰사 金演이 행의로 천거하였다(『숙종실록』 권43, 숙종 32년 3월 1일 기미). 조정의 현손이 趙𥳕

시부터 가진 바가 적어서 향사에 쓸 한 이랑[畝]의 밭도 없기에 院事를 계획할 수도 없다고 하였다.75) 즉 이 시기에 이르러 근암서원에는 어떠한 전답도 없었음을 알 수 있다. 그래서 승원 당시부터 경제적 기반이 미약했던 근암서원의 사정은 시간이 지날수록 더욱 어려워졌다. 특히 1699년(숙종 25)이전의 몇 년 사이에 그 정도가 더욱 심해졌다. 가을에 얻는 것은 겨우 秋享을 지낼 정도이고, 春享에는 모든 재물이 고갈되어 환곡[官糴]을 꾸어서 매년 지내왔던 것이다. 이처럼 어려운 형편이었기에 강학은 오래전에 단절되었으며, 서원의 재정을 확대할 계획도 세우기 힘들었다.

그래서 근암서원에서는 상주목사에게 山陽倉 서쪽 냇가에 있는 閑土를 넘겨주길 요청하였다. 그 땅은 서원과 가깝다는 점을 빼면 돌만 있는 미개간지로서 量案에도 없는 버려진 땅이었다. 원임들은 이런 황무지라도 준다면 모든 힘을 동원하여 개간한 후 이곳의 이익으로 춘추향사를 거행하고, 단절되었던 강습의 자금으로 삼아 絃誦하는 소리가 넘쳐날 것이라 호소하였다. 이에 상주목사는 뎨김을 내어 원임들이 요구하는 대로 시행하도록 했다.

이들이 요청한 한토의 면적은 확인할 수 없다. 문제는 이 땅을 받아도 이곳을 개간할 인력을 수급하는 것이었다. 앞서 살펴본 대로 18세기를 전후하여 노비는 1구도 없었으며, 가속들만이 있었는데 이들 역시 원내 사환에 종사하고 있었다. 그럼에도 넉넉하진 않지만 원속·원생들의 身貢 등으로 향사를 진행해온 것으로 보인다.

하지만 황무지를 획급받고도 상황이 크게 개선된 것으로는 보이지 않는다. 18세기 초반 작성된 근암서원의 「院中完議」을 보면, '평소 사용하는 돈을 아껴서 알맞게 쓰고, 일정 부분을 들어내어 매년 땅을 사는데 이른다면 선비를 공궤하는 양식과 반찬 및 상 주는 일에 보탠'고 하였다.76) 이

(1666~1734)이며, 조해는 조태윤(1642~1707)의 9촌 조카다. 또한 맏사위 李弘仁은 李麟佐의 막내 삼촌이다.
75) 『근암서당창건고적』, 「呈牧伯文(趙泰胤)」.

처럼 물력을 사용하는 방법과 목적을 구체적으로 제정한 것은 여전히 물력이 부족하여 원생 공궤와 강학에도 영향을 주고 있었음을 나타낸다. 아울러 일상비를 절약하여 땅을 매입하는 비용을 마련하려는 것을 보면 특별한 수익도 없었으며, 황무지 획급이후 더 이상의 토지 증가는 없었던 것으로 보인다. 이러한 서원의 형편이 다소 개선된 것은 이전의 속사였던 米麵寺를 환속시킨 후 부터였다.

2. 미면사 환속과 사위토의 징수권 쟁송

상주목사 신잠은 죽림서당을 창건하여 유생들의 장수처로 삼은 후 부근의 작은 사찰을 소속시켜 공궤의 자본으로 삼게 하였다.[77] 이 사찰이 미면사[현 산북면 소야리 공덕산]였다. 그러나 임진왜란으로 사찰 건물이 모두 소실되고 전답도 망실하였다. 이에 면내의 유생들이 재목을 내고 몇 명의 승도를 모아서 중건하였다. 또한 사찰 주변 골짜기의 寺位土를 영원히 선비를 기르는 자본으로 삼기로 계획하고 立案을 받았다. 미면사에서 바치는 身貢과 위토에서의 수익은 서당 재원의 상당 부분을 차지했던 것으로 추정된다. 실제 노비와 전답도 많지 않았기에 혹 승려들이 逃散한다면 신공뿐만 아니라 위토 경작 또한 큰 문제였다. 그렇기에 미면사 승려들이 雜役을 당하면 서당의 유생들이 매번 들고일어나 呈訴하였다. 그래서 전후의 지방관들이 모두 그들의 의견을 따라 시종 보호해왔다.

1682년(숙종 8)에는 미면사를 永屬하는 完文을 성급 받았다. 당시에는 별다른 어려움 없이 서원이 운영될 수 있었던 것으로 보인다. 그런데 1690년(숙종 16) 상주의 풍산류씨 가문에서 미면사의 主山 쪽에 묘를 쓰면서 모든 승려들이 分散하여 사찰이 텅 비게 되었다. 이후 폐사가 된 미면사는

---

76) 『근암서당창건고적』, 「院中完議」. "一. 每年 享祀時用錢 極其數多 自今以後 一依近來所用 毋得過濫 常用錢財 亦撙節除出 遂歲買土 以贍供士粮饌及賞格者."
77) 『근암서당창건고적』, 「呈牧伯文(趙泰胤)」.

관에서 법당의 재목과 기와는 大乘寺로 이건하고, 법당 내의 불상과 鍾磬은 金龍寺로 이속시켰다. 그래서 허물어진 집만 남게 되었는데, 이때부터 근암서원도 물력이 산폐해지고 상하도 폐지하게 되었다.

그런데 1718년(숙종 44)에 흘러들어온 승도들이 무너진 집을 修葺하고, 점차 좌우의 골짜기에 전답을 일구었다. 토지와 노비가 없었던 근암서원은 미면사의 還屬이 매우 절박하였다. 이에 산양 유생들은 상주목사 鄭思孝(재임:1716.7~1718.9)에게 이전과 같이 미면사를 근암서원의 속사로 해주길 요청하였다.[78] 이들은 처음부터 미면사는 근암서원의 소속이었으므로 서원에서 推尋해서 이전처럼 養士의 자금에 더하는 것이 온전하며 事理에도 마땅한 것이라고 주장했다. 그러면서 서원의 절박한 형세를 살펴 미면사를 소속시키는 데김[題音]을 내려주길 요청했다.

비슷한 시기에 근암서원 유생 蔡九甲 등이 순상 李墣에게 올린 정문을 보면, 상주목사 정사효는 유생들의 요구대로 미면사를 영속시키는 판결을 내렸다.[79] 이에 원유들은 관찰사의 데김까지 받아 미면사에 대한 소유권을 더욱 확고히 하려고 했다. 원유들은 복원한 미면사를 서원에서 추심하는 것이 옳다고 주장하였다. 그러면서 문서를 폐기하여서 감영에 남아있는 기록이 없다면 미면사를 소속시키는 데 어려움이 있을 것이라 보고 상주목사의 데김을 근거로 제시하였다. 이것에 의거하여 관찰사는 데김을 내려 미면사를 근암서원에 소속시키고 문부에 懸錄하였다. 미면사의 소유권을 상주목과 경상감영에서 모두 인정받고 그 사실을 기록으로 남기게 된 것이다.

그러나 3년이 지난 1721년(경종 1)경 미면사 位田을 둘러싼 분쟁이 발생하였다. 근암서원은 미면사를 소속시킨 후 「원중완의」를 제정하고, 강학 활동을 본격적으로 시행하는 등 서원의 정상화를 위해 노력하던 시기였다. 그러한 시기에 가장 큰 재원이었던 미면사 위전에 대한 수조권 분쟁은 서

---

78) 『근암서당창건고적』, 「呈牧伯文(山陽儒生)」.
79) 『근암서당창건고적』, 「呈巡相文(蔡九甲)」.

원의 사활이 걸린 것이었기에 치열하게 전개되었다. 이 쟁송은 미면사 소속 승려 名作이 스스로를 풍산류씨 가문의 산지기임을 자처하고, 근암서원이 소속시킨 미면사와 그 위전이 류씨 가문의 소유라고 주장하면서 시작되었다. 당시 풍산류씨 가문이 개입했는지는 확인이 불가능하다. 근암서원 측에서는 두 차례 정소를 통해 승려 명작의 단독 계략임을 주장하면서 자신들의 반박 근거와 그의 범죄 전력을 제시하였다. 자신들의 주장에 신빙성을 높이고 명작의 주장이 사욕에 의한 것임을 드러내려는 의도였다.

먼저 근암서원 유생 李錫奎 등이 상주목사 趙正萬(재임:1719~1722)에게 승려 명작의 주장을 반박하는 정소를 올렸다.[80] 이들은 宋代 崇安縣의 知縣이었던 趙抃(1008~1084)이 유생들의 공궤를 위해 경내 사찰 소유의 위답을 學舍에 붙여주어 문풍이 되살아났다는 故事를 인용하여 상주목사 역시 그를 따르길 원했다. 그리고 상주의 靑鶴寺와 용궁의 昕川寺가 각 고을의 향교에 속사로 있었다가 승려들이 도산한 후 그 건물과 위전을 몰수하여 향교에 편입했다고 했다. 원유들은 이러한 사례들이 모두 유생 勤學을 위한 지방관의 흥학책이었음을 강조함으로써 미면사를 속사로 인정하는 것에 대한 명분을 제공한 것이다.

명작은 관에 의해 미면사가 철거된 후 남아있던 허물어진 집을 류씨가문의 齋舍라 하고, 모입한 승려들을 류씨가문의 산지기라고 주장하였다. 그 주장에 대하여 이석규 등은 네 가지 이유를 들어 반박했다. 첫째 미면사가 서원 소속이라는 상주목과 감영의 문서가 있으며, 둘째 미면사의 불상과 건물을 옮겨간 김룡사와 대승사에서도 감히 골짜기의 위토에 대해 쟁송하지 않았다는 것, 셋째 본래 류씨가문의 재사가 있었다고 하지만 그것을 증명할 근거가 하나도 없다는 점, 넷째 명작의 주장이 이치에 어긋남이 많기에 같이 거주하는 승려들이 정소 하는데 한 명도 연명하지 않은 점을 들었다. 이외에도 예천 蒼池庵이 소실된 후 그곳의 위토를 사찰의 땅이 아

---

80) 『근암서당창건고적』, 「呈牧伯文(李錫奎)」.

닌 것으로 현록하려고 했던 전력이 명작에게 있다고 했다.

이러한 내용을 들어서 명작의 주장이 허위임을 주장하며, 상주목사가 事目의 현록을 살펴보고서 유생늘의 뜻을 따라주길 요청하였다. 이식규 등의 주장에 상주목사의 판결이 어떠했는지 확인할 수는 없다. 다만 근암서원 유생들은 자신들이 주장하는 논리를 더욱 강화하여 재차 상주목사에게 정소하였다.

근암서원 유생들은 상주목사에게 재차 정소하면서 명작의 말이 이치를 곡해하는 이유에 대하여 4개조로 반박하였다.[81] 첫째는 그가 사리를 곡해하는 것이 심하여 같이 거주하는 승려들조차 그가 정소하는데 참여하지 않는다는 것, 둘째는 김룡사와 대승사도 그 골짜기의 땅이 근암서원 것이라는 것을 여러 문권에서 알 수 있기에 감히 쟁단을 일으키지 않는다는 것, 셋째는 밖으로는 사찰의 위토라고 적었으나, 안으로는 자기 멋대로 경영할 계획이라는 것, 넷째는 스스로 류씨가문의 墓幸이라 하며 학궁의 토지를 빼앗으려고 하나, 문적에서 송사를 거는 사유가 하나도 옳은 근거가 없다는 것이다.

그래서 경내 각 사찰의 모든 승려들도 미면사의 소송에 간여하는 데가 없으며 모두 명작을 배척하여, 대승사와 김용사에서는 서원에 스스로 와서 글을 바치고 南長寺[현 상주시 남장동]·北長寺[현 상주시 내서면 북장리 천주산]·東關菴[현 상주시 화남면 동관리]에서도 글을 보내왔다고 했다. 이를 근거로 근암서원에서는 이전의 판결에 의거하여 학궁이 잔폐하는 것을 막아주길 거듭 요청하였다. 이 소송에 대한 상주목사의 판결은 확인이 안 된다.

다만 등서된 자료에 데김이 없다는 것과 상주목사 조정만이 兩宋의 문인으로서 노론의 핵심인사였다는 점, 소송이 발생한 당시 노론계 윤지술의 처벌을 위한 영남 남인계 유소의 소청이 근암서원에 설치되었다는 점 등에서 남인계로 분류되는 근암서원 유생들의 요구를 수용하지 않았을 가능

---

81) 『근암서당창건고적』, 「呈本州文(民等)」.

성도 있다. 그렇지만 유생들의 거듭된 요청과 이전 수령의 판결, 주변의 유리한 정황, 흥학이라는 수령의 기본적인 임무, 숭유억불이라는 조선왕조의 방침에 의해 미면사 위토에 대한 수조권이 근암서원에 있다는 판결이 내렸을 개연성이 높다.

이상과 같이 근암서원은 전답의 매득, 노복과 원생·원속의 면역, 속공 노비 및 미개간지, 속사의 획급 등을 통해 재정을 마련하였다. 전답을 매득한 자금도 상주목사가 지급한 종자에서 기인하는 바, 서원 재원 마련에 상주목사와 관찰사 등 지방관의 역할이 절대적이었음을 확인할 수 있다. 한편 열악한 재정난으로 인해 서원내의 강학이 단절되기도 했다. 강학이 재개된 것은 1720년(숙종 46) 이후였는데 바로 미면사를 환속한 뒤였다. 이를 보더라도 근암서원의 재원 가운데 미면사의 비중이 상당했음을 알 수 있다. 하지만 1723년(경종 3) 이래로 많은 비용이 소요되는 유생 강학을 영빈서당과 분담하여 비용의 부담을 줄였다는 점에서 여전히 운영자금이 넉넉하지 못한 상태였음을 짐작할 수 있다.

Ⅳ. 18세기 근암서원의 강학과 운영

1. 근암서원과 영빈서당의 강학 분담

17~18세기 초반의 상주지역은 향교-서원-서당이 유기적으로 유생 교육을 담당하였다. 상징적으로 상주목 유생 교육과 교화의 중심은 향교였으나, 그것의 실제적 주체는 도남서원이었다. 여기에 남쪽의 옥성서원과 북쪽의 근암서원이 지원하는 형식이었다. 각 면 단위에서는 서당이 해당 면의 유생 교육과 공론을 취합하는 하부단위로 운영되었다.[82] 이 가운데 신

---

82) 실제 옥동서원의 승원과 사액 과정에서 서당은 각 면 단위의 공론을 형성하는데

잠이 건립한 서당은 옥성·근암서원과 같이 18세기 들어 승원하는 사례가 많았다.[83] 그러한 서당은 유생 장수를 위한 강학과 科業을 준비해온 곳들이었다. 또한 승원한 후에도 서당을 폐하지 않고 별도로 운영하는 것이 일반적이었다.

산양현에서는 17세기 중반까지 수계소와 영빈서당이 사론 형성과 강학의 중심처였다. 하지만 근암서원이 설립되면서 그 역할을 분담하였다. 서원의 지위가 높았음에도 이처럼 현내 유생의 교육과 여론 수렴을 분담한 것은 경제적 이유가 가장 컸다. 앞서 살펴본 대로 경제적 기반이 미약하였던 근암서원은 정기적인 향사와 강학뿐만 아니라 건물의 증·개수, 책판 간행 등을 진행하면서 17세기 말부터 심각한 경영난에 직면했다. 그 결과 강학 활동도 중단 되고, 삭망례는 초하루에 원임만 분향하도록 했다.[84] 근암서원 설립 후 분리되었던 영빈서당도 2차례 이건을 하면서 이와 비슷한 상황이었던 것으로 추정된다. 그래서 현내에서는 강학뿐만 아니라 科文을 권장하는 것도 폐지되었다.[85]

이러한 상황을 타개하기 위하여 산양현 사림들은 居接, 居齋, 旬製, 講會 등 다양한 방법으로 문풍을 진작하기 위해 노력하였다. 비용이 많이 들어가는 거접과 거재는 형편에 따라 근암서원과 영빈서당에서 나누어 시행

중요한 역할을 하였다. 이는 서당의 위상이 높았고, 유생들의 출입이 많았음을 나타낸다(김순한, 「18세기 후반 상주 옥동서원 청액활동과 사액의 의미」, 『민족문화논총』 72, 영남대학교 민족문화연구소, 2019).

83) 1749년(영조 25) 권상일이 찬술한 『상산지』(청대본)에는 모두 24개소의 서당이 등재되어 있다. 이 가운데 수양서당은 옥성서원(1631, 김득배·신잠)으로, 봉암서당은 鳳山書院(1708, 노수신)으로, 봉성서당은 雲溪書院(1711, 성람·신석번 외), 지천서당은 淵嶽書院(1702, 朴彦誠·金彦健·康應哲), 매악서당은 芝岡書院(1745, 鄭國成·趙又新·曹希仁·曹挻融)으로 승원하였다.

84) 一. 每月朔望齊會參謁 固是學宮盛事而 顧緣供億之難堪 只行朔日之焚香 則獒以事體亦甚未安 今依他學宮例 院任焚香時 勿邀他員以啓 望日中廢之患(『근암서당창건고적』, 「원중완의」).

85) 『청대일기』 계묘(1723) 5월 2일.

하였다.[86] 서원과 서당은 그 성격이 다름에도 불구하고 산양현에서는 유생 강학에 있어서 별다른 차별을 두지 않았다. 이것은 두 곳의 유래 즉 영빈서당의 전신이 근암서당이었기 때문이다. 근암서당은 향현사를 거쳐 서원으로 승원한 후에도 한동안 서당을 옮기지 않고 함께 존속했다. 그러다가 1687년(숙종 13) 죽림으로 근암서당을 옮겨 수계소와 합쳤다가[87] 다시 潁水가로 이건하여 영빈서당으로 독립하였다. 이후 1730년(영조 6)에는 출입하는 유생들의 규모가 증가하면서 대대적으로 중건하였다.[88] 이처럼 근암서원과 영빈서당은 함께 운영되기도 했으며, 분리된 후에도 거리가 가까웠기에 산양현 유생들은 서원과 서당을 오가며 강학과 유식처로 이용하였다.[89]

그러나 권상일은 서원과 서당의 역할을 구분하는 게 필요하다고 보고, 서원에서는 강학을 서당에서는 과문을 위주로 공부할 것을 제안했다.[90] 이

---

86) 『청대일기』 경인(1710) 7월 26일.
87) 『상산지』, 서당, 「영빈서당」.
88) 영빈서당은 산양현 사림의 거점 활동의 중심처였다. 일반적으로 거접이 과거를 준비하는 것이었던 만큼 많은 유생들이 참여하였다. 거접 장소는 인근의 대승사·김룡사를 이용하기도 했지만 서당에서 진행되는 경우도 많았다. 그래서 서당을 확장하기로 결정하고, 1730년(영조 6) 10월에 공사를 시작하여 수개월 만에 완공하였다. 당시 정당은 6칸, 동·서협실 각 2칸, 동재 4칸이며, 正門을 세우고 문의 좌우에 廊舍를 두면서, 學舍의 규모를 갖추었다. 양쪽 협실은 좌측을 尊性, 우측을 進修라 하였다(권상일, 『청대집』 권11, 기, 「영빈서당중수기」). 영빈서당이 산양현 사림들의 강학 중심처로 인정받고 있었다는 것은 1732년(영조 8) 관찰사가 勸獎의 밑천으로 삼도록 영빈서당에 租 2섬을 내려준 것에서도 알 수 있다(『청대일기』 임자(1732) 5월 4일). 당시 반계서당은 1섬을 받았는데, 이는 유생의 수를 고려한 것으로 보인다.
89) 근암서원과 영빈서당은 단순히 강학의 기능한 한 것이 아니었다. 유생들이 친목을 위해 결성한 修稧의 장소로도 적극적으로 활용되었다. 인근의 사림들은 근암서원과 영빈서당에서 친목 모임을 갖기도 하고, 詩會(文會)·거접·거재 등을 열기도 했다. 이는 17세기 상주를 중심으로 활동하였던 黃緬(1600~1670), 鄭道應(1618~1667), 全翼耈(1615~1683), 柳千之(1616~1689), 李英甲(1622~1677), 安道徵(1616~1678) 등의 문집에서도 확인된다.
90) 『청대일기』 계묘(1723) 5월 1일·2일.

는 서원을 건립한 본연의 목적을 지키고, 서당의 기능도 유지하는 방법이었다. 또한 과거가 없을 때에는 순제를, 과거가 있을 때에는 거접을 하기로 장로들과 원의 하였다.[91] 이것은 영빈서낭이 수관하고 근암서원이 보조하였는데, 역병 등의 불가피한 상황에서는 근암서원이 주관하기도 했다.

산양현에서 큰 영향력을 가졌던 권상일의 발언은 이후 서원과 서당의 강학 방법을 구분 지었다. 일정기간 동안 유숙하며 경전과 성리서를 강학하는 거재는 서원과 향교에서 시행하였다. 향교에서 주관하는 거재는 상주목의 모든 유생들을 대상으로 했다. 그러나 향교 내에 이들을 모두 수용하는 것은 어려워서 유생들의 많고 적음에 따라 숫자와 날짜를 정하여서 각 서당에 배정하였다.[92] 서원은 도남서원과 같이 상주를 대표하는 경우에는 전 유생을 대상으로 했지만 근암서원과 같이 소규모 서원은 소재지를 중심으로 시행하였다.

근암서원 「院中完議」를 보면, 1719(숙종 45)~1720(숙종 46)년경부터 정기적으로 거재를 시행한 것으로 보인다.[93] 근암서원은 入學 유생을 20명으로 제한하고, 11월 초부터 12월 20일까지 시행하되 매회 5일간 진행하였다. 이는 다른 서원의 사례와 같이 윤번하면서 1회에 최대 20명까지 입학을 허용한 것이다. 또한 입학하는 유생들은 각 가문에서 족세에 따라 가감하여 보내도록 했다. 특별히 참석을 규제하는 것이 아니었기에 외관상 상주목 전체 가문을 대상으로 한 것으로 보인다. 그러나 현실적으로 당시 서원의 건립이 꾸준히 증가하고 있었고, 유생들의 자율적 수학을 강조하고 있었기에 상주목 북부의 외곽에 위치한 근암서원까지 오는 유생들은 제한

---

91) 『청대일기』 무진(1748) 4월 29일.
92) 『청대일기』 갑진(1724) 9월 24일.
93) 1719~1720년경에 작성된 「원중완의」는 모두 14개 조항으로 거재, 향사, 원임선발, 유생공궤, 전임예우 등의 내용으로 구성되어 있다. 이외에도 1732년(영조 8)에 작성된 學규가 있었지만 현전하지 않아서 내용을 알 수 없다(권상일, 『청대집』 권11, 발, 「近院學規跋」).

적일 수밖에 없었다. 그래서 산양현과 그 인근에 거주하는 부림홍씨(홍언충·홍여하)·광주이씨(이덕형)·상산김씨(김홍민) 등의 후손가와 안동권씨(권상일), 인천채씨(채득강), 장수황씨(황시간), 전주이씨(이구), 개성고씨(고인계) 등의 가문에서 참여했을 가능성이 높다.

거재에 참석한 유생들은 단기간의 성과보다는 뜻을 세워 스스로 단속하는 것을 우선시 하였다. 또한 학업에 노력하지 않고 익살스런 말이나 행동으로 주위 사람을 방해하면, 정도에 따라 서로 권면하거나 儒罰에 처하도록 했다. 거재를 마치면 모두가 술을 나눠 마시던 풍습이 있었지만 이를 완전히 금지하고, 입학했던 유생들은 매년 초봄에 한번 詩賦나 論策으로서 재주의 높고 낮음을 시험하되 성적에 따라 차등적으로 상을 주어 학업에 집중하도록 했다.[94] 이처럼 근암서원 거재는 개인의 수양뿐만 아니라 그들이 각 가문을 대표한다는 점도 있었기에 경쟁이 치열했을 것으로 보인다.

거접은 주로 과거가 있는 해에 진행되었다. 과거를 앞두고 단기간에 집중적으로 학문을 점검하는 방식이었다. 『청대일기』를 참고하면 산양현에서는 1704년(숙종 30)부터 거접을 시행하고 있었다. 당시에는 근암서원과 영빈서당에서 나누어 시행하였는데, 산양현과 인근 고을에서 30여 명이 참

---

94) 一. 入學儒生 怕供二十員而始 自至月初 至臘月念後罷歸. 一. 凡讀書生 各自其門中隨族 多少加減擇送 而一任怠惰 不甚留意於文字 上者不須擧論. 一. 居齋諸生 須各立志牢固毋求近效 惟以遠大自期 而若其治心之方 持己之要 則伊山白鹿等規 昭揭壁上 垂訓丁寧 今不待疊床而自有餘師矣. 一. 學徒中 如有蔑視完議 不專肄業 而徒事諧謔 害及傍人者 諸生自相 曉喩以盡 恝切之義 又自院中訪問 其最甚者 重施儒罰 使得懲勵後人. 一. 本院自此專主勸課而 凡于無益之費 一切掉去 供士等節 亦皆務從簡約 然署倣館學之例 間五日 進呈別味. 一. 罷齋後飮福 愚伏先生 昔以俗禮禁止黌堂 而本州各院 率皆遵依 無敢設行 從今本院 亦一體永罷 不復崖異. 一. 每年春初 一度出題 或以詩賦 或以論策 試才高下 賞給有差 毋過二十五人. 一. 每年享祀時用錢 極其數多 自今以後(『근암서당창건고적』, 「원중완의」). 『청대일기』에는 1732년에는 10월 28일에 시작하여, 12월 15일까지 거재가 진행된 것이 확인된다(『청대일기』 임자(1732) 10월 28일, 12월 8일). 완의와 거재 시점에서 차이가 있지만, 근암서원 거재가 꾸준히 진행되고 있었음을 알 수 있다.

석하였다. 1723년(경종 3)에는 50여 명이 참석하였으며, 1755년(영조 31)의 경우에는 100명 가까이 참여하였다. 이들은 산양현 뿐만 아니라 함창·용궁·예천·상수·풍산 등의 유생들로서 참여 범위도 점차 넓어졌다.[95] 이는 근암서원·영빈서당에서 주관하는 거접의 수준과 합격률이 높았기 때문으로 추정된다.[96]

거접은 1710년(숙종 36)의 역할 분담 이후 주로 영빈서당에서 주관하였다.[97] 하지만 서당이 협소한 관계로 근암서원과 나누어서 거접 유생들을 받기도 했다. 그러나 거접 유생을 공궤하는 일은 서원과 서당의 노복만으로는 어려운 일이었다. 그래서 인근의 대승사와 김룡사에서 거접을 시행하기도 했다.[98] 거접시 제술은 2일에 한 번씩 진행되었으며, 그때마다 명망 있는 장로에게 試券을 보내면, 근암서원이나 영빈서당에 모여서 채점한 후 거접이 끝나는 날 시상을 했다.[99] 전체 거접 기간은 특별히 정해진 것은

---

95) 『청대일기』 기사(1749) 11월 23일.
96) 영빈서당 거접에 참석하였던 권상일은 제술을 거듭 치른 결과 장원을 하였다(『청대일기』 갑신(1704) 5월 26일·27일·28일·29일·30일, 6월 1일·3일·4일·5일·18일). 그 외에도 좋은 성적을 거두었던 인사들이 실제 사마시와 대과에 급제하면서 이곳의 거접이 유명해진 것으로 추정된다. 그러나 처음부터 거접에 참여했던 자들의 성적이 좋았던 것은 아니었다. 거접에 참석했던 인물들이 모두 낙방하기도 했다(『청대일기』 임오(1702) 6월 10일).
97) 『청대일기』 경인(1710) 7월 26일. 작은 면내에서 서원과 서당 모두에서 유생들에게 동일한 방법의 교육을 진행하는 것은 비효율적이었다. 특히 이 시기에는 두 곳 모두 심각한 경영난에 처한 상태였다. 권상일이 서원과 서당의 역할을 분립한 것은 서원의 강학·장수처로서의 본래 기능을 지키고, 과업 유지를 통해 서당의 존재 가치도 유지하는 방안이었다. 또한 비용의 불필요한 중복을 막는 효과도 있었다.
98) 『청대일기』 갑신(1704) 5월 26일·28일·29일·30일, 6월 1일·3일·4일·5일 ; 을사(1725) 6월 7일 ; 정미(1727) 1월 12일·14일·19·20일 ; 병인(1746) 7월 12일 ; 무진(1748) 10월 6일 ; 을해(1755) 7월 7일·10일·16일 ; 무인(1758) 7월 18일.
99) 『청대일기』 계묘(1723) 7월 13일~24일 ; 병자(1756) 6월 28일. 서원에서의 거접은 공궤의 어려움으로 잘 진행되지 않았던 것으로 보인다. 다만 역병과 같이 특수한 경우로 산사(대승사·김룡사)나 다른 곳으로 가기 어려울 경우 서원에서 진행되었다. 그러나 김룡사, 대승사의 경우 향교나 서원 등의 속사가 아니었기에

아니었지만 거접을 시행하였던 초창기에는 7~20일간 시행하다가 점차 참여 인원이 증가하면서 5일로 축소한 것으로 보인다.[100] 이것은 거접으로 인해 사찰의 부담이 컸기 때문으로 추정된다.

과거가 없을 때에는 순제를 시행하였다. 면내의 유생들을 대상으로 순제를 치르면서 한 달에 시부 각 10개씩 제목을 내어 채점하고, 성적에 따라 상으로 종이를 지급하였다.[101] 뿐만 아니라 백일장을 개최하여 勉學을 장려하기도 했다. 백일장은 관찰사, 상주목사 등의 지방관이 주관하기도 했지만, 향교·공도회·도남서원·영빈서당에서 개최하기도 했다.[102]

근암서원은 1703년(숙종 29) 서원 재사에서 강회를 개설하였다.[103] 당시 관찰사 趙泰東이 열읍 유생들의 講經과 제술을 계획하였기 때문이다. 관찰사는 각 면의 훈장이 강경을 담당하고, 제술한 것은 수령이 채점하여

관의 紙役을 담당해왔다. 하지만 그 일이 고역이라서 승려들이 모두 흩어져 사찰이 텅비는 일이 잦았다(『청대일기』 병자(1756) 9월 23일). 상주에서는 김룡사와 남장사가 재력이 풍부하여 官役에 시달려오다가, 이때에 이르러 두 사찰 모두 승려들이 도산하는 지경에 이르렀다. 당시 신임목사 元景濂은 이들의 종이 납품을 줄이고 승려들을 불러 모아서 사찰이 다시 운영되도록 했다. 근암서원에서는 김룡사와 동로의 天柱寺 승려를 동원하여 건물의 수리, 유생 거접 등을 했었기 때문에 당시 목사의 조처를 매우 다행스럽게 여겼다.

100) 『청대일기』 갑신(1704) 5월 26일, 6월 18일. 영빈서당에서 주관한 거접이 대승사에서 5월 26일 시작하여 6월 18일에 마쳤다. 당시 권상일은 5월 28일부터 6월 4일까지 약 7일간 참석했으며, 그 기간 동안 3차례 제술을 하였으며 이튿날 채점 결과를 받았다. 권상일은 3번째 試製에서 장원이 되었다. 영빈서당에서 주관한 거접은 김룡사에서 7월 11일 시작하여 7월 22일에 마쳤다(무인(1758) 7월 18일) ; 을축(1745) 8월 5일.
101) 『청대일기』 계묘(1723) 5월 2일, 7월 7일 ; 무인(1758) 6월 2일.
102) 『청대일기』 임오(1702) 3월 28일 ; 계미(1703) 9월 29일 ; 갑신(1704) 6월 17일·20일 ; 계사(1713) 2월 14일·20일·21일 ; 신축(1721) 3월 23일·25일·26일 ; 을축(1745) 8월 4일·5일·7일 ; 병인(1746) 2월 12일·15일, 3월 1일 ; 정묘(1747) 6월 4일 ; 기사(1749) 6월 6일 ; 경오(1750) 8월 12일·16일, 10월 17일 ; 신미(1751) 8월 21일 ; 기묘(1759) 윤6월 13일·27일, 6월 2일·4일.
103) 『청대일기』 계미(1703) 1월 5일.

장원한 답안지는 감영에 보내도록 했다. 당시 근암서원 강회는 이러한 연유로 열리게 된 것이다. 영빈서당에서 강회가 개설되기도 했는데, 근암서원과 이를 조율하였던 것으로 보인다.[104] 1748년(영조 24) 영빈서당 강회의 講長으로 초빙된 권상일은 『소학』을 講하고, 背講을 실시하였다.[105] 같은 해 도남서원에서는 『대학』을 강하였다. 이때 참석한 유생과 童蒙을 구분하여 출제하였다. 이를 보면 서원과 서당에서의 강회는 그 방법이 다소 달랐다. 서원에서는 제술을 중심으로 진행되었으며, 서당에서는 배강을 하였다.

　1754년(영조 30) 5월에도 근암서원에서 강회가 개설되었다. 당시 강회는 상주목사 沈鏽의 명으로 설행된 것이었다.[106] 5월 2일에 원임이 모두 모여 유생이 소재한 면의 서당에 통문을 발송하고, 각 개인에게는 편지를 보내어 17일에 강회를 개최한다고 알렸다. 16일에 상주목사가 산양현 倉舍에 이르렀고, 다음날에 알묘한 후 『대학』을 강하는데 강장은 권상일이었다. 유생 10인이 차례로 돌아가며 읽었는데, 글의 뜻을 간략히 물으면서 진행했다. 18일에는 講書 한 권을 다 읽고 의문이 나는 곳은 질문 항목을 쓰고, 각자 견해를 종이에 써서 대답하게 했다. 19일에는 『근사록』의 「태극도설」, 「定性書」, 「西銘」 등에서 문장의 어려운 부분에 대해 유생들이 스스로 쓰고, 辨釋 하도록 했다.

　이처럼 근암서원 강회는 경전을 통강한 후 의문나는 구절에 대하여 토론하는 형식으로 진행되었다. 이어서 성리서를 읽고 의문나는 점에 대해서도 같은 방식으로 진행되었다. 이 방식은 영빈서당에서 책을 읽고 배강하는 것보다 더욱 수준 높은 강학 방식이었다. 즉 서원은 유생의 장수처로서 수기를 강조한 반면, 서당에서는 기초학문 습득과 과업 위주의 교육이 진행되었음을 확인할 수 있다.

---

104) 『청대일기』 계묘(1723) 11월 1일.
105) 『청대일기』 무진(1748) 4월 29일·30일 ; 기사(1749) 2월 4일.
106) 『청대일기』 갑술(1754년) 윤4월 27일·29일 ; 5월 16·17·18·19일.

2. 서적 간행과 기타 운영

근암서원 원임은 원장-유사 체제로 운영되고 있었다. 유사는 2인이었으며, 원장은 洞主, 山長, 首席, 都有司 등으로 불리기도 했다. 근암서원은 도남서원·옥성서원과 함께 일찍부터 상주의 대표적 서원 가운데 하나로 인식되었다. 초창기 근암서원 원장들은 도남서원 원임을 역임하는 경우도 많았으며, 양원을 오가며 향사와 운영에 참여하였다.[107] 그만큼 원장을 역임했던 인사들의 명망이 높았음을 알 수 있다. 원장은 해당 서원을 대표하는 인물로서 서원의 사회적 지위를 유지하거나 높이는 데 중요한 역할을 하였다. 그렇기에 전·현직 원장에 대한 예우는 서원의 재정 상황이 어렵더라도 유지하려고 노력하였다. 또한 유사는 서원의 실질적인 운영을 담당하였기에 이들에 대한 예우도 해당 서원의 형편에 따라 진행되었다.

---

[107] 1723년(경종 3)에는 권상일이 1729년(영조 5)에는 이만부가 도남서원 원장을 역임하였다. 한편 근암서원의 건물과 강학 및 운영 규정을 정비하는 것에도 원장들의 역할이 컸다. 일례로 식산 이만부는 1724년(경종 4) 덕천서원 원장으로 부임하기 전까지 근암서원 원장을 역임하였다. 그는 1724년(경종 4) 10월 20일부터 24일까지 서원의 편액을 새겨 거는 일을 주관하였다. 직접 김룡사에 유숙하며 편액 새기는 일을 감독하였다. '근암서당' 편액은 元震海의 글씨인데, 승원하면서 '당'자를 '원'자로 曺時虎가 고쳐 쓴 것이었다. 그러나 앞의 세 글자와 글씨체가 전혀 다르게 되었기에 '당'자를 새로 고쳤다. 또한 동재는 欲仁齋, 서재는 喻義齋, 문루는 知遠門이라 하였는데 모두 이만부가 정하고 직접 쓴 것이다(『청대일기』 갑진(1724, 경종 4)10월 20·21·22·24일). 원장 吳尙遠은 「백록동학규」와 「이산서원원규」 편액을 썼으며(권상일, 『청대집』 권11, 발, 「近院學規跋」), 원장 權瀚은 강당을 중수 하였다(『근암서당창건고적』, 「己酉七月日 明倫堂重修文」). 1708년(숙종 34)에 명륜당의 한쪽 모퉁이를 수리했기 때문에 1729년(영조 5)에는 나머지 부분을 중수하였다. 당시 원장이었던 권한은 권상일의 叔父였으며, 재임은 高師德, 李寅泰였다. 중수 과정을 보면 7월 10일에 破屋하였으나 農務로 일을 멈추었다가 19일에 서북쪽 2칸을 철거하였다. 서쪽 기와는 새해에 하고, 북쪽 서까래는 補缺하고는 다시 기와를 덮어 마쳤다. 다음으로 동쪽 모퉁이를 수리하여 윤7월 10일에 공사를 마쳤다. 목수는 天柱寺 僧 一淳·省和, 大乘寺 僧 三兼이었다.

근암서원의 경우 전임 원장이 喪을 당하면 부의를 보내고, 원임이 직접 위문하도록 했다.[108] 상을 당하지 않더라도 이전 원장의 병환이 심할 시에는 위문하였다. 원장을 역임했던 권상일의 경우에도 병빈서낭과 근암서원에서 임원이 술과 안주를 가지고 위문하였다.[109] 현직 원임의 경우에는 과거에 응시할 때 試紙와 양복 여비를 지원해 주었다.[110] 한편 건립 당시부터 심각한 재정난을 겪었던 근암서원은 다양한 방법으로 재원을 마련하려고 노력해왔다. 식리도 그 한 방법이었으나 이를 관리하는 원임이 무단으로 행하면서 이익보다는 폐단이 컸기에 18세기 초반부터는 이를 금지하였다.[111]

이외에도 서원에서는 출판 활동을 통해 제향인의 학문을 계승·확산하는 데 노력하였다. 그러나 서적을 간행하는 데는 막대한 물력이 필요했다. 출판할 서적의 분량에 따라서 차이가 나지만 서원 단독으로 출판하기 위해서는 재원 마련에 오랜 시간이 필요하였다. 그래서 서원의 재력이 부족할 경우 다른 서원과 향교, 후손·문인가 및 관의 도움을 받아서 진행하는 것이 일반적이었다. 근암서원은 7인의 제향인이 있었지만 현재 서원에서 간행한 것으로 확인되는 것은 홍언충의 문집인 『寓庵集』뿐이다. 『우암집』은 홍언충의 종후손이자, 당시 도남서원과 근암서원의 원장으로 재임하던 洪相民·洪相勛 형제가 주도하여 1720년(숙종 46) 간행되었다.[112]

『우암집』은 1582년(선조 15) 충청도 관찰사이자 外孫壻인 金宇宏(1524~

---

108) 一. 院任聞 曾經首席之喪 卽以白紙二束 黃燭一雙 米太眞荏各二斗致賻 存問(『근암서당창건고적』, 「원중완의」).
109) 『청대일기』 계유(1753) 2월 12일·16일.
110) 一. 院任赴擧者 量其往還資 途粮米會行 則加給試紙 及行饋馬鐵等物(『근암서당창건고적』, 「원중완의」).
111) 一. 出債之家 或不還報 反懷不平於催督 是則任員自與 而招人之怨怒 無故而起人之過失也 自今切不許貸 杜此兩弊 而如或有犯 則責出其典守者(『근암서당창건고적』, 「원중완의」).
112) 근암서원 원장 홍상훈은 蒼雪齋 權斗經(1654~1725)에게 『우암집』 서문을 부탁하였다(『근암서당창건고적』, 「與權正言[斗經]書(洪相勛)」; 「權正言答書」).

1590)이 청주에서 遺文을 모아 초간본을 간행했지만 임진왜란 당시 散失되었다. 그 후 사림이 여러 문집과 『東文選』 등에서 발췌하여 엮은 몇 권이 당시 근암서원에 있었다.[113] 그러나 홍언충을 제향한지 약 60년이 지났음에도 여전히 향사에 공궤할 자금도 부족할 만큼 열악한 재정 형편으로 인해 『우암집』을 개간할 수 없었다. 그래서 1719년(숙종 45) 근암서원 유생 金命天 등은 관찰사 李㙫(1664~1733)[재임:1718.4~1719.2]의 선조인 李荇(1478~1534)이 洪貴達의 문인 있었고, 그의 아들인 홍언충과는 道義로 사귀었다는 관계를 내세워 『우암집』 간행 비용을 지원해주길 요청했다.[114]

그 결과 근암서원에서는 관찰사의 지원을 받아서 1719년(숙종 45) 7월 20일부터 판각을 시작할 수 있었다. 그렇지만 여전히 물력이 부족하여 판각을 하다가 중단하는 일이 반복되었다. 근암서원은 부족한 비용을 마련하기 위하여 상주와 인근 고을의 각 처에 도움을 요청하여 판각을 이어나갈 수 있었다.[115] 하지만 부조의 규모가 작아서 4~5개월이 지나도록 공역을 마치지 못했기에 재차 상주의 각 서당에 도움을 요청하였다.[116] 당시 『우암집』 책판은 대부분 판각을 완료 하였다. 그렇지만 창고에 보관해오던 『漢

---

113) 김우굉은 충청도 관찰사로 나갔을 때 장모인 홍씨의 간곡한 청을 받아 청주목사 金仲老에게 일을 맡겨 遺文에 자신의 발문을 붙여 간행하였다. 이 초간본은 임란을 거치면서 간본이 거의 유실되었다. 그 뒤 1720년(숙종 46)에 이르러 從玄孫 洪相民·洪相勖 형제가 문집을 중간하였다. 이본은 缶溪洪氏 世系를 권두에 싣고 권말에 부록을 실었는데, 부록에는 奉安時祭文(金應祖)·近嵒書院常享祝文·海東名臣錄·墓碣 등과 제현들의 애모하는 시문을 모았으며, 여기에 權斗經(1654~1725)의 서와 홍상민의 발을 붙여 간행하였다. 그 후 1925년에 洪杰이 경북 문경에서 간행한 『우암선생문집』은 중간본 목판을 그대로 인쇄한 것이고, 각 책 끝에 대정 14년(1925)의 간행 연기가 있다(「우암집 해제」, 『유교넷』http://www.ugyo.net).
114) 『근암서당창건고적』, 「呈巡相文(金命天)」. 1719년으로 연도를 규정한 것은 실제 문집이 간행된 시기가 1720년이며, 근암서원에서 발송한 부조 통문의 내용에서 유추하였다.
115) 『근암서당창건고적』, 「隣邑及本州扶助通文」.
116) 『근암서당창건고적』, 「本州各堂通文」.

陰集』책판의 상태가 매우 나빠서 수리가 필요한 상태였다. 이 『한음집』 책판은 상주목에서 1634년(인조 12) 간행한 초간본과 1668년(현종 9)의 중 간본 판목으로 추정된다.[117]

근암서원에서는 『우암집』 간행을 위해 공장들이 와있을 때 『한음집』 책판도 보수하길 원했다. 그러나 『우암집』을 개간하면서 모든 재원을 소진한 상태였기에 이전에 조력하지 않았던 서당들을 대상으로 사정을 헤아려서 빨리 도와주길 요청했던 것이다. 당시 간행을 주도하였던 홍상훈·홍상민 형제의 영향력이 컸던 만큼 서당의 추가 조력도 원활히 진행되었을 것으로 추정된다. 이외에 근암서원 장서는 확인되지 않지만 고종 연간 (1863~1907) 간행된 『嶺南各邑校院書冊錄』[118]에는 서원이 아닌 각 후손가에 소장된 것으로 기록되어 있다.

---

117) 『한음집』은 이덕형의 아들이었던 상주목사 李如圭와 선산부사 李如璜이 家藏草稿를 문집으로 간행하려고 했다. 그러던 중 이여황이 사망하자 1634년(인조 12)에 이여규가 이준의 발문을 받아 상주목에서 초간본을 간행하였다. 그 뒤 손자 李象震이 『승정원일기』에서 遺文을 얻어서, 외손 李松齡이 상주목사로서 문집의 간행을 도모하였으나 세상을 떠나게 되어 중단되었다. 이에 손자 李象鼎이 다시 간행을 도모하여 1668년(현종 9) 용주 趙絅(1586~1669)의 서문을 받고 상주에서 중간하였다(김기빈, 「해제」, 『한음문고』, 한국고전번역원, 1998). 이들 문집의 판목은 상주목에서 보관해 오다가 1669년(현종 10) 근암서원 승원 후 이관하여 관리해온 것으로 보인다.

118) 『嶺南各邑校院書冊錄』(규장각 7720). 『한음집』 5권, 『청대집』 9권 『검간집』 3권, 『허백집』 3권(홍귀달), 『우암집』 2권, 『무주집』 2권(洪鎬), 『목재집』 7권, 『동암집』 2권(洪大龜), 『휘찬려사』 24권(홍여하), 『동사제강』 7권(홍여하) - 洪錫胤 家藏 ; 『君臣言志錄』 1권 - 蔡得沂가 심양서 가져온 것임, 본손이 보관중임 ; 『매헌실기』 2권 - 정기룡 사적으로 본손가에 보관중 ; 『병와예설』 10권 - (이형상) 永川 본손 李廷模 소장 ; 『경재잠집설』 1권, 『제양록』 1권, 『주자어절요』 2권, 『이기휘편』 1권, 『퇴도서절요』 5권, 문집 29질 - 이상 6질은 이상정 본손 李永運 소장 ; 『대동운옥』 20권(권문해) 등이 수록되어 있다.

V. 근암서원의 정치·사회적 활동

1. 18세기 초반 疏廳의 설치

서원은 일상적 강학 활동뿐만 아니라 정치·사회적 사안에 대하여 공론을 수렴하여 儒疏를 작성하거나 유벌·부조 등을 결정하는 것도 중요한 일이었다. 근암서원에서는 18세기 초반 2차례 疏廳이 마련되었다. 당시 상주지역 향론을 주도하는 곳은 도남서원이었다. 이곳은 17세기에 안동의 병산서원[119]과 더불어 영남지역 남인의 공론을 대표하는 곳이었다. 그러나 18세기 들어오면서 노론의 집권과 그들의 지원 하에 상주내 노론계가 크게 성장하면서 향권을 둘러싼 남노간의 분쟁이 심화되었다. 노론계는 흥암서원(1702)을 중심으로 결집하여 향교와 도남서원의 임원직을 두고 남인계와 대립하였다.[120] 그로 인해 도남서원은 정상적인 운영이 어려울 정도였기에 지리적으로 가깝고 남인계인 근암서원이 그 역할을 일시적으로 대신하였다.

첫 번째 소청이 설치된 것은 1701년(숙종 27) 「사계승무반대소」를 올릴 때였다.[121] 1700년(숙종 26) 10월 호남 유생 崔雲翼 등이 상소하여 김장생의 문묘 종사를 청원하자 안동유생들은 승무를 반대하는 상소를 올리기로 결정하고 도내에 통문을 발송하였다. 이들은 11월 예천에 소청을 설치하

---

119) 정치적 논쟁이 있을 때마다 영남 사림들은 병산서원을 중심으로 공론을 결집시켰는데, 대표적인 것이 1611년(광해군 3)의 '晦退辨誣疏'와 1666년(현종 7)의 '服制疏'다.
120) 향교에서는 교임직을 두고 남노 세력이 충돌하였으며, 도남서원 역시 비슷한 상황이었다. 특히 도남서원 원장이 闕位된 채로 향사를 지내기도 했다(『청대일기』 을사(1725) 2월 17일 ; 병인(1746) 9월 1일 ; 갑술(1754) 12월 6일 ; 을해(1755) 8월 13일)
121) 『근암서당창건고적』, 「道內通文 辛巳(1701)二月」; 金侃, 『竹峯先生文集』卷3, 雜著, 「光陽謫行日記」.(한국국학진흥원 소장본)

였다가 다시 안동으로 옮긴 후 1701년(숙종 27) 1월 21일에 疏任을 분정하였다.[122] 2월 11일 소행이 출발하여 예천·용궁·상주 근암 등을 거치면서 각각 4~5일씩 머물렀다. 이때 임시 소청을 근암서원에 두고 소행에 참가하기 위해 오는 유생들을 기다렸던 것이다. 당시 소유들과 이들을 배웅하기 위해 모였던 도내 유생들이 의논하여 홍여하의 추향을 결의하였다. 이처럼 첫 번째 소청은 소행이 지나는 경로에 위치한 남인계 서원이었기에 소유들이 모이는 거점으로서 운영되었다.[123]

두 번째 소청이 설치된 것은 1721년(경종 1) 尹志述의 처벌에 관한 유소를 올릴 때였다.[124] 경종이 즉위한 후 노론계 성균관 장의 윤지술이 숙종의 誌文을 문제 삼아 유소를 올렸다. 윤지술은 숙종이 장희빈을 죽인 것과 관련하여 그 處變이 도에 합당한 것이자 正道를 호위한 것이라며 이를 숙종의 지문에 넣어 영원히 전해야 한다고 주장했다. 이 유소로 경종이 윤지술을 定配하자 성균관과 四學의 유생들이 윤지술을 변호하는 등 노론 세력에 의해 파문이 확산되었다. 이에 경종이 처분을 환수하자 소론 측에서도 정언 趙最壽가 윤지술을 공격한 것을 시작으로 경기와 충청의 유생들이 참형을 주장하는 등 양측의 치열한 공방이 전개되었다.[125] 이때 영남에서도 이 문제에 대한 유소가 준비되고 있었다.

영남에서는 안동의 유생들이 윤지술의 처벌을 요청하는 유소를 결정하고 이를 추진하였다.[126] 도남서원에서 소회가 열렸는데 소수 柳夢瑞의 교

---

122) 疏首는 金侃이었으며, 장의는 진사 南楚衡·南圖翮이고, 소본은 진사 安鍊石이 지었으며, 寫疏는 진사 鄭天周가 담당했다.
123) 1723년(경종 3)의 「葛庵辨誣疏」를 가지고 상경하는 소행도 근암서원에 이틀을 머물며 소유들을 기다렸다가 출발하였다.(『청대일기』계묘(1723) 3월 8일, 9일)
124) 『청대일기』 신축(1721) 1월 13일·14일·15일·20일·21일.
125) 『경종실록』권2, 즉위년 9월 7일·9일·10일·11일·15일·20일 ; 10월 7일 ; 11월 4일 ; 12월 16일·17일·28일 ; 권5, 경종 1년 12월 6일·10일·11일·12일·13일·15일·16일·17일.
126) 『청대일기』 신축(1721) 1월 4일.

체를 요구하는 일이 일어났다. 그래서 새로운 소수를 권점하는 과정에서 안동사림이 주도하던 유소는 중지되었다.[127] 신임 소수가 권장하여 도남서원에서 근암서원으로 소청을 옮기고 1월 20일에 100여 명이 모여 논의하였다. 소청을 옮긴 정확한 사유는 알 수 없지만 상주목사의 위협과 도남서원 내 서인계의 반발을 우려하여 남인계 서원이었던 근암서원으로 옮긴 것으로 추정된다.

그러나 근암서원이 협소하여 40여 고을에서 오는 소유들을 모두 수용할 수가 없었기에 용궁의 三江書院으로 소청을 다시 옮겼다.[128] 그곳에서 소수를 포함하여 200여 명이 운집하여, 각처에서 보내온 疏本 5~6개 가운데 하나를 선정하였다. 2월 26일 소행이 출발할 당시 장의는 金鍾萬과 李德謙이고, 管行은 權重時였다. 그러나 거도적인 유소였음에도 불구하고 각 고을의 배소 유생은 안동이 4인, 예천·진주가 2인, 용궁·함창·선산·榮川·영해·영덕·상주·거창·울산 등이 각각 1인으로 모두 30여 인이었다. 상주에서도 처음에는 4인으로 결정하였으나 수령의 위협으로 산양에서만 2인이 참여하는데 그쳤다.

권상일은 배소 유생이 줄어든 원인을 上道의 몇몇 고을 이외에는 모두 새로 임명 된 서인계 수령들에게 향교와 서원이 점거당하여 소행의 경비를 마련할 길이 없었기 때문이라고 보았다.[129] 결과적으로 이 유소는 승정원에서 봉입조차 하지 못하고 실패했지만, 실세했던 남인들이 정치적 견해를 집단적으로 표방하는 계기가 되었다. 이처럼 근암서원은 정치적으로 영남 남인계의 여론을 주도하는 곳은 아니었지만 공론을 형성하는 데 일조하였

---

127) 당시 선발된 소수가 누구인지 확인할 수 없다. 『청대일기』에는 李叔으로만 나오는데, 칠곡에 거주하는 李世瑗(1667~?)과는 친척으로 보인다. 이로 보아서 산양현 일대에 거주하는 광주이씨 일족으로 추정된다(『청대일기』 신축(1721) 1월 10일).
128) 『청대일기』 신축(1721) 2월 12일.
129) 『청대일기』 신축(1721) 3월 9일.

다. 즉 남인계 서원으로서 상주에서는 도남서원을 대신한 집결처가 되기도 했으며, 지리적으로는 소행이 지나는 길목에 위치하여 남인계 소유들의 집결처가 되기도 했다.

2. 다양한 향촌 사회 활동

근암서원은 향촌사회의 다양한 현안에도 관여하고 있었다. 1724년(경종 4) 상주 孝谷書院[130]을 중건하면서 高仁繼를 추향하자는 공론이 있었다. 이에 효곡서원에서는 並享을 결정하고 근암서원에 알려왔다.[131] 1819년(순조 19)에는 芸齋 蔡蓍疇를 제향하는 일을 논의하기 위해 연악서원에서 글이 왔기에 이를 주변의 서당과 가문에 알리는 통문을 근암서원 원임이었던 權達忠과 金顯奎가 발송하였다.[132] 이처럼 서원과 사우에 제향인을 추가하거나 신설할 때에는 향중의 공론 수렴이 반드시 필요했다. 그 과정에서 보다 넓고 빠르게 공의를 모으기 위해 향교나 유력한 서원의 협조를 요청하기도 했다.[133] 근암서원은 산양현 최초의 서원으로 이곳의 사론을 대표하였다. 그렇기에 근암서원 측의 동의를 받는 것은 산양 유생들의 지지를 받는 것으로 인식되었다. 특히 고인계, 채시주 등과 같이 근암서원과 직·간

---

130) 1685년(숙종 11)에 孝谷書堂을 창건하고, 愚谷 宋亮(1534~1618)을 제향하였다.
131) 『근암서당창건고적』, 「通孝谷文」. 나아가 1725년(영조 1)에는 신재 周世鵬과 開巖 金宇宏을 제향하는 일로 옥성서원에서 통문을 내고, 권상일에게 주세붕을 주향으로 송량, 고인계, 김우굉을 동서로 배향하는 것을 稟議하였으나, 주세붕과 김우굉 후손들의 반대로 무산되었다(『청대일기』 을사(1725) 3월 28일, 4월 7일).
132) 「近嵒書院通文」(己卯(1819) 10월 25일). 권달충은 松巢 權宇(1552~1599)의 7세손이며, 운재 채시주는 권상일과 이상정의 문인이었다. 현재 채시주를 제향처하는 곳이 없기에 당시 논의는 무산된 것으로 판단된다.
133) 이병훈, 「19~20세기 영남지역 향촌사회와 경주 옥산서원의 동향」, 『한국서원학보』 4, 한국서원학회, 2017. 근암서원도 1702년(숙종 28) 홍여하와 김홍민을 추향하는 일로 통문을 내어 옥성서원에서 향회를 개최하였다(『청대일기』 임오(1702) 2월 26일).

접적으로 관련된 인물의 제향 시에는 서원 측의 동의가 필수적이었다.

그런가 하면 광범위하게 여론을 모아 儒罰을 시행하기도 했다. 1753년(영조 29)에는 성주 유생들과 군위 南溪書院에서 좌수 申漢台가 선현인 李墺을 침해하여서 처벌하지 않을 수 없다는 통문을 근암서원에 보내왔다. 이에 8월 2일 근암서원과 도남서원 원임들이 회회하여 신한태는 말할 때 가려서 責善하지 않았다는 죄목으로 '永削'하고, 유림 李曾淑은 애초에 잘 처리하지 못하여 시끄러운 단서를 초래하였다는 죄목으로 '損徒'한다고 결정하고 각 서원에 통문을 보내었다.[134] 남계서원은 류성용을 제향하는 서원으로 그의 제자인 이전을 모욕한 신한태에 대한 처벌을 이전의 고향인 상주의 도남서원과 근암서원의 남인계 서원에 의견을 무의했던 것이다. 근암서원이 도남서원과 더불어 상주목 남인계를 대표했던 곳이었음을 알 수 있다.

이는 1746년(영조 22) 경주 옥산서원에서 보내온 통문에서도 확인된다.[135] 이전인의 후손들이 추향 때 사림들의 출입을 막고 폭행하는 일이 발생하였다. 그러나 관에서는 별다른 처벌을 내리지 않고 오히려 서손들이 향사를 주관토록 했다. 이처럼 서인계 수령과 서손들에 의해 옥산서원의 주도권이 위협을 받자 도내의 남인계를 중심으로 공론을 형성하여 대응하려는 목적이었다. 근암서원의 대응은 확인되지 않지만 경주부윤의 부당한 처사와 서손들의 무단행위를 성토했을 것으로 추정된다.

이외에도 1753년(영조 29) 3월에는 전임목사 金光遇의 공적을 새겨 거는 일로 향청에 통문을 내기도 했다.[136] 김광우는 목내선의 질손으로 남인계 수령이었다.[137] 상주의 수원인 도남서원이나 향교, 향청 등에서 이를 추진하는 것이 사리에 맞지만 당시 원임과 향임 선발로 분쟁이 발생하였기에

---

134) 『청대일기』 계유(1753) 2월 26일, 4월 9일, 8월 2일.
135) 『청대일기』 병인(1746) 4월 21일.
136) 『청대일기』 계유(1753) 3월 11일.
137) 『청대일기』 을해(1755) 8월 13일.

근암서원이 이를 주도한 것으로 보인다.[138] 또한 근암서원은 正謁禮을 거행한 후 鄕約을 행하고, 面約正을 선발하면서 향풍의 진작에 기여하기도 했다.[139]

한편, 국상이 있으면 상경하기 어려운 경우 殿牌가 있는 객사에 나아가 哭禮를 하는 것이 일반적인 관례였다. 그러나 건강이 안 좋거나 여타 사정으로 가지 못할 경우 서원에 모여 곡례를 행하였다. 이때 전직 관료가 哭班을 담당했는데, 근암서원에서도 수십 명의 유생들이 모여서 국상 때 곡례를 행하였다.[140]

근암서원에서는 재정이 어려운 상황에서도 향내의 일에 출자하기도 했다. 현내의 노인들을 모시고 경로회를 열거나,[141] 수계소의 경로회에 매년 곡식 10섬을 내어 춘추의 모임에 쓰도록 했다.[142] 또한 1789년(정조13) 玉洞書院이 사액을 받았을 때에는 동전 2궤미를 보내어 축하했다.[143] 이상과 같이 근암서원은 향촌사회의 다양한 현안에 대하여 의견을 내거나 부조하는 등 적극적으로 참여하였다. 이런 활동들은 근암서원이 정치·사회적 현안을 외면하지 않았음을 보여준다.

VI. 맺음말

한국에서 서원이 건립되는 과정은 경주 옥산서원, 현풍 도동서원과 같이 처음부터 서원으로 건립하거나, 안동 병산서원, 예안 도산서원과 같이

---

138) 『청대일기』 계유(1753) 3월 7일.
139) 『청대일기』 갑술(1754) 1월 5일.
140) 『청대일기』 정축(1757) 2월 22일·23일·27일 ; 4월 1일·2일·5일 ; 6월 2일·3일·4일 ; 7월 10일 ; 12월 9일 ; 기묘(1759) 5월 1일
141) 『청대일기』 병자(1756) 11월 9일.
142) 『청대일기』 무진(1748) 10월 6일.
143) 『옥동서원 소청일기』 1789년 3월 28일(영남권역자료센터).

제향인이 생전에 강학하던 서당, 정사 등을 매개로 사후에 서원으로 변화하는 사례가 있다. 아울러 금령을 피하여 사우로 건립하였다가 서원으로 승원하는 사례가 있었다. 특히 서원과 사우의 제향 기준이 모호해지는 18세기 이후에는 금령을 피하여 사우로 건립했다가 서원으로 승원하는 사례가 많았다. 그럼에도 불구하고 서원에 제향하는 인물의 기준은 17세기까지 대체로 잘 지켜졌다.

서원으로의 건립 및 승원에는 사론의 준발 → 향회를 통한 향론의 결집 → 도회 내지 도내 통문을 통한 타읍 유생들의 공론 수렴 등의 과정을 거쳤다. 아울러 서원 금령이 시행된 후에는 지방관을 통해 조정의 허가를 받는 과정도 필요했다. 이처럼 서원 건립의 방법은 다양했지만 시대를 막론하고 공론의 광범위한 수렴과 관의 허가가 필수적이었다.

근암서원은 16세기 중반 죽림서당으로 시작하여 임란이후 이건하면서 근암서당으로 불렸다. 그 후 1665년(현종 6) 홍언충을 제향하면서 향현사가 되었다. 1669년(현종 10)에는 유현으로 칭송받던 이덕형을 병향하면서 향내와 도내의 지지를 받아서 근암서원으로 승원하였다. 이처럼 서당에서 사우로, 사우에서 서원으로 성장하는 근암서원의 변천 과정은 금령이 시행되던 시기에 이를 피하여 승원했던 서원들의 전형을 잘 보여준다.

아울러 승원 이후 추가로 배향되었던 김홍미·홍여하·이구·이만부·권상일 등은 남인계 인사들로서 도남서원과 더불어 상주 남인계를 대표하는 서원으로 자리했음을 나타낸다. 실제 사계승무반대소, 윤지술처벌소 등의 거도적인 유소의 소청이 근암서원에 설치되었다는 것은 이를 증명하는 것이다. 나아가 향촌 사회의 각종 현안에도 의견을 피력하면서 향촌운영기구로서의 역할도 충실히 수행하였다.

근암서원은 7인의 유현를 제향하면서 그들의 후손과 지역 유생들의 협조로 운영되어왔다. 어느 특정 가문이 주도하지 않았기에 여타 서원과 달리 문중 서원화 되지는 않았지만 적극적인 지원도 이어지지 않았다. 그로 인해 다양한 노력에도 불구하고 건립 이래로 경제적 기반이 미약하였다.

노복과 전답은 거의 없었고, 원생과 원생으로 받은 이들도 수시로 군역에 침해를 당하였다. 그래서 지방관의 恩典에 절대적으로 기댈 수밖에 없다. 그렇기에 숙림서당 시설부터 획급 받은 인근의 미면사는 규모가 적었음에도 서원 재정에 큰 몫을 차지하고 있었다. 그러나 풍산류씨 가문의 묘소가 들어서면서 승려들이 도산하고, 속사인 미면사 역시 폐찰이 되었다. 다시 사찰이 복구된 후에는 그곳의 승려와 사위전의 수조권을 둘러싼 분쟁이 발생하기도 했다.

이처럼 어려운 경제적 상황에도 불구하고 근암서원은 인근의 영빈서당과 더불어 산양현 유생들의 강학처로서 기능하였다. 유생들의 거재와 강회를 주도하고, 영빈서당과 더불어 거접과 순제를 시행하면서 물력을 보조하는 등 문풍 진작에 일조하였다. 또한 『우암집』을 간행하면서 그들의 사상과 학문을 계승하는 노력을 경주 하였다. 정치사회적으로는 영남 유소의 소청이 두 차례 설치되기도 했다. 비록 여론을 주도하지는 못했지만 소유들의 집결처로서 기능하였다. 한편으로는 향촌사회의 현안에 적극적으로 참여하여 산양현 사림들의 여론을 대변하고 이를 결집하는 역할을 수행하였다. 이처럼 근암서원은 운영상의 어려움은 있었지만 서원의 기능과 역할을 충실히 수행하면서 상주 북부지역을 대표하는 서원으로서 위상을 유지할 수 있었다.

【참고문헌】

『近嵒書堂創建古蹟』(이수환 소장 복사본)
『近嵒書院事蹟』(이수환 소장 복사본)
『玉洞書院 疏廳日記』(이수환 소장 복사본)
『嶺南各邑校院書冊錄』(규장각 7720)
『淸臺日記』(權相一, 한국국학진흥원 번역본)
『駿奔錄』(청대 권상일 후손가 소장)
『商山誌』(1928), 『負暄堂集』(金楷), 『栢潭集』(具鳳齡), 『月澗集年譜』(李坱),
『木齋集』(洪汝河), 『竹峯先生文集』(金侃), 『同春堂集』(宋浚吉), 『漢蔭文稿』(李德馨).

윤희면, 『조선시대 서원과 양반』, 집문당, 2004.
정만조, 『조선시대 서원연구』, 집문당, 1995.

김순한, 「18세기 후반 상주 옥동서원 청액활동과 사액의 의미」, 『민족문화논총』72, 영남대학교 민족문화연구소, 2019.
김주복, 「식산 이만부의 학문형성과 교류양상 일고찰」, 『한문학보』 19, 우리한문학회, 2008.
김학수, 「한음 이덕형의 사우 및 교유관계」, 『한음 이덕형의 학문과 사상』, 해드림출판사, 2017.
김형수, 「17·18세기 상주·선산권 지역 사회와 서원·사우의 동향」, 『영남학』 7, 경북대학교 영남문화연구원, 2005.
박인호, 「활재 이구의 역사인식과 현실비판」, 『조선사연구』 22, 조선사연구회, 2013.
송석현, 「17세기 상주지역 사족의 동향」, 『영남학』 27, 경북대학교 영남문화연구원, 2015.
이연숙, 「17-18세기 영남지역 노론의 동향 – 송시열 문인가문을 중심으로」, 『역사와 실학』 23, 역사실학회, 2002.
오용원, 「한음 이덕형의 후대 평가와 추숭사업」, 『한음 이덕형의 학문과 사상』, 해드림출판사, 2017.
우인수, 「영남 남인 권상일의 정치사회적 활동과 위상」, 『민족문화논총』 62, 영남대학교 민족문화연구소, 2016.
이병훈, 「16~18세기 문경 근암서원의 변천-조선후기 서원 변천의 한 사례」, 『영남학』 71, 경북대학교 영남문화연구원, 2019.
이병훈, 「16세기 인동지역 재지사족의 성장과 서원 건립 활동」, 『민족문화논총』 70, 영남대학교 민족문화연구소, 2018.
이병훈, 「17~18세기 문경 근암서원의 운영 실태」, 『영남학』 73, 경북대학교 영남문화연구원, 2020.
이수환, 「청대일기를 통해 본 권상일의 서원 활동」, 『민족문화논총』 62, 영남대학교 민족문화연구소, 2016.
채광수, 「창녕성씨 청죽공파의 상주 정착과 노론계 원우 건립 활동」, 『조선시대사학보』 79, 조선시대사학회, 2016.

유교넷 (http://www.ugyo.net)
한국학자료센터 영남권역자료센터 (http://yn.ugyo.net)

17~18세기 상주지역 남인·노론계 서원의 인적구성 분석
― 도남·흥암서원을 중심으로 ―

박 소 희

Ⅰ. 머리말

 서원은 조선시대 사족의 공론 수렴처로서 그 인적 구성은 원임·원생 등으로 구성되어 있다. 그리고 당색·지역에 따라 조직체제나 자격·임기·임무 등은 일정부분 차이가 있었다. 이러한 차이를 대별해 보면 영남 남인계 서원과 서인계 서원으로 구분할 수 있다.[1)]
 영남의 대표 지역 중 하나인 상주는 지리적 특성상 안동과 인접해 있어 일찍이 남인 기반인 퇴계학파의 일원들이 많았다. 또 호서지역과도 가까워 기호학파와의 교유도 있어왔다. 그러한 배경 아래 17세기 상주에는 영남을 대표하는 남인계 도남서원이 건립되었고, 18세기에는 노론계 거점인 흥암서원이 집권세력의 비호 아래에 건립되었다. 대체로 17세기는 도남서원이 상주 공론을 대표하는 기구로 기능했으나 18세기 향내 남·노의 분열과 갈등이 발생하면서 도남서원의 원임구성에도 일정부분 변화가 나타났다.
 현재까지 진행된 상주지역 남·노 서원에 대한 연구는 상주 사족의 동향 속에서 파악되거나, 개별 서원을 주제로 다루어져 왔다. 전자의 경우 상주 사족의 형성과 임진왜란 후 활동, 남·서인계 인물의 등장 이후 남·노 서원의 건립 및 활동에 대한 내용이 주를 이룬다.[2)] 좀 더 세부적으로는 상주

---

1) 이수환, 『朝鮮後期書院研究』, 일조각, 2001, 103쪽.

향교 靑衿儒生이 향안·도남·흥암서원 院案에 입록된 추이를 파악하여 향교와 재지사족간의 관계를 파악한 연구,[3] 17세기 후반~18세기 초반 도남서원 원장의 특징을 분석하고 상주시족과 서인계의 갈등을 확인한 연구,[4] 정경세 학단의 성격을 규명하는 과정에서 문인들을 중심으로 도남서원 창건과 운영이 이루어졌음을 밝힌 연구[5]가 있었다.

후자로는 도남서원 창건부터 노수신·류성룡·정경세의 추배과정을 파악하거나[6], 도남서원 원장 분석을 통해 서원 주도세력의 네트워크를 확인하고 이를 토대로 서원의 詩會 양상을 분석한 연구[7], 흥암서원과 근암서원의 내력과 운영 실태를 다룬 연구[8], 옥동서원의 승원과 사액 과정 및 18~19세기 서원의 인적·경제적 기반과 향내 갈등을 통시적으로 분석한 연구[9]

---

2) 김형수, 「17·18세기 상주·선산권 지역사회와 서원·사우의 동향」, 『영남학』 7, 2005, 경북대학교 영남문화연구원 ; 김학수, 『17세기 嶺南學派 硏究』, 한국학중앙연구원 박사학위논문, 2007 ; 김학수, 「18세기 한 鄕班 출신 功臣의 정치·사회적 존재 양상」, 『조선시대사학보』 77, 조선시대사학회, 2016 ; 이수환·채광수, 「昌寧成氏 聽竹公派의 상주 정착과 노론계 院宇 건립 활동」, 『朝鮮時代史學報』 79, 조선시대사학회, 2016 ; 송석현, 「17세기 후반~18세기 초반 도남서원의 운영과 상주 사족의 동향」, 『조선시대사학보』 79, 조선시대사학회, 2016 ; 이수환, 「『청대일기』를 통해 본 권상일의 서원활동」, 『민족문화논총』 62, 영남대학교 민족문화연구소, 2016.
3) 유기선, 「17~18세기 尙州鄕校의 靑衿儒生」, 영남대학교 석사학위논문, 2003.
4) 송석현, 「17세기 상주지역 사족의 동향」, 경북대학교 석사학위논문, 2015.
5) 채광수, 「우복학단의 성격과 계보학적 갈래」, 『한국계보연구』 10, 한국계보연구회, 2020.
6) 김학수, 「道南書院의 창건과 학문·정치·사회적 지향」, 『도남서원의 사적과 도학정신』, 제1회 상주 문화사적과 역사인물 학술대회, 2011.
7) 채광수, 「서원의 지식 네트워크 활동의 실제-상주 道南書院의 詩會를 중심으로-」, 『한국서원학보』 12, 한국서원학회, 2021.
8) 이수환, 『서원향사: 흥암서원·대로사』 국립무형유산원, 2014 ; 이병훈, 「16~18세기 문경 近嵒書院의 변천」, 『영남학』 71, 경북대학교 영남문화연구원, 2019 ; 이병훈, 「17~18세기 문경 근암서원의 운영 실태」, 『嶺南學』 73, 경북대학교 영남문화연구원, 2020.
9) 김순한, 『朝鮮後期 尙州 玉洞書院의 賜額과 運營』, 영남대학교 대학원 박사학위

등이 있었다. 이러한 사례들을 통해 조선시대 상주 사족의 실체는 보다 더 분명하게 밝혀졌다.

다만 기존 연구는 대부분 도남·흥암서원에 대한 개별연구가 주를 이루고 있어 동 시기 두 서원을 입체적으로 이해하는 데는 한계가 있다. 이에 본 논문은 17~18세기 상주 지역 남·노 서원의 비교사적 차원에서 각 서원의 인적구성을 분석하고 향촌 내 위상을 살펴보고자 한다. 여기에 기존에는 활용되지 않았던 각 서원의 『심원록』도 함께 활용함으로써 두 서원의 실체에 보다 구체적으로 접근할 수 있을 것이라 기대한다.

Ⅱ. 17세기 도남서원의 인적구성과 활동

1. 17세기 도남서원의 인적구성

1606년(선조 38) 상주 지역 최초로 정몽주·김굉필·정여창·이언적·이황을 제향하는 道南書院이 창건되었다. 서원 건립 과정에서 정경세는 「建院通文」 작성 및 주요 사항들을 스승인 류성룡과 상의하였고, 이준은 1607년(선조 38) 사액을 청하는 「請額呈文」을 지어 경상감사에게 올렸다.[10] 당시 건립에 참여한 인물들은 「道南書院倉設契案」에서 확인된다. 여기에는 정경세·전식·이준 등 류성룡의 문인들을 비롯하여 약 238명이 참여할 만큼 상주 전 사족들이 동참하고 있었다. 대체로 류성룡·정경세 문인들의 참여가 주를 이루고 있지만, 成震丙 등 노론계 가문의 인사들도 17세기 중후반 운영에 참여하고 있었다. 이처럼 건립 직후부터 노론계 흥암서원이 창건되기 전까지 도남서원은 상주 사론을 대변하는 곳으로 기능하였다.

논문, 2022.
10) 김학수, 앞의 논문, 2011, 72쪽.

정경세는 건립 단계부터 도남서원을 영남 사론의 중심지로 만들고자 했다. 이는 이덕형에게 보낸 편지에서 "영남의 儒賢들을 합사하여 영남의 搢紳들을 이끌기에는 이보다 더 좋은 곳이 없다."[11]라 한데서 영남 首書院으로 만들고자 했던 그의 포부를 알 수 있다. 이후 도남서원은 1621년(광해군 13) 안동·예안 사족을 중심으로 「청참이이첨소」가 올라갈 때 반대의사를 보임으로써 영남사론의 또 다른 축을 형성하며 독자성을 구축해 나갔다.[12]

이후 도남서원은 1617년(광해군 9) 노수신 종향, 1631년(인조 9) 류성룡, 1635년(인조 13) 정경세까지 추배하면서 상주권 내 이황→류성룡→정경세로 이어지는 퇴계학통을 공식화하고 도내 남인계 서원으로서 기능하게 된다. 이는 원임의 명단에서도 드러난다. 통상 남인계 서원의 원임 구성은 院長·有司체제로 알려져 있다. 원장은 서원을 대표하며 院中의 대소사를 총괄하고, 유사는 서원의 실무를 담당하였다.[13]

현재 도남서원에는 총 4책의 『임원록』이 있어 원임 구성을 파악하는데 도움이 된다. 시기별로는 1664~1747년 353명, 1802~1836년 278명, 1836~1845년 83명, 1846~1871년 188명으로 총 902명이 기록되어 있다. 여기에 의하면 도남서원은 유사 대신 院長·齋任체제로 운영되고 있었다. 다만 『청대일기』에 나오는 재임 기록을 보면 그 역할은 유사와 비슷했던 것으로 보인다.

> ··· 도남서원에서 하인이 와서 류 재임의 편지를 받아 보았다. 그저께 밤, 동쪽 광 속에 보관해 둔 齋服 열두 벌과 백지 20여 권·놋잔 두 쌍을 도둑맞았다고 한다. 이러한 때의 인심은 놀랍거나 괴이쩍을 것이 못되나, 또한 일찍이 이런 일이 있을 것을 염려하지 않고 어설프게 저장한 소치이니 어찌하겠는가. ···[14]

---

11) 鄭經世, 『愚伏集』, 卷9, 書, 「與李漢陰 德馨」.
12) 김학수, 앞의 논문, 2011, 95쪽.
13) 이수환, 앞의 책, 2001, 114쪽.
14) 權相一, 『淸臺日記』, 戊辰年[1748] 4월 22일.

… 재임이 나와서 呂君鐺에게 통문을 내고, 또 향사를 거행할 때 헌관에게 줄 통문을 써서 남겨두었는데, 향사를 거행하기 전에 다시 오기가 어려워서이다. …[15]

… 재임 趙聖楫이 보러 와서 사당 수리할 일을 의논하였다. 이는 근래에 들어와 비가 새고, 들보 아래의 벽이 무너져 내린 곳이 있어서이다. 그리고 무너지려는 곳도 많이 있어서 너무 미안하여 어쩔 수 없이 다음 달에 길일을 잡아 移安한 후에 수리하려고 한다. …[16]

유사들의 업무는 서원 춘추제례와 분향례의 헌관이 되거나, 헌관·집사를 차출하는 일, 제례 참석 요청 통문 발송, 재정 및 집물 관리 등이 있었다.[17] 위 기사를 보면 도남서원의 재임 역시 서원의 집물을 관리하고 향사를 거행할 때 통문을 돌리는 일, 건물 보수 등 서원의 실질적인 업무를 담당하고 있었다.

이후 서원은 1868년(고종 5) 상주목사 鄭基永이 원장을 맡으면서 원장·一有司·재임체제가 되는데, 이는 1868년 흥선대원군의 서원 훼철령과 함께 고을 수령이 원장을 맡았기 때문이었다.[18] 그리고 수령이 원장을 맡다 보니 기존 원장은 일유사라는 직명을 맡게 되었다. 다만 1년 뒤 다시 일유사·재임체제로 변경되었으며, 수령 대신 기존 원장이 그대로 일유사를 맡았다.[19]

그렇다면 17세기 중후반 도남서원의 원임은 어떤 사람들이 맡았을까?

---

15) 權相一, 『淸臺日記』, 己巳年[1749] 1월 5일.
16) 權相一, 『淸臺日記』, 癸酉年[1753] 3월 15일.
17) 윤희면, 『조선시대 서원과 양반』, 집문당, 2004, 207쪽.
18) 『고종실록』, 고종 5년 9월 3일.
19) 상주의 또 다른 남인계 서원인 옥동서원도 중앙 조치에 따라 1868년부터 원장(목사)·일유사·재임체제가 나오고 있다(김순한, 앞의 학위논문, 2022, 109~111쪽).

다음 표를 통해 좀 더 면밀히 살펴보도록 하겠다.

〈표 1〉 17세기 중후반 도남서원 원임 명단

순번	연도	원장 이름[본관]	원장 비고20)	齋任
1	1664	趙稷[풍양]	서애·우복 문인 趙光璧 후손	趙東益, 洪陽震
2	1666	黃緬[장수]	우복 문인	金相元, 金聲彌
3	1667	柳千之[풍산]	서애·한강·여헌·우복 문인 柳珍子, 張應一 門	
4	1671	成震丙[창녕]	成灠 손자	柳百之, 洪陽震
5	1672	洪汝河[부림]	서애·우복 문인 洪鎬 子 근암서원 이덕형 병향 주도	申命鶴, 趙德胤
6	1675	金以鈒[의성]	우복 문인, 金廷堅[한강·동강·우복 門] 子	趙振胤, 金汝鑌
7	1676	權坵[안동]	권상일 증조부 근암서원 창건 주도	金汝鑌, 李在隆, 趙東郊
8	1677	柳千之[풍산]	再任	趙東郊, 趙泰胤
9	1682	權坵[안동]	再任	柳佺, 曺夏徵, 金汝鑌
10	1683	柳千之[풍산]	再任	金汝鑌, 趙彦光
11	1684	孫萬雄[경주]	서애·우복 문인 孫褯 손자 이현일 문인	金守長, 康習
12	1685	金世鏞[영동]	우복 문인 金遘 子	趙東胤, 李碩至
13	1686	鄭錫儒[진양]	정경세 증손	康世楷, 曺夏承
14	1687	在憙[홍양]	서애 문인 李堧 손자	康世楷, 曺夏承, 權份, 姜圴
15	1688	金鏈[상산]	金弘敏 손자, 종조부 金弘微	姜圴, 金汝鎬, 金紀長
16	1688	鄭堯錫[동래]	우복 문인 鄭榮後 손자	柳昌河, 趙彦琦
17	1689	宋穎[여산]	우복 문인 宋以鎭 손자	柳昌河, 趙彦琦, 金肯一, 趙泳
18	1689	金鏈[상산]	再任	高漢翻, 曺夏英, 趙應胤, 李碩至, 姜珪, 李泰至, 康守楷, 李汝達

순번	연도	원장 이름[본관]	비고[20]	齋任
19	1692	李在憙[흥양]	再任	金夏燮, 金顯基, 趙世項, 趙彦琦
20	1693	鄭之鏈[동래]	우복 문인 鄭榮後 증손	金顯基, 曺夏龜
21	1694	金鏈[상산]	再任	曺夏龜, 趙憼, 趙泳, 柳緯河, 李鼎至, 趙世項, 王三達
22	1695	金宇泰[청도]	우복 문인 金繼美 손자 이현일·홍여하 문인	趙瀗, 李增曄, 姜碩宗
23	1695	孫萬雄[경주]	再任	姜碩宗, 李增曄, 趙自敬, 徐義錫
24	1696	申弼成[평산]	우복 문인 申尙哲 증손	徐義錫, 金胄一, 高師錫
25	1697	李葆英[신평]	미상	金胄一, 趙東旭, 王三達
26	1698	宋頴[여산]	再任	康汝楷, 李善至, 金景濂
27	1698	鄭錫僑[진양]	再任	金景濂, 金胄世, 金栢
28	1699	孫萬雄[경주]	再任	韓翼舜, 蔡夢徵, 韓翼采, 趙彦鎭

17세기 중후반 도남서원 원장은 총 17개 가문에서 확인된다. 1682년(숙종 8) 전까지는 원장의 임기가 부정기적이었다면, 이후로는 거의 1년 단위로 기록되어 있다. 또 특정 가문에서 원장을 독점하지 않고 다양한 가문에서, 상주 사족들의 참여가 이루어지고 있었다. 16세기 중후반 이래 상주 남촌 일대에 상산김씨 김비궁계·진양정씨·흥양이씨·여산송씨가 정착해 있었고, 화령에 광주노씨, 중모에 장수황씨, 산양에 부림홍씨·안동권씨, 낙동 주변에 풍양조씨 등이 세거하고 있었다.[21] 풍산류씨도 1618년(광해군 10) 안동 하회에서 이거해온 뒤 이준의 딸과 정경세의 손자를 며느리와 사위로 맞으면서 지역사회에 안착해 있었다.[22] 이들 가문이 원임을 맡음으로

---

20) 채광수, 앞의 논문, 2020, 72쪽 참고 및 보완.
21) 송석현, 앞의 학위논문, 2015, 12, 53쪽.

써 도남서원은 상주 사족 전체를 대변하는 기구로 운영되었음을 알 수 있다. 당시 도산서원의 경우 광산김씨·진성이씨·봉화금씨의 원장직 비중이 높은 것과는 내조직인 모습이다.[23]

원장의 면면을 좀 더 들여다보면, 정경세의 후손·문인, 문인 후손의 참여가 대부분이라는 것을 알 수 있다. 먼저 원장 정석교는 정경세의 증손이고 황면·김이재는 문인이다. 또 문인 정영후·손이진·김계미·신상철[우복 門], 조광벽·홍호·손당[서애·우복 門], 류진[서애·여헌·우복 門], 김정견[한강·동강·우복 門]의 후손이 원장을 역임하고 있었다.

한편 문인은 아니지만 1687(숙종 13)·1692년(숙종 18) 원장을 지낸 이재헌과 1671년(현종 12) 원장 성진병의 경우 조부가 도남서원 창건에 참여한 바 있다. 전자는 정경세와 함께 서애 문하에서 수학했던 이전이며 후자는 서애·우율의 문인이었던 성람이다. 특히 성진병은 상주 지역 대표 노론계 가문의 일원이었지만 당대 서애계와의 혼반 및 남인계 사족들과의 교유 등을 계기로 참여한 것으로 보인다.

1695년(숙종 21) 원장을 지낸 청도김씨 金宇泰의 가문도 남·노가 나누어져 있었다. 이 가문은 17, 18세기에 모두 원장을 역임하였는데, 당색에 있어서는 차이를 보였다. 청도김씨는 九鼎대에 상주에 정착한 후 손자 以仁의 5대손 三樂이 신석번·석형 형제, 성진항 등과 교유하였고, 창녕성씨를 후처로 맞으며 자연스레 노론화되어 갔다. 이들의 후손은 18세기 노론이 도남서원을 장악했을 때 원장을 역임하게 된다.[24] 반면 김우태는 이인의 동생 以禮의 5대손으로, 조부 김계미가 정경세 문인이었고, 그 역시 홍여하·이현일의 문인이었다.[25] 따라서 17세기 도남서원의 원장은 이들 남

---

22) 채광수, 앞의 논문, 2021, 15쪽.
23) 우인수, 「조선후기 도산서원 원장의 구성과 그 특징」, 『퇴계학과 유교문화』 53, 경북대학교 퇴계연구소, 2013, 102쪽.
24) 이수환, 앞의 논문, 2016, 70쪽.
25) 洪汝河, 『木齋集』 卷12, 附錄, 「祭文」; 「錦陽及門錄」.

인계 인사들이 역임하고 있었다.

한편 齋任의 명단을 살펴보면 대체로 원장과 비슷한 양상이다. 원장을 지낸 가문과 같은 성관이 많은 가운데, 康·姜·高·曺·王·徐·韓·蔡氏[26]가 추가되어 있다. 이중 가계가 확인되는 신천강씨·창녕조씨·청주한씨를 보면 모두 『도남서원창설계안』의 회원이자 우복 문인의 후손들이다. 먼저 신천강씨는 문인 康用侯·康用良의 손자 世楷·守楷가 재임을 지냈고[27] 창녕조씨에서도 문인 曺希仁과 사촌지간인 曺克仁의 증손들이 참여하고 있었다.[28] 청주한씨도 문인 韓克昌·韓克成의 손자 翼舜·翼采가 확인된다.[29]

그리고 극히 일부이기는 하나 여헌계와 관련된 인물도 확인된다. 이는 서애계와 장현광의 교유가 류성룡의 고제인 정경세 학단으로 연장된 것이라 보여진다. 먼저 원장 홍여하는 부친 홍호가 우복 문인인 반면, 그는 장현광의 아들 張應一과 교유하였고,[30] 류천지는 부친 류진이 서애·한강·여헌·우복의 문인이었기 때문에 대를 이어 장응일의 문인이 되었다. 성진병 역시 장응일과 교유가 있었던 것으로 보이며,[31] 그의 동생 成震井은 신석번의 문인이자 장현광의 문인이기도 했다. 간접적으로는 金鍵의 종조부 김홍미가 장현광의 생질 노경임과 同壻간이다.

장현광은 1634년(인조 12) 상주 유림들과 회합하며 講信契 결성을 제안하기도 했는데, 이때 참석한 사람으로 全湜·金知復·趙光璧·柳袗·金秋任·全克恒[전식 子] 등이 있었다.[32] 전식은 류성룡과 장현광의 문인이었고, 김

---

26) 인천채씨는 蔡紹觀의 6대손 蔡夢徵이 재임을 지냈다. 이 가문에서는 채소관의 형 胤觀계열에서 함창에 거주하던 6대손 蔡河徵이 송시열 문인이 되었고, 산양 죽림에 거주하던 또 다른 6대손 蔡鱗徵은 갈암의 문인이 되었다(이병훈, 앞의 논문, 2019, 207쪽).
27) 신천강씨대동보편찬위원회, 『信川康氏大同譜』1권, 가승미디어, 2007.
28) 창녕조씨태복경공파보소, 『昌寧曺氏太僕卿公派譜』上, 회상사, 1990.
29) 청주한씨대동족보편찬위원회, 『丁酉七校淸州韓氏大同族譜』, 뿌리정보미디어, 2017.
30) 洪汝河, 『木齋集』, 「奉呈張大成 應一 號聽天 時宁金山」.
31) 張應一, 『聽天堂集』卷6, 付祿, 「士林祭文 侍敎生柳千之」·「輓章 掌令成震丙」.

지복·조광벽·류진·김추임은 모두 정경세의 문인으로, 이들은 『도남서원창설계안』에서도 확인된다. 이러한 관계를 바탕으로 여헌학단은 도남서원에 류성룡, 정경세 추배 행사에도 참석하게 된다. 이상 17세기 도남서원은 대체로 서애·우복계열의 남인계 성향을 가진 인사들이 원임을 맡았던 것으로 확인된다.

2. 류성룡·정경세 추배와 명륜당 중건

도남서원 창건을 주도했던 정경세는 류성룡 만년인 1602년(선조 35) 무렵부터 서애 문하를 이끌어가기 시작했다. 그리고 류성룡 사후 1614년(광해군 6) 병산서원 봉안문 및 향사축문을 작성하였고, 1620년(광해군 12) 여강서원에 류성룡·김성일의 합향까지 주도했다. 이 과정에서 병산서원 측의 반발도 있었으나 이 역시 정경세의 적극적인 변론으로 무마되었다. 이후 두 제향자에 대한 종향·배향 논란과 위차 문제도 정경세의 의견에 따라 결정되었다. 이로써 서애·학봉은 도산서원에 종향되어 있던 조목에 비해 상대적 우위를 점하게 되었다.[33]

이후 1631년 도남서원에서는 서애·우복 문인의 주도 하에 류성룡을 배향하게 된다. 9월 6일 봉안식에 참석한 외부 사람만 하더라도 약 87명에 달했고, 상주인들까지 포함한다면 그 규모는 더 컸을 것으로 보인다.[34] 당시 참석자를 정리하면 아래 표와 같다.

---

32) 張顯光, 『旅軒先生續集』 卷9, 付祿, 「拜門錄 門人申悅道」.
33) 김학수, 앞의 학위논문, 2007, 214쪽, 218~223쪽.
34) 金坽, 『溪巖日錄』 卷5, 8월 26일 "晴. 尙州道南書院. 將以九月初六. 配享西厓. 通文列邑 ; 『喬院錄』 "辛未九月初六日 西厓先生奉安時參與 八十三" 심원록에는 83인이라고 하나 인명수를 세어보면 85명이다. 『계암일록』 卷5, 8월 29일 기사에 의하면, 金光岳, 許䓗, 琴好謙, 琴是成이 참석한 것으로 되어 있는데, 『심원록』에는 김광악, 금시성은 빠져 있어 추가하였다.

〈표 2〉 1631년 류성룡 위판 봉안식 참석자 명단

지역	수	이름	기 타
안동	27	權澍, 權沆, 權堉, 權垕, 權文奎, 柳尙龢, 金璟, 金覯, 金世英, 金希振, 南之斗, 柳宗之, 柳元定, 朴承燁, 宋尙賓, 安道全, 李克溫, 李面漢, 李信郁, 李廷吉, 李曾孝, 李榮業, 張爾憲, 鄭基萊, 鄭山輔, 鄭維城, 鄭維垓	權堉: 權益昌 문인(『湖陽集』「湖陽先生門人錄」) 權垕: 권상일 증조부 柳宗之: 류운룡 손자 柳元定: 류성룡 손자, 정경세 문인, 병산서원 재유사(1635년 외 5회) 朴承燁: 병산서원 재유사(1624년 외 1회) 安道全: 병산서원 재유사(1631년 외 3회) 李克溫: 병산서원 재유사(1623년) 李廷吉: 병산서원 재유사(1633년 외 3회) 李榮業: 병산서원 재유사(1638년 외 3회) 南之斗: 병산서원 재유사(1627년 외 9회) 鄭維城: 병산서원 재유사(1627년) 鄭維垓: 병산서원 재유사(1636년)
함창	10	朴廷世, 申以遠, 申碩慶, 申碩祖, 申碩弼, 申煥, 李冀, 鄭基武, 秦克恬, 蔡之溟	申碩祖·申碩弼: 신석번 형제(父 謐)
예천	7	權塤, 權克亢, 權國柱, 李昌運, 李經南, 李均, 李萬兼	權國柱: 道南書院의 西厓 柳成龍 선생 位版의 글씨를 씀(李尙彦, 『城西集』, 「容巖權公行狀」)
영주	6	權㞳, 金汝熅, 金汝㷜, 金汝㮣, 申以魯, 朴安復	權㞳: 정경세 門, 아들 權斗紀 갈암 門 朴安復: 아들을 퇴계 문인 南夢鰲에게 수학하게 함(『響山集』 권10, 記「四柱堂記」)
예안	5	許蓉, 琴好謙, 金磏, 金光岳, 琴是成	許蓉·琴是成: 도산서원 원생 琴好謙: 1665년 도산서원 上有司 金光岳: 1648년 도산서원 上有司 정구·장현광 門 金磏: 1658·59년 도산서원 上有司
군위	5	孫興仁, 孫光世, 李梡世, 李昌吉, 洪旭	孫興仁: 柳袗 門
용궁	3	權佶, 李長榮, 全泳	
의성	3	權守經, 丁俞, 李文遵	權守經: 정구 門 丁俞: 장현광 門
비안	3	卞壁, 張羽, 張乃綱	
김산	3	姜渫, 呂澂, 呂浙	

지역	수	이름	기 타
성주	3	金以潤, 李道長, 宋世弼	李道長: 이윤우 子, 장현광 門 宋世弼: 장현광 門, 張應一 妻侄
연산	3	金是楓, 朴順慶, 李英馥	
봉화	2	邊銓, 權和重	
풍기	2	金是恭, 黃有續	
지례	1	金鉉	
문경	1	李瑛	
인동	1	金慶長	장현광 門, 旅門十賢
개령	1	李穊	
합천	1	曺挺生	조우인(서애門)·조희인(우복門)의 종질, 정인홍·장현광 門
총	87		

봉안식 참석자들의 거주지를 보면, 총 19개 지역이 확인된다. 참여 순으로 보면 안동이 27명으로 가장 많았고, 함창 10명, 예천 7명, 영주 6명, 예안 5명 순이다. 안동 참석자들은 대부분 류성룡의 후손이거나 병산서원을 출입하고 있던 것으로 보이며 예안과 비교했을 때도 참여 수가 확연히 차이 난다. 이와 관련하여 예안 출신 金坽의 『계암일록』에는 다음과 같이 기록되어 있다.

> 도남서원에 차출되어 가는 선비는, 우리 고을은 金光岳·許蓉·琴好謙·琴是成 등 네 사람이었는데, 원장이 齋任과 함께 의논하여 정한 것이다. 안동은 여강서원 원장 李煥이 40인을 차출하였는데, 반드시 저렇게 많이 보낸 다음이라야 마음에 유쾌하며 공론에 시원한 것인가? 이환이 일을 행하는 것은 모두 이와 같았다.[35]

서애·학봉의 여강서원 합향 때부터 비판적이던 예안사림들은 이때 노수신의 승향까지 이루어진다는 소식에 반대가 많았다.[36] 이에 도산서원 측

---

35) 金坽, 『계암일록』 卷5, 8월 29일.

에서는 김광악을 포함하여 4명만 참석시켰다. 이중 허용은 정경세 사후 도 산서원 원생으로서 제문을 지을 정도로 각별함이 있었다.[37] 반면 여강서원 에서는 40명을 차출하는 등 적극적인 지원을 해 주었다. 『심원록』에는 27 명만 확인되는데, 이 기사대로 40명이 방문했다면, 전체 참석자 중 안동 사림만 약 46%에 달하게 된다.

함창에서는 평산신씨의 참여가 높은 편으로 이중 申碩祖·申碩朋은 신 석번의 형제들이다. 신석번은 『도남서원창설계안』에서도 확인되며 1670 년(현종 11) 청액소를 기획할 정도로 서원 운영에 적극적이었다. 그는 15 세에 申景翼에게 출계하였는데, 석조·석필은 출계하기 전 생부 謹의 아들 로, 혈연관계에 의한 참석으로 보인다.

다음으로 눈에 띄는 것은 성주·선산·의성·인동 등에서 장현광 문인들 의 참석이다. 상주가 이들 지역과 가깝기도 하거니와 이는 서애계와 여헌 계의 연고성이 반영된 것으로 이해할 수 있다. 먼저 류성룡의 부친 류중영 과 형 류운룡은 각각 장현광의 생질 노경필·노경임을 외손서·사위로 맞으 며 장현광과는 간접적으로 혼반이 형성되어 있었다. 그리고 아들 류진과 문인 金應祖가 장현광의 문인이 되면서 학연으로까지 이어졌다. 이러한 배 경 아래 서애계는 『서애집』 발문을 장현광에게 부탁했으며 병산서원 尊德 祠의 복향 문제도 자문을 받은 바 있다.[38] 또 장현광과 정경세는 1627년 (인조 4) 정묘호란 당시 경상좌·우도호소사를 역임하면서 직접 만나 호소 사 막부에 대한 의견을 교환했던 인연도 있었다.[39]

한편 조정생은 합천의 대표적인 남명학파 가문의 일원이었다. 이 가계 는 본래 창녕과 상주에 살다가 曺夢吉 대에 합천으로 이거하였다.[40] 조정

---

36) 김학수, 앞의 논문, 2011, 87쪽.
37) 鄭經世, 『愚伏集』 別集 卷12, 付祿, 祭文, 「祭文 禮安陶山書院儒生許蓉」.
38) 김학수, 앞의 학위논문, 2007, 158~161쪽.
39) 우인수, 『朝鮮後期 嶺南 南人 硏究』, 경인문화사, 2015, 235쪽.
40) 조몽길의 동생 曺夢說·夢臣·夢祥계열은 상주에 세거하였다. 이중 조몽신의 아들

생의 조부 조몽길은 남명과 교유했던 신계성의 사위였고, 부친 曺應仁은 정인홍의 문인이자 고령의 대북 가문인 고령박씨 박정완의 장인이었다. 조 징생 역시 박정완의 형 박정빈의 딸과 결혼했는데, 박정빈의 묘비명을 정 인홍이 지어주었다.[41] 다만 부친 조응인은 대북의 전횡에 선을 긋고[42] 매 형 金聃壽를 통해 한강의 문인이 되었는데, 김담수의 아들 김정견은 훗날 정경세의 도남서원 배향을 주도한 인물이다. 이후 조응인은 아들 조정생을 여헌의 문하에서 수학하도록 했다.[43] 조정생의 참여는 상주에 세거하던 종 조부 夢臣·夢祥의 후손들이 서원 운영에 관여하고 있었던 점, 상술한 바 김정견 가문과의 혼반 등을 고려하여 참여한 것으로 보인다.[44]

이후 도남서원은 전식의 주도 하에 문인 김정견[도남원장], 韓克述, 鄭永世 등이 정경세의 추배를 공론화하였다. 이는 이황→류성룡→정경세로 이어지는 영남 학통을 설정하는 과정이기도 했다. 1635년 12월 11일 정경세의 추배가 이루어졌고, 『심원록』과 『계암일록』을 통해 당시 참석한 사람들의 명단을 정리하면 다음과 같다.

〈표 3〉 1635년 정경세 위판 봉안식 참석자 명단

지역	수	이름	기타
함창	7	李必鳴, 李覺民, 趙唯一, 李■馨, 李長馨, 洪以海, 南星祐	李覺民: 정경세 사후 祭文 지음. 趙唯一: 趙翼[여헌·윤근수 門] 종질[45]

曺希仁이 정경세의 문인이다.
41) 鄭仁弘, 『來庵集』 卷13, 碑文, 「主簿朴君墓誌銘」.
42) 鄭蘊, 『桐溪續集』 卷2, 墓碣, 「陶村曺公墓碣銘」.
43) 『旅軒先生及門諸賢錄』, 「曺挺生」 ; 김학수(2007), 앞의 학위논문, 156쪽.
44) 夢說-復仁-佑漢[창설계안]-夏英[1689년 齋任]
   夢臣-友仁[서애 門]-挺融[창설계안]-時孟·時大·時虎[창설계안]
   -希仁[우복 門, 창설계안]-挺華[창설계안]/挺垣[창설계안]-時大[창설계안]
   夢祥-克仁-挺建-時望[창설계안]-夏徵[장자 1682 齋任]·夏龜[3子 1694 齋任]
45) 金坽, 『계암일록』 卷5, 丁卯 12월 9일 "夜偰甥來. 仍聞佼甥定婚趙家. 以仲明兄言

지역	수	이름	기타
예천	5	李瑞翼, 宋大修, 李澂, 朴應衡, 朴瓊	朴應衡: 박정번(내암·한강 門) 손자
영주	3	金汝樑, 閔東鳴, *權도	權도: 홍여하·金啓光·鄭倍 교유[46]
안동	2	李峽, 南磁	李峽: 이황 증질손[47], 우복 門 南磁: 여헌·우복 門[48]
용궁	2	安碩徵, 文以博, *權搏	權搏: 申楫 처남
인동	2	柳碩男, 張是玩	柳碩男: 여헌 門
대구	2	都愼行, 崔節南	都愼行: 동생 都愼徵 한강·여헌 門
청송	2	李之任, *申楫	申楫: 우복·한강·여헌 門
영해	1	權璟	
풍기	1	秦柱國	
군위	1	孫興仁	南溪儒生[49]
비안	1	金鈺	
의성	1	金尙玭	형 金尙瑗이 여헌 門
김산	1	金尙仁	
개령	1	李尙規	
안음	1	姜尙胤	姜渭龍강익 조카 후손, 鄭蘊 종고모부
함양	1	姜紝	남명 문인 강익 손자, 1634년 계서원에 강익 별묘에 제향
경주	1	金元忠	
경산	1	徐憕	父 徐思選: 여헌 門
京	1	俞若曾	우복 門
미상	3	李後元, *郭龍伯,	
합계	40		

* 『계암일록』에만 기록된 인물

也. 趙唯一開城留守趙翼從姪也. 翼不滿朱子四書註. 自爲改之. 時人之骨也. 惟一以是勢. 亦擬官望. 仲明兄相切而爲是事也.

46) 金宗休, 『書巢集』卷5, 墓誌銘, 「聽梧堂權公壙誌」 "… 與洪木齋 鄭愚川 金鳩齋諸公 徜徉田園 觴詠自娛 鳩齋卽公之玉潤 木翁亦年輩稍間而一以執友處之 …"

47) 趙綱, 『龍洲遺稿』卷23, 東槎錄, 「次李蔚山 峽 贈韻 是日與李看退翁, 高峯理氣書 李卽退翁曾姪孫」

48) 李野淳, 『廣瀨文集』卷10, 墓碣銘, 「成均生員无悶堂南公墓碣銘」, "… 時從旅軒 愚

표를 보면, 4년 전 류성룡의 추배 때와는 상당히 대조적인 모습임을 알 수 있다. 전체 수에 있어 절반가량 차이가 나고, 류성룡 추배 시 가장 적극적으로 참여했던 안동 사림은 난 누 냉반이 참식하였다. 또 빈대 여론이 있었던 예안에서도 그전에는 형식적으로나마 참석해주었지만 이번에는 한 명도 오지 않았다. 『계암일록』에는 이 상황을 다음과 같이 기록하고 있다.

> 도남서원에서 鄭判書 배향을 지난 11일에 거행하였다. 선생[이황]의 廟에 참여하는 것이 곧 어떠한 자리인데 이러한 일을 하는가. 李峽가 초헌을 하고, 申楫이 아헌을, 郭龍伯이 종헌을 하였고, 權搏이 집례를 맡았다. 고유문은 이래가 지었고, 제문은 전식全湜이 지었다. 모인 사람은 겨우 100명으로, 안동에서는 오직 남자南磁만 갔고, 영천에서는 오직 권후權垕만 갔는데, 모두 개인적으로 간 것이다.
>
> 이 일은 애초에 韓克述이 나쁜 선례를 만들었고, 중간에는 전적으로 홍호가 중론을 물리치고 한 것에 말미암은 것이다. 전식은 자신의 주관이 뚜렷하지 않았고, 정 판서에게 가르침을 받았기 때문에 이견을 세울 수 없었다. 그러나 상주의 여론 또한 매우 한결같지 않았으니, 예를 들면 趙判事 무리의 경우는 애초부터 매우 불가하다고 했다. 김효중 역시 크게 마땅하지 않은 것으로 여겨 매우 힘써서 논의했으므로, 金時翼 무리의 말이 더욱 끊이지 않았다. ...[50]

정경세의 문인 중심으로 추배가 이루어지면서 향내 원로였던 趙靖이 크게 노하였고, 이 외에도 분개하지 않은 사람이 없을 정도였다. 풍문에는 위차도 류성룡보다 높은 위치에 있어야 하며, 류성룡을 出座시키려 한다는 의견까지 있어 류진이 저지시켰다고 한다.[51] 향내 공론이 일치하지 않은

伏諸賢以求磨礱 …"
49) 柳袗, 『修巖先生年譜』 卷2, 附錄, 「祭文 南溪儒生孫興仁等」; 군위의 남계서원은 류성룡을 제향하는 서원으로 1627년(인조 4) 창건되었다.
50) 金坽, 『계암일록』 卷7, 乙亥年, 12월 19일.

상황에서 洪鎬 등은 추배 통문에 강압적으로 사람들의 이름을 기록하였고, 통문 내용에는 "우복 선생은 퇴도와 서애 두 선생의 緖業을 이었다"라고 되어 있었다. 이 소식이 예안에까지 전해지자 예안 사림은 정경세를 선생이라 지칭하면서 이황과 서애는 퇴도, 서애라 하여 비난이 일었다.[52]

당시 초헌관은 안동 출신 이래가 맡았고, 청송 출신 신즙은 아헌관, 곽용백은 종헌관, 권박이 집례를 맡았다. 위 인용문에도 나오듯이 이들은 향론을 대표하여 참석한 것은 아니었다. 이래·신즙은 정경세의 문인이었고, 권박은 신즙의 처남이다. 특히 신즙은 1611년(광해군 3) 정인홍의 회퇴변척으로 대립하던 정경세가 사판에서 삭제되자 변무소를 작성할 정도로 존숭의식이 깊었다. 거기다 추배를 주도했던 홍호와는 여강서원에서 함께 동문수학한 인연도 있었고, 전식과도 서신을 주고받는 등 교분이 두터웠다.[53] 영주 출신 권후 역시 정경세 문인들과의 교유관계를 바탕으로 참석한 것으로 보인다.

또 다른 문인으로 서울 출신 俞若曾과 예천 출신 박응형도 참석하였다. 박응형은 본래 고령 출신으로 조부가 앞서 기술한 박정번이며 조정생이 고모부에 해당한다. 그는 1619년(광해군 11) 부친 朴昌先의 유언에 따라 '絶倻[합천 정인홍과 절교]하고 외조부 李光胤이 있던 예천으로 이주하였다. 인조반정이 있던 1623년 鄭榮後의 딸과 결혼했는데, 정영후는 동생 鄭榮邦과 함께 정경세의 문인이었다. 이러한 연고로 이듬해 겨울 정경세를 찾아가 문인이 되었다.[54]

한편 류성룡 추배에 이어 본 행사에도 일부 여헌학단의 참여가 확인된다. 인동에서는 문인 柳碩男이, 대구·경산·의성에서는 문인 都愼徵, 徐思

---

51) 金坽, 『계암일록』 卷6, 乙亥年, 10월 1일.
52) 金坽, 『계암일록』 卷7, 乙亥年, 11월 20일.
53) 申楫, 『河陰集』 卷8, 墓誌, 「先妣孺人權氏壙記」; 卷4, 疏, 「擬愚伏先生伸冤疏 辛亥」; 卷5, 書, 「與全沙西」(3), 「答洪叔京」(6).
54) 朴應衡, 『南臯先生文集』 「年譜」.

選, 金尙璦의 가족이 참여하였다. 특히 안동김씨 金尙玭의 가문은 이황→류성룡의 학맥을 근간으로 한강·여헌으로까지 사승관계를 확대해간 경우이다. 조부 金土元은 퇴계의 문인이었고, 종소부 金士貞이 서애 문인인 짐에서 서애계와 학문·혈연적 유대가 밀접하였고, 이후 김상빈의 형 金尙璦은 장현광의 문인이 되었다. 이 가문은 1689년(숙종 15) 류성룡·김성일·장현광의 빙계서원 입향을 주도하였으며 의성 내 여헌학단의 대표가문인 아주신씨 회당가문과도 척연을 맺고 있었다.[55]

여헌의 문인들은 다음 해인 1636년(인조 16)에도 도남서원을 방문하였는데, 이때는 장현광이 지중추부사로 召命을 받고 상경하던 중 함창 부근에서 병이 나 되돌아올 무렵이었다.[56] 10여 명이 서원을 찾았고, 이중에는 旅門十賢에 속했던 鄭克後, 金慶長도 확인된다.

이후 1660년(현종 1) 도남서원은 화재로 소실된 명륜당을 새로이 중창하게 된다. 서원 측은 원장, 유사를 중심으로 회를 결성하고 董役·瓦役·山役有司 및 각 면별 별유사를 차정, 기금을 각출했으며 이후 道內로까지 확장하여 협조를 구하였다. 이때 부조 요청 지역은 山蔭·義城·豊基·善山·幽谷·省峴·永川·金山·晉州·淸道·統營·慈仁·宜寧·寧山·金海 등이었다.[57] 지역을 보면, 예안·안동 등은 빠져 있고 의성·영천·자인과 우도 지역이 위주였다. 이중 우도 남명학파 권에서는 산음만 부조에 응해 木10定, 白紙5卷을 지원해 주었다.[58]

---

55) 김학수, 앞의 학위논문, 2007, 130쪽.
56) 張顯光, 『旅軒先生續集』 卷9, 附錄, 「拜門錄 門人申悅道」; 『심원록』에는 당시 동행한 문인 중 鄭四勿, 鄭克後, 李允元, 金慶長, 鄭陛, 鄭崟, 鄭墼, 申澣, 朴烣, 張宗喜의 이름이 기록되어 있다.
57) 『道南書院事實下』, 「十五邑請助書」(국사편찬위원회, 『朝鮮時代嶺南書院資料』, 1999); 김형수, 앞의 논문, 2005, 139~142쪽, 이때 산음·의성·풍기·선산·유곡·성현·영천을 제외한 나머지 지역에서는 부조에 응하지 않았다.
58) 당시 산음에는 1606년(선조 39) 오건을 제향하는 西溪書院이 건립되어 있었다. 오건은 퇴계와 남명 양 문하에서 수학했던 인물로 산음의 부조는 아마 퇴계학파

이후 도남서원은 청액활동에 주력하여 1676년(숙종 2) 11월 李在憲을 소두로 2차 청액소를 올렸으며 다음 달 다시 高世章 등을 중심으로 3차 청액소를 올렸다. 당시는 갑인예송으로 남인집권기였던 만큼 영의정 허적이 경연에서 직접 건의함으로써 사액을 받게 된다.[59] 그리고 18세기로 접어들면 윤지술 탄핵소를 도남서원에서 준비하고,[60] 1723년(경종 3) 권상일, 1729년(영조 5) 이만부가 원장으로 취임하여 강학활동을 펼치며 상주권 남인계의 首院으로서 기능하게 된다.

Ⅲ. 18세기 흥암서원의 인적구성과 도남서원을 둘러싼 남·노 갈등

1. 18세기 흥암서원의 창건과 인적구성

17세기 중후반부터 영남지역에는 집권세력에 포섭된 서인, 또는 노론세력이 형성되기 시작했다. 특히 상주 일대는 지리적 특성상 호서와 인접해 있어 18세기 이전부터 기호학파 내지 사족과의 교류가 일찍부터 있어 왔다. 이는 牛栗의 제자 成灠 가문의 이주와 정경세가 송준길을 사위로 맞은 점 등을 통해서도 알 수 있다.[61] 이후 상주 지역은 신석번의 서인계 행보를 시작으로, 인천채씨 蔡河徵, 창녕성씨 成虎英·成晚徵 등이 서인 공론을 주도해 가기 시작했다. 이들은 1650년(효종 원년) 柳稷 등이 올린 우율종

라는 학문적 동질성이 반영된 것으로 보인다. 반면 안동·예안 지역이 누락된 것은 정경세 추배 당시 비협조적이었던 관계가 반영된 것으로 생각된다.
59) 『서원등록』, 숙종 2년 11월 5일 「도남서원에 사액을 청하는 것을 시행하지 않는 건」; 12월 19일 「도남서원 사액 건」.
60) 이재현, 「18세기 이현일 문인의 伸寃운동과 追崇사업」, 『대구사학』 117, 대구사학회, 2014, 16쪽.
61) 이수환, 앞의 논문, 2016, 67쪽.

사 반대소나 1666년(현종 7) 柳世哲 등의 복제소에 반대소를 올리며[62] 정치적 쟁점이 있을 때마다 집권 노론 세력의 입장을 옹호하였다.

특히 갑술환국 이후 영남 내 노론세력은 더욱 확대되어갔고, 집권 노론은 자파 세력의 활동공간으로서 서원 건립 및 운영에 적극적인 지원을 해 주었다. 흥암서원은 바로 이러한 배경 아래 1702년(숙종 28) 건립되었다. 제향자는 정경세의 사위였던 송준길로 당시 건립 명분은 '송준길의 처향으로 상주를 왕래한 지 여러 해가 되었으며 학풍을 진작시킨 점'이었다.[63] 흥암서원은 창건 논의 단계부터 창녕성씨 成晚徵의 역할이 컸다. 그의 조부 成震昇은 도남서원 원장을 지낸 성진병과 사촌지간이며 부친 成虎英은 서인계였던 李東野의 딸과 결혼했고, 그 사이에서 태어난 아들이 성만징이다. 그는 권상하의 문인으로 이미 1691년(숙종 17) 송시열의 道峯書院 입향과 관련하여 영남 내 노론의 공론을 주도한 바 있다. 이후 성만징은 흥암서원 건립과정에서 권상하와 함께 제반 사항을 협의했고, 완공 직후 권상하에게 원장직을 위촉하는 한편 각종 예식 문자와 찬술을 분담함으로써 호서·영남 간의 연대를 표시하였다.[64]

흥암서원은 1705년(숙종 31) 성만징의 재종숙인 成虎兒를 중심으로 청액소가 올라갔고, 당시 서원 첩설 금지령이 내려진 상태였음에도 불구하고 특별히 사액을 받았다.[65] 도남서원이 3차에 걸쳐 청액소를 올린 것에 비하면 상당한 성과였다. 그만큼 집권 노론의 지대한 관심이 있었던 것으로 보인다. 이후 상주에는 1708년(숙종 34) 김상용·김상헌을 제향하는 서산서원

---

62) 김학수, 앞의 학위논문, 2007, 279쪽 ; 『현종실록』, 현종 7년 6월 29일 "상주 유생 成震昇 등이 상소하였다. 예를 논한다는 핑계로 儒賢을 무함한 유세철의 죄를 다스리라고 청하였는데, 상이 이미 館學의 상소에 대한 비답에 하유하였다고 답하였다."
63) 『서원등록』, 숙종 31년 7월 11일, 「편액의 청을 특별히 시행하는 건」.
64) 김학수, 앞의 학위논문, 2007, 292쪽.
65) 『서원등록』, 숙종 31년 7월 11일, 「편액의 청을 특별히 시행하는 건」 ; 宋浚吉, 『同春堂續集』 卷10, 附錄5, 「年譜」.

이 건립되고, 1711년(숙종 37) 성람·신석번·신석형·趙振·成汝樗·김삼락을 제향하는 운계서원이 건립됨으로써 상주 서인계 인사들은 흥암·서산·운계서원을 운영하며 세력을 결집해갔다. 특히 운계서원은 권상하가 직접 춘추향사의 축문까지 지어준 바 있다.[66)]

한편 성만징은 흥암서원을 華陽書院에 버금가는 서원으로 만들고자 했다. 그 이면에는 상주 내 정치적 기반과 호서·영남 간의 노론계 제휴를 강화하고자 했던 의도가 포함되어 있었다.[67)] 이는 권상하·李宜顯·俞拓基·宋明欽·權震應·金亮行·金履安·李敏輔·沈煥之·李彙靖·宋來熙 등 역대 원장 명단만 봐도 알 수 있다.[68)] 남인계 서원이 일향 내 인사로 원장을 선출했다면, 서인계 서원은 이처럼 중앙 관료를 원장으로 추대했으며 겸임도 일반화되어 있었다. 이는 서원의 제반 문제를 쉽게 해결하려는 서원 측의 이해관계와 서원을 통해 자파 세력 확대를 꾀했던 중앙 관료의 상호이해관계가 결부되면서 나타난 현상이었다.[69)]

흥암서원은 18세기 『院任錄』이 없어 구체적인 원임 명단을 파악할 수 없다. 다만, 『院錄』에 서압된 명단을 통해 원임체제의 변화상은 확인할 수 있다. 일반적으로 서인계 서원의 원임 구성은 원장·掌議·有司 체제를 기본으로 하지만 다음 〈표 4〉를 보면 흥암서원은 원장 외에 도유사, 장의, 유사, 재임 등이 다양하게 나타나고 있음을 알 수 있다. 이는 시기와 서원 상황에 따라 변용하여 사용했을 뿐 기본 틀은 큰 변동이 없었다.[70)] 그러다 18세기 중후반부터는 도유사 대신 유사·장의 체제로 바뀌어 갔는데, 이는 19세기 『임원록』에서도 똑같이 나타난다. 유사 중 일유사는 현직 관료가 담당하였고, 이유사는 서원의 실질적 사무를 총괄하는 자로서 향내 명망

---

66) 權尙夏, 『寒水齋集』 卷23, 祝文, 「雲溪書院 百源申公春秋享祝文」.
67) 김학수, 앞의 학위논문, 2007, 293쪽.
68) 『華陽誌』 卷5, 書院事實(本院院長) ; 『興巖書院事實錄』, 院長先生案.
69) 이수환, 앞의 책, 2001, 120쪽.
70) 이수환, 앞의 책, 2001, 118~127쪽 ; 윤희면, 앞의 책, 2004, 188~193쪽 참고.

있는 인사로 선발하였다. 이는 서인계 서원이 영남 남인의 견제를 이겨내고 지역 기반을 확립하는 한편 서원 운영에 있어 현직 관료의 도움이 절대적으로 필요했던 사정을 반영한 것이었다.[71]

〈표 4〉 18세기 흥암서원 인적 구성

연도	都有司	掌議	有司, 齋任	公事院	『원록』 내 원생 수		비고 (원생 중 새로 추가된 성씨는 인명 표기)
					수	성씨	
1704년 9월 19일	成	成, 金	李		15	金, 禹, 成, 具, 黃	
1706년 3월 8일	金	成, 金	金, 成		6	金	金必千: 1708년 서산서원 창건 발의
1706년 9월 12일	成	金, 成	成		5	文, 俞	
1707년 9월 18일	成	成, 金	成, 李		15	成, 禹, 權, 黃, 俞, 朴, 禹, 李, 金	
1709년 9월 10일	成	成, 李	成, 成		8	(別薦) 蔡, 李, 成, 南	
1712년 9월 7일	成	成, 金	成, 成		19	俞, 成, 黃, 金, 申, 趙, 禹, 朴	
1715년 3월 1일	成	成	李, 成	李	13	金, 成, 李, 俞	
1715년 9월 5일	成	成	俞, 成	成, 李	5	(別薦) 蔡, 南	
1716년 3월 6일	金	成	禹, 蔡	金, 申	58	李, 蔡, 金, 申, 趙, 黃	11월 숙종 어필편액 하사
1717년 3월 11일	成	成	黃, 金	申	20	蔡, 金, 李, 黃, 申, 趙	
1717년 5월 18일 疏會修錄	成	成, 申		*疏廳 公事院 申, 曹	7	(別薦) 宋 송준길 후손	1718년 11월 8일 성덕징 疏頭 양송문묘종사
1717년 9월 5일	成	成	李, 申	申	11	南, 尹, 李, 趙, 成, 金	尹商霖
1721년 3월 6일	成	申	尹, 李	成, 俞	34	文, 李, 申, 俞, 趙, 蔡, 成, 南, 禹	
1722년 3월 11일	金	成	李, 金		3	(別錄) 蔡, 韓, 李	韓國觀
1722년 5월 10일	金	成	李, 金		3	(別薦) 金, 申	
1723년 3월 8일	成	趙	成, 金	申, 趙	29	申, 文, 蔡, 李, 成, 金, 南, 禹, 黃, 尹, 柳	柳鵬齡, 柳祥采

---

71) 이수환, 『서원향사: 흥암서원·대로사』 국립무형유산원, 2014.

연도	都有司	掌議	有司, 齋任	公事院	『원록』 내 원생 수		비고 (원생 중 새로 추가된 성씨는 인명 표기)
					수	성씨	
1724년 3월 3일	南	申	成, 李		3	(別薦) 趙, 李	
1725년 3월 8일	南	申	李, 成		5	(別薦) 李, 韓, 金, 具, 安	3월 서인계 상주목사 趙正萬 이름을 도남서원 『심원록』에서 삭제하여 항의安行敬
1727년 3월 9일	成	成	成, 柳	申, 成	22	文, 成, 宋, 尹, 申, 禹, 李, 黃, 金, 南	
1729년 3월 3일	成	成	申, 成	金	22	成, 南, 金, 黃, 申, 柳	
1732년 3월 10일	成	成	南, 金		5	(別薦) 趙, 權, 曺	曺時任: 曺希仁 (우복 門)의 손자 權鋏·權錢·權護
1770년					97	(別薦) 南, 李, 成, 金, 朴, 蔡, 申, 黃, 趙, 安, 鄭, 俞, 柳, 禹, 河, 宋, 孟, 盧	鄭晢東, 河尚洪 孟鎭泰, 盧會元
1772년 3월	成	安	成, 具		50	尹, 成, 申, 金, 李, 柳, 權, 鄭, 趙, 孫, 安, 丘, 黃, 俞, 河, 禹, 朴	孫邦振, 丘應斗
1783년 9월	成	成	金, 金		4	(別薦) 金, 鄭, 李	
1795년 1월 10일	成			金	1	(別薦) 宋	

　원임을 구성하는 성씨들은 金·成·申·蔡氏 등이 높은 편으로 나타났다. 이들 성관은 원생에 있어서도 비슷한 양상을 보이는데, 대체로 성람 후손과 신석번·채하징 가문, 그리고 이들과 교유·혼반으로 연결되어 있던 청도 김씨 김삼락의 후손[72]들이다.

　또 눈에 띄는 것은 1717년(숙종 43) 5월 18일 송준길 후손 宋炳翼[상주목사, 1714~1716], 宋堯卿·宋堯臣·宋堯佐·宋堯和·宋堯輔[증손]·宋思欽[堯

---

72) 이수환, 앞의 논문, 70쪽, 2016.

臣 子, 宋必爀 등이 입록된 것이다. 당시 양송문묘종사를 위한 疏會가 흥암서원에서 열린 것으로 보이는데, 소청 공사원으로는 申·趙, 회원으로는 李·金·申·柒[2명]이 서압하였다. 그리고 이듬해 1718년(숙종 44) 11월 8일 成德徵을 소두로 하는 양송문묘소가 올라갔다.[73]

한편 원생 중 別薦으로 새롭게 들어간 성씨로는 尹·韓·柳·安·曺·權·孫·丘가 있었다. 일부 확인되는 인물로, 韓國觀은 1725년(영조 1) 송시열을 제향하는 누암서원의 사액이 철거되자 회복을 청하는 상소에 동참한 바 있었고, 이듬해 충청도 유생 鄭思相을 소두로 하는 양송문묘종사소에도 참여하였다. 柳鵬齡·安行敬 역시 여러 차례 양송문묘종사소에 참여한 전력이 있었다.[74]

창녕조씨 曺時任은 정경세 문인 曺希仁의 손자였다. 이 가문은 17세기 도남서원 원임을 역임했던 가문으로, 18세기에도 曺友仁의 4대손 曺亨稷과 曺克仁의 4대손 曺景沉·曺景湜가 도남서원의 재임을 맡고 있었다. 조시임이 서인계로 전향한 계기는 정확히 알 수 없지만, 서산서원 건립을 발의했던 김천일의 딸을 며느리로 맞이한 것으로 보아 혼반의 영향으로 생각된다.

진양하씨 河尙洪의 가계도 어머니가 평산신씨 申厚儉의 딸이었고, 조카 河必星은 金道淳의 딸과 결혼했다. 김도순은 김상용의 7대손으로 상주에는 이미 김상용·김상헌을 제향하는 서산서원이 건립된 상태였다. 서산서원의 건립은 1708년 흥암서원 원생이기도 했던 청도김씨 金必千의 발의로 이루어졌다.[75] 하상홍의 사례처럼 『원록』에는 흥암·서산서원의 운영권을 주도하던 창녕성·평산신·청도김씨 등의 성씨들과 혼반을 매개로 입록하는 경우가 많았을 것으로 보인다.

---

73) 『숙종실록』, 숙종44년 11월 8일.
74) 『승정원일기』, 영조 1년 1월 28일, 영조 2년 3월 26일·7월 27일, 영조 11년 12월 11일·18일, 영조 12년 8월 20일, 영조 14년 3월 16일, 영조 17년 8월 2일, 영조 20년 10월 23일.
75) 김학수, 앞의 학위논문, 2007, 303쪽.

그리고 1770년(영조 46) 입록된 孟鎭泰는 훗날 1792년(정조 16) 상주 지역 임진왜란 삼충신 尹暹·李慶流·朴篪와 의병 金俊臣의 사당 건립을 청하는 상소의 소두를 맡게 된다. 당시 상주에는 충렬사가 있었으나 앞서 상기한 삼충신이 당색 때문에 제외되어[76] 새로이 甑淵忠烈祠를 창건한 바 있었다. 그러나 1740년(영조 16) 원사 훼철로 철거당하면서 1784년(정조 8) 복설 논의가 발의되어 6년 뒤 향교·흥암·서산·운계서원[77]에서 갹출하여 제단을 만들었고, 이후 1792년(정조 16) 조정에서는 삼충신을 충렬사에 합향하라는 명을 내렸다. 여기에 김준신이 빠지면서 그의 후손 金㥨玄, 성국열, 성재집 등이 주도하고 맹진태가 소두로 상소를 올리게 된 것이다.[78]

이들은 사당 건립에 이어 서원으로의 승원과 사액까지도 염두에 두었던 것으로 보이는데, 정조는 이미 금령이 내려져 있으므로 허락하지 않았다.[79] 다만 이후 12월 24일 제단에 제사를 지내는 이들의 정성을 높이 사 '忠臣義士壇'이라는 이름과 비를 세워 기념하게 했다.[80] 이처럼 흥암서원『원록』에 입록된 가문들은 노론계 공론 기구였던 서산서원·운계서원·충의단 등과도 연결되어 서로 결집하고 있었다.

2. 18세기 도남서원을 둘러싼 남·노 갈등

상주의 노론계 인사들이 흥암·서산·운계서원을 통해 세력을 결집해가자 도남서원 역시 유동적으로 대응할 필요성을 느끼게 된다. 이에 같은 당

---

76) 청대 권상일이 충렬사에서 잤다는 등의 기록으로 보아 충렬사는 남인계에 의해 운영되고 있음을 알 수 있다.『청대일기』卷5, 계묘년(1723) 9월 2일.
77) 상주의 서인계 成灠·申碩蕃·趙振·申碩亨·成汝櫄·金三樂을 제향하는 서원으로 1711년 건립되었다.
78) 채광수,『18세기 영남지역 노론계 서원 연구』, 영남대학교 박사학위논문, 2019, 66쪽.
79)『정조실록』정조 16년 12월 14일.
80)『정조실록』정조 16년 12월 24일.

론을 가졌던 도남·옥성·근암·옥동서원과의 연대를 통해 남인계 유생들의 공론을 모으며 서인 세력을 견제해 갔다. 일례로 흥암서원이 창건된 1702년 근암서원의 경우 김홍민·홍여하 등 남인계 학자 관료들을 주향했고, 이와 관련된 논의는 옥성서원에서 이루어졌다.[81] 그리고 같은 해 근암서원에서 개최된 都會에서 전식의 배오동 영당 향사와 승원을 발의하기도 했다. 이러한 유기적 관계는 정치적 쟁점이 발생했을 때도 이어져 1721년(경종 원년) 도남서원에서 윤지술 탄핵 상소를 준비했다가 疏會를 근암서원으로 옮겨 진행한 바 있다.[82]

한편 도남서원에는 1701년~1747년까지 원임 명단이 『임원록』에 기록되어 있어 18세기 전반 서원의 주도세력을 파악할 수 있다. 이를 정리하면 다음 표와 같다.[83]

〈표 5〉 18세기 도남서원 원장 명단

연도	이름	본관	경력	내 용	비고
1701	金壽珅	순천	前縣監	趙德鄰 「高靈縣監金公墓碣銘」 조부 金喜長 : 居 인동, 장현광 門 1694년 모친상을 치른 뒤 상주로 이거	
1701	金楷	안동	生員	金光灝 子, 안동 풍산에서 상주 大道村, 近嵒村으로 이거 「近嵒書院常享祝文」작성 권상일 「挽負暄堂金上舍丈 楷」·「負暄堂金公墓碣銘 並叙」 작성 정종로 「成均生員負暄堂金公行狀」 작성	
1702	申弼成	평산	前別檢	정경세 門 申尙哲 증손 孫萬雄 사후, 「輓詞 別檢 申弼成」 지음	

---

81) 權相一, 『淸臺日記』, 壬午 2월 26일.
82) 이와 관련한 자세한 내용은 김형수, 앞의 논문, 149쪽 참고.
83) 이 표는 송석현, 「17세기 후반~18세기 초반 도남서원의 운영과 상주 사족의 동향」, 『조선시대사학보』 79, 조선시대사학회, 2016, 490~491쪽의 〈표 2〉를 참고, 관련 내용을 보완함.
84) 權斗寅, 『荷塘集』 卷1, 詩, 「別成周瑞世璜」.

연도	이름	본관	경력	내용	비고
1704	洪相民	부림	前主簿	洪汝河 子 갈암 사후 제문 지음(『葛庵續集』부록 권4, 祭文,「又 洪相民」)	
1705	李葆英	신평	進士		
1706	成世璜	창녕	進士	李東標 사후 輓詞 지음(『懶隱先生續集附錄』) 권두인과 교유[84] 成安義 증손	
1708	金時泰	청도	生員	우복 문인 金繼美 손자, 홍여하 門 孫萬雄 사후「士林祭文 道南儒生金時泰等」, 『野村集』권6, 附錄)	
1708	柳經河	풍산	前參奉	柳千之 子 갈암 사후 제문 지음(『葛庵續集』부록 권4, 祭文,「又 柳經河」)	
1710	申弼成	평산	前別檢	再任	
1711	孫景錫	경주	前縣監	孫萬雄 子	
1712	金時泰	청도	生員	再任	
1713	申弼成	평산	前別檢	再任	
-	蔡獻徵	인천	前府使	이현일 門, 갈암 사후 제문 지음(『葛庵續集』부록 권4, 祭文,「又 蔡獻徵」)	
1717	洪道達	남양	前縣令	張璶 塧 장진의 묘갈명을 정종로가 지음. 孫萬雄 사후「輓詞 典籍 洪道達」,『野村集』 권6, 附錄)	
1719	洪相民	부림	前主簿	再任	
1721	黃翼再	장수	前府使	황희 10대손, 황익재 현손 黃錫老의 장인 정종로 이상정의 스승	
1721	李增祿	흥양	前縣監	서애 門 李堉의 현손 李堉,『月澗集』,「月澗先生文集識 李增祿」 孫萬雄 사후「士林祭文 縣監 李增祿」,『野村集』권6, 附錄)	
1722	洪道達	남양	前縣令	再任	
1723	高師聖	개성	生員	高仁繼 증손 갈암·밀암 門 李光庭과 교유[85]	
1723	權相一	안동	前佐郎	근암·도남서원을 중심으로 교육활동, 이만부를 강장으로 초빙하여 강회 개최 도산·덕천서원의 원장 역임	

연도	이름	본관	경력	내 용	비고
1725	黃浚	장수	正字	외조부 權搏; 도남서원 우복 추배시 집례 權榘 門인	
1725	成德徵	창녕	進士	노론, 성여송 증손, 서제도에 송시열 제향 서원의 사액 요청(『서원등록』, 숙종32년 9월 9일)	
1726	南塾	의령	生員	노론, 1726년 3월 26일 양송문묘종사소 참여 南巚·南塾 형제, 부친 남극표가 成震長 壻	
1726	金必大	청도	生員	노론, 도봉서원 내 송시열 복향상소 동참 성만징 사후 제문『秋潭集』권8, 附錄, 祭文 권상하 門	노론계
1727	成爾鴻	창녕	前副率	노론, 성여백 현손, 성만징 子, 권상하 門	
1727	李增曄	흥양	進士	이준 후손 孫萬雄 사후「士林祭文 縣監 李增曄」,『野村集』권6, 附錄)	
1728	李世瑗	광주	生員	갈암 門, 거주지 칠곡, 石潭 현손, 한강·여헌 門 道長의 증손, 장인 洪汝河	
1729	金在鎰	선산	生員	李麟至 소두 양송문묘종사 반대소 참여(영조12년 3월 12일)	남인계
1729	李萬敷	연안	前參奉	류진 孫壻, 갈암 門	
1730	李增曄	흥양	進士	再任	
1732	黃溥	장수	進士		
1732	趙重台	함안	生員	노론, 도봉서원 내 송시열 복향상소 동참 양송문묘종사소 동참(영조2년 3월 26일 외) 상주 서산서원 청액소 동참(영조2년 3월 20일)	
1732	成德徵	창녕	進士	再任	노론계
1735	李挺奎	벽진	進士	노론, 도봉서원 내 송시열 복향상소 동참 상주 서산서원 청액소 동참(영조2년 3월 20일) 양송문묘종사소 동참(영조11년 12월 18일)	
1735	李麟至	흥양	生員	갈암 門, 양송문묘종사 반대소 소두(영조12년 3월 12일)	남인계

---

85) 李光庭,『訒隱集』卷8, 記,「漢江同舟錄」.
86) 權斗寅,『荷塘集』卷1, 詩,「携從弟天章粹彦及李以達與竹溪倅蔡仲美 遊浮石寺 同遊者 李以時 朴翊周 天球 諸人也. 次翊周韻」

연도	이름	본관	경력	내용	비고
1736	南躔	의령	前正郎	양송문묘종사소 동참(영조2년 3월 26일 외) 尹鳳九가「兵曹正郎南公 躔 墓誌銘」작성	노론계
1737	成德徵	창녕	進士	再任	
1738	成爾漢	창녕	前參奉	노론, 성이홍의 사촌 閔遇洙,『貞菴集』,「成進士 爾漢 贈詩 次韻以答」 맹진태 소두 삼충신 사우 건립상소 동참	
1743	姜欖	진주	進士	父 姜碩經	
1743	金壄	순천	前縣監	父 金壽珅	
1744	李麟至	흥양	生員	再任	
1745	鄭胄源	진양	前參奉	우복 증손 鄭錫僑 子, 정종로 조부	
1746	李知聖	전주	前縣監	父 李以達은 권두인과 교유[86]	
1746	金國采	의성	生員	金宇宏 7대손 김우굉의 행장을 권상일에게 부탁 李麟至 소두 양송문묘종사 반대소 동참(영조12년 3월 12일)	
1747	李知聖	전주	前縣監	再任	

18세기 전반 도남서원의 원장으로는 총 45명[재임 포함]이 확인되며 성관별로는 창녕성씨 6회, 흥양이씨 5회, 장수황·평산신·청도김씨 각 3회, 순천김·부림홍·남양홍·의령남·전주이씨 각 2회, 안동김·신평이·풍산류·경주손·인천채·개성고·안동권·광주이·선산김·연안이·함안조·벽진이·진주강·진양정·의성김씨 각1회 순이다. 대체로 남인계 성향의 인사들이 원장을 역임하고 있으나 1725년부터 1738년(영조 14)까지는 서인계와 남인계가 번갈아 가며 원장을 맡았다. 남인계 서원으로 일컬어지는 도남서원에서 이러한 현상이 나타나는 것은 당시 상주 지역 향촌사회 동향과 연결지어 살펴볼 수 있다.

앞서 기술한 바와 같이 상주는 창녕성씨 일문을 중심으로 화양서원에 버금가는 흥암서원이 건립되었고, 1716년(숙종 42) 어필 편액까지 하사받으면서 이들의 위상은 보다 더 강화되어갔다. 이들은 서산서원과 운계서원을 건립하여 자파세력의 결속을 다져나갔고 1724년(경종 4) 영조의 즉위로 노론 정권이 수립되자 1725년(경종 5) 2월 향교 장악까지 시도하게 된다.[87] 그리고 한 날 뒤 흥암서원에서는 도남서원 『임원록』에 상주목사 趙正萬의 이름이 삭제된 것을 알고 항의 통문을 보내기도 했다. 소성만은 송시열·송준길의 문인으로 상주목사 당시 신임사화에 연루되어 파직, 유배된 인물이었다.[88] 도남서원 측이 이름을 지운 자에 대해 벌을 주어야 한다는 의논이 있었음에도 불구하고 이를 시행하지 않았던 것이 화근이었다. 이에 서원 인사들은 향중 논의를 거쳐 이름을 지운 자에 대한 처벌을 시행하고 흥암서원에도 답통을 보내기로 결론을 내렸다. 당시 원장이던 권상일은 黨習의 폐단을 지적하는 한편 향교로도 답통을 보냈다. 향교로 답통을 보낸 것은 성이한 등 노론계 인사들이 교임을 장악하고 있었기 때문으로 보인다.

향교를 장악한 노론계 인사들은 이후 도남서원까지 장악하여 1725년 6월 26일 校任 成徹·성이한은 김해의 상소 일행 여덟 명을 데리고 서원에 난입하여 성덕징을 원장으로, 成爾湜·金和鼎[89]을 재임으로 선출하였다.[90] 이들은 약 2년간 서원의 원임을 지내게 된다.

이후 도남서원의 원임은 1727년(영조 3)~1732년(영조 8)까지 남인계가 맡았다가 1735년(영조 11)까지는 다시 노론계가 장악하게 된다. 이는 1728년(영조 4) 일어난 무신난도 영향을 주었을 것으로 보인다. 소론과 일부 남인이 가담한 무신난으로 인해 영남은 반역향이 되었고, 남인계였던 도남서원 역시 향촌 내 수세에 몰릴 여지가 있었다. 상주 출신으로 무신난

---

87) 權相一, 『청대일기』, 을사년(1725) 2월 17일.
88) 權相一, 『청대일기』, 을사년(1725) 3월 9일 ; 이수환, 앞의 논문, 75쪽.
89) 도남서원 『임원록』에는 金弘鼎으로 기록되어 있다.
90) 權相一, 『청대일기』, 을사년(1725) 6월 26일. 이때 동행한 상소 일행은 경상도 유학 李道章을 소두로 한 柳鳳輝의 처벌상소로 보인다. 당시 성이한 등도 이 상소에 참여하였다(『승정원일기』 영조 1년 8월 20일, 9월 21일).

에 연루된 曺景洙·景泗, 洪益龜, 金弘壽은 향안에서도 삭적되었으며[91] 이 중 曺景洙·景泗, 洪益龜은 도남서원의 원임을 역임한 바 있었다. 특히 홍익귀는 정종로의 외조부이자 난의 주모자인 박필현과 연루되어 처벌을 받았다. 도남서원 측은 이들과의 연결을 차단해야만 했고, 서원 소장 고문서 중에는 그러한 흔적이 여러 군데서 확인된다.[92] 반면 노론계에서는 성이홍이 박필현을 포획하여 공신이 된 박동형을 만나 흥암서원 사당에 참배하는 등 자파 세력 확보에 주력하고 있었다.[93]

이후 서원의 원장은 1735년 남인계 李麟至가 역임하였다. 그는 1678년(숙종 4) 송시열의 고묘소를 올려 성호영·채하징과 대립했던 이재헌의 아들로 전형적인 남인계 우복학맥의 일원이었다.[94] 그가 원장을 맡은 시기 상주 함창권에서는 曺世溥·蔡景沉 등이 양송문묘종사소를 올림으로써 남인계와의 대립이 극대화 되고 있을 때였다. 그리고 1년 뒤 이인지는 양송문묘종사 반대소의 소두가 되어 상소를 올림으로써 상주권 노론계에 정면 대응하였다. 다만 이때 그는 先正을 무함한 죄로 유배형에 처해 졌고, 그 결과 도남서원 원장직은 다시 서인계로 돌아갔다. 특히 마지막으로 원장을 맡았던 성이한은 같은 해 金尙憲書院이 건립될 때 收合有司로 참가한 바 있다.[95]

도남서원을 둘러싼 남·노 갈등은 결국 향촌 내 해게모니 장악의 한 방

---

91) 『商山鄕彦錄』上, "曺景洙戊申杖斃, 曺景泗戊申杖斃, 金弘壽戊申杖斃, 洪益龜 戊申罪謫甲子伸雪"
92) 1709·1710년 『분향록』과 1724년 『심원록』에는 曺景洙의 이름이 지워져 있다. 그는 景泗, 景河, 景江, 景渊 등과 함께 무신난에 가담하여 처형당했다. 또 1712년 『분향록』과 1721년 『임원록』에는 洪益龜의 이름이 지워져 있다. 그는 정종로의 외조부이며 무신난 주모자인 朴弼顯의 자백에 이름이 거론되어 역모의 실정을 이미 다 알고 있었다라는 이유로 처벌받았다(『승정원일기』 영조4년 5월 6일).
93) 김학수, 앞의 논문, 2016, 217쪽.
94) 김학수, 앞의 학위논문, 2007, 309쪽.
95) 임노직, 「法聖日記」, 『국학연구』 6, 한국국학진흥원, 2005, 4월 6일 기사.

편으로 이해할 수 있다. 상주의 노론계 인사들은 이미 사액과 어필편액까지 하사받은 흥암서원이 있었고, 서산서원, 충의단까지 건립하여 세력을 확대시켜갔다. 하지만 이들 서원은 어디까지나 일부 노론계 가문의 공론 수렴처였으며 상주 사론 전체를 대변하는 곳이 아니었다. 반면 도남서원은 재임이 향교 도유사와 함께 赴擧都目의 작성권한이 있었고, 서원 운영 역시 특정 가문에 치우치지 않고 여러 가문에서 폭넓게 참여하고 있었다.[96]

이후 도남서원은 1743년(영조 19)부터 19세기까지 당대 석학이자 정종로 문인이었던 柳尋春[류진 증손]을 비롯하여 李敬儒[이만부 증손], 姜世綸 등이 원장을 맡으며 강학을 이어갔고 서원의 위상 역시 강화되어 갔다.[97]

IV. 맺음말

이상 17~18세기 상주지역 남·노 서원의 인적구성과 갈등을 도남·흥암 서원의 사례를 통해 살펴보았다. 17세기 도남서원은 서애·우복문인을 중심으로 상주 전 사족층이 참여하여 건립되었고, 대체로 남인계에 의해 운

---

96) 송석현, 앞의 논문, 2016, 499, 508쪽.
97) 도남서원 소장 『심원록』과 興忠保存委員會, 『興巖書院誌』(2006) 수록 『심원록』의 방문객 수치를 통해서도 19세기 서원의 위상을 짐작해 볼 수 있다. 도남서원의 경우 기록이 많이 남아 있지는 않지만, 1824년 240명을 시작으로 1857년 191명까지 평균 97명이 방문하였다. 반면 흥암서원의 경우 평균 20명이 방문하는 등 일정부분 차이를 보였다.

	1824	1825	1826	1828	1829	1830	1831	1832	1854	1855	1856	1857	
도남	240	142	64	21	36	33	53	179	21	110	85	191	
	1800	1801	1802	1803	1804	1805	1806	1807	1808	1809	1810	1811	1812
흥암	33	49	59	45	40	21	28	26	74	30	15	22	16
	1813	1814	1815	1817	1821	1839	1840	1841	1842	1843	1844	1845	1846
흥암	43	16	14	9	44	17	9	3	4	9	36	1	6
	1847	1848	1849	1850	1851	1852	1853	1854	1855	1856	1857	1858	1859
흥암	8	17	2	4	2	12	4	51	7	14	6	6	10

영되고 있었다. 이 시기는 당색의 갈등 보다는 류성룡·정경세의 추배 과정에서 안동·예안 사림과의 갈등이 수반되었고, 상대적으로 여헌학단과의 교유는 지속되었다. 이러한 양상은 서원 방문자를 기록한 『심원록』을 통해서도 확인할 수 있었다.

 이후 1660년 도남서원은 화재로 소실된 명륜당을 중건하기 위해 15개 읍에 부조를 요청하였다. 각 지역을 보면 안동·예안권은 빠져 있고, 상대적으로 우도 지역이 많았는데, 부조 실적은 저조하였다. 이중 남명학파권 지역들은 인조반정 이후 남인계로 변모하고 있던 무렵이었다. 다만 덕천·대각서원은 여전히 남명사상을 계승 발전시키는 방향 하에 남인을 표방하고 있었고, 이들 지역에서 부조에 응하지 않았다는 것은 그만큼 도남서원과의 유대감이 형성되지 않았음을 의미하는 것이기도 하다.

 이후 18세기 상주에는 집권 노론의 비호 아래 흥암서원이 건립되었다. 이 서원은 상주의 노론계 가문 창녕성씨, 인천채씨, 평산신씨 등을 중심으로 운영되었고 이후 이들은 서산서원과 충의단까지 건립하며 세력을 결집시켜 나갔다. 그리고 1725년 2월 향교 장악에 이어 도남서원 『심원록』에서 상주목사 趙正萬의 이름이 삭제된 것을 계기로 항의 통문을 보내기도 했다. 그해 6월에는 도남서원까지 장악하고 원장을 선출하면서 남인계 인사들과 갈등을 벌였다. 이후 1738년까지 남·서인계가 번갈아 가며 원장을 맡는 모습을 보이는데, 그만큼 도남서원을 둘러싼 갈등이 첨예했음을 알 수 있다.

 이는 결국 향촌 내 해게모니 장악의 한 방편으로 이해할 수 있다. 상주의 서인세력들은 이미 흥암·서산서원, 충의단까지 건립하여 세력을 확대시켰으나 이곳이 상주 사론 전체를 대변하는 곳은 아니었던 것이다. 이에 성이한 등의 서인 세력들은 영조 즉위와 함께 남인에 대응하기 위해 향교 장악을 시도하였고 나아가 상주사론을 대표하는 도남서원까지 장악하려 한 것이다.

 거기다 1728년(영조 4) 일어난 무신난으로 상주의 남인세력들은 위축될 수밖에 없었고, 난에 연루된 曺景洙·景泗, 洪益龜 등은 모두 도남서원을 출입한 인사들이었다. 이에 도남서원에서는 이들과의 연결을 차단시켜 나갔고, 반면 노론 세력들은 더욱 자파세력 확보에 경주하였다. 그러한 제반 상황들이 반영되어 도남서원 원임직 장악으로까지 이어지게 된 것이다. 하지만 1743년부터 다시 남인계가 원장을 맡았고 19세기에는 당대 석학이자 정종로 문인이었던 류심춘[류진 증손]을 비롯하여 이경유[이만부 증손], 강세륜 등이 원장을 맡으며 서원의 위상 역시 강화되어갔다.

【참고문헌】

관찬사료

『현종실록』, 『숙종실록』, 『정조실록』, 『고종실록』, 『승정원일기』, 『서원등록』

문집류

鄭經世 『愚伏集』, 權相一 『淸臺日記』, 申碩蕃 『百源集』, 洪汝河 『木齋集』, 張應一 『聽天堂集』, 張顯光 『旅軒先生續集』, 金坽 『溪巖日錄』, 鄭仁弘 『來庵集』, 鄭蘊 『桐溪續集』, 『旅軒先生及門諸賢錄』, 金宗烋 『書巢集』, 趙絅 『龍洲遺稿』, 李埜淳 『廣瀨文集』, 柳袗 『修巖先生年譜』, 申椔 『河陰集』, 朴應衡 『南皐先生文集』, 宋浚吉 『同春堂續集』, 權尙夏 『寒水齋集』, 『華陽誌』, 『興巖書院事實錄』, 權斗寅 『荷塘集』, 『商山鄕彦錄』, 도남서원 소장 『任員錄』, 『尋院錄』

저서

국사편찬위원회, 『朝鮮時代嶺南書院資料』, 1999.
박병련 외, 『남명학파와 영남우도의 사림』, 예문서원, 2004.
윤희면, 『조선시대 서원과 양반』, 집문당, 2004.
우인수, 『朝鮮後期 嶺南 南人 硏究』, 경인문화사, 2015.
이수환, 『朝鮮後期書院硏究』, 일조각, 2001.
이수환, 『서원향사: 흥암서원·대로사』 국립무형유산원, 2014.
興忠保存委員會, 『興巖書院誌』, 대진사, 2006.

논문

김순한, 『朝鮮後期 尙州 玉洞書院의 賜額과 運營』, 영남대학교 대학원 박사학위논문, 2022.
김학수, 『17세기 嶺南學派 硏究』, 한국학중앙연구원 박사학위논문, 2007.
김학수, 「道南書院의 창건과 학문·정치·사회적 지향」, 『도남서원의 사적과 도학정신』, 제1회 상주 문화사적과 역사인물 학술대회, 2011.
김학수, 「18세기 한 鄕班 출신 功臣의 정치·사회적 존재 양상」, 『조선시대사학보』

77, 조선시대사학회, 2016.
김형수, 「17·18세기 상주·선산권 지역사회와 서원·사우의 동향」, 『영남학』 7, 경북대학교 영남문화연구원, 2005.
송석현, 「17세기 상주지역 서원의 동향」, 경북대학교 석사학위논문, 2015.
송석현, 「17세기 후반~18세기 초반 도남서원의 운영과 상주 사족의 동향」, 『조선시대사학보』 79, 조선시대사학회, 2016.
우인수, 「조선후기 도산서원 원장의 구성과 그 특징」, 『퇴계학과 유교문화』 53, 경북대학교 퇴계연구소, 2013.
유기선, 「17~18세기 尙州鄕校의 靑衿儒生」, 영남대학교 석사학위논문, 2003.
이병훈, 「16~18세기 문경 近嵒書院의 변천」, 『영남학』 71호, 경북대학교 영남문화연구원, 2019.
이병훈, 「17~18세기 문경 근암서원의 운영 실태」, 『嶺南學』 73, 경북대학교 영남문화연구원, 2020.
이수환, 「『청대일기』를 통해 본 권상일의 서원활동」, 『민족문화논총』 62집, 영남대학교 민족문화연구소, 2016.
이재현, 「18세기 이현일 문인의 伸冤운동과 追崇사업」, 『대구사학』 117, 대구사학회, 2014.
임노직, 「法聖日記」, 『국학연구』 6, 한국국학진흥원, 2005.
정석태, 「신산서원의 강학전통」, 『민족문화논총』 79집 하, 영남대학교 민족문화연구소, 2021.
채광수, 「우복학단의 성격과 계보학적 갈래」, 『한국계보연구』 10, 한국계보연구회, 2020.
채광수, 「서원의 지식 네트워크 활동의 실제」, 『한국서원학보』 12, 한국서원학회, 2021.

18-19세기 상주지역 남인 세력의 갈등
- 상주 옥동서원의 位次是非를 중심으로 -

김 순 한

Ⅰ. 머리말

향촌의 재지 세력 상호 간의 주도권 다툼, 쟁단, 분쟁을 '향중 쟁단'이라고 한다. 그 유형에는 향안입록과 鄕廳 임원의 선임 문제, 원·사의 配享·追享 및 위패의 序次 갈등, 鄕權과 官權의 충돌, 선조의 학통과 師友淵源 문제, 문집간행과 文字 是非 등이 있다. 이처럼 다양하게 나타나는 향전에 관한 검토와 연구는 꾸준히 축적되었다.[1]

본고에서는 약 80년간 이어진 옥동서원을[2] 중심으로 발생한 위차 시비

---

1) 향전에 관한 선행 연구로 다음의 논고를 참고하였다.
정만조, 「영조 14년 안동 金尙憲書院 건립시비」, 『한국학연구』 1, 1982(『조선시대 서원연구』, 집문당, 1997); 장영민, 「1840년 寧海鄕戰과 그 배경에 관한 小考」, 『충남사학』 2, 1987; 김동철, 「19세기말 咸安지방의 鄕戰」, 『한국문화연구』 2, 1989; 이수건, 「18세기 안동지방 유림의 政治社會的 機能」, 『대구사학』 30, 1986; 『영남학파의 형성과 전개』, 일조각, 1995; 「도산서원 院任職 疏通을 둘러싼 嫡庶간의 鄕戰」, 『민족문화논총』 12, 1991; 「조선후기 경주지역 재지사족의 향촌지배」, 『민족문화논총』 15, 1994, 89~104쪽; 이수환, 『조선후기 서원연구』, 일조각, 2001; 윤희면, 『조선시대 서원과 양반』, 집문당, 2004, 315~344쪽; 김학수, 「영남지역 서원의 정치사회적 성격」, 『국학연구』 11, 한국국학진흥원, 2007; 정진영, 「18세기 서원건립을 둘러싼 향촌사회의 갈등관계-영조 14년 (38) 안동 김상헌서원 건립 문제를 중심으로-」, 『조선시대사학보』 72, 조선시대사학회, 2015.
2) 상주 옥동서원은 '백화당'에 黃喜(1363~1452) 영정을 봉안한 후 14년(숙종 40) 사서 全湜(1563~1642)을 배향하면서 '옥동서원'으로 승원하였다. 이후 86년 축

전말을 검토하고자 한다. 청액 활동에서 발생된 위차 시비와 제향 祝式을 둘러싸고 벌어진 두 문중 간의 갈등과 사서 전식 위판을 도남서원으로 移安한 시건에서는 상주지역의 남인 세력 간의 갈등으로 확산되는 과정과 보합 과정 그리고 4년 후 또다시 발생한 위차 시비의 내막을 검토하고자 한다.

시비의 발생 배경과 과정, 갈등의 보합 과정을 추적하기 위해 1·2차 시비 관련 자료로 『소청일기』와 『본원일록』 등을 활용하였다. 이 자료는 청액 상소문을 작성할 때 元·配位 기록을 두고 벌어진 1차 시비의 전말과 정조에게 올릴 제향자의 事蹟 정리를 두고 발생된 2차 시비를 확인할 수 있는 중요한 자료이다.

3차 시비 자료는 『백옥동잡록』과 옥천전씨 문중의 『玉洞書院變錄』[3] 등을 활용하였다. 이 시비는 사액 이후 향사를 봉행하면서 제향자의 祝式을 두고 일어난 시비로 이 자료를 통해서 시비의 발단과 과정을 추적하였다.

4차 시비는 1804년 4월 사서 전식의 사판을 도남서원에 이안한 사건을 두고 벌어진 분쟁이다. 이 시비는 黃·全 門中을 넘어서 영남 전 지역으로 확산된 분쟁으로 『明庵先生文集』[4]의 「雜著」에 수록된 「道南疏廳雜錄」[5]과

옹 黃孝獻(1491~1532)과 반간 黃紐(1578~1626)를 추가 배향하였고, 89년(정조 13)에 사액되었다.

3) 『옥동서원변록』은 89년 9월부터 시작된 원·배위의 祝式을 합축하자는 방촌 황희의 후손과 불가하다는 사서 전식 후손과의 시비가 일자 전식 후손 문중 측의 입장을 單子로 정리하여 향내 향교, 서원에 발송한 辨誣錄이다.

4) 『명암선생문집』의 저자는 都禹璟(55~1813)이다. 도우경의 자는 景가이고, 호는 明庵, 또는 憶翁이며, 본관은 星州이다. 증조부는 생원 都永鼎이고, 조부는 都命諧, 부친은 都輝尙郁, 어머니는 의성김씨 金正濂의 딸이다. 입재 정종로(38~1816)의 문인이며, 1803년 증광시 진사에 입격하였다. 퇴계 이황의 후손 響山 李晩燾(1842~1910)는 도우경을 두고 '문장을 짓는 솜씨가 뛰어났고 저술도 많았으며, 儒林들은 일이 생기면 반드시 공에게 크게 의지하였으니, 1805년 玉洞書院의 일을 疏辨한 것이 공의 업적 가운데 큰 것이다.'고 하였다(『향산집』, 묘갈명, 「成均進士明菴都公墓碣銘」).

5) 「도남소청잡록」은 『명암선생문집』 권5에 「雜著」에 수록되어 있으며, 장수황문과 상주 옥천전문의 시비로 인해 사서 전식(1563~1642)의 祠版을 백옥동서원에서

1805년 6월 함창 靑巖書院에서 道內 서원에 발송한「通文」, 같은 해 11월에 소수 宋智修 등이 올린「上書」등을 통해 그 전말을 분석하였다. 이를 통해 1804년 사서 사판 이안 사건이 일어나게 된 배경과 도남서원을 비롯한 상주 향론이 이 시비를 해결하지 못하고, 영남 전역으로 확산된 과정을 확인하였다. 5차 시비는 1808년(순조 8) 1월 경상감사 尹光顔이 행정적인 절차에 따라 전식의 위패를 옥동서원 廟宇에 본래의 序次로 봉안하면서 제향자의 후손인 두 문중의 시비 전말을 검토하였다.

Ⅱ. 18세기 옥동서원의 위차 시비

1. 請額疏 元·配位를 둘러싼 1차 시비

옥동서원의 제향자 후손인 장수황문과 옥천전문, 두 문중 간 위차 시비는 1788년(정조 12)에 처음 시작되었다. 이때 중앙 정계에서는 남인 채제공을 우의정에, 노론 김치인을 영의정, 소론 이성원을 좌의정에 임명하여 새로운 탕평 정국을 구상하고 있었다. 이어서 정조는 戊申亂 1주갑 기념으로 진압에 가담한 충신을 대대적으로 재평가한다는 명분을 내세워 정국을 주도하기 시작하였다. 이러한 분위기는 정조의 영남 우대 정책으로 인식되어 상주 옥동서원도 청액 봉소를 위한 향론을 모을 수 있었다. 청액 봉소가 결정된 후 청액 활동을 전개하는 과정에서 두 문중의 시비가 발생했다.

향내 공론으로 차정되어 청액을 위해 상경한 이들은 1788년 6월 2일에 한성에 입성하여 가장 먼저 청액 상소문을 올리는 방법과 한성의 사례를 파악하기 위해 우의정 채제공과 長水黃門의 한성 本孫 黃瑗(監察)·黃昇源

도남서원으로 추배한 사건이 발생된 경위와 이것이 해결되지 못한 채 상주 향론까지 분열되어 조정이 불가능한 상황이 되자, 결국 상소문을 올리게 된 경위와 비답을 모아놓은 기록이다.

(參判)을 차례로 만났다.[6]

채제공은 疏廳부터 설치하라는 조언을, 황원은 상소문 작성부터 하라고 권유하였고, 황승원은 미온적인 태도를 보였다. 채제공과 황원의 조언을 따라 청액 임원진은 소청 설치 준비와 함께 會中에서 주천받은 전적 金紘을 만나 상소문을 부탁하였고 상소문 초안은 7월 1일에 완성되었다. 사건의 최초 발단은 바로 그 초안의 내용에서 비롯되었다. 초안을 본 임원진들은 다음과 같이 불편한 심경을 표현하였다.

> 상소문 가운데 배향 인물 중 元位만 거론하고 配位에 대해서는 언급하지 않았다. 이것은 대개 한성의 의견이 근래의 사례에만 근거하고, 영남 사람들이 다투는 것에 대해서는 알지 못하기 때문이었다. 비록 한성 사람들의 의견을 무조건 따르기는 하겠지만 마음이 심히 편하지 않았다.[7]

당시 한성의 상소문에서는 배위를 거론하지 않는 것이 관례라는 사실을 듣고 청액 임원진 모두가 당황한 것이다. 청액 임원진에 옥천전씨가 없는 상황에서 배위에 대한 언급 없이 상소문을 작성해야 한다는 부담감도 있었지만, 무엇보다 원위만 거론한다는 한성의 상소문 경향을 미리 파악하지 못했기 때문에 더욱 당황한 것이다.

한성의 본손 황원은 상소문 초안을 등사해서 여러 곳에 자문을 얻으려고 하는 임원진에게 "한성의 최근 사례는 모두 그러합니다. 또 元位가 사액의 恩典을 입게 되면, 중요한 것을 들어 가벼운 것을 포함하는 것이 되니 조금도 문제가 될 것이 없습니다."[8]라고 하며 어찌 규정을 벗어나는 일

---

6) 옥동서원, 『소청일기』, 六月 初三日, 初九日.
7) "但疏中只擧元位. 不及配位. 盖以京議. 援據近例. 而嶺人爭之. 不得故也. 雖曲從京議. 而心甚未安"(옥동서원, 『소청일기』, 七月初一日).
8) "黃監察將搆疏草 黃聖休趙奎鎭曰 疏中只擧元位 終覺未安 黃監察曰 京中近例 皆然 僉賢豈可作規外之事乎 且元位蒙額 則擧重抱輕 少無如何之端云 鄕儒不閑於此

을 하려고 하냐며 꾸짖기까지 하였다. 임원진은 상소문에 모든 제향자를 기록하는 것이 당연하다고 여겼기 때문에 여러 곳의 자문이 필요하다고 생각한 것이다. 그러나 황원은 김굉의 상소문과 별개로 자신이 작성한 상소문 초안까지 주면서 서울의 경향을 따를 것을 거듭 당부하여 결론적으로 그의 주장을 따를 수밖에 없었다. 청액 활동을 위해서는 한성의 본손 도움이 절대적으로 필요했기 때문이다.

청액 임원진은 김굉과 황원 두 사람이 작성한 초안 중에서 봉소할 상소문을 결정하기 위해 洪義浩(洪仁浩의 弟), 趙錫簡, 孫必慶, 趙允浩, 李翼遠 등에게 자문한 결과 황원의 상소문을 올리기로 결정하였다.

이 소식이 상주로 전해지자 장수황문 측은 "사액을 요청하는 상소를 올리면서 配享을 거론하지 않는 것은 심히 의심스럽고, 서울에 있는 일가의 여러 사람이 근자의 사례라고 말을 하는데, 한 사당 내에 도리가 편안하지 않습니다."라며[9] 불만을 표시하였다. 또 일이 있어 상주에 방문한 李𪩘[10]도 "이미 元位가 세워졌으면 즉 마땅히 무거운 것이 세워지면 가벼운 것이 거기에 포함되나, 끝내 마땅히 합의된 상소문을 만드는 것만 같지 못합니다."[11]라며 서울의 경향을 비판하였다. 게다가 옥천전씨들도 "상소문 초고에 주향만 거론하는 것은 잘못된 것이며, 이미 합의한 대로 원·배위를 포함하여 상소문을 올려야 합니다."라고[12] 강하게 주장하였다. 이에 옥동서원은 향내 사문의

等事體 故不得已從之"(옥동서원, 『소청일기』, 七月一日).

9) "請額疏之不擧 配位是甚可疑 京中諸宗 雖近例爲言 而一廟之內 道理未安"(옥동서원, 『본원일록』, 七月初).

10) 이완(1740~1789)의 자는 致道이고, 호는 艮巖. 본관은 韓山이다. 부친은 大山 이상정이고, 어머니는 槃澗 황뉴의 현손 황혼의 딸이다. 그는 1774년 문과에 급제한 후 전적, 지평, 홍문관부교가 되었다. '湖門三老'로 불리는 東巖 柳長源, 川沙 金宗德, 后山 李宗洙와 교유하였다. 문집으로 『간암집(艮巖集)』과 부친 이상정의 자료를 모은 『痛慕錄』을 남겼다.

11) "李典籍𪩘 適來參會 李典籍曰 旣擧元位 則自當擧重而包輕 然終不如合疏之爲宜"(옥동서원, 『본원일록』, 七月初).

12) "全始玉叔侄來言 疏草中單擧正位之非 此則與黃氏諸議相合也"(옥동서원, 『본원일

공론을 정리하여 한성의 청액 임원진에게 다음과 같은 서신을 보냈다.

> 지난번에 상소문을 지을 때 단지 元位만을 거론하고 配位를 언급하지 않은 것이 비록 사액을 청하는 최근의 사례라고 말하였지만, 마음에 끝까지 편안치 않았습니다. 최근 道南書院의 예전 경우를 보니, 한 번의 상소에서 함께 거론하고 처음부터 오직 元位만을 거론하는 일은 없었습니다. 이것으로 말씀을 드리면, 본 서원의 상소문을 지을 때 잘못 헤아림을 면치 못했습니다. 서울의 의견이 비록 언제나 중요성을 갖기는 하지만, 일을 처리하는 것은 이미 疏首에게 있는 임무이니 반드시 반복해서 배위를 소상히 해야 할 것입니다. 상소문의 원본을 고쳐 지을 것을 약속하셔서 배위를 함께 거론하는 것이 어떻겠습니까? 차라리 상소를 그만두고 돌아올지언정 이전의 상소문으로는 捧入할 수가 없습니다. 헤아려주시기를 바랍니다.[13]

특히 옥천전문 측은 이 사태를 심각하게 받아들였다. 이에 후손 全始玉의 주도로 도남서원[14]의 옛 청액 상소 사례를 상세히 등사하여[15] 각 서원으로 單子

록』, 七月初.
13) "向來製疏之日 只擧元位 而不及配位者 雖曰 請額近例 而於心終覺未安 近見道南書院 舊例 則一疏幷擧 初無單擧元位之事 以此言之 則本院製疏 未免錯料 京議雖一向持重 執事旣在疏首之任 必爲反覆消詳 期於改製疏本 幷擧配位之地 如何 寧撥疏而歸 不可以前疏而捧入 諒處爲望云云"(옥동서원, 『소청일기』, 九月二十九日.) 이 서신을 발송한 상주 옥동서원 측『본원일록』의 기록에는 정확한 날짜를 기재하지 않았다. 다만 '7월초'라는 부분에 청액 상소 초안에 관련된 내용이 포함되어 있다. 7월초 부분의 전체 내용 구성은 7월 초부터 9월 초 혹은 중반까지의 그간 여러 상황을 한꺼번에 정리하여 기록한 것으로 보인다. 이는 한성 청액 임원진이 서신을 받은 날짜가 9월 27일로 기록되어 있기 때문이다.
14) 도남서원의 청액은 1670년(현종 11)에 처음으로 봉소하였고, 1676년(숙종 2) 9월에 2차시도, 다음 달인 10월에 3차 시도 만에 성공하였다(이수환, 앞의 책, 2001, 35~36쪽 ; 『숙종실록』 권5, 숙종2년[1676], 10월 25일).
15) 전시옥이 도남서원의 청액 봉소가 처음부터 5현 모두를 합하여 청액한 사실을 확인한 후, 이 사실을 단자에 상세히 기록하여 각 서원으로 발송하면서 상주지역 분위기가 심상치 않은 조짐을 보이기 시작하였다(옥동서원, 『본원일록』, 七月初).

를 발행한 후 이들도 서둘러 한성으로 상경하였다.

한편 이 상황을 모르는 서울의 청액 임원진은 7월 26일에 정식으로 청액 상소 임원진을 구성하고, 7월 27일에는 소청도 설치하였다. 상경 후 두 달이 지난 8월 6일에는 비로소 대궐문 밖에서 伏閤을 시작하였다. 이때까지 청액 소청은 옥동서원의 서신을 받지 못했기 때문에 상주 향론이 반영되지 않은 채 작성된 상소문으로 복합하였다.[16] 매일 아침 소청에서는 청액 임원진이 식전에 모여서 疏色이 상소문을 읽고 등사를 하였다. 식사 후 상소문을 들고 대궐문 밖에서 복합한 후, 상소문 요지를 오전·오후로 나누어 하루에 두 번 승정원에 접수하였다. 승정원에서 상소문이 받아들여질 때까지 매일 이를 반복하였다.

옥동서원에서 보낸 서신은 9월 29일 청액 소청에 전달되었고, 상소를 그만둘지라도 상소문에 配位를 소상히 적어야 한다는 뜻을 확인한 임원진은 상주 향론이 심상치 않다는 것을 인지하게 되었다. 논의 끝에 이 사실을 황원에게 알려서 방법을 찾기로 했다. 하지만 황원과 논의가 제대로 되지 않은 채 10월 8일까지 매일 같은 복합과 상소문 접수를 이어갔다. 10월 9일에는 옥동서원에서 상경한 옥천전문의 후손 全達德이 소청에 도착하였다.

여러 집사님들이 한성에 머문 것이 이미 여러 달에 이르러 노고를 짐작할 수 있습니다. 그러나 들리는 소문에 따르면 우리 선조이신 忠簡公[全湜]께서 상소문 가운데 함께 진술되고 있지 않았다고 하는데 자손의 마음으로 행장을 꾸려 한성으로 올라오는 동안 답답함을 이기지 못하였습니다.[17]

---

16) 옥동서원, 『소청일기』, 八月六日.
17) "花開全達德來言曰 僉執事之留京 已至累朔 勞苦 則可想 而側聞吾先祖忠簡公不爲竝陳於疏中云 子孫之心不勝鬱抑 玆以裹足上來 又袖示道南書院請額舊例"(옥동서원, 『소청일기』, 十月九日).

전달덕은 이와 같이 불만을 토로한 뒤 도남서원의 청액 상소에서도 모두 합하여 올린 사례를 들어 이 문제가 해결될 때까지 계속 찾아올 것이라며 으름장을 놓고 돌아갔다. 임원진은 한성의 상소문 성향을 부득이 따를 수밖에 없었던 상황도 불편하였는데, 상주의 서신과 옥천 전씨 문중의 불만까지 겹쳐 사태가 심각해졌음을 인지했다. 이를 해결하기 위해 소청에서 齊會를 소집하였다. 하지만 상소문 수정을 두고 한성의 본손 黃夏鎭은 수정이 불가하다는 입장인 반면, 소청 임원진은 수정론을 강경하게 주장하면서 첨예한 대립과 긴 논쟁을 벌였지만 서로의 입장만 내세울 뿐 합의점을 찾지 못한 채 재회가 끝나버렸다.

이 소식을 들은 한성의 본손 황원은 다음 날 이른 아침 소청에 도착하였고, 전달덕도 다시 소청을 찾아와 "만약 상소문에 합하지 않으면 우리 全氏의 명단을 명부에서 잘라내어야 할 것입니다. 잘라내기 전에는 대궐 밖에서 복합할 수 없습니다."라며[18] 전날보다 더 강경한 태도를 보였다. 이에 황원은 "근래에 사액을 청하는 경우가 번거로울 정도로 많습니다. 그래서 한성에서 가까운 서원의 상소문은 正位와 配位를 두더라도 단지 正位만을 거론하고 配位는 언급하지 않습니다. 어찌 근래의 사례를 버리고 오래된 규칙을 따르려 하십니까? 차라리 중지할지언정 상소문에 합할 수는 없습니다."며[19] 물러서지 않았다. 하지만 전달덕은 굽히지 않고 끝까지 상소문에 합해주기를 요구하였다.

두 사람의 충돌이 해결되지 않자 黃聖休를 비롯해 掌議 柳鳳祚와 黃彌熙는 "상소문 복합이 늦어졌으니 우선 대궐문 밖에서 호소한 후에 조용히 서로 의논을 해도 늦지 않을 것입니다."는[20] 중재안을 내었고, 전달덕도 이

---

18) "若不合疏 則吾全氏名帖 割給可也 未割之前 不可伏閣云云"(옥동서원, 『소청일기』, 十月十日).
19) "近來以請額之煩且多 近畿各書院之有正配位者於疏中 只擧首位 而未及配位 豈可捨近例 而從遠規乎 寧可中止 不可合疏"(옥동서원, 『소청일기』, 十月十日).
20) "伏閣時晚 先爲伏閣 從容相議 亦非晩也 全生許之"(옥동서원, 『소청일기』, 十月十日).

를 받아들여 큰 충돌은 피하게 되었다. 이후 복합을 끝내고 소청으로 돌아온 임원진과 황원 그리고 전달덕 사이에 또다시 논쟁이 벌어졌다.

황원은 "상소문의 초안에 대해 重臣과 大臣들이 모두 이미 현인(황희)을 취하여 승정원 역시 원위 한 사람으로 알고 있습니다. 그런데 지금에 이르러 상소문을 고친다면 아주 불편해할 것입니다. 비록 도중에 상소를 거두더라도 사액을 함께 청할 수는 없습니다."라며[21] 한치의 물러남이 없었다. 결국 합의가 되지 않자 전달덕은 청액 상소 명부에서 숙부들의 명단을 잘라 반촌으로 가버리는 사태가 벌어지게 되었다.

본손 황원과 옥천전문 전달덕의 충돌이 해결되지 않은 상태에서 복합은 계속 되었다. 4일 후, 전달덕은 소청을 방문하여 옥천저무의 명단을 잘라 간 것과 자신의 경솔한 행동에 대해 사과를 하면서 분위기는 반전되기 시작하였다. 이후 全始玉도 합류하여 전달덕과 함께 매일 소청을 찾아와 정·배위를 합하여 상소문을 올리기를 청하는 의견과 아울러 서울의 경향도 중요하게 생각한다면서 합의점을 찾고자 노력하였다.[22]

11월 5일에 정조는 안동에서 올라온 『영남무신창의록』 신원 상소문을 열람한 후 창의록에 있는 충신들을 신원하라는 어명과 함께 특히 "黃翼再(황희 14世孫)를 신원하고 그의 죄명을 歲抄에서 특별히 씻어내도록 하라"고[23] 하교하였다. 이 소식은 청액 소청에도 전해졌는데, 그간 소청을 유지할 경제적 물력과 여러 어려움으로 인해 청액을 포기하자는 의견이 조금씩 생겨나던 차에 긍정적인 분위기로 전환된 중요한 분기점이 되었다. 지금까지 서술한 시비 과정을 정리하면 다음 표와 같다.

---

21) "疏草重大臣皆已取賢 政院亦知單擧 到今改疏 極爲未安 雖中撤 不可并請"(옥동서원, 『소청일기』, 十月十日).
22) 옥동서원 『소청일기』, 十月十四日~十一月六日.
23) "是日下令上言 倡義疏儒及黃泰熙 俱上言 停伏閣 坡州黃世鎭來 … 故牧使右道召募使黃翼再罪名 歲抄中特爲蕩滌 此乃仰述恢蕩之聖意 凡我嶺士人士 知子今日申論之意 益勤弦誦之工 孝於家忠於國 萬子孫無斁 以答我先大王天地覆燾之盛德大恩事 知悉可也"(옥동서원, 『소청일기』, 十一月五日~十一月十日).

〈표 1〉 청액 활동에서 발생된 1차 시비 과정

일자	내 용
1788. /월 1일	• 典籍 金紘의 상소문 초안 완성: 내용 중 배향사는 元位만 기록한다는 한 성의 경향을 설명
7월 8일	• 長水黃門 한성 본손 黃璦의 상소문 추가 완성: 한성의 경향에 따라 봉소 할 것을 거듭 당부
〃	• 상주 옥동서원과 향론: 한성의 경향을 비판하며 본래 합의(원·배위 합한 상소문)된 상소문을 봉입할 것을 한성 청액 임원진에게 서신 발송 • 沃川金門 측: 본래 합의한 대로 이행할 것을 강력하게 항의, 도남서원 옛 청액 상소 등사하여 각 서원으로 單子 발행
7월 26~27일	• 청액 상소 임원진 구성 및 청액 소청 설치
8월 6일	• 청액 봉소를 위한 복합 시작(元位만 거론된 상소문)
9월 29일	• 청액 소청에 상주 옥동서원과 향론 서신 도착 • 상주 옥천전문 사태 심각하게 논의. 해결되지 못한 채 복합 이어감

10월 9일	• 옥천전문 全達德 청액 소청 방문하여 상소문에 제외된 사서 全湜의 配位에 대하여 수정해줄 것을 강력 항의
	• 齊會 안건
	  - 한성 본손 측: 한성의 경향에 맞춘 청액 상소문
	  - 옥천전문·청액 소청·상주 옥동서원·상주 향론: 도남서원 사례를 따라 원·배위를 포함한 상소문. 결국 합의점을 찾지 못함

10월 10일	• 한성 본손 측과 옥천전문 의견 충돌 심화 • 옥천전문 측: 상소문 명부에 全氏 명단을 잘라버림
10월 15일	• 全達德 청액 소청 방문하여 경솔한 행동에 대하여 사과
10월 22 -11월 6일	• 全始玉과 全達德 매일 소청을 방문하여 상소문 수정 요청함
11월 5일	• 정조는 소수 이진동의 『영남무신창의록』 신원 상소문을 열람 • 긍정적인 분위기 전환으로 상소문 수정 협의도 급진전 됨
11월 8일	• 한성 장수황문 측: 상소문 수정에 동의하여 합의에 이름
11월 11일	• 황익재 죄명을 歲抄에서 삭제하라는 하교
11월 16일	• 상주 도남서원은 향회 개최 통문 발송(장소: 도남서원) - 안건: 전시옥 사적 기록에 대한 항의 단자 발행 건
〃	• 옥동서원 측: 黃景幹(1775 옥원장), 黃瑞熙(1778 옥원장), 黃建中(1787 옥원장), 金憲慶(1788 옥원재임)은 도남서원 원장 류광억에게 전시옥이 단자를 발행하게 된 경위 답통 발송 ⇒ 향회 취소됨
11월 21일	• 화재 황익재 伸冤 고유제 준비를 위한 향회 개최 • 전시옥 참석하여 청액상소문 배위 기록 항의 관련 단자 발행 사과
12월 24일	• 황익재 신원 고유제 봉행 (100여 명 참제)

이러한 상황에서 11월 5일에 정조가 『영남무신창의록』 신원 상소문을 열람했다는 소식을 들은 청액 소청 임원진은 옥동서원 청액 상소에도 그 영향이 미칠 것이라는 판단을 한 것으로 보인다. 이는 『영남무신란창의록』 소청에서 옥동서원 소청으로 보낸 다음 서신에서 짐작할 수 있다.

> 조금 전에 승정원으로부터 어떤 書吏를 시켜 창의록을 위한 상소와 사액을 청하는 상소가 어느 달에 올라와서 며칠간 대궐 문 밖에서 호소 하였느냐고 물었습니다. 그리고 지금 상소를 위해 머무르고 있는 유생이 역시 몇 사람인지 상세히 조사하여 적어 갔습니다. 이것은 필시 임금께서 처분을 내릴 모임의 기회가 있을 것이니 자지 말고 기다리는 것이 어떻겠습니까.'疏首를 비롯해 자리를 가득 메운 사람들이 글을 보고서 기뻐하는 것이 마치 취한 듯하고 꿈을 꾸는 듯했다.[24]

이와 같이 승정원에서 옥동서원의 청액 진행 상황을 조사하자 정조의 의중이 아마도 사액을 수락하는 데 있다고 판단한 것이다. 이후 소청에서 '가만히 생각해보니, 正位와 配位를 上疏文에 합하는 것이 우리들의 본래 뜻이니, 全氏와 黃氏 두 집안에 편지로써 타이르고 얼굴을 맞대고 의논하기로 하였다.'[25]는 기록에 따르면, 옥천전씨들의 뜻을 받아들이기로 결정했음을 알 수 있다. 이로써 그간 한성의 황씨 본손이 완강하여 청액 상소문을 수정할 수 없었지만 한편, 옥동서원과 상주 향론에 反하는 청액 상소문을 복합하면서 소청 임원진이 가졌던 부담감을 일시에 해소할 수 있었다.

---

24) "自倡義疏廳欲通信 而拘於夜禁 使直房女主人叩門 急傳小札 略曰 俄者自政院 使一書吏 來問倡義疏及請額疏 何月上來 何日伏閤 即今疏儒之留存者 亦幾人詳查錄去 此必有大處分之期會 勿就寢而待之如何云云 疏首及滿坐見書 懽欣如醉如夢"(옥동서원, 『소청일기』, 십일월칠일).
25) "因竊念正配位合疏 是吾輩之本意 全黃兩家 書諭面議"(옥동서원, 『소청일기』, 십일월칠일).

이후 청액 소청 임원진은 한성 본손 황원·황도원·황하진에게 원·배위를 상소문에 합하는 것은 옥천전문 측의 강력한 주장이자, 상주 향론과 청액 상소 임원진 또한 같은 의견임을 피력하였다. 청액소 임원진의 긴 설득 끝에 한성의 본손 측도 상소문을 수정하는 것에 동의하였다.[26)]

한편 상주에서는 화재 황익재 신원 고유제를 위한 鄕會가 열렸다. 향회에 참석한 전시옥은 청액 상소문에 대한 항의성 단자를 각 서원으로 발행한 것에 대해 사과하였다. 이처럼 7월부터 시작된 두 문중 간의 시비는 5개월간 이어지다가 11월 8일에 일시적으로 봉합되었다.

2. 제향자 事蹟 기록을 두고 벌어진 2차 시비

정조는 『영남무신창의록』 신원과 황익재의 죄명을 세초에서 삭제하라는 전교와 함께 우의정 채제공에게 "영남은 바로 士夫의 고장이다. 영남 사람 중에서 名聲을 들어 알고 있는 사람을 우선 천거하는 것이 좋겠다."며[27)] 영남 인재를 천거하라는 하명까지 내리는 등 노·소론의 강력한 반대에도 불구하고 영남 우대 정책 행보를 이어갔다.

이듬해 1월 12일 비로소 승정원에 옥동서원의 청액 상소문이 奉入되었다.[28)] 한성에 입성한 후 奉疏 8개월 만에 이룬 성과였다. 당시 청액 활동 1개월 만에 사액된 선산 駱峯書院을 제외하면 매우 이례적인 결정이었다.

1월 14일에는 소수 趙圭鎭이 승정원으로 들어가 "상소문을 보고 잘 알았다. 진실로 너희들의 말과 같이 翼成公의 공로는 제사를 받들어 높이 받

---

26) "因竊念正配位合疏 是吾輩之本意 全黃兩家 書諭面議 又如是懇到 失今不改 則必有後時之歎 故罷漏後 使黃彌熙邀掌議柳鳳祚及李進士宗洛 撰配位三先生事蹟 改書疏本 寫畢 夜已向曙矣 … 黃瑗黃道源黃夏鎭 初雖持重 末乃純同 全始玉在沔中 故未及知也"(옥동서원, 『소청일기』, 十一月七日, 十一月八日).
27) 『정조실록』 권26, 무신[1788], 11월. 8일
28) "俄而守門書吏來索疏襞二張 一則納政院大襞 一則納內兵曹大襞也"(옥동서원, 『소청일기』, 一月十二日.[1789.]).

들 만하다. 그런데 扁額이 빠진 것은 보기 드문 典禮로 흠이 되는 일이다. 해당 관아에서 당사자들이 제출한 문서와 장부에 대해 상세히 검토해서 아뢰고 처리하도록 하라."는²⁹⁾ 정조의 비답을 받았다. 이후 정조는 賜額날 致祭토록 하고, 祭文은 친히 지어 내리겠다는 批旨를 내렸다. 이에 소청 임원 진은 왕이 제문을 지을 때 혹여 옥동서원의 正·配位의 事蹟이 필요할 수도 있겠다는 판단하에 상주 옥동서원으로 급히 서신을 보냈다. 서신의 내용을 요약하면 다음과 같다.

> 임금이 하사할 현판[額號]이 바라는 대로 들어온 후 현판을 인도하는[延額] 날짜를 정하여 보내는 흐름으로 가서 결국 관례를 따를 것입니다. 그런데 서울에서 여러 사람들이 의논하는 것을 잠시 들으니, 팔도의 각 서원이 비록 임금이 현판을 내리는 은전[宣額]을 입었더라도 만약 때에 맞춰 일에 호응하지 못하면 시일을 미루어 베풀지 않는 일이 없지 않다고 합니다. 바라건대, 반드시 이렇게 되어 가는 흐름을 헤아리십시오. 현판을 인도하는 날짜가 3월 안에 정해져 보내지면, 때에 늦어 미치지 못했다는 탄식을 어떻게 면할 수 있겠습니까. …[중략]… 제문도 임금께서 친히 지으신다고 합니다. 그러니 주향과 배향의 문서와 文蹟은 아마도 마땅히 수정하여 드려야 할 것 같습니다. 바라건대, 반드시 서원에서 네 선생의 문서와 정부를 精書하고서 올려보내는 것이 어떻겠습니까? 이렇게 하는 것은 혹시 임금께서 직접 교시를 지으실 때에 참고하실 것이니, 대강 대강 고치지 마십시오. 엎드려 생각건대, 상소한 일이 이미 이러한 지경에 이르렀으니, 중간에 도리를 어지럽히는 단서는 혹여라도 책망하여 그만두게 할 수 있을 것입니다.³⁰⁾

---

29) "批曰 省疏具悉 誠如爾等之說 以翼成公之勳之勞 侑食之所尙 闕扁額 可謂曠典也 欠事也 許令該曹詳考書在文蹟稟處"(옥동서원, 『소청일기』, 一月十四日.[1789.]).
30) "節拍額號望納後 延額日字定送 果循例而乍聞京中諸議 則八道各院 雖蒙宣額之典 若未及時應擧 則不無遷延勿施之事云 望須京此委拍 延額日字 定送於三月內 俾免後時未及之歎 … 聖批旣以賜祭文親巽云 則正配位文蹟 似當修納 望須郵院在四先生文蹟 精書【卽爲上】送 如何 此則慮或索於親製之時也 勿泛泛 更伏念疏事旣至此境 則中間紛經之端 或可有靜息之望耶"(옥동서원, 『본원일록』, 二十七日. [1789. 1. 27]).

위 서신에서 요청한 두 가지는 첫째, 사액 날짜를 택일해 줄 것과 둘째, 왕이 제문을 지을 때 참고할 제향자 네 선현(黃喜, 全湜, 黃孝獻, 黃紐)의 사적을 정리해 달라는 내용이다. 이에 옥동서원의 선·현직 임원진과 일부 회원들은 白華書堂에서 재회를 개최하였다. 당시 참석한 인사는 원장 李禧遠(1788·1792년 원장)을 비롯해 金憲慶(1788년 재임), 黃景幹(1775년 원장), 黃瑞熙(1778년 원장), 黃世休, 黃建中(1787년 원장), 黃澣(1755·1756 재임), 金相欽, 趙重鎭(1773·1780·1783 재임) 등이다.[31] 이때 옥동서원 전·현직 임원진이 정리한 사적의 내용이 옥천전문과 2차 시비의 단초를 제공하게 된다. 그 내용을 정리하면 다음과 같다.

네 선생의 실록을 견주어 고찰할 수 있도록 그 세대, 연보, 과거의 합격, 행적 등을 간략하게 서술했다. 또 그들의 行狀과 墓碣을 써서 합하여 한 권의 책으로 만들었다. 먼저 厖村 黃喜에 대해, 다음으로 畜翁 黃孝獻에 대해, 그다음으로 沙西 全湜에 대해, 마지막으로 槃澗 黃紐에 대해 글을 지었다. 이것은 세대순으로 지은 것이다. 아침에 미리 한성으로 사람을 보내 소청에 편지로 알렸다.[32]

위 내용에 언급된 것처럼 택일한 사액 날짜와 정리한 사적은 다음 날 일찍 한성의 소청으로 발송되었고, 이 소식을 듣고 달려온 全始玉은 직접

---

31) 백화서당에서 회합할 때 『본원일록』에 "대개 주향과 배향의 事績을 고쳐 정리하는 일이 시급하여 鄕中에 두루 고하지는 못했다."(盖修整正配位事蹟 時急未及遍告于鄕中)는 기록을 참고하면 사액 날짜 택일과 제향자 사적 정리를 하기 위한 회합은 옥동서원 전·현 임원진이 주도하여 결정한 것으로 보인다(옥동서원, 『본원일록』, 二十七日[1789년 1월 27일], 三十日.[1789년 1월 30일]).
32) "本面多士 會于白華書堂 院長李禧遠 齋任金憲慶 黃進士景幹 黃院長瑞熙 黃世休 黃建中 黃澣 金相欽 趙重鎭 就考四先生實錄 畧敘其世代年條科宦出處 又書其狀行名碣 合以爲一册 先書厖村黃先生 次書畜翁黃先生 次書沙西全先生 次書槃澗黃先生 盖以世代而書之也 朝前 送京人 書報疏廳"(옥동서원, 『본원일록』, 三十日, 二月初一日.[1789년 1월 30일, 2월 1일]).

사적 초안을 확인한 후 격앙된 소리로 "이번에 사적을 고쳐 기록한 것은 어찌 서원의 位次에 따라 쓰지 않았습니까?"라고 반발하였다. 이에 황경간은 "서원의 위차라면, 배향에 선후가 있기에 東과 西로 구분하는 것입니다. 그러나 사적을 고쳐 기록하는 데는 그 세대를 차례로 기술한 것에 지나지 않을 뿐입니다. 厖村이 세종 때의 사람이 되고, 畜翁이 중종 때의 사람이 되고, 沙西가 인조 때의 사람이 되니, 세대를 거꾸로 쓰게 되면 고쳐 기록하는 데 뿐만 아니라, 國朝의 凡例에도 어그러짐이 있어 世代에 크게 편하지 못한 바가 있습니다. 그래서 얼마 전 상소의 원본에는 위차로 기록하고, 오늘 고쳐 기록하는 데는 결국 세대로써 기록한 것입니다."라고33) 하였다. 이 상황을 이해하지 못한 전시옥은 화를 내며 가버렸다.

전시옥은 이 상황을 또다시 單字에 정리하여 향내 각 서원으로 발송하였다. 단자 내용은 대체로 장수황문은 무능하다는 비방의 글과 함께 도남서원 원장 류광억을 무시했으며 한성 소청에 보낼 사적의 내용이 祠宇에 정해져 있는 위치를 따르지 않고 世代 순으로 정리한 것 등에 대한 항의였다. 이에 옥동서원 측도 이 사태를 정리한 통문을 각 서원으로 발송하고, 향회를 개최해 달라고 요청하였다.34) 황경간(1775년 원장) 등이 도남서원에 발송한 통문의 요지는 다음과 같다.

　　지금 사적을 정리하여 기록하는 것은 조정에서 내린 명령이 아니며, 또한 關
　文에 해당하는 것도 아닙니다. 한성에 사람들이 간혹 위로부터 묻고 상의하는

---

33) "朝前 送京人 書報疏廳 食後 全始玉到書堂會所 恨未及京人未發之前也 全始玉見四先生事蹟草案 言于會中曰 今此修錄事蹟 何不以書院位次書之也 黃進士景幹曰 書院位次 則追配有先後 故位次有東西 而至於修錄事蹟 則不過歷敍其世代 而已厖村爲世宗朝人 畜翁爲中廟朝人 沙西爲仁祖朝人 則倒書世代 不但有乖於修錄凡例 於國朝世代 大有所未安 故前日疏本 則以位次書之 而今日修錄 則果以世代書之云 云 全始玉拂然而歸"(옥동서원, 『본원일록』, 三十日.[1789년 1월 30일]).
34) "全始玉以修錄事 又發單于鄕中 各院駕罵黃氏 語多侵逼 道南院長柳光億"(옥동서원, 『본원일록』, 二月一日.[1789년 2월 1일]).

일이 있어 사람을 보내 급히 문서와 장부를 찾으니 미리 준비하려는 계책에 지나지 않는 것입니다. … [중략] … 畜翁은 中宗 때의 사람이고, 沙西는 仁祖 때의 사람으로 위아래로 100년이나 세대가 뛰어넘습니다. 비록 뱅범한 신미도 믿을 해도, 아무개 왕조의 사람을 기록하였으면 그 세대의 차례를 거꾸로 쓸 수가 없습니다. 그러한즉 하물며 祭享 하는 선배에 있어서야 말해 무엇 하겠습니까. 만약 그렇게 하면, 서울 사람들이 보는데 거슬림이 될 뿐만 아니라, 아마도 임금께서 보실 때 의심을 할 수도 있을 것입니다. 그래서 그 세대를 따라서 정리하여 기록 한 것입니다. <u>추후 배향하는 날에 祭享 先後가 있기 때문에 위패의 차례로 선후를 따르니, 위패의 차례는 저절로 위패의 차례가 되고, 세대는 저절로 세대가 됩니다.</u> 일을 집행함에 과연 위패의 차례로 선후를 두게 하여 세대를 또한 거꾸로 쓰게 할 수 있겠습니까? … [중략] … 그러한즉 全氏가 單子를 발행하여 上京한 것은 어이없고 허망한 짓일 뿐입니다. 首席이 글을 쓰는 데 동참하여 사사롭게 기록을 했다고 비방하는 것은 그의 나이가 어려 잘못 헤아린 것이니, 진실로 견주어 다툴 만한 것이 못됩니다. 그리고 全氏가 거짓으로 올린 봉홧불에 매번 향중의 長老들께서 애써 움직이게 한 것은 심히 개탄스럽습니다. 이러한 일을 생각해보건대[그로 인해 삼가 생각건대], 저희 나이가 일을 그만둘 때가 임박했음에도 한 가지 잘하는 것이 없고, 남의 입에 올라 곤욕을 받음이 이에 이르렀습니다.[35]

---

35) "僉執事業已解惑矣 今此修錄事蹟 旣非朝令也 又非該關也 在京諸人 或慮有自上詢訪之擧 雇人下送 急索文蹟 不過爲備預之計也 … 則畜翁爲中廟朝人 沙西爲仁廟朝人 上下百載 世代越絶 雖以凡士言之 歷書其某朝人 不可倒書 其世次 則況腏享之先輩乎 若爾則不但爲洛人之碍眼 恐或致疑於睿覽 故果爲循其世代而略略修錄也 大抵追配之日 以腏享之有先後 故位次則一從先后之次 而位次自位次 世代自世代 執事果以爲位次之有先后 而世代之亦可以倒書乎 … 則全氏之發單上京虛妄而已 疏廳備預之私書 誤認其朝令首席同參之文字 誣以爲私錄 彼年少錯料 固不足較爭 而至使鄕中僉長老 每不免勤動於全氏之僞烽 是甚慨然 因竊念鄙等 年迫桑楡 無一善狀 而上人脣吻 受困至此"(옥동서원, 『본원일록』, 二月一日.[1789년 2월 1일]).

전시옥의 단자가 현전하지 않아 정확한 내용을 알 수는 없지만, 위 통문 내용을 참고하면 일의 대체를 파악할 수 있다. 전시옥을 격분하게 한 것은 첫째, 제향자 사적을 정리하면서 향론을 구하지 않았다는 것, 둘째, 향론을 구하지 못할 만큼 시급한 사안이었다면 본손인 옥천전문을 재회에 참석시켜야 하나 배제한 채 제향자 사적을 정리한 점, 셋째, 특히 제향자 사적을 세대 순으로 정리하여 한성의 소청으로 보냈다는 점에서 불만이 극에 달했다.

이처럼 두 문중의 단자와 통문이 향내 각 서원으로 발송되어 鄕父老와 서원들이 개입하면서 갈등은 급속히 확산되었다. 이에 도남서원은 두 문중의 분쟁 사태를 수습하기 위한 향회를 개최한 후 옥성·속수·연악서원 원장과 회원들이 연명하여 옥동서원에 다음과 같은 답통을 보내왔다.

> 귀 가문과 全氏의 시비가 짐짓 일을 내버려 두고 혹시라도 마음 놓기가 어려운 지경에 이른다면, 우리 마을의 불행이 또한 어떠하겠습니까. 귀 가문과 全氏가 어찌 한갓 道內 풍자를 받는 데 그치겠습니까. 그래서 우리는 일제히 모여서 혹시라도 잘 처리할 수 있는 도리가 있는지 생각해보았습니다. 그 뜻은 간절하고 그 마음은 수고로우니, 옷깃을 좌측으로 걷어붙이나 우측으로 걷어붙이나 마을에서 무슨 상관이 있겠습니까. 그러나 거짓으로 올린 봉홧불에 매번 애써 움직이게 한다는 등의 말은 사실에 부합하는 것인지 알지 못하겠으나, 참으로 슬픈 일입니다. 그런데 지금 말씀하신 뜻이 이와 같다면, 다시 논할 것이 없으니, 어찌 다행이 아니겠습니까? 바라건대 모름지기 아주 소상하게 하여 정중한 데로 돌아가도록 힘쓴다면 참으로 다행이겠습니다.[36]

---

36) "貴門與全氏 豈徒受刺於道內而止哉 亦必有朝家之處 故鄙等所以齊會商量 或有善處之道 則其意勤矣 其心苦矣 左袒右袒 何關於鄕中 而勤動於僞烽等語 未知其稱停矣 良可慨然 今則敎意如此 更無可論 豈非幸耶 望須十分消詳 務歸鄭重 幸甚 道南書院院長 柳光億 玉成院長 李承延 涑水院長 趙錫喆 淵嶽院長 姜世慶 會員 趙錫典 金東礎 趙允祐 蔡蓍文 趙秀然 李敏培 金應秋"(옥동서원, 『본원일록』, 二月初,

위 통문에서 보이는 상주의 향론은 두 문중 간 시비가 확산하면 사문의 불행이자 풍자의 대상이 된다는 우려와 함께 서로 자중할 것을 권장하고 있다. 장수황씨의 통문에서 '위패의 차례는 서열로 위패의 사례가 되고, 세대는 저절로 세대가 됩니다.'라고 한 것을 사당의 위차까지 바꾸지는 않겠다는 뜻으로 해석하고, 옥천전씨의 불만에 대해서도 크게 확산되지 않을 것으로 해석한 것으로 보인다. 즉 세대 순으로 정리한 사적이 사당의 위차에도 영향을 끼친다면 걷잡을 수 없는 향내 분쟁으로 확대될 수 있었기 때문이다.

그 외 원장 柳聖霖이 보낸 서신에서도 '전씨의 단자는 벌써 보았고, 편지에서 뜻을 보여 주셨으니, 어찌 또 다른 의심스러운 단서가 있겠습니까? 그러하니 세대를 바꾸어 쓰는 것은 불가하고 제향한 연도에 따라 차례대로 쓴다면, 전씨가 의심하면서 鄕中의 논의를 막은 일은 저절로 풀릴 것입니다.'[37]라며 시비가 확산하지 않도록 중재에 나섰고, 장수황문 측 통문 내용에 옥천전문을 '得罪'했다는 두 글자는 지나친 비방임을 지적하였다. 또 趙錫喆(1779·1780년 옥동원장)과 趙錫穆(1789년 옥동원장)은,

'만약 本孫(沃川全門)과 상의하여 정리하였다면, 本孫의 의심도 아마 이와 같이 심하지는 않았을 것입니다. 本孫의 單子가 이미 발행된 사실을 미리 알지 못했으니 고을에서도 또한 의혹이 없을 수 없습니다. 또한 통상적인 문서나 文蹟으로 말하면, 세대로써 기록하는 것이 아마도 그 순서를 따르는 것이며, 사당 안의 儀式 절차로 말하면, 위패의 차례가 아마도 중함을 따지는 것이 될 것입니다.[38]

道南書院答通曰).
37) "全氏單辭 曾已見之 而承審示意 豈有別般訝惑之端 然世代不可以倒書 而入享年條次第書之 則全氏之疑 阻鄕中之物議 自當消釋"(옥동서원, 『본원일록』, 「柳院長聖霖答黃進士景幹書」).
38) "若與本孫相議修整 則本孫之疑 似不必如是滋甚 本孫之單旣發 則未諳事實之前 鄕中亦不得無惑 且以尋常文蹟言之 則以世代書之 似順其序 而以廟內儀節言之 則位次似較重矣"(옥동서원, 『본원일록』, 「趙進士錫喆.趙司諫錫穆.答會中書」).

라며 옥천전문과 논의가 없었던 점과 성대한 禮式에 충분히 살피고 신중해야 한다며 장수황문을 우회적으로 질책하였다. 무엇보다 행여나 왕이 祭文을 지을 때 옥동서원에서 정리한 實錄에 의거하여 세대로써 차례를 삼으면, 사액이 내려져 致祭를 하는 날에 크게 편하지 못한 도리에 직면할 것이라며 우려하였다.

또 옥동서원의 전 원장 李承延(식산 이만부 孫子)은 사적을 기록한 책을 본 후 옥천전문 측의 행동은 갑자기 집마다 다니며 말해줄 수 없어 한 행동이니 이해를 해 주면 좋겠다는 내용의 편지를 옥동서원에 보냈다.[39] 아울러 장수황문 측도 사림의 경사를 정성을 다하다 발생한 일이니 잘 해결하여 서원 일에 폐를 끼치지 않게 하길 바란다는 서신을 보내왔다.

한편 이 사태에 대한 단자를 발송한 후 한성으로 상경한 전시옥은 전달덕과 함께 청액 소청을 방문한다.[40]

이후의 자료에는 이때 발생한 시비에 관련된 기록은 보이지 않는다. 다만 朴天衡을 통해 내린 정조의 치제문에는 '익성공 黃喜를 제향함에/마땅한 곳을 얻었으니/드러난 익성공이여/동국의 기강이었네'[41]라고 하여 주향인 황희에 대해서만 언급하고 있다. 따라서 옥동서원에서 올린 사적에 '黃喜⇨黃孝獻⇨全湜⇨黃紐'로 정리된 世代순은 치제문에 반영되지 않았고, 두 문중 간의 갈등이 더는 확산되지 않고 일시적으로 봉합된 것으로 보인다. 이 내용을 표로 정리하면 다음과 같다.

---

39) "今承事蹟錄册子 屑屑全君之示 尤爲釋然 而猝難家喩戶說 何不擧此提及於道院之通也"(『본원일록』, 「李院長承延答會中書」).
40) "全始玉全承德叔任 以向來四先生事蹟收錄事 有所考見而上來云"(옥동서원, 『소청일기』, 二月初九日.[1789년 2월 9일]).
41) "大嶺橫霄 屹如巨人 迤爲道溪 院枕于濱 翼成之享 爰得其地 顯顯翼成 東國之紀 訐謨遠猷 英陵有臣 山嶽功利 布帛經綸 史有特書 闢異之力 凡我嶺人 於茲考德 少尹舊居 昔所䇹屨 特宣恩額 聳夫一路 曩過圻西 伻酹墓丘 餘思寄意 洛江悠悠"(옥동서원, 『본원일록』, 1789년 4월 1일).

〈표 2〉 事蹟 정리에서 발생한 2차 시비 과정

일자	내 용
1789년 1월 11일	• 옥동서원 사액 批旨 내림
1월 27일	• 한성 청액소 요청 사항: ① 사액 날짜 택일 ② 왕이 제문을 지을 때 참고할 제향자 사적
1월 30일	• 백옥동서당에서 齊會 (옥동서원 임원들로 구성) - 일이 시급하여 鄕中에 고하지 못한 채 회의 • 사적 世代순 정리: 黃喜⇨黃孝獻⇨全湜⇨黃紐
2월 1일	• 택일한 사액 날짜와(4월 1일) 정리한 사적 청액 소청으로 서신 발송 • 全始玉: 사적을 사당의 위차 순으로 정리하지 않은 것에 항의 • 전시옥 또다시 향내 서원으로 단자 발행
2월	• 옥동서원 측도 일어난 사태를 정리하여 향내 각 서원에 통문 발송 - 내용: 사안이 시급하여 公議를 구하지 못한 상황 설명 - 사적 정리 시 세대순 정리한 것은 왕의 의심을 피하기 위함 - 옥동서원은 사당과 세대 위차는 다르다는 것을 인식한다는 것 - 강도 높게 옥천전문을 비방함
2월	• 향회 개최 후 도남서원의 답통: 柳光億(道南院長), 李承延(玉成院長), 趙錫喆(涑水院長), 姜世慶(淵嶽院長) 외 회원 7명 연명 - 사당과 세대 위차는 다르다는 것을 인식한다는 점에서 해결을 긍정적으로 봄, 옥천전문에 대한 과한 비방에 대해 우려 표명
2월	• 원장 柳聖霖의 답신: 옥천전문의 불만 사항 해결해 주길 희망, 옥천전문 과한 비방에 대해 우려
2월	• 趙錫喆(1779·1780 옥동원장)·趙錫穆(1789 옥동원장)의 답신: - 향회와 옥천전문을 배제한 채 사적을 정리한 것을 지적하며, 치제문에 옥동서원에서 정리한 세대로 지은 제문이 내려질까 우려함 - 신중하지 못한 장수황문을 질책
2월	• 전원장 李承延(식산 이만부 孫子)의 답신: - 두 문중의 입장을 이해하고 원활한 해결을 요구
4월 1일	• 정조의 치제문: 원위만 언급 • 두 문중의 분쟁은 일시적으로 봉합

3. 제향 祝式을 둘러싸고 발생한 3차 시비

앞에서 언급한 1·2차에 걸친 두 문중의 시비는 봉합되는 듯했으나, 1789년 9월 秋享禮를 앞두고 또다시 시비가 발생하였다. 3차 시비의 발단은 옥동서원이 사액례 후 처음으로 봉행할 추향례에 기존의 祝式을 바꾸고자 각 서원에 품목을 발송하면서 시작되었다.

옥동서원은 1714년 사서 전식을 배향하여 승원한 후 향례의 축식은 各祝으로 하였고, 1786년 축옹 황효헌, 반간 황뉴를 추배한 후에도 축식은 네 선현에 대해 각축으로 향례를 거행하였다. 그런데 1789년 가을에 봉행할 제향부터는 기존의 各祝 방식을 合祝으로 바꾸고자 한 것이다. 당시 옥동서원장 趙錫穆이 발송한 품목 내용 중 일부분을 정리하면 다음과 같다.

> 외람되게 중요한 직임을 맡아서 여러 번 단자를 올렸으나 許遞를 받지 못했습니다. 지금 향례가 임박하였는데 부득이 직책에서 물러나 향례의 계획을 말하고자 합니다. 다만 생각하건대, 본원은 각축을 합축하는데 鄕議가 일치하지 않거나, 혹자는 선배들이 이미 행한 규례를 갑자기 바꾸기 어렵다고 합니다. 혹자는 말하기를 '본원 일의 면모와 더불어 전일과 다름이 있었으나 이미 元位로서 사액되었으니, 配位는 이를 따라 사제한다면 元位에 合祝하는 도리가 당연하다'고 합니다. 또 '도남서원 위위는 처음에는 각축을 올렸는데, 끝에는 합축하였으니, 본원이 추후에 축문을 고쳐 올리는 것은 실로 미안한 점이 없습니다.' 라고 하였습니다.[42]

이 품목에 따르면, 이미 몇 차례 단자를 발행하여 합축에 동의하는 향론을 모으려고 했으나 뜻대로 되지 않았던 것으로 보인다. 이는 옥천전씨들이 합축을 반대하면서 각축을 주장하는 단자를 발행하는 등 적극적인 반대 의사를 표명했기 때문이다.

결국 조석목은 옥동서원장 재임기에 이 문제를 해결하지 못하였다. 이

---

42) "以無似猥當重地之任, 屢呈單辭, 未蒙許遞. 目今享禮斗迫, 辭退不得, 以爲享禮前躊冒之計, 而第伏念本院各祝合祝, 鄕議不一, 或曰先輩已行之規, 猝難變革, 或曰本院事面, 與前日有異, 旣以元位蒙額, 而配位從而賜祭, 則元位合祝, 道理當然. 且道南元位, 初以各祝而末乃合祝, 則本院之追後改祝, 實無未安之端云云."(옥동서원, 『백옥동잡록』, 「稟目」, 己酉九月初二日.[1789년, 9월 2일] 院長 趙錫穆).

후 南必毅이 옥동서원장으로 취임하여 또다시 품목을 발송하였다. 이번에는 좀 더 구체적인 도남서원의 사례를 들어 합축의 당위성을 역설하였다. 그는 '도남서원의 축식은 원래 우복 정경세가 오현의 각축을 지어 쓰다가 후에 선배들이 고쳐서 합축하였는데, 자손이 혐오하지 않고 따랐으며 지금까지 관례로 내려오고 있습니다. 이처럼 도남서원도 合祝하는데 더구나 본원(옥동서원)이 배위를 元祝으로 합축한 것이 어찌 분명하게 드러난 것이 아니겠습니까.'[43]며 배위는 원위 일체를 따라 치제한 사액서원의 면모를 갖추기 위해서 합축은 당연하다고 주장하였다. 그러자 옥천전문은 이 품목에 맞서 다음과 같은 내용의 단자를 작성하였다.

> 옥동서원의 각 祝式은 본디 先父老 대부터 정한 논의로 100년 가까이 시행해 오던 법규입니다. 오늘날 후학들은 본디 옛법을 준수해야 하고 감히 가벼이 논의해서는 안 됩니다. 그런데 뜻밖에 近來 황씨 일문에서 자신들의 의견을 가지고 축을 고치거나 합하자는 논의에 앞장서고 있습니다. 안으로는 本院(옥동서원)의 古事로 두고 밖으로는 다른 서원의 다른 사례를 인용하여 장황한 말로 一鄕을 强迫하며 선배들의 儀文에 관한 내용을 기어이 바꾸고 말겠다고 합니다.[44]

두 문중의 시비는 이미 1·2차 시비에서 향내 관심사로 부상하였고, 시비의 내용이 사당에서 제향자의 위차 혹은 세대 서차의 민감한 사항이다

---

43) "大抵書院之前以各祝而後以合祝者, 旣有道南舊例, 愚伏先生初製各祝, 載在集中, 其後先輩改爲合祝, 卽今常享之祝是已, 而當日改祝之際, 先生子孫, 不以爲嫌, 其時先輩不以爲未安, 則本院各祝, 雖是荷塘權公所製, 而一遵道例合祝, 有何一毫未安之端耶. 且道南以五賢各祝, 猶爲合祝, 則況本院之以配位, 合祝於元(位)者, 豈不較然著明乎."(옥동서원, 『백옥동잡록』, 己酉十月初四日[1789년 10월 4일] 院長 南必毅).
44) "伏以玉洞書院各祝之式. 自是先父老己定之論. 而近百年己行之規也. 爲今日後學者. 固當尊嫂舊憲. 不敢輕議. 而不意邇者. 黃氏一門. 以自家意見. 唱發改祝合祝之議. 內置本院古事. 外引他院異例. 張皇稟辭. 强迫一鄕. 期於變易先輩儀文而後己臆."(『玉洞書院變錄』, 任子年單字).

보니 합의에 도달하기는 쉬운 문제가 아니었다. 또한 옥천전문 후손은 위차와 관련해서 문제가 발생하면 항상 장수황문의 입장과 첨예하게 대립하는 강경한 입장을 고수했기 때문에 향내 공론을 취합하는 데 그만큼 어려움이 따를 수밖에 없었다.

한편 원장 남필의도 합축 문제를 해결하지 못한 상태로 향사를 이어갔다. 합축 문제는 이듬해 2월 황경간, 황건중 등에 의해서 다시 쟁점화되었다. 특히 내용 중 옥동서원이 모범으로 삼고 있는 소수서원의 축문에 '감히 先師 문성공 회헌 안선생께 밝게 고합니다. 엎드려 아뢰건대, 삼가 牲幣醴를 齊明하여 薦합니다. 文貞公 安氏와 文敬公 安氏, 愼齋 周氏는 추배합니다. 적지만 흠향하소서'[45]의 합축문 사례를 들며 그 아래 배위의 祝文은 없다고 하였다. 이를 증명하고자 『죽계지』 내용이 부족하여 소수서원에 사람을 보내 합축한 내용과 이후 문제를 방지하고자 정해놓은 절목까지 등사해온 내용을 거론하며 합축의 당위성을 주장하였다. 또 이어서,

> 그것으로 인해 가만히 생각해보건대, 본 서원의 各祝과 合祝은 선조에게는 더하거나 빼는 바가 없어야 하고 자손에게는 미안한 바가 없어야 합니다. 다만 사액이 내려진 후 향례의 제수는 임금께서 내려주신 물건으로 이미 元位로써 아울러 配位를 포함한 것인데, 모두를 從享하는 데 무거운 것이 가벼운 것을 포함하는 뜻이 있지 않겠습니까? 만약 그렇다면 정위와 배위의 각축은 임금이 내려주신 제수를 함께 사용하는 것이 되니, 명분도 예의도 없습니다. 이 어찌 더욱 미안한 일이 아니겠습니까? 사서(沙西)의 본손은 매번 합축이 持重함에도 어찌 여기에 생각이 미치지 않는 것입니까?[46]

---

45) "謹按白雲洞紹修書院享儀, 安文成公爲原位, 安文貞公爲配位, 老先生初製各祝, 載在集中, 其後追配安文敬公, 周愼齋因以合祝. 其常享祝曰, 敢昭告于, 先師文成公, 晦軒安先生, 伏以云云. 謹以牲幣醴齊明薦, 以文貞公安氏, 文敬公安氏, 愼齋周氏, 配尙饗, 其下配位無各祝"(옥동서원, 『백옥동잡록』, 庚戌二月二十八日. 黃景幹, 瀞, 聖休, 處休, 建中, 敬中).

라며 옥천전문을 비방하였다. 이에 옥천전문 측도 다음과 같이 더욱 거세게 반발하였다.

> 본원[옥동서원]의 首席께서 이런 뜻으로 다시 稟目을 발송하였는데, 향중에서는 처음부터 발문을 덧붙이지 않았습니다. 또 哭班 때 온 경내 선비들이 다 모였는데, 회중의 여러 의견이 바꾸기 어렵다는 논의가 이미 있었습니다. 금년 봄 연악서원 모임 때 편지를 보내어 두루 고하였는데, 각처의 답장에도 역시 바꿀 수 없는 뜻을 보였으니 이는 곧 公議가 예나 지금이나 항상 남아있기 때문이며, 人心이 멀고 가까운 것은 다 같다는 것입니다. 황씨들은 그만둘 수 있을 것인데, 그들이 바라는 것이 갈수록 더욱 심해집니다.[47]

향내에서도 이를 해결하기 위해 淵嶽書院에서 향회를 개최하였으나 鄕父老 대부분은 참석을 피하였고, 그렇다고 참석한 소수의 인원으로 이 문제를 해결할 수 있는 상황은 더욱 아니었다.[48] 점차 향내 서원과 향부로는 두 문중에서 발송한 합축 시비 품목에 대한 답도 피하게 된다. 이처럼 두 문중의 시비는 향내 공론으로 해결할 수 없을 정도로 격화되어 결국 합의

---

46) "因竊念本院之各祝合祝. 於先祖無所增損. 於子孫無所未安. 而但宣額後享禮祭需. 是君賜之物. 而旣以元位而幷及配位, 則烏在其一体從享擧重包輕之意乎? 若爾則正配各祝. 而同用君賜之需者, 無名也無儀也. 玆豈非未安之甚者乎? 沙西本孫. 每以合祀持重. 而胡不念及於此也."(옥동서원, 『백옥동잡록』, 庚戌二月二十八日. 黃景幹. 濬. 聖休. 處休. 建中. 敬中).

47) "本院首席. 會以此意. 再發稟目. 而鄕中初不附跋. 前又哭班之時. 闔境齊會. 而會中僉意. 己有難變之論. 今春淵院之會. 發書遍告. 而各處答簡. 又示不易之義. 此乃公議之古今常存. 而人心之遠邇攸同也. 黃氏之於斯. 庶可休矣. 而奈其情願. 愈往愈滋."(『옥동서원변록』, 「任子年單字」).

48) '本院以此事, 前後首席, 相繼發稟, 而僉長老一未附跋. 頃日淵院約日期會. 而南村數三長老外, 鄕中僉長老, 一不相應者, 此又何也. 儒宮之事, 異於鄙門私事, 鄙等不必發稟縷縷, 而首席稟中, 旣無所答, 淵院之會, 又不齊臨, 故不勝訝鬱.'(옥동서원, 『백옥동잡록』, 庚戌二月二十八日. 黃景幹. 濬. 聖休. 處休. 建中. 敬中).

점을 찾지 못한 것으로 보인다. 이처럼 축식을 두고 발생한 갈등 과정을 정리하면 다음 표와 같다.

〈표 3〉 축식을 둘러싼 3차 갈등 과정

일자	내 용
1789년 가을	• 원장 조석목은 도남서원이 사액 후 제향 축식을 각축에서 합축으로 바꾼 例를 들어 옥동서원도 합축으로 바꾸자는 단자·품목을 향내 서원으로 몇 차례 발송 • 제향자 후손 옥천전씨 문중: 합축 반대하는 단자 향내 발행하면서 갈등 발생
〃	• 신임 옥동서원 원장 南必毅 합축 문제를 해결하기 위한 품목 재발송 • 옥천전씨 문중: 옥동서원에서 발송한 품목에 맞서 합축 반대 단자 재발행
1790년 2월	• 옥동서원 측(황의 후손): 소수서원 합축문과 합축 설복을 능사하여 합축하기 위한 향중 父老 등 향론을 구하는 품목 발송 • 옥천전씨 문중: 옥동서원 품목에 대해 향중 부로의 발문이 없는 것은 향론이 합축을 반대한다는 뜻으로 해석하며 합축을 강력하게 반대함
1790년	• 옥동서원 축식 문제를 해결하기 위하여 연악서원에서 향회를 개최하였으나 향부로 대부분 참석을 피함 • 향중 부로 등: 옥동서원 제향자의 후손인 두 문중의 축식 방법을 두고 점차 심해지는 갈등으로 인하여 향회, 품목에 대한 발문 등 관여하기를 기피함 • 합의점을 찾지 못함

Ⅲ. 19세기 도남서원 追配를 둘러싼 상주 남인 세력의 갈등

1. 全湜 祠版 이안 사건을 둘러싼 남인 세력의 갈등 확산과 보합

이 시비는 장수황·옥천전문 간에 1804년(순조 4) 옥동서원의 廟宇를 수리하고 還安祭를 올리면서 재발화되었다. 본래 이 사건은 1804년 4월에 옥동서원의 묘우를 중수한 후 환안제를 거행할 때 사당의 위패 序次를 세대순으로 두자는 논의에 대해 사서 후손 全達德이 동의하면서 시작되었다. 그는 사서 션식이 남긴 遺稿 중 '年代가 앞에 있으면 位次는 마땅히 위기 된다. 이것은 태어난 사람이 차츰 장성하는 뜻을 도리로 삼은 것이니, 내세와 현세가 어찌 다르겠는가.'[49]라는 글을 보이며, 전식의 혼령이 있다면 반드시 따르고 편안하게 여길 것이라며 위패를 세대순으로 두자는 논의에 찬성하였다. 이처럼 옥천전문 측의 동의로 사당의 위패는 황희-황효헌-전식-황뉴 순으로 정하여 환안제를 거행하였다.

그런데 전달덕의 이러한 행동은 옥천전씨 문중 전체 뜻은 아니었던 것으로 보인다. 이는 '서차를 바꾸자는 의론을 발하고 사림에 혼자서 여쭈었다'[50]는 기록과 '그런데 저 일족들은 先祖인 전식의 遺訓을 저버리고, 그 문중의 어른인 全達德의 바른 의론을 배반하고 이전과 마찬가지로 핏줄에 연연하여 다투었다.'[51]는 기록에서 짐작할 수 있다. 이처럼 옥천전문의 내부 갈등으로 인해 사당 세대순 서차에 강력하게 반대했던 全宗德을 필두로 한 옥천전씨들의 주장이 힘을 잃게 되었다. 전종덕의 강력한 항의와 거센 반발에도 환안제를 봉행하면서 바뀐 사당의 서차를 다시 되돌리기에는 역부족이었다.

결국 전종덕 측은 1804년(순조 4) 12월 옥동서원에 있던 사서 전식의 祠版을 들고 魯東書堂[52]에 잠시 昇奉하였다가, 12월 12일에 도남서원에

---

49) "今以全湜逸稿中, 語而觀之, 其曰. 年代在前, 位次宜上, 以生人少長之義揆之幽明何."(옥동서원, 「上書」, 公州幼學臣宋智修等).
50) "故全湜之孫達德, 追悔前非, 發東西換次之論, 而單禀於士林蓋因."(옥동서원, 「上書」, 公州幼學臣宋智修等).
51) "而彼一宗德恃其, 先祖全湜之遺訓背, 其門長達德之正論, 如前血爭."(옥동서원, 「上書」, 公州幼學臣宋智修等).
52) 노동서당의 내력은 현전하는 자료 부족으로 위치를 고증하기에는 어려움이 따른다. 대략적인 내용은 상주 한산의 동쪽 능선에 있었는데, 임진왜란에 전소된 후 1629(인조 7)에 신방동에 다시 건립하였고, 1726년(영조 2)에 현재의 자리로 이건하였다. 식산 이만부가 쓴 기문이 전한다(상주시청년유도회, 『상주의 서원』, 2006, 572~573쪽). 또 '魯東은 沙西의 影幀을 봉안한 곳이며, 평일 杖屨를 두었던 곳이

추배하는 일이 벌어지게 되었다.[53] 도남서원에 일어난 이 사건은 都會 또는 鄕會 등 공론을 취합하기 위한 어떠한 행정절차나 齊會 없이 일어난 전례 없는 사태였다.[54]

상주 향내와 道內 공론은 이 사건을 두고 '玉洞事變'[55] 또는 '一道士林聞變',[56] '斯文之極變',[57] '道南事變'[58] 등으로 기록할 만큼 영남 전역으로 회자되었다.

이어서 지난 세 차례의 시비 때와 같이 黃·全 양 가문은 이 사태에 대한 책임소재 및 상대 가문을 비방한 단자를 발송하여 또 다시 상주 향론이 분열되기 시작하였다.[59] 이에 영남지역의 순흥 紹修·예안 陶山·경주 玉山·

다.'[魯東卽我沙西先生影幀安奉之地也 平日杖屨之所遺芬未沫 尊奉於斯 尸祝於斯者 揆以神理人情 實爲穩協 而許多睽乖 從此保合又豈非一道之大幸耶]라는 기록을 참고하면 같은 서당으로 추정된다(『명암선생문집』, 「잡저」, 「道南疏廳雜錄」).

53) 당시 1804년[甲子] 6월 도남서원 원장은 姜世鷹[전장령]이 선출되었고, 재임에는 趙興洙, 姜載欽, 權祿仁, 孫鎭璧이 선임되어 11월까지 운영하였다. 또 12월에는 孫會慶[前都事]이 원장으로 선출되었고, 재임에는 張㴐, 姜肱欽이 선임되어 이듬해 봄까지 맡아서 운영하였다. 1805년[乙丑]의 원장은 權訪[전도사, 안동인]이고, 재임은 鄭光馴[용궁인], 朴思鳳[선산인], 李鎭坤[예천인]이었다(도남서원, 『원임록』).

54) "道南書院에 있는 五賢의 사당에다 이날 한밤중에 무모하게 배향하는 일을 저지른 것입니다. 이 일을 위로는 禮曹[春曹]에 청하지도 않았고, 가운데로는 관찰사에게 고하지도 않았고, 아래로는 사림에 상의하지도 않았습니다. 그리고 황급하여 혹시라도 은밀한 계기가 먼저 노출이 될 것을 두려워하여 마침내 밤에 사판을 옮겨 봉안하고, 한밤중에 제사를 거행하는 일을 저질렀습니다. 술은 미리 빚어두지 못하고, 말린 포는 관에서 내려준 것이 아니고 시장에서 산 것이었습니다."[乃於道南, 五賢之廟作, 此半夜冒享之擧. 上不請於, 朝家中不告於方伯, 下不謀於士林而. 遑遑汲汲或恐潛機之先露遂, 乃犯昏移奉半夜行祀, 酒不預釀而沽, 脯不官賜而市.](옥동서원, 「淸巖書院通文」, 청암서원[소수·도산·옥산·임고서원 등 영남 10곳 수원에서 연대하여 발송한 통문).

55) 『명암선생문집』, 「잡저」, 「道南疏廳雜錄」, 「禮判韓用龜上書」. 1805년.
56) 『명암선생문집』, 「잡저」, 「도남소청잡록」, 「敦定魯東分奉之議通文」. 1805년 11월 15일.
57) 옥동서원, 「靑巖書院通文」, 1805년 8월 9일.
58) 『명암선생문집』, 「잡저」, 「도남소청잡록」, 「鳳山疏廳答通」.

안동 虎溪·榮川 伊山·영천 臨皐·용궁 三江·예천 鼎山·영해 丹山서원 등이 연대하여 함창 청암서원에서 통문을 작성, 이 사태를 두고 '斯文大變'으로 규정하고 '오히려 道內에서는 고요히 한마디 말도 없습니다'[60]고 하며, 침묵으로 일관하고 있는 상주 향론에 대하여 질책하였다.

또한 黃·소 두 문중에 '마땅히 책임지고 침묵하며 공의를 기다리는 것이 도리인데, 불행히도 여러 곳에다 글을 먼저 보낸 행동에 대해 합당하지 못하다'는 의견을 보냈다. 그리고 서로 원망하는 글과 상대를 헐뜯고 배척하는 등 '어찌 鄒魯와 예의의 마을에 뜻을 둔 선비가 이런 거칠고 사나우며, 사리에 어그러지고 괴격한 習俗이 있을 수 있냐'며 격분하였다.[61] 두 집안 사이에 발생한 사건의 진위는 잠시 차치하더라도, 사액된 상주의 수원에서 발생한 사태라는 점에서 도남서원이 받아야 할 영남 儒林의 비난은 클 수밖에 없었다.

> 저희들은 이 일의 소문을 듣고 날마다 정중한 의론을 기다렸습니다. 그러나 지금 몇 개월이 이르도록 모두가 강 건너 불 보듯 하여 서로 도울 뜻이 전혀 없었습니다. 이것이 어찌 同室의 도리이겠습니까. 본디 저희들의 말은 경중을 따질 필요가 없이 오직 분개함을 이기지 못하는 마음뿐이라는 것을 알아주시기 바랍니다.[62]

---

59) "而數處文字, 不幸先發, 則施爲辭氣之間設, 有未盡停當."(옥동서원, 「淸巖書院通文」).
60) "猶且道內之寂無一言."(옥동서원, 「淸巖書院通文」).
61) "而其在主事, 僉員則只當引咎舍默, 以竢公議之如何. … [중략]… 而遂乃全覆自己之失. 反生憤懟之意. 苛摘於文句之間. 鑄張於傳聞之餘. 以爲執咎自解之資. 而羣起詆斥. 無所不至. 此何等氣像乎 …[중략]… 其噴薄之氣. 侵逼之端. 至於淸鏡之文字而極矣. 豈意鄒魯禮義之鄕. 有此麤厲乖激習乎."(옥동서원, 「淸巖書院通文」).
62) "鄙等自聞此事, 日竢鄭重之論. 而到今幾簡月, 舉皆越視岸觀, 莫有相救之意. 此豈同室之道乎. 固知鄙等(之)言, 無足輕重, 而惟是不勝慨然之心."(옥동서원, 「淸巖書院通文」).

이처럼 1789년 청액 상소문에서 시작된 황·전문의 시비는 15년 동안 세 차례나 이어지면서 가까스로 무마되었으나, 두 문중의 긴장 관계는 여전히 잔존하고 있는 상태였다. 이러한 상황에서 1805년 사서 전식의 위패를 도남서원에 추배한 사건이 발생한 것이다. 문제의 핵심은 사서의 위패를 이안하기 위한 都會 또는 鄕會가 없었다는 점과 향론을 취합하기 위한 통문 발송 등 공론 취합을 위해 어떠한 조치 없이 소수 임원에 의해 결정되었다는 데 있었다. 사건 발생 1년이 넘도록 두 문중의 분쟁은 더욱 격렬해져 도남서원에 추배된 사서 위패 문제는 상주 유림에서 해결하지 못한 채 답보 상태에 놓이게 된다.

> 만약 지금 강론해서 확정하여 지극히 당연한 데로 힘써 돌아가게 하지 않는다면, 일의 끝까지를 수습하는 어려움은 전날에 비할 바가 아닙니다. 그런데 여러분은 어찌하여 이에 이를 것을 생각하지 못하고, 한결같이 서로 싸워 충돌하여 뒷일을 잘 처리할 도리를 생각지 않으십니까. 지금의 사태에는 다른 좋은 계책이 없습니다. 다만 전후 事端에 있어 편견과 사사로운 견해를 버리고, 공정한 의론이 되도록 힘써서 속히 叫閽(伏閤)하는 일을 도모한 연후에 성상의 처분을 기다려 정돈의 바탕으로 삼아야 할 것입니다. 이렇게 한다면 비로소 道로써 존숭하고 예로써 제향을 올림으로써 길이 斯文에 빛이 날 것입니다.[63]

결국 영남 도내 공론에서도 수습 방안을 찾지 못하자, 청암서원 외 도내 9개 首院에서 제시한 방법은 위 통문의 내용과 같이 伏閤(奉疏)이었다. 이에 1805년 9월 도남서원 원장 權訪[64](1740~1808)은 釋菜禮를 마친 후

---

63) "若不及今講確務歸至當, 則末梢收拾之難, 尤非所前日之比. 僉尊何不念及於此, 而一向層激, 不思善後之道乎. 今事機無他善策. 只將前後事端, 舍其偏私之見, 務爲公正之論, 亟圖一番, 叫閽之擧然後 待上處分, 以爲定頓之地. 則方可謂尊以(道)享以禮, 而永有光於斯文也."(옥동서원, 「淸巖書院通文」, 청암서원[소수·도산·옥산·임고서원 등 영남 10곳 수원에서 연대하여 발송한 통문).

재회를 개최하여 도내 각처에 所任을 배정하여 奉疏하기로 결의하였다.[65]
그러나 도남서원 측과 옥동서원 측의 주장은 이미 현격한 차이가 있어 언대히여 봉소하는 것조차 합의에 이르지 못하였다. 따라서 도남소청(도남서원 측)과 봉산소청(옥동서원 측)에서 각각의 상소문을 봉소하기 위해 상경하게 되었다.

도남소청 측은 소수 도우경을 비롯하여 李汝幹, 姜伯飮(都廳), 朴思灝(掌議) 등이 한성으로 입성하였고, 이들은 東洋 李萱道의 집에 소청을 설치하였다. 이어서 상소문을 승정원에 봉입하기 위한 성균관 장의들의 謹悉(동의서)를 받기 위해 통문 발송을 준비하였다.

그런데 봉산소청 측 黃錫老, 鄭陽魯, 盧尙慶, 金獻慶, 李景實 등이 먼저 상경해 있었고, 도남소청보다 앞서 봉산소청 측이 봉소하기 위한 청탁 활동을 앞서 진행하고 있다는 것을 알게 되었다. 그 결과 먼저 봉산소청이 성균관의 근실 두 개를 받았다는 소식이 전해지면서 도남소청은 난관에 부딪혔다. 이는 太學의 전례에 한 가지 일로 두 가지 상소를 하면 한쪽은 근실을 주고 한쪽은 근실을 주지 않는 경향이 있었기 때문이다.

이에 도남소청의 도우경은 봉산소청에 통문을 발송하게 되는데 '이 일은 한 서원의 일이며, 營官에서 두 가지로 만든 것과 同室에서 서로 치고 싸우는 것은 듣는 사람을 놀라게 하며, 또 형제가 서로 송사하는 것과 같으며, 하나는 감히 하지 못할 바요, 둘째는 하려 하지 않는 것입니다.'[66]라

---

64) 권방(1740~1808)의 본관은 安東이고, 자는 季周, 호는 鶴林, 거주지는 안동 昌豊이다. 증조부는 權份이고, 조부는 權可正, 부친은 權濤이다. 어머니는 金元烈의 딸이며, 부인은 權文海의 후손 禮川權氏이다. 대산 이상정의 문하에서 수학하였으며, 1783년(정조 7) 문과에 급제한 후 승문원부정자, 창녕현령, 사헌부감찰 등을 역임하였다.

65) "前正郎權訪以道南洞主 以乙丑九月下丁退行釋菜禮 定封疏上達之議 排定疏任 通示道內 時禹璟名在製疏."(『명암선생문집』, 「잡저」, 「道南疏廳雜錄」).

66) "則一院之事 以儒則同道之儒也 一事兩疏近於瀆擾 而便若營官之兩造同室之相卞 駭於聽聞 而又若兄弟之相訟 一則所不敢 二則所不欲也."(『명암선생문집』, 「잡저」,

며 하나의 상소문으로 봉입하자는 의견을 제시하였다.

그러나 봉산소청 측은 현재의 비난을 감수하겠다는 내용과 도남소청에서 제시한 하나의 상소문으로 봉입하자는 의견에 대한 조건으로 환안 시 위차는 반드시 세대순이어야 된다는[67] 일관된 주장을 보내옴으로써 두 소청 간에 합의점을 찾지 못했다. 이러한 상황이 지속된다면 도남소청 측은 근실을 받지 못해 봉입조차 못한 상태에서 낙향할 수밖에 없는 상황이었고, 그렇게 되면 봉산소청 상소문만 봉입되어 도내 유림의 원망을 받아야 할 상황에 놓이게 되니, 봉산소청 측과의 합의점을 찾기 위한 노력을 멈추지 않았다.

하지만 양측의 양보 없는 주장이 너무나 완강하여 보합은 커녕 오히려 상대편을 비방하거나 이 사태에 대한 책임 소재를 추궁하기에 이르렀다. 예를 들어 도남소청은 '沙西의 사판이 도남서원에 추배된 것은 都儒들이 한 것이 아니며 바로 황씨입니다.'[68]라고 한다든가, 봉산소청은 사서의 사판을 옮긴 全宗德을 두고 전식의 망령된 후손이라 비방하는[69] 등 양측의 갈등은 더 격화되었다. 도남소청은 더 이상 보합에 대한 진전이 없자 성균관 장의 安光集에게 통문을 보내 근실을 청하였고, 마침내 3번의 통문 발송 만에 근실을 받게 되었다.

이에 1805년 11월 1일 도남서원 측 陽福煥의 집에 소청을 설치하고 임원진을 선출하였다. 양측의 봉소 임원, 연명자 등 관련 명단을 정리하면 다음과 같다.

「道南疏廳雜錄」, 間發通文于鳳山疏廳, 1805년 10월 15일).
67) "生等敢不虛右以俟如其未也, 特必有離而合 合而離之弊."(『명암선생문집』, 「잡저」, 「도남소청잡록」, 鳳山疏廳金憲慶等答通).
68) "沙西之享道南 非道儒也 乃黃氏也."(『명암선생문집』, 「도남소청잡록」, 三通之文).
69) "屬因全湜之妄孫宗德."(옥동서원, 「上書」, 公州幼學臣宋智修等).

〈표 4〉 1805년 도남소청·봉산소청 임원 명단

도남소청(疎任錄)	봉산소청 임원
疏首: 都禹璟. **製疏**: 李汝幹(進士)·金相溫(生員). **寫疏**: 安愿(幼學)·金永穆(生員). **掌議**: 李東鳴(幼學)·金宗鐸(生員). **疏色**: 李鎭坤(幼學)·姜瑥. **公事員**: 奠顥(生員)·安爾龍(生員). **直日**: 洪升雨(幼學). **都廳**: 趙錫年(幼學), **鄕都廳**: 姜伯欽(幼學)·金恒壽(幼學). **管行**: 李重燮(幼學)·權象奎(幼學). **陪疏**: 金名鍊(幼學)·南羹龜(幼學)·李土+赫(幼學)·卞榮(幼學)·王允翼(幼學)·申冕周(幼學)·權進學(幼學)·權錄仁(幼學)·安廷采(幼學)·成孝兢(生員)·都土敬(幼學)·朴思灝(幼學)·李同淳(幼學). **합계: 30인**	**疏首**: 宋智修 鄭昜魯, 黃錫老(정송로 사위), 盧尙慶, 金憲慶, 李景實, 柳喆祚(參奉), 柳罃祚(進士), 趙錫年, 李重燮, 鄭秉魯, 柳晦文(**製疏**, 進仕), 洪錫圭, 姜愿 白惟典 한성 자문 대상: 한성본손_ 黃明漢(持平, 노론), 黃升遠(前吏判, 노론), 황승원 인척: 韓用龜(禮判) 상소문 연명 인원: **223명** (李氏 28名, 金氏 21名, 權氏 20名, 申氏 18名, 鄭氏 10名, 崔氏 10名, 朴氏 8名, 趙氏 7名 洪氏 8名, 柳氏 7名, 河氏 7名 등)

그렇다면 두 상소문의 쟁점은 무엇일까. 먼저 도남소청의 상소문의 핵심은 다음과 같다.

지난 先朝 丙午년에 익성공의 本孫들이 황효헌, 황뉴를 忠簡公 아래에 追享하고, 그 후 3년에 사림이 상소하여 允許를 받아, 全湜은 제2위이며 황효헌은 제3위로 이미 백세에 바꾸지 못할 전례를 만들었습니다. 지난 甲子에 黃錫老 등이 묘우의 개수로 인하여 그들의 선조 황효헌이 전식보다 연세가 높다고 감히 위차를 바꾸려는 계획을 만들어 姻婭들과 체결하여 士林들과 상의하지 않고, 어느새 동쪽에 있던 것을 서쪽으로 옮겨, 낮았던 것이 위로 가서 양현의 위차가 혼란하게 되었습니다. 장차 옥동으로 들어간다면 한번 나와 다시 들어가는 것이 아마도 구차할 단서가 있고, 鄕祠에 배향하려 한다면 사액서원에 모시던 선현을 스스로 격을 낮추어 모신다는 혐의가 있어, 일편의 祠版이 지금 도로에 있어 붙일 곳 없으니, 본주의 사액서원은 다만 도남서원 하나뿐입니다. 충간공의 사판을 도남서원 사당 서벽의 末次에 追配한다면, 이것은 충간공으로는 불행 중 다행일 것이며, 70州 大同의 의론입니다.[70]

도남소청의 상소문 핵심은 옥동서원이 사당의 序次를 바꾼 상태에서 사서 전식의 위패를 환안하더라도 원래 서차로 돌아갈 수 없으니, 사액서원인 도남서원에 추배할 수밖에 없다는 것이다. 즉 옥동서원 측이 사서 위패를 원래 서차로 환안해 주기를 바라는 뜻과 그것이 불가능하다면 도남서원에 추배하는 방법 외에는 없다는 주장이다. 반면 봉산소청에서 작성한 상소문의 핵심은 다음과 같다.

<u>엎드려 바라옵건대, 전하께서 특별히 명을 내리시어 全湜의 사판을 곧장 옥동서원으로 되돌려 배향하게 해주십시오. 그리고 되돌려 배향할 때에 황효헌과 전식 두 신하 위차의 상하가 만약 법에 따라 전하의 처결로 처리하지 않는다면, 반드시 장차 분란을 불러오게 될 것입니다.</u> 대개 도남서원에 위패를 몰래 배향한 선비들은 반드시 전식의 사판을 황효헌의 위에 올리려고 싸우려 할 것입니다. 그러나 이것은 바로 연대를 뒤집어 놓은 것으로 근거할 만한 의리가 없는 것입니다. 그리고 이것은 바로 문묘에 합사하는 圖式으로 先朝의 법에 있는 것입니다. 신들은 전하의 현명하신 판단을 기다릴 뿐입니다.[71]

결국 1805년 11월 8일에 봉산소청이 궐문 밖에서 먼저 복합하게 되었다.

---

70) "粤在先朝丙午 翼成本孫追享其近祖 故參判臣黃孝獻 故持平臣黃紐於忠簡之下 又其後三年 士林上疏請額 而敦定坐次已蒙允許 則全湜之爲第二位 黃孝獻之爲第三位 而 朝家之定奪已作 百世不易之典矣 昨年甲子 黃錫老等因廟宇之修改 以其祖孝獻之年歲高於全湜 敢生換次之計 締結姻婭不謀士林 而於焉之間 東者西下者上 而兩賢之位次已亂矣 將歸玉洞 則一出復入恐有苟且之端 欲享鄕祠 則 額院先賢 自有降享之嫌 一片祠版方在道路之棲皇 而本州 額院 只有道南之一院 敢以忠簡祠版追配於道南祠西壁之末次 則此是忠簡公不幸之幸 而七十州大同之論也."(『명암선생문집』,「잡저」,「道南疏廳雜錄」, 上疏文正本).
71) "伏願, 殿下特下成命使, 全湜祠版卽爲還配於玉洞. 而弟其還配之際, 黃孝獻全湜兩臣之位次上下, 若不經上裁處分則必將復致紛紜. 蓋após道南潛配之儒者, 必欲角勝乎已見陞. 全湜祠版於黃孝獻之上而此. 則倒置年代無可據之義爲. 則陞廡圖式, 有先朝之典. 臣等恭俟睿斷而已."(옥동서원,「上書」, 公州幼學臣宋智修等).

봉산소청은 宋智修를 소수로 趙錫年, 李重燮, 盧尙慶, 鄭陽魯, 鄭秉魯, 金憲慶, 白惟典 등이 참여하였다.

도남소청은 11월 12일에 복합하기로 하였다. 하시만 양측이 함께 복합해야 하는 상황에 대하여 영남의 사론은 물론이고, 양 소청 임원들도 상당한 부담을 가진 것으로 보인다. 특히 봉산소청의 부담은 내부 갈등으로 확산되었다. 정양로와 노상경은 영남의 사론이 두려워 예전과 같이 환안하기를 바란다는 의견을 내고, 황씨는 사서의 사판을 전과 같이 모시면, 축옹(황효헌)의 위패가 서벽으로 가야 하니, 차라리 도남서원에 모시는 게 좋겠다고 주장하였다.[72] 또 백유전은 黃·鄭씨가 봉소 과정에서 잘못한 부분을 지적하면서 상소문이 登徹되지 못하도록 난동을 부리기도 했다.[73]

도남소청 역시 함께 복합하는 것에 대한 부담을 지니고 있었다. 본래 봉소 준비단계부터 같은 사건을 두고 두 소청이 함께 복합하는 것을 피하기 위해 봉산소청에 통문을 발송하는 등 애초에 단일 상소문을 올리기 위해 애쓰고 있었다. 만약 두 소청이 함께 복합한다면 한성 사론의 부정적인 시선은 물론이고 특히 영남 유림이 원하지 않기 때문에 그 부담이 클 수밖에 없는 상황이었다. 양측의 이 같은 사정을 포착한 陞廡 疏首 李東汲(38~1811)이 양 소청의 소수와 면담을 시도하였다. 이때 도남소청 소수 도우경이 적극적으로 면담에 임하게 된 것은 이와 같은 부담에 기인한 것이었다. 이동급의 보합안을 정리하면 다음과 같다.

지금 玉洞으로 還安한다면 전과 같이 위차를 바꾸는 것은 피차가 함께 어렵

---

72) "是時盧鄭黃先欲封疏 而盧鄭則中情 雖欲世代易次 而畏公議欲依舊還安 黃則畜翁之在西壁時 猶欲易東壁之位 而今已奉於東壁."(『명암선생문집』, 「잡저」, 「도남소청잡록」).

73) "白起坐斂衽曰 今日始聞嶺中士論 及士大夫治疏之事也 惟典謹當呵責黃鄭 而罷疏矣 因自草罷疏文字而示之曰 辭意當如此爲之耳 … 而譏笑白惟典 果作梗於自中 使不得登徹."(『명암선생문집』, 「잡저」, 「도남소청잡록」, 1805년 11월 11일).

게 여기는데, 위차를 바꾸는 것은 士林이 하려 하지 않으며, 전과 같이 하는 것은 黃氏들이 하지 않으려 하고, 도남서원에서 그대로 모시는 것은 세 집안이 다 하려고 하지 않으니, 魯東에 나누어 排設하는 것은 실로 양쪽을 편하게 하는 것이라, 만약 사림의 공의로 서원을 영건하여 一新케 하고 임금님에게 고한 다음 봉안한다면, 宣額을 기필하지 않아도 어찌 沙西에게 영광이 되지 않겠는가.[74]

도남소청은 이동급이 제시한 위 보합안을 적극적으로 수용하면서 봉산소청과 협의도 급진전 되었다. 이어서 승무소청은 정식으로 보합안 통문을 작성하여 봉산소청에 발송하였고, 봉산소청은 보합 통문에 동의하겠다는 내용과 함께 복합을 중간에 거두는 것은 난처하니 大論을 확실히 정해달라는 요청과 사서 전식의 사판을 魯東에 봉안할 기일을 回示해 달라는 답통문을 보내왔다.[75]

1805년 11월 15일 양 소청의 임원진이 승무소청에서 재회를 열었다. 소수와 제소 정병로, 노상경, 황석로와 縉紳의 유생들이 모두 모였다. 보합 임원으로 公事員은 李重燮, 洪錫圭를 선임하였고, 姜原, 정병로는 통문을 작성하기로 했다. 작성된 통문 내용의 핵심만 정리하면 다음과 같다.

옥동에 환안한다면 절차가 어려운 것이 있습니다. 옳고 그른 사이에 公議는 격동하기 쉬우니, 만약 사변이 거듭 일어나고, 가닥이 다른 것으로 생겨 장차 수습할 수 없는 지경까지 이르렀으니, 어찌 크게 尊賢의 예절에 손상이 있지 않겠습니까마는 우리 영남 一道의 수치가 이것보다 심한 것이 없습니다. 대저 공

---

74) "李丈曰今玉洞還安 則依舊易次 彼此俱難易次 則士林之所不欲依舊 則黃氏之所不欲道南 仍奉則三家之所 不欲魯東分設 實爲兩便 若以士林之公論 營建書院使之一新 而告君之後奉安 則宣額 雖不可必 而豈不有光於沙西乎."(『명암선생문집』, 「잡저」, 「도남소청잡록」, 1805년 11월 12일).
75) "則一道保合亦在於斂尊也 生等亦何必岐貳於其間哉 第莫重疏擧 已至伏閣 則許久中撤 非但名義之未安 亦有事勢之難處者 伏願細加詳察 敦定大論回示 魯東奉安之期 以爲生等進退之地 幸甚."(『명암선생문집』, 「도남소청잡록」, 鳳山疏廳答保合通文).

의를 保合하여 선현을 존모하는 의리를 잃지 않는 것은 마땅히 魯東에 分院하는 것만 한 것이 없습니다. 노동은 沙西 선생이 杖屨를 두던 장소이며, 영정을 봉안한 곳입니다. 앞느러 원아선내 선손의 통문이 도착한 다음 즉시 각 읍에 輪示하고, 택일하여, 노동의 논의를 확실히 정하여, 무릇 儀節 사이에 구획하는 즈음에 십분 살피고, 삼가 능히 爛商을 더하여 하나로 공의를 확장하는 도리를 만들고, 하나로 영구히 보합하는 처지가 되게 하면 다행이겠습니다.[76]

위와 같이 노동서당에 분설하여 모시는 논의를 敦定하고, 세 곳의 소청과 縉紳, 유생들이 서명하여 상주와 도내에 통문을 발송하는 것으로 이 사태를 보합하였다. 이 과정을 정리하면 다음 표와 같다.

〈표 5〉 全湜 祠版 이안 사건에서 발생한 4차 시비와 보합 과정

일자	내 용
1804년 4월	• 묘우를 중수한 후 환안제를 거행하면서 사당의 위패 序次를 세대순으로 두자는 논의에 대해 사서 후손의 동의하에 환안제 봉행 • 옥천전씨 문중 측: 위패 세대순 동의는 문중 전체 뜻이 아니라며 강력하게 의의 제기하며 갈등 시작
1804년 12월	• 옥천전씨 문중: 사서 전식의 祠版을 魯東書堂에 잠시 昇奉했다가 도남서원에 추배하는 사건 발생 • 사서 전식의 도남서원 추배 사건은 都會 또는 鄕會 등 공론을 취합 등의 절차없이 일어난 전례 없는 사태 • 상주 영남 남인의 향론 분열 • 사건 발생 1년이 넘도록 두 문중의 분쟁은 더욱 격렬해져 향론의 침묵으로 이어져 해결하지 못한 채 답보 상태 놓임 • 소수·도산·옥산서원 등 奉疏로 해결하라는 통문을 발송 함.

---

76) "… 欲還安玉洞 則節次有難便處是非之際 公議易激 若至事變 層生節拍轉生 將及於莫可收拾之境 則豈不大有損於尊賢之節 而吾嶺一道之羞 莫此甚矣 夫保合公議 而不失尊慕先賢之義者 宜莫如魯東分院 魯東卽沙西先生杖屨之所 而影幀奉安之所也 … 伏願僉尊通到後 卽爲輪示各邑剋日齊會 敦定魯東之義 而凡於儀節之間 區畫之際 十分審慎克加爛商 一以爲恢公議之道 一以爲永久保合之地 幸甚."(『명암선생문집』, 「잡저」, 「도남소청잡록」, 發通于尙州及道內).

1805년 9월	• 도남서원 원장 權訪(40~1808)은 齊會를 개최하여 각처에 所任을 배정하여 奉疏 결의 • 도남서원 측과 옥동서원 측의 주장의 현격한 차이로 연대 봉소 합의 실패 • 옥동서원 측: 봉산서원에서 소수 宋智修외 15명 임원진 구성 - 봉산소청 주장 내용: 사서 전식의 사판을 옥동서원 사당에 세대순으로 환안 • 도남서원 측: 도남서원에서 都禹璟외 30명 임원진 구성 - 도남서원 주장 내용: 사서 전식의 위패를 옥동서원으로 환안하더라도 원래 서차로 돌아갈 수 없으니, 사액서원인 도남서원에 추배할 수 있도록 비답을 내려달라는 주장
1805년 11월 8일	• 봉산소청에서 먼저 복합 시작 • 같은 사건을 두고 두 소청이 복합하는 것에 양 소청 내부적으로 갈등 생김 • 두 소청 복합에 대하여 한성과 영남의 사론이 부정적인에 대해 양 소청 임원들도 상당한 부담을 가짐
1805년 11월	• 陞廡 疏首 李東汲이 양 소청의 소수와 면담에서 보합안 제시 • 이동급의 보합안: 상주 魯東에 分設하여 사서 전식의 위판을 봉안하자는 내용 • 양 소청 보합안 수용과 함께 서명 • 양측이 서명한 보합안 내용 → 상주와 도내에 통문 발송 • 상경한 두 소청팀 낙향

2. 전식 위패 환안에서 발생한 5차 시비

사서 전식을 도남서원에 추배한 사태를 두고 벌어진 황·전문의 4차 시비는 魯東에 分設하여 봉안하는 것으로 일단 보합되었다. 그런데 어렵게 보합된 황·전문의 위차 시비는 1808년 1월 경상감사 尹光顔[77]이 關文을

---

77) 윤광안(尹光顔, 57~1815)의 본관은 파평이고, 자는 復初, 호는 盤湖이다. 尹元擧의 5대손으로 소론계 핵심 가문 인물이며, 증조부는 尹楡이고, 조부는 尹恕敎, 부친은 尹東美이다. 86년 문과 급제 후 교리, 대사간, 대사성, 이조참의 등을 역임하였고, 경상도 관찰사 재임기는 1806~1808년이다. 그는 1806년 11월 26일 冒設한 사원들을 심폐처로 판단하고 법전에 근거해 함창현의 신안서당 사례를 근거를 들어 유혈사태를 감수하면서까지 영향현의 운곡영당[노론계] 훼철을 주

내어 전식의 위패를 옥동서원 廟宇에 본래의 序次로 봉안하면서 다시 시작되었다. 1808년(순조 8) 3월 27일에 지평 황명한(황희 14대손, 노론)[78]이 올린 상소문에서 이 내용을 확인할 수 있다. 상소문의 일부를 정리하면 다음과 같다.

> 前경상감사 金羲淳[79]과 前예조판서 韓用龜가 병진년의 승무 近例를 들어, 본주에 관문을 보내 세대를 따라 還安하게 하였는데, 지금까지 실행하지 못하고 있습니다. 금년[1808년] 정월 前경상감사 尹光顏이 도리어 신의 조상을 낮추어 이미 봉안해 놓은 위패 위에다가 전식을 다시 올려 버리니, 선대 조정에서 이룬 법을 크게 어겼으니, 한 서원의 倫序를 모두 잃어버려 영남 士論이 이로 말미암아 시끄러워졌습니다. 그런데 신의 조상은 中廟朝 己卯年에 경연의 신하로서 도학과 名節이 스승으로 삼을 만한데, 해를 넘겨 代享하였으나 예의상 禮貌가 아닌 것으로서 그 자손의 울분이 어떠하겠습니까. 삼가 바라건대, 예조 당상에게 하문하시어 특별히 판지를 내려 한 서원의 잘못된 예를 바로잡게 하소서.[80]

도했던 인물이다. 훼철 후 성균관 측의 주자 영당을 훼철하면서 성균관과 논의 없이 단행한 것 이외에 여러 가지 문제점이 진계되어 항변에도 불구하고 무주부로 정배되었다(채광수, 「18세기 말 19세기 초 英陽縣 雲谷影堂의 置廢-조선후기 영남 復縣의 노론계 院宇 건립 사례-」, 『영남학』 64, 경북대학교 영남문화원, 2018).

78) 황명한(71~1870)의 자는 季良이고, 황희 14대손이 된다. 증조부는 黃晢이고, 조부는 黃載河, 부친은 黃鑣, 어머니는 청풍김씨 金敬修의 딸이며, 처는 반남박씨다. 그는 1802년(순조 2) 문과 급제 후 지평, 정랑을 지냈다.

79) 김희순(金羲淳, 57~1821)의 본관은 안동이고, 자는 太初, 호는 山木·景源이다. 증조부는 金時發이고, 조부는 金敎行, 부친은 군수 金履仁이다. 어머니는 참봉 李克顯의 딸이다. 89년 문과 급제 후 승지, 이조참의, 이조참판, 이조판서 등을 역임하였고, 그중 경상도 관찰사 재임기는 1804~1806년이다. 이 시기 前예조판서 한용귀와 공조하여 사서 전식의 사판을 옥동서원에 세대순 서차로 환안 하려고 했으나 실행하지 못한 것으로 보인다.

80) "前嶺伯金羲淳前禮判韓用龜 據丙辰年陞廡近例, 行關于[本]州使之從世代還安 而迄今未果矣. 今年正月嶺伯尹光顏, 抑降臣祖, 已安之位, 復躋全湛於其上大違先朝之成憲頓失一院之倫序嶺下士論因此紛紜. 而臣祖以中廟朝己卯經幄之臣道學名

상소문을 올린 지평 황명한은 봉산소청 임원진이 상경하여 자문을 구하기 위해 가장 먼저 찾았던 인물이다. 당시 鄕戰의 처리가 대부분 감사나 수령에 일임되어 있었기 때문에[81] 윤광안이 부임한 후 관권을 통해 황·전문 시비를 해결하고자 했던 것으로 보인다. 한편으로는 1804년 봉소한 상소문에 '사서의 위패가 봉안된 魯東書堂이 만약에 지금 훼철된다면, 나아가나 물러가나 궁지에 빠지는 것을 면하지 못하기에'[82]라고 한 부분에서 옥동서원 제향자 후손뿐만 아니라 향내 유림에서도 노동서당이 훼철될 우려에 대해 큰 부담감을 안고 있었기 때문에 사서의 위패 환안이 가능했던 것으로 보인다. 윤광안이 사서의 위패를 옥동서원으로 환안하는 과정에 관한 기록은 확인되지 않는다. 하지만 당시 영남과 상주의 공론은 대체로 본래의 위차를 따르는 것이 옳다고 여기고 있었고, 윤광안도 이를 감안하여 사액 당시 사당의 위차대로 환안한 것으로 보인다.

이 같은 상황을 받아들일 수 없었던 장수황문은 관권을 이용하여 본래 서차로 환안한 윤광안에 대하여 불만을 토로하는 呈文을 관에 올렸다. 이어서 한성 본손 지평 황명한을 통해 상소문까지 올렸다. 이 상황을 본 옥천전문 측에서도 관에 정문을 올려 강력한 대응에 나섰.

1808년 4월 1일 순조는 '지위를 높이고 낮추게 하는 것은 막중한 데 관계되니, 본도에 공문을 보내어 널리 공의를 탐문하고 사실을 상고해 사리를 갖추어 보고하게 한 다음, 품처하도록 하겠다.'[83]는 비답을 내렸다. 그리고 경상감사 鄭東觀(1762~1809)[84]에게 도내 공의를 널리 검토하고 조사

節可以師範後世而倒置年代享其匪禮其爲子孫之慎悶當如何哉. 伏乞下詢禮堂特降判旨以正一院之謬禮焉."(『일성록』, 1808년 3월 27일).
81) 이수환(2001), 앞의 책, 283~284쪽.
82) "又於移奉之後名其私廟曰魯東書院境內有識之論不勝慨惋以此事…而其新設院特今毁撤, 則進退未免於維谷角勝有術於觸藩於是乎."(옥동서원, 「上書」, 公州幼學臣宋智修等).
83) "位次釐正事, 事係莫重, 發關本道, 廣採公議, 博考事實, 論理報來後, 稟處事草記蒙允, 分付該道矣."(『일성록』, 1808년 4월 1일).

하여, 사실을 상고해 사리를 갖추어 보고하라는 공문을 발송하였다. 정동관이 移文한 내용은 다음과 같다.

　　금년 정월에 해당 목의 목사가 감영의 關文으로 인해 전식을 도로 옥동서원에 모셨다. 비록 서차에 관한 것이라고는 하지만 사실은 이와 같은 데 불과하며, 전 목사가 도로 봉안하면서도 역시 예전 차서대로 하였지, 새로 바꾸어 고친 것이 없다. 근래에 들어와서는 士論이 각각 양쪽 집안의 說을 주장하여 양쪽 집안이 번갈아 와서 呈文을 올려 서로 심하게 다투고 있다. 사액한 서원에 대해 논의하는 것은 사체가 가볍지 않고 중하며, 위차를 높이고 낮추는 데 대해서는 공론이 귀일되지 않고 있다. 그런즉 위패의 전후와 고하에 대해서 營邑에서 마음대로 할 수가 없다.

이 보고를 받은 순조는 6개월 전 황명한이 올린 상소에서 위차를 세대 순으로 하게 해달라고 청한 것에 대해 1808년 9월 1일 '상주 옥동서원의 배향 위차를 세대 순으로 하는 일을 그만두라'는[85] 명을 내렸다. 이처럼 순조의 경우에도 道內 의론인 본래의 배향 서차에 대해서 일정부분 동의했기 때문에 이 같은 하명이 가능했던 것으로 보인다. 그런데 그로부터 60년 후 1868년(고종 5) 9월 5일 예조에 장계가 올라온다. 옥동서원의 位次 시비에 대한 것으로 내용은 다음과 같다.

　　연대의 선후에 따라 올리고 내린다는 설과 배향한 선후에 따라 한다는 설이

---

84) 정동관(1762~1809)의 본관은 동래이고, 자는 文詹, 서울에서 태어났다. 증조부는 鄭昜先이고, 조부는 鄭錫行이며, 부친은 鄭魯淳, 외조부는 청송심씨 첨정 沈麟之, 처부는 풍양조씨 趙鼎鎭과 파평윤씨 尹光衡이다. 1783년(정조 7) 문과 급제 후 암행어사, 사간, 대사간, 홍문관부제학을 역임하였다. 1807년 12월에 경상감사로 부임하여 1809년 4월까지 재임하였다.
85) "命尙州玉洞書院配享位次釐正事置之."(『일성록』, 1808년 9월 1일).

각각 분명한 근거가 있어서 양 문중 후손이 서로 자신들의 의견만 고집부리고 있고, 한 道 안의 사론이 서로 다투고 있으니, 갑자기 확정지어 의논을 귀일시키기는 어렵습니다. 중수를 계기로 삼아 서차를 정할 계책을 내어 사체를 구차하게 만든 것은 黃氏 문중에서 먼저 그렇게 하였고, 위판을 가지고 나가 다른 서원에 배향해서 擧措가 해괴하게 한 잘못은 全氏 문중에 있습니다. 대개 두 집안의 선조들은 모두 깨끗하고 맑은 이름과 명망이 있어서 당시 유생들이 소중하게 여겨, 마침내는 서원에 享祀 되었습니다. 더구나 서원에 관한 일은 전적으로 여러 선비의 공론에 따라 하는 법입니다. 黃氏나 全氏 두 집안의 자손들이 각자 시끄럽게 떠들어 대는 것이 비록 선조를 위하는 마음에서 나온 것이라 하더라도, 함께 존경해야 하는 의리를 잃은 것입니다. 본도에서 올린 조사 보고서에서는 시비에 대해서 특별하게 논단한 말이 없으니, 도내의 士論 역시 이를 미루어서 알 수가 있습니다. 그러니 대간의 상소 가운데서 말한 위차를 올리고 내리는 문제에 대해서는 지금은 우선 예전대로 내버려 두는 것이 어떻겠습니까. 하니, 윤허한다고 전교하였다.[86]

위 내용과 같이 1808년 9월 순조의 하교에도 불구하고 황·전문의 시비는 그 후로 계속 되었던 것이다. 이처럼 또다시 불거진 옥동서원 시비에 대해 예조는 첫째 잘못은 重修를 계기로 서차를 바꾼 黃氏 문중에 있음을 지적하고, 위판을 다른 서원에 배향해서 '擧措駭妄'하게 한 잘못은 全氏 문중에 있다고 하였다. 또, 본원에 적을 두고 있는 자들은 그 사이에서 쉽사

---

86) "年代上下之說, 配享先後之論, 各有的據, 兩家子孫, 互相堅持. 一道士林, 便成爭辨, 猝難硬定以致歸一. 而若其因重修之意, 定序次之計, 事體苟艱, 先在黃氏, 抱出位版, 擅配他院, 擧措駭妄, 曲在全氏. 而大抵兩姓之先, 俱以請名雅望, 爲當時儒生所重, 竟至腏享一院. 則凡在依歸本院者, 不當容易甲乙於其間, 而位次之或上或下, 本非損益於院享諸賢之德之行, 有何後輩之軒輊, 又況學宮之事, 全屬多士公議. 彼此子孫之各自紛紜, 雖出爲先之誠, 有欠共尊之義, 本道査報, 別無是非論斷之辭, 則道內士論, 亦是推知. 臺疏中位次陞降, 今姑依舊置之, 何如. 傳曰, 允."(『승정원일기』, 1868년 9월 5일).

리 갑론을 박할 수 없는 것이며, 서원에 관한 일은 전적으로 여러 선비의 공론에 따르는 것이 마땅하다고 지적하였다. 결국 예조에서도 이 사안에 대해 예전의 서차대로 내버려 두는 게 좋겠다는 의견을 내놓았고, 고종도 윤허한다는 전교를 내린 것이다.

이후 옥동서원의 위차 시비에 기록은 나타나지 않는다. 당시 정국이 옥동서원의 위차를 두고 분쟁을 벌일 상황이 아니었기 때문이다. 1864년 7월 대원군 집권 초기부터 疊設·私設 원사 철폐에 대한 시사 후 1865년(고종 2) 3월에 만동묘 철폐를 단행하였고, 1868년 8월부터 다섯 차례에 걸쳐 단계적으로 미사액 원사에 대한 대대적인 훼철을 시행한 후 지방관이 서원 원장을 맡도록 하는 令이 내려졌다.[87] 당시 상주의 원사 훼철 진행은 1차에 14개소의 원사가 훼철되었고, 2차 때는 3개소, 3차에는 5개소의 원사가 철폐되었다.[88]

게다가 '원생 정원 준수, 서원 면세전 불인정, 서원 신설 금지, 사액서원에 한해서 追配만 허가한다'는 등의 서원 운영 방침이 결정되면서[89] 사액서원에 대한 훼철도 예고된 상황이었다.[90] 이처럼 대원군의 대대적인 원사 훼철 조치의 여파로 서원이 존폐 위기에 처하게 되자 두 문중은 더 이상 분쟁을 확산시킬 수 없었던 것이다. 이처럼 79년간 이어온 황·전문의 위차 시비는 대원군의 서원 훼철령으로 더 이상 지속되지 않았다.

---

87) 이수환, 앞의 책, 2001, 344~363쪽 ; 윤희면, 앞의 책, 2004, 145~182쪽.
88) 이수환, 앞의 책, 2001, 351쪽.
89) 『일성록』 1868년(고종 5). 5년 9월 3일조.
90) 1871년(고종 8) 3월에는 '文廟從享人', '忠節大義之人'[도학과 충절인]을 제향하는 47개 원사를 제외하고 모두 철폐하였다. 상주는 남인계 옥동서원과 노론계 흥암서원 이외는 모두 훼철되었다.

Ⅳ. 맺음말

 이상과 같이 옥동서원의 위차 시비의 전말에 대하여 고찰하였다. 옥동서원의 제향자 후손인 장수황문과 옥천전문, 두 문중 간 시비는 1788년(정조 12) 청액 활동에서 처음 시작되었다. 한성의 상소문에서는 배위를 거론하지 않는 것이 근래의 경향이라는 자문에 따라 원위만 거론한 상소문을 작성하였다. 사서 전식 후손들은 한성의 경향에 불만을 성토하며, 배향자, 즉 전식을 거론한 상소문을 작성해야 한다는 주장을 굽히지 않았다. 이들이 상주 각 서원으로 청액 상소문의 부당함을 알리는 단자를 발행면서 시비는 확산되기 시작하였다. 결국 옥천 전문의 뜻이 받아들여져 원·배위를 기록한 청액소가 작성되었고 시비는 5개월 만에 봉합되었다.

 2차 시비는 89년 1월 14일 옥동서원의 사액이 결정된 후 왕이 제문을 지을 때 정·배위의 사적 요청을 대비하여 이를 정리하는 과정에서 발생하였다. 이 사적은 상주 옥동서원 측에서 작성하였는데, 옥천전문 측의 의견이나 향내의 공론을 취합하지 않고 사적을 세대순인 황희-황효헌-전식-황뉴로 정리하였다. 이에 옥천전문 측이 사당 위차순(황희-전식-황효헌-황뉴)을 위배했다는 이유로 격분하여 또다시 향내 각 서원으로 단자를 발행하면서 2차 시비가 시작되었다. 옥동서원에서 올린 세대순이 정조의 치제문에 반영되지 않았기에, 두 문중 간의 갈등은 일시적으로 봉합되었다.

 1789년 4월 옥동서원의 추향례 준비과정에서 기존의 축식인 各祝 방식을 合祝으로 바꾸려 했던 것이 전식 후손 측의 강력한 반발에 부딪히면서 다시 시비가 점화되었다. 이 시비는 두 문중의 첨예한 대립으로 해결되지 않자, 옥동서원 측은 향회를 개최하여 향내 父老 와 유림에게 자문을 얻고자 하였으나 대부분 불참하는 상황이 벌어져 시비는 답보 상태에 놓였다. 결국 두 문중의 각축 시비는 향내 공론으로 해결할 수 없을 정도로 격화되어 합의점을 찾지 못하였다.

 다음으로 4차 시비가 일어나게 된 전말을 추적하였다. 이 시비는 1804

년(순조 4) 옥동서원의 廟宇를 수리하고 還安祭를 올릴 때 장수황문 측이 사당의 기존 위차를 변경하여 세대순으로 두면서 재발화되었다. 옥천전문 측의 항의에도 불구하고 위차가 본래의 서차순으로 되돌려지지 않자 1804 년(순조 4) 12월 옥천전문은 전식의 祠版을 도남서원의 소수 임원만이 허가한 상태에서 도남서원에 추배하였다. 전식의 사판을 도남서원에 추배한 사건은 상주 향론을 찬·반으로 양분시켰고 격렬한 논쟁을 불러왔다. 결국 이 사태는 영남 유림으로 확산되어 영남 9개 수원에서 도남서원에 전식을 추배한 사건에 대하여 奉疏를 통해 왕의 비답을 받아 해결하라는 통문을 보내왔다. 이에 도남서원과 옥동서원 측은 단일 상소문을 작성하려고 했으나 합의에 실패하자 소청이 양분된 채 상경하였다. 같은 상소문을 두고 두 소청이 함께 복합한다는 소식이 전해지면서 한성과 영남 유림의 부정적인 여론이 형성되어 두 소청의 부담이 컸다. 결국 두 소청의 소수는 李東汲이 제시한 보합안을 수용하게 되었다. 보합안의 핵심은 魯東에 分設하여 사서 전식의 위패를 봉안하자는 안이었다. 이로써 상주와 도내 유림의 향론을 양분시켰던 향전은 1년 7개월 만에 보합 되었다.

　5차 시비는 1808년(순조 8) 1월 경상감사 尹光顔이 關文을 내어 전식의 위패를 옥동서원 廟宇에 본래의 序次로 봉안하면서 시작되었다. 이에 격분한 장수황문 측은 세대순 서차를 요구하는 呈文을 관에 올리고, 동시에 한성의 본손 황명한을 통해 세대순 서차를 요청하는 상소문을 올리게 하였다. 옥천전문 측에서도 세대순 서차는 불가하다는 정문을 올려 강력한 대응에 나섰다. 순조는 황명한의 상소문에 대하여 '세대순 위차를 잡는 일을 그만두라'는 비답에도 불구하고, 1868년(고종 5) 9월 5일에 또다시 옥동서원의 위차시비 장계가 예조에 봉입되었다. 고종의 비답도 '본래 사당의 서차로 두는 것이 좋겠다'고 전교함에 따라 두 문중 간 분쟁은 강제로 봉합되었다.

　17세기 중반 이후 서원에 따라 다소 차이는 있으나, 대체로 서원이 향촌공동체적인 성격에서 벗어나 점차 문중 중심으로 전환되고 있었다. 옥동서원의 위차 시비도 그 연장선에서 볼 수 있다. 서원의 강학 기능은 점차 축소되었고, 제향 기능이 강조되면서 오히려 향촌 사회에서 각 문중의 기득권 경쟁을 위한 도구로 이용되었으며, 한편으로는 자기 문중의 사회·경제적 이해를 대변하는 도구로 전락하였다. 특히 향내 가문의 先祖 간 우열을 둘러싼 각종 시비, 서원의 위차 문제 등 서원을 중심으로 한 향전은 이러한 서원의 성격 변화에 기인한 바가 크다. 옥동서원은 본래 제향자 후손 중심으로 운영되어 사액서원으로 발전한 서원이라는 점에서 서원 운영에 관한 우위를 확보하기 위한 차원에서 그 갈등이 더욱 증폭되었던 것이다.

【참고문헌】

1. 사료

『숙종실록』, 『정조실록』, 『승정원일기』, 『일성록』, 『疏廳日記』, 『本院日錄』, 『白玉洞雜錄』, 『玉洞書院變錄』, 『道南疏廳雜錄』, 『嶺南戈申倡義錄』, 都禹璟, 『明庵先生文集』 李晩燾, 『響山集』, 成近默, 『果齋集』, 黃景源, 『江漢집(集)』

2. 저서 및 논문

이수건, 『영남학파의 형성과 전개』, 일조각, 1995.
정만조, 『조선시대 서원연구』, 집문당, 1997.
이수환, 『조선후기 서원연구』, 일조각, 2001.
윤희면, 『조선시대 서원과 양반』, 집문당, 2004.

정만조, 「영조 14년 안동 金尙憲書院 건립시비」, 『한국학연구』 1, 1982.
장영민, 「1840년 寧海鄕戰과 그 배경에 관한 小考」, 『충남사학』 2, 1987.
김동철), 「19세기말 咸安지방의 鄕戰」, 『한국문화연구』 2, 1989.
이수건, 「18세기 안동지방 유림의 政治社會的 機能」, 『대구사학』 30, 1986.
이수건, 「도산서원 院任職 疏通을 둘러싼 嫡庶간의 鄕戰」, 『민족문화논총』 12, 1991.
이수건, 「조선후기 경주지역 재지사족의 향촌지배」, 『민족문화논총』 15, 1994.
김순한, 「상주 옥동서원 소장 자료의 유형과 특징」, 『한국서원학보』 9, 한국서원학회, 2019.
김순한, 「18세기 후반 상주 옥동서원 청액 활동과 사액의 의미」, 『민족문화논총』 72, 영남대학교민족문화연구소, 2019.
김학수, 「영남지역 서원의 정치사회적 성격」, 『국학연구』 11, 한국국학진흥원, 2007.
정진영, 「18세기 서원건립을 둘러싼 향촌사회의 갈등관계」- 영조 14년(38) 안동 김상헌서원 건립 문제를 중심으로-」, 『조선시대사학보』 72, 조선시대사학회, 2015.
채광수, 「18세기 말 19세기 초 英陽縣 雲谷影堂의 置廢-조선후기 영남 復縣의 노론계 院宇 건립 사례-」, 『영남학』 64, 경북대학교 영남문화원, 2018.

상주 연악서원과 구곡문화

이 구 의

Ⅰ. 머리말

이 논문에서는 상주 淵嶽書院과 淵嶽九曲에 대하여 고찰하는 것을 목표로 한다. 이를 논의하려면 연악서원의 전신이 지천(연악)서당과 이 서당을 중심으로 결성된 淵嶽文會에 대하여 논의하지 않을 수 없다. 지금까지 서원에 대한 많은 논문이 있지만 이에 대하여 논의한 논문은 없다. 또 이 연악서원이 상주에서 왜 중요한가를 고찰한 논문도 없다. 상주는 대단히 큰 고을이다. 고을이 크다 보니 인물이 많이 나왔다. 훌륭한 인물이 많으면 그들이 훌륭하게 된 원인이 있다. 사람과 그 사람이 살아가는 환경이 밀접한 관계가 있다.

우리 주변에서 흔히 볼 수 있는 서원과 서당은 조선 시대까지 중요한 교육기관이었다. 물론 최근까지 이러한 교육기관이 존재하지만, 신식 교육기관에 밀려 그다지 힘을 쓰지 못하고 있다.

또 구곡은 朱子가 武夷九曲을 배경으로「武夷櫂歌」를 읊은 뒤로 많은 선비가 이를 본받아 자신이 사는 경치 좋은 곳에 九曲이라는 이름을 붙여 시를 읊으며 자연과 함께 지냈다. 그들이 시를 읊는 과정에서 자신들의 정신을 불어 넣었다.

이 논문에서는 智川書堂 곧 淵嶽書堂, 연악문회, 연악서원, 연악구곡의 생성과 변화 과정을 통시적, 공시적으로 고찰하는 것을 목표로 한다. 따라서 작품의 세세한 분석보다는 그 맥락을 규명하는 것을 중점적으로 진행하려 한다. 이를 통하여 연악서원, 연악문회, 연악구곡에 대하여 심도 있는 지식과 동향을 독자들에게 제공하게 될 것이다. 이를 통하여 이 글은 지역 문화의 세계화에 도움이 될 것이다. 이 논문을 진행하는 데 있어 그 대본은 위의 주제가 담겨 있는 여러 문헌이다.

II. 연악서당과 연악서원

1. 연악서당의 창건

尙州는 부족국가 시대부터 이름이 있는 고을이다. 沙伐國이 상주에서 생겨났고, 후삼국 시대에는 甄萱이 교두보로 삼았던 고을이다. 경주와 상주의 이름을 따 慶尙道라는 지명이 생겨났을 정도로 이 고을은 경상도에서는 가장 큰 고을이다. 신라 시대부터 이곳에는 인물이 많이 나왔다.[1] 훌륭한 인물이 많이 배출되었으니 그들의 자취가 많이 남아 있다. 상주에는 다른 지역에는 없거나 드문 자랑거리가 70여 가지[2]나 있다.

상주는 조선 중기 이후 많은 인물이 나왔다. 16세기 초반까지는 상주 학맥이 善山 학맥과 연결된다. 상주의 后溪 金範(1512~1566)이나 西臺 金冲(1513~1572)이 선산의 眞樂堂 金就成(1492~1550) 밑에서 배웠다. 진락당의 스승은 松堂 朴英(1471~1540)이고, 송당의 스승은 新堂 鄭鵬(1467~1512)이며, 신당의 스승은 寒暄堂 金宏弼(1454~1504), 한훤당의 스승은 佔畢齋 金宗直(1431~1492)이다. 곧, 영남 사림파를 대표하는 분들의 학통이 상주에

---

1) 權泰乙 교수의 정리에 따르면 신라 통일 이전에 19, 삼국통일 이후 14, 고려 전기 7, 고려 후기 15, 조선 전기 49, 조선 중기 118, 조선 후기 153으로 도합 375명의 인물이 배출되었다고 한다(權泰乙, 『尙州漢文學』, 文昌社, 2002 참조).
2) 權泰乙 교수가 「尙州文化의 特長」(『尙州文化硏究』 9, 尙州大學校 尙州文化硏究所, 1999)이라 하여 69가지를 소개하고 있으나, 그 뒤 몇 가지를 더 찾아 70가지가 넘는다고 한다.

도 영향을 끼쳤다. 진락당은 그의 벗인 龍巖 朴雲(1493~1562), 晦齋 李彦迪(1491~1553)과 친하였다. 이들이 20세 전후하여 서로 시를 주고받으며 우의를 다졌다. 후계, 서대와 비슷한 시기에 태어나 문과에 장원급제한 穌齋 盧守愼(1515~1590)이 그의 나이 27살 되던 해 회재 밑에서 배웠다.

15·16세 이미 상주에는 많은 선비가 나왔다. 이에 발맞추어 훌륭한 목민관이 상주를 다스렸다. 그 가운데 가장 두드러진 분이 靈川 申潛(1491~1554)과 西厓 柳成龍(1542~1607)이다. 신잠은 申叔舟의 曾孫으로, 1552년 여름에 尙州牧使로 부임하였다. 당시 상주에는 향교 외의 특별한 교육기관이 없었다. 그가 부임하여 霞谷·道谷·石門·首陽·魯東·修善·龍門·潁濱·梅嶽·梧山·孤峯·鳳城·白華·鳳巖·松巖·智川·竹林서당과 이름 불명의 한 곳을 합하여 18개 소에 서당을 지어 상주가 전국 굴지의 교육도시로 자리 잡게 하였다. 그가 1554년 12월 이곳 관아에서 순직하여 玉成書院에 봉안되었고,[3] 遺愛碑가 있다.

신잠이 세운 지천서당의 다른 이름이 연악서당이다. 후계 김범이나 서대 김충, 墨齋 盧璔(1464~1532) 등이 이 연악서당에 모여 술을 마시며 시를 짓는 일을 일상생활로 여겼다. 후계의 「연악서당에 붙임(題淵嶽書堂)」이라는 시의 서문을 보면, "옛날에 내가 김화길 선생, 동년 노공서와 같이 술병을 들고 이곳에 와서 노니는 것을 일상생활로 여겼다. 지금 이곳에 와서 머무니 경치와 취미가 속세에서 그러한 정황을 알 수 있다. 그가 退溪나 南冥보다 10여 년 뒤에 태어났다. 실제로 그는 이들에게 배우지 않았다. 그는 久菴 金就文(1509~1570)이 상주 목사로 있을 때 같이 공부한 적[4]이 있다. 그는 한창 성리학 또는 도학이 무르익어 갈 때 태어나 자랐다. 그가 먼저 자신의 마음을 닦고 난 뒤 교육을 통하여 도학을 실천하고자 하였다. 그의 「연악서당에 붙임」[5]이라는 시를 들어 이에 대한 논의를 계속하기

---

3) 權太乙, 『尙州漢文學』, 文昌社, 2001, 115쪽 ; 李埈 『尙山誌』 ; 李肯翊, 『燃藜室記述』 [牧先生案] ; 상주얼찾기회 『尙州咸昌牧民官』 尙州市 참조.
4) 金就文, 『久菴集』「年譜」參照.

로 한다.

身是重來眼是初	몸은 다시 왔시만 눈으로 보긴 처음이니,
古人詩語不欺予	옛 사람 시어(詩語)는 나를 속이지 않네.
溪淸偏愛朝雲捲	개울은 맑기만 한데 아침 구름은 걷히고,
山近還憐夕氣舒	산이 가까우니 일찍 저녁 기운 찾아오네.
宇宙藏中胷悔濶	우주에 간직한 가슴은 바다 같이 넓고,
塵泥消了玉淵虛	티끌 사라진 마음은 빈 듯이 깨끗하다네.
靈川當日慇懃意	신영천(申靈川)이 창건할 때 은근한 뜻은,
看取高堂額字書	높은 집에 붙어 있는 현판으로도 알만해.

이 시의 序文에, "옛날에 김화길 선생과 동년 노공서와 술을 가지고 이 곳에 와서 노니는 것이 일상생활이 되었었다. 지금 와서 보니 경치와 흥취가 서로 잘 맞아, 술에 취해 율시 한 수를 지어 동지들에게 보인다."[6]고 하고 있다. 和吉은 서대 김충의 字이다. 그는 1515년 別試文科 壯元으로 급제하여 성균관 사성에 이른 분이다. 후계와는 八寸간이다.

먼저 자아[7]는 자신이 여러 번 왔지만 보이는 눈에 보이는 것이 새롭기만 하다고 하였다. 옛사람이 지은 시[8]에서도 자아 자기 생각과 같이 읊은 구절이 있다. 지금 자아가 있는 곳이 연악서당이다. 연악서당은 淵嶽山 기슭에 있다. 『商山誌』를 보면, 연악산은 상주 관아에서 남쪽으로 20여 리 떨어져 있다고 한다. 이 산은 동쪽에서는 甲長山, 서쪽에서는 연악산이라 부른다.

---

5) 金範, 『后溪集』 卷1.
6) "昔與金先生和吉,盧同年公瑞, 携酒遊此, 以爲尋常. 今者來寓, 境與趣合, 醉吟一律, 以示同志."(김범, 위의 책, 같은 곳).
7) 여기서 자아는 서정적 자아(persona)를 가리킨다. 아래도 이와 같다.
8) 李睟光의 『芝峯類說』 卷13, 「文章部」6을 보면, "讀書而不知意味,學者之大病也. 世傳一詩曰, 十里江山和睡過,箇中形勝問如何.他時若使便回馬,身是重來眼是初. 亦善喩也."라는 구절이 있다.

이 시에서 말한 개울은 南溪 곧 智川을 가리킨다. 이 지천 가에 있는 서당이 지천서당이다. 이 서당이 나중에 연악서원으로 바뀌었다. 자아가 연악서원의 위치와 자연환경에 자신의 감정을 이입시켰다. 자아 자신이 자연의 이치에 따라 살아가고 있다.

이 시를 통하여 보면, 그의 배포가 넓음을 알 수 있다. 그 자신의 局量이 우주처럼, 또는 바다처럼 넓다고 하였다. 그의 마음이 우주와 같이 넓기에 자질구레한 일에 얽매이지 않는다. 자질구레한 일에 얽매이지 않으니 마음속에 욕심이 없다. 자아는 마지막으로 申靈川이 이 서원을 창건할 때의 뜻이 현판에 나타난다고 하였다. 신영천은 신잠을 가리킨다. 신잠은 1552년 여름에 상주목사로 부임하고 3년 동안 그가 상주지역에 도곡·석문·수양·노곡·수선 등 18개 서당을 창건하였다. 이를 계기로 상주가 전국 굴지의 교육도시로 자리매김하였다. 그가 재임 중에 이곳에서 순직하여 옥성서원에 봉안되었다.[9] 후계 김범 또한 신잠 목사를 도와 고을마다 서당을 세울 때 고을에 학문을 일으키고 인재를 키웠던 대 교육자였다.

후계가 이 시에서 교육을 통하여 도학을 실천하기를 바란다. 남을 가르치기 위해서는 자기 자신의 마음이 먼저 맑아야 한다. 자신의 마음이 맑아야 부끄럼 없이 남을 가르칠 수 있다. 그의 마음이 마치 아침 햇살처럼, 맑게 흐르는 시냇물처럼 맑고도 깨끗하다. 또 그의 배포는 우주와 같이 광대하다.[10]

이 시에 대하여 김충·金弘敏·李埈·康復誠·金緻·丁好善 등이 次韻詩를 남겼다. 당대의 商山의 선비는 물론 상주목사를 비롯한 다른 지역 출신의 많은 선비가 후대에까지 이 시에 대한 차운시를 남겼다.

퇴계의 제자인 유성룡이 상주 목사로 부임하여 상주 선비들을 가르쳤다. 이때 배출된 분들이 月澗 李㙉, 蒼石 李埈, 愚伏 鄭經世, 木齋 洪汝河

---

9) 權太乙, 『尙州漢文學』, 文昌社, 2001, 115쪽 참조.
10) 졸고, 「后溪 金範의 시에 나타난 정신세계」, 『韓國思想과文化』 65, 韓國思想文化研究院, 2012, 33~61쪽.

등이 南村, 곧 상주 청리 부근에서 태어나 이들이 자신들의 집에서 그다지 멀지 않은 연악에 자연스레 모여 시를 짓고 공부하였다.

2. 연악서원의 창건

1552년 신잠이 상주 목사로 부임(1552~1554)하였다. 그는 지천서당을 비롯하여 18곳에 서당을 건립하여 상주의 교육을 일으켜 많은 선비를 배출하는 계기가 되었다. 임진왜란 때 이 연악서당이 불타버리자, 1702년(숙종 28)에 지방 유림의 공의로 朴彦誠·金彦健·康應哲·趙光璧·康用良의 덕행과 업적을 추모하기 위해 서원을 창건하여 그들의 위패를 모셨다. 이 서원이 바로 淵嶽書院이다.

연악서원의 내력은 趙穗이 지은 「淵嶽書院 明倫堂 重修記」[11]에서 그 대강을 알 수 있다. 조덕의 자는 希大, 호는 致齋이며, 본관이 豊壤이다. 그가 1773년 10월 12일에 출생하여 1851년 3월 20일에 죽었으니 향년 79세이다. 그의 문집인 『致齋遺稿』에 실려 있는 내용을 들어보면 다음과 같다.

> ㉮靈川 공은 嘉靖 때의 분으로 문치를 숭상하여 먼저 서당을 세워 智川書堂 네 글자를 손수 써서 扁額하였다. 남계는 만력 때의 분으로 전쟁이 끝난 뒤 書齋를 짓고 『唱酬集』 1권을 엮었다. 그로부터 몇 년이 지난 뒤 무술년(1598)에 서당을 증축하여 훌륭한 후손들이 이를 관리하였다. '明倫堂'의 편액은 이군[李山賫]이 이어서 썼다. 숙종 임오년(1702)에 樂志亭·芸亭·南溪 등 배향하지 못하였던 여러 분을 배향하였다. 그로부터 60년이 지난 무술년(1718)에 門樓를 세웠다. 이 일은 孫公(孫萬雄)이 맡았는데, 그 외할아버지가 하신 일을 이어 上閣과 兩齋(東齋·西齋)를 지었다. 영조 병오년에 特典으로 다시 세웠으니 선현들이 말씀하신 私學과 다른 점이 있었다. 정조 병오년(1786)에 다시 石川(金覺, 1536~

---

11) 趙穗, 『致齋遺稿』, 「淵嶽書院 明倫堂 重修記」.

1610)·北溪(趙光璧, 1566~1642)·臥雲(康用良, 1608~1676) 세 분의 위패를 보태 모셨다. 서원의 지난 내력이 이와 같다.[12]

㈏객이 말하였다. "이는 마치 나의 어리석음을 깨우친 것 같다. 나는 요즈음 사람으로 어찌 지금 상황을 말씀드리지 않을 수 있겠는가?"하고 말하기를, " 아아, 세월이 오래 지나 비바람이 몰아쳐 堂宇가 많이 허물어졌다."라고 하여, 서원을 세웠던 분들의 후손들이 분발하여 일을 분담하고 해마다 자금을 마련하여 서원을 다시 지으려는 실마리가 잡혔으나, 그 일이 끝이 없어 한 해 두 해 세월만 흘러, 마치 집을 지으면서 길 가는 사람에게 묻는 것처럼 의견이 분분하여 결국 완성하지 못하였다.[13]

㈐이해 봄에 강채륜 군이 여러 사람에게, "『주역』에 '들보 기둥이 휘어져 흉하다.'[14]고 하였고, 또 '아버지의 유업을 이어받으면 길하다.'고 하였다. 蠱는 아버지의 유업을 잇는 뜻이니 기둥을 세우려 하게 하면 흉함이 바뀌어 길하게 된다."고 하니 여러분들이, "맞다."고 하였다.

이윽고 고을 선비들에게 위촉하여 공사를 시작하여 몇 달이 지나지 않아 완

---

12) "靈翁以嘉靖人, 尙右文治, 首建以堂, 四字名扁, 盖其手書也. 南溪以萬曆人, 承兵燹後, 因築爲室, 一卷唱酬, 卽其事也. 若夫五架之增, 在於後幾年戊戌, 此賢嗣之所營, 額則李君繼之, 明倫堂, 是也. 複廟之誤, 在於肅廟壬午, 此多士所建之亨, 以樂志亭芸亭南溪三賢, 俎豆之擧, 自此擴也, 門樓之設, 在於後周甲戊戌, 此孫公所立上閣而兩齋, 盖遵其外主考事也. 逮至英廟丙午, 乃以優典復設, 古人所謂有異於私學也. 正廟丙午, 復以列位追祔石川北溪臥雲三賢, 是也. 院之往事如此."(趙穗, 『致齋遺稿』).
13) "길가에 집을 지으면 3년이 지나도 짓지 못한다[作舍道傍 三年不成]."라는 속담으로 지나가는 사람들의 말이 다른 것처럼 의견이 분분하여 결정을 내릴 수 없는 것을 말한다. 『시경』[소아(小雅)], 「소민(小旻)」에 "집을 지으면서 행인에게 묻는 것과 같으니, 이 때문에 결국 완성을 보지 못하는구나.[如彼築室于道謀 是用不潰于成]"라고 하였다.
14) "구삼효는 들보기둥이 휘어지는 것이니 흉하다. 「상전」에서 말했다. 들보기둥이 휘어지는 흉함은 도움을 주는 이가 있을 수 없기 때문이다[九三 棟橈凶. 象曰 棟橈之凶, 不可以有輔也]." 28 [澤風 大過].

공하였다. 지난번에는 서당이 변하여 서원이 섰고, 이번에는 서원이 바뀌어 튼튼하게 되었다. 마침내 영천(申潛)의 學規를 새롭게 하였고, 남계[강응철]의 규법이 사림들에게 밝혀졌으니, 오늘 이 일을 숙하한다. 연악 한 지역이 점차 모는 사람의 추앙을 받고 더욱 발전하게 되리니 어찌 악록서원에 견주겠는가?

말을 마치고 나서 나에게 기문을 써달라고 하여 내가 말하였다. "일에 그 아름다움을 전하지 못하면 내버려 둘 수 없다. 돌이켜 보면 나는 몸이 쇠하고 병들어 앞일도 잊어버리고 뒤 일도 잃어버린다. 하물며 선현들의 아름다운 자취와 여러 선비의 부지런히 일한 공로를 기술하는 일은 신중히 하여야 하고, 이 일은 번거로우니 어찌 감히 내가 감당하겠는가?" 그러나 끝내 말을 하지 않을 수 없어 嶽麓書院의 고사를 따와서 客에게 말하는 형식으로 그 대략을 기술한다.[15]

㉮商山에 연악서원이 있는 것은 湘水가에 악록서원이 있는 것과 같다. 산을 등지고 시내 곁에 있으니 냇물과 돌이 맑고도 깊어 蒸水와 廬水가 만나는 듯하다. 濚瀯潭과 詠歸臺 등이 경치가 아주 빼어나 武夷山의 九曲과도 같다. 산 위에 올라가서 보면 황홀하여 마치 衡山에서 노닐며 浙江을 거슬러 올라가 張敬夫(張栻, 1133~1180)와 여러 선비를 만나 앞뒤에서 옷자락을 붙잡는 듯하여 천고에 이름있는 악록서원을 잊는다.[16]

---

15) "客曰是則若發蒙然矣, 我是今之人, 則何不告以當今之事. 曰嗟乎. 日月浸久, 雷風震凌, 堂宇之傾圮甚矣. 院之諸孫奮發, 區畫功與歲積物, 幾就緒茅, 其事無津涯一年二年, 有若築室守道謀. 是歲春康君采綸, 告于衆曰易云棟橈凶. 又曰幹父之蠱, 吉蠱承父祖之幹, 俾圖隆其棟, 而轉凶爲吉也. 僉曰諾. 因擧而屬之與鄕士, 俱不幾月而功告訖, 傾者變而竪, 今者轉而固. 遂使靈翁之規一新, 南溪之典, 復明爲士林, 賀此當今之事也. 一區淵嶽, 其將高景於千秋, 奚翅嶽鹿之比. 言旣訖, 因請余爲之記曰事不傳美, 無以放爲, 顧余癃且病, 忘前而失後, 且況述前賢之美蹟, 著多士之勤功, 謹且重, 而繁且密, 烏敢當也. 然而終有所不敢不言, 謹倣嶽麓古事, 以語于客者, 略道其萬一云爾."

16) "商之有淵嶽, 猶湘之有嶽麓也. 背山臨流, 水石淸邃, 有似蒸廬之會, 而濚瀯潭詠歸臺, 往往奇絶, 亦武夷之九曲也. 令人登覽悅然, 若遊衡山泝浙江, 遇張敬夫諸賢, 摳衣後先, 不知嶽麓於千古矣."

㉳어느 날 객이 지나면서 나에게 말하였다.

악록서원의 내력을 아십니까? 옛날에 남당 때 李寬이 산수를 사랑하여 그곳에 서원을 짓고 악록서원이라 이름 붙였으니, 그 연원이 여기에서 시작됩니다. 육조시대에는 비바람을 맞아 황폐해졌지만, 송나라 때 潘公이라는 사람이 나타나 이곳에 터를 잡아 이 서원을 중수하였습니다. 이곳은 강산이 맑고 수목이 아름답습니다. 이곳에서 강학이 이 열려 교화가 드넓어져서 廬江의 白鹿書院, 衡山의 石鼓書院과 함께 당대에 명성을 날렸습니다. 南軒(장식)의 「岳麓書院記」가 지금까지 그 아름다움을 전하고 있다.[17]

㉴내가 그 말을 듣고 다음과 같이 말하였다. "아! 내가 그대와 함께 지금을 살아가는데 하필 옛날의 악록서원에 대하여 말하겠는가? 그대가 구곡을 지나면서 연악서원을 보지 못하였는가? 이 서원은 영천 申公(신잠)이 처음으로 이곳에 서당을 지어 강학하던 곳이다. 남계 강공(강응철)이 이 서원을 중건하여 아름답게 꾸몄으니 南唐[18] 때와 비교하면 그 규모가 더욱 커졌고, 송나라 때와 비교하면 그 공을 더욱 많이 들였다. 이 서원은 백록서원[19]과 석고서원[20]의 건립방식

---

17) "日客過九曲而語余曰, 嶽麓之事知否. 昔南唐李寬, 愛山水創其院, 院之名, 盖始於此, 而六朝風雨 沒爲蔡蕪. 逮夫有宋有潘公者, 因址而重其制. 於是, 江山淸郎, 樹木輝映, 堂壇闢而風敎洋, 與廬江之白鹿, 衡山之石鼓, 幷徽於當世, 而南軒之嶽麓記, 傳美於至今矣."
18) 남당(南唐): 당나라 때 이발(李渤)이 강주 자사(江州刺史)가 되어 백록동(白鹿洞)에 여산국학(廬山國學)을 세운 사실을 말한다.
19) 백록서원(白鹿書院): 백록동서원(白鹿洞書院)을 가리킨다. 지금의 강서성(江西省) 성자현(星子縣) 북쪽 여산오로봉(廬山五老峯) 밑에 있다. 송(宋)대에 이 서원이 건립되어 지방자제를 교육하였다. 남송의 주희(朱熹)가 남강군(南康軍)의 지사(知事)가 되었을 때 이 서원을 중건하고 학생들에게 강학하였다. 『江西通志』卷22, 「南康府」.
20) 석고서원(石鼓書院): 당(唐) 나라 원회(元和 헌종(憲宗)의 연호. 806~820)연간에 형주(衡州) 사람 이관(李寬)이 세웠다. 그 후에 퇴락되었는데, 송(宋) 나라 순희(淳熙 효종의 연호)연간에 송약수(宋若水)가 확장하였다. 주자(朱熹)가 이 서원의 기문(記文)을 지었다.

을 따르고자 하였다. 또 이 서원 오른쪽에 상산이 있으니 어찌 형산과 여산의 여러 산을 부러워하며, 왼쪽에 伊川) 있으니 증수와 상수의 두 강보다 못하다고 하셨는가? 그내가 구태어 서원에 내하어 논하기사 안나면, 어찌 지금의 연익서 원을 말하지 않을 수 있겠는가?"[21]

㉔ 객이 예하며 공손하게 그 산수에 대해 듣기를 청하니, 내가 말하기를 "산수의 아름다움은 외물에 있는 것이 아니라 사람에게 있으니 산수를 말하고자 하면 그 지나간 사람들의 자취를 말하지 않고 어찌 그에 대하여 논할 수 있겠는가?" 라고 하였다. 객이 머뭇거리며 말하기를, "가르침을 받들기를 청합니다."고 하였는데, 내가 한참 생각하다가 다음과 같이 말하였다.[22]

"㉕연악서원의 내력을 그대가 어찌 듣지 못하였는가? 靈翁(신잠)은 가정 연간 사람으로 문치를 숭상하여 이곳에 서당을 먼저 지어 '연악서당'이라는 4글자 편액을 직접 달았다. 남계(강응철)는 만력 연간 사람으로 전쟁이 끝난 뒤에 이곳에 작은 규모의 집을 짓고, 이곳에서 酬唱한 시집 1권을 엮어내었다. 몇 년 뒤인 무술년(1598)에 서원을 증축하였다. 고을 선비들이 이 서원을 이어 경영하여 명륜당도 세웠다. 편액 글자는 李君(李山賚, ?~?)이 썼다. 숙종 임오년(1702)에 서원을 건립하여 이때 낙지정·운정·남계 세 분을 배향하였다. 그로부터 60년 뒤인 무술년(1718)에 문루를 세웠다. 이때 손공(손만웅)이 上閣과 동재·서재를 건립하였다. 이 일을 대개 [남송 때 주희의 南原 故事에 따랐다."[23]

---

21) "余日噫, 吾與子, 俱是今之人, 何必遠訂於古, 爲嶽麓說也. 子之過九曲也, 獨不見淵嶽乎. 靈川申公, 始剏於其地, 爲肄業之所, 南溪康公, 重建於此, 爲彰美之方, 比之南唐, 其制益廣, 方之有宋, 其功益多, 論其制作, 殆向之白鹿與石鼓矣. 又況此地也, 右有商山, 何羨衡廬之諸山, 左有伊川, 不讓蒸湘之二水. 子苟有言, 何不言今之淵嶽乎."
22) "客唯而謝請聞其山水, 余曰山水之美, 不在於物而在於人, 欲以語山水, 不論往蹟, 烏能爾也. 客僕僕曰請以事敎. 余久之曰,"
23) "余久之曰, 淵嶽之事, 子豈不聞耶. 靈翁以嘉靖人, 尙右文治, 首建以堂, 四字名扁, 蓋其手書也. 南溪以萬曆人, 承兵燹後, 因築爲室, 一卷唱酬, 卽其事也. 若夫五架之

㉔영조 병오년(1726) 특별법에 따라 重建하였으니, 옛 분들이 私學과 다르다는 말씀하신 것이 이를 두고 한 말이다. 정조 병오년(1786)에 다시 石川(김각)·北溪(조광벽)·臥雲(강용량) 등 세 분의 위패를 더 보태 모셨다. 서원의 지난 내력이 이와 같다.[24]

위의 인용문 가운데 ㉮·㉯·㉰의 내용을 간추려 이를 연도별로 다시 정리하여 보면 다음과 같다.

㉠1553년 목사 신잠이 연악서당을 건립하고 '연악서당'이라는 편액하다.
㉡ 후계 김범이 4유시[25]를 짓다. 뒤이어 명현들이 서로 이어 시를 짓다.
㉢1601년 임진왜란이 끝나고 남계 강응철이 童蒙齋의 터에 작은 집을 짓고 그곳에서 공부하면서 그 이름을 '연악서원'이라 하였다. 이때 수창한 시집 『淵嶽文會錄』한 권을 엮어내다.
㉣ 효종 무술년(1658)에 와운 강용량이 서원을 증축하면서 명륜당도 세

增, 在於後幾年戊戌, 此賢嗣之所營, 額則李君繼之, 明倫堂, 是也. 複廟之誤, 在於肅廟壬午, 此多士所建之享, 以樂志亭芸亭南溪三賢, 俎豆之擧, 自此擅也. 門樓之設, 在於後周甲戊戌, 此孫公所立上閣而兩齋. 蓋遵其外主考事也.”
24) "逮至英廟丙午, 乃以優典復設, 古人所謂有異於私學也. 至正廟丙午, 復以列位追祔石川北溪臥雲三賢是也. 院之往事如此." 趙穗, 『致齋遺稿』, 「淵嶽書院 明倫堂 重修記」.
25) 『淵嶽書院前後事蹟便覽記』에 실려 있는 后溪 金範의 시는 다음과 같다.
　身是重來眼是初　몸은 다시 왔지만 눈으로는 처음 봐,
　古人詩語不欺子　선현들의 시어가 나를 속이지 않네.
　溪淸偏愛朝雲捲　아침 구름 걷힐 때 맑은 시내 좋아,
　山近還憐夕氣舒　산 가까워 저녁 기운 서리니 아쉬워.
　宇宙藏中胸海濶　우주를 간직한 마음 가슴이 탁 틔여,
　塵泥消了玉淵虛　세속 욕심 사라지니 마음 허령하네.
　靈川當日慇懃意　영천이 살았을 때의 은근한 그 뜻이,
　看取高堂額字書　고당(高堂)의 액자에 쓰여 보인다네.

우다. '연악서원'이라는 글자는 이산뢰(李山賚)가 쓰다.

㉣ 임오년(1702)[26]에 여러 선비가 近嵒書院에 모여 논의하여 廟宇를 강낭의 뒤에 세우고 樂志亭 朴彦誠(1477~1534)·芸亭 金彦健(1511~1571)·남계 강응철 세 분을 배향한다.

㉤ 무술년(1718) 봄에 손만웅이 명륜당 앞에 문루를 세우다. 그 좌우의 좁은 방은 安宅齋와 正路齋라 이름을 붙이고 가운데 방은 淵源閣이라 이름 붙이다.

㉥ 영조 병오년(1726) 임금의 특별한 은전으로 중건하다.

㉦ 정조 병오년(1786)에 다시 석천 김각·북계 조광벽·와운 강용량 등 세 분의 위패를 더 보태 모시다.

㉧ 선현 배향과 지방 교육의 일익을 담당하여 오던 중 1868년(고종 5) 대원군의 서원철폐령으로 훼철되었다가 1913년 3월에 壇所를 설립하여 오늘에 이르고 있다. 경내의 건물로 묘우 자리에는 단소로 되어 있고, 4칸의 강당과 3칸의 庫直舍가 있으며, 동재·서재는 遺墟만 남다.

이 서원의 내력은 위와 같다. 또 하나, 이 서원은 중국 長沙의 악록서원에 견주었다. 그 내용이 위의 인용문 ㉣와 ㉤에 들어 있다. 그 이유는 첫째 이 서원이 산수가 아름다운 곳에 자리 잡고 있다는 점이다. 이 연악서원이나 악록서원은 산을 등지고 시내 곁에 있다. 둘째 이 두 서원에서 강학을 열어 백성들의 교화에 많은 영향을 주었다는 점이다. 악록서원이 여강의 백록서원, 형산의 석고서원과 함께 당대에 명성을 날렸다. 연악서원 역시 중국에서의 악록서원과 같이 상주에서 다른 서원에 없는 장점이 있다. 이어서 연악문회와 연악구곡에 대하여 논의하기로 한다.

---

26) 趙穗, 『致齋遺稿』, 「淵嶽書院 明倫堂 重修記」에는 辛卯年으로 되어 있으나, 『淵嶽書院前後事蹟便覽記』에 孝宗 壬午年으로 되어 있어 이를 바로 잡는다.

Ⅲ. 연악문회와 연악구곡

1. 연악문회의 생성

1622년 5월 22일부터 5일 동안 연악동, 곧 갑장산의 연악서당에서 당시 목사였던 趙纘韓을 비롯하여 월간 이전・우복 정경세・창석 이준・松灣 金憲・道川 黃廷幹・止淵 金遠振・남계 강응철・洛涯 金安節・북계 조광벽 등 15명이 가진 시 모임에서 文會錄이 생겨났다.[27]

남계 강응철은 일명 '5세 신동'이라 하는데 갑장산 아래에 있는 상산을 주 무대로 활동하였기에 상주의 '商山四皓' 가운데 한 사람이다. 강응철은 이곳을 무대로 여러 차례 행사했다. 1622년에는 文會를 열고 이때의 문회를 기록하여 『淵嶽文會錄』을 남겼다. 그는 벼슬은 하지 못하였으나 자연을 사랑하여 陽村 五坮의 南溪亭과 연악, 곧 갑장산의 淵嶽書齋에서 글공부하면서 시를 짓기도 하였다.

연악서원이 먼 곳에까지 잘 알려지게 된 것은 바로 이곳에서 연악문회를 열었기 때문이고, 연악문회록 속에 있는 인물이 모두가 명현이며 그들의 문장이 또한 뛰어났기 때문이다. 이때부터 명공과 석사들이 이 서원에 들르게 되면 반드시 노래하고 시를 지었으며 그 행사를 글로 기록을 하였다는 것을 서원에 보관되어있는 문회록에서 찾아볼 수 있다.

그런데 많은 사람이 모일 때 장소가 좁아 어려움이 있자, 강응철의 아들인 와운 강용량이 5칸짜리 건물을 지었으니 그 모습이 옛날의 규모와 같게 되었다 한다. 이때 명륜당도 만들었고 없어진 연악서원이라는 편액은

---

27) 金知復의 『愚淵集』에도 연악문회 때 지은 聯句詩가 실려 있다. 그 序文에, "임술년 5월 25일 현주(玄洲) 조찬한이 상주목사로 연악에서 문회를 열었다. 이때 정[경임]경세・이[숙재]전・[숙평]준・김회중・강[명보]응철・김[사선]원진・김[자형]안절・조광벽・황[공직]정간 등 여러분이 모두 모였다[壬戌五月卄五日, 趙玄纘韓, 以牧伯作文會于嶽, 鄭景任經世・李叔載埃・叔平埈・金晦仲・康明甫應哲・金士宣遠振・金子亨安節・趙輔光璧・黃公直廷幹 諸公皆會]."라고 한다.

이산뢰가 다시 쓴 것으로 걸게 되었다. 연악서재의 연악문회는 存愛院의 講會와 문회·낙동강의 洛江泛月詩會, 南溪亭 근방 樂志亭의 문회 등과 같이 商山文會 또는 詩會의 공간이 되어 상주 문학의 수순을 한 단계 성상시키는 역할을 하였다. 이때 월간·창석·우복·남계 등이 남계정에 모여 詩酒로 흥을 달래며 스스로 '상산사호'라 하기도 하였다.

임진왜란을 전후한 시기에 상주를 대표할 만한 큰선비들이 여러 명 나왔다. 이들 가운데는 학자로서 뿐만이 아니라 문장가로서도 이름을 드날린 분들이 많다. 1622년(광해군 14·壬戌) 5월 25일부터 연악서재에서 가진 연악문회에 참석한 사람은 다음과 같다.

순번	성명	생몰연대	자	호	비고
1	趙纘韓	1572~1631	述翁	玄洲	당시 尙州 牧使
2	鄭經世	1563~1633	景任	愚伏	
3	李㙉	1558~1648	叔載	月澗	
4	李埈	1560~1635	叔平	蒼石	
5	金憲	1566~1624	晦仲	松灣	
6	黃廷幹	?~?	公直	道川	
7	金遠振	1559~1641	士宣	止淵	
8	康應哲	1562~1635	明甫	南溪	
9	金安節	1564~1632	子亨	洛涯	
10	趙光璧	1566~1642	道輔	北溪	
11	金知復	1568~1635	无悔	愚淵	
12	李尙弼	?~?	子仰	半浦	
13	康用侯	?~?	晉亨	訥軒	
14	許獅龍	?~?			追到
15	金績	?~?			追到

위의 도표에서 알 수 있듯이 상주의 선비인 월간·우복·창석을 비롯하여 당시 상주 목사였던 玄洲 趙纘韓 등 15명이 4박 5일 동안 연악문회를

열었다. 이때 남긴 시문집『연악문회록』[28]은 1638년 도천 황시간의 後識를 포함하여 책자로 남게 되었다. 작품은 聯句詩 5言 38구를 비롯하여 5·7언 율시 11題, 5언절구 10수, 序文으로 이루어졌다. 이 문회록은 상주에서 나온 共同詩集으로서는 최초이다.『연악문회록』의 내용을 간략히 소개하면 다음과 같다.

  이 문회록에 수록된 작품은 창석 이준의 서문과 공동작인「淵嶽聯句」5言 19韻 38句 1수와 비에 막혀서 이틀을 더 묵게 되자 '群行忘後先 朋息棄拘檢'으로 운을 나누어 각기 한 수씩을 읊었는데 松灣의 5律 1수와 북계의 7율 1수를 제외하면 다들 5언 시로서 월간은 24구, 지연 16구, 半浦 24구, 남계 40구, 明甫 24구, 우복 34구, 도천 36구, 愚淵 40구, 창석이 40구를 남기었다. 이들 작품을 보고 조찬한이 총체적으로 연악문회의 장소, 모인 인물, 놀이 광경, 자기 심회 등을 詩序를 달고 5언절구 10수를 지었다. 이(1622년) 뒤 1638년에 도천이「연악 승유록 뒤에 붙임(題淵嶽勝遊錄後)」을 달았고, 다시 1926년에는 李時在가「문회록 권 뒤에 붙임(題書文會錄卷後)」라는 제목의 발문을 달아 현재까지 이 문회록에는 5언 고시 8수, 5언 율시 1수, 7언 율시 1수, 5언 절구 10수, 序跋 3편, 聯句詩 40구 1수 등을 남기었다.[29]

이 연악문회는 1622년(壬戌) 7월 16일에 낙동강에서 가졌던 '낙강범월시회'와 쌍벽을 이룬다.[30] 낙강범월시회는 1622년 7월 16일·17일 이틀에 걸쳐 실시되었다. 이때 黔澗 趙靖·월간 이전·창석 이준·남계 강응철·修巖 柳袗·沙西 全湜 등 24인이 5·7언 排律 26수와 서문을 남겼다. 이들은 당시 상주詩壇을 대표하던 분들이다. 1778년 시회 때 詩冊을 만들며 1607년의

---

28) 이「淵嶽文會錄」은『尙州文化硏究』5(尙州大學校 尙州文化硏究所, 1995)에 權泰乙 교수의 간단한 解題와 함께 原文이 실려 있다.
29) 權泰乙 外,『甲長山』, 尙州文化硏究所, 1996, 71쪽 참조.
30) 權泰乙,「洛江詩會硏究」,『尙州文化硏究』 2, 尙州産業大學校 尙州文化硏究所.

시회 작품까지 포함하여 171년 간 큰 대회 8회의 작품 150 餘題의 시문을 수록하였다. 연악문회 때 지은 「淵嶽聯句」[31] 시를 들어보면 다음과 같다.

時維蒲月尾	시절은 오월 그믐날인데,	
皁盖出郊坰	수레 타고 교외로 나가네	숙평(叔平)
乃欲問風謠	마침내 풍요 묻고 싶나니,	
豈覬娛眺聽	어찌 보고 들은 것 즐기리.	경임(景任)
冠珮聯翩來	선비들이 잇따라 모여 와,	
相携坐風櫺	서로 손잡고 난간에 앉네.	숙재(叔載)
兀傲江海姿	의젓한 강호인의 모습으로,	
炯炯雙瞳靑	빛나는 두 눈동자 푸르네.	회중(晦仲)
野蔌供釘餖	들나물로 안주 차려 놓고,	
松醪亦滿瓶	솔막걸리도 병에 가득하네.	명보(明甫)
高談雜今古	고상한 말 고금을 뒤섞고,	
臭味同芳馨	냄새와 맛 다 같이 좋다네.	사선(士宣)
禮法略苛細	예법 전혀 까다롭지 않아,	
賓主兩忘形	손과 주인 서로 형체 잃어.	도보(道輔)
旣喜境界靜	이미 조용한 주위 좋나니,	
況値靈雨零	하물며 단비가 내리는데야.	무회(无悔)
松蘿蔽日月	송라가 해와 달을 가리고,	
澗壑奔雷霆	골짜기 물 콸콸 흘러내려.	공직(公直)
荷圓擎羽葆	둥근 연잎 일산처럼 들고,	
壁古圍金屛	옛 벽에 금병을 둘렀다네.	자형(子亨)
昔賢此婆娑	선현들 이곳에 머무르셔,	

---

31) "鄭愚伏景任, 李月淵叔載, 蒼石叔平, 金松灣晦仲, 黃道川公直, 金止淵士宣, 康南溪明甫, 趙北溪道輔, 金愚淵无悔, 李半浦子仰, 康晉亨同會賦詩."(金安節, 『洛涯遺稿』 卷1(『韓國文集叢刊』 續13, 176쪽)).

貞操留典刑	곧은 지조 본보기 되었네.	공직(公直)
後學尙可勉	후학들 더욱 힘써야 하니,	
古訓昭日星	옛 가르침 해 별처럼 밝네.	사선(士宣)
世事欲隕淚	세상 일에 눈물 지려 하니,	
廟略失犁庭	조정에서 오랑캐 막지 못해.	숙평(叔平)
野哭或見血	들판에 통곡하니 피 보이고,	
朔氣時聞腥	때때로 북방 오랑캐 침범해.	경임(景任)
民生極仳離	백성 살 곳 잃어 떠도나니,	
有如風打萍	바람이 부평초를 스치듯.	숙재(叔載)
幸賴安撫化	다행히 임금 교화가 드리워,	
百里雞狗寧	백리에 닭 개소리 평안하네.	명보(明甫)
上地此日歡	좋은 곳에서 오늘 만나 기뻐,	
足以頤襟靈	서로 마음 닦기에 딱 좋다네.	회중(晦仲)
願言息妖氛	바라건대, 요사한 기운 그쳐,	
鯨波帖四溟	큰 바다 물결 사해에 부치길.	무회(无悔)
吾徒享太平	우리가 태평세를 누리나니,	
偃仰窮餘齡	살다 보니 살 날이 다해가네.	도보(道輔)
剔蘚題姓字	이끼 긁어내고 이름을 써서,	
留向山阿銘	저 산 언덕에 새겨 남긴다네.	자형(子亨)

위의 시는 金安節의 『洛涯遺稿』[32]에도 실려 있다. 그의 자는 子亨. 호가 洛涯, 본관이 商山이다. 그는 선산 해평 출신인 龍巖 朴雲(1493~1562)의 손자 健齋 朴遂一(1553~1597) 밑에서 글을 배운 뒤 成允謙의 문인이 되었다. 선조 때 진사에 올랐으나 광해군 때 폐모론이 일어나자 문과에의 응시를 포기하였다. 상주의 河巖書院에 배향되었으며 문집에 『낙애유고』가 있다.

---

[32] 金安節, 『洛涯遺稿』 卷1(『韓國文集叢刊』 續13, 176쪽).

松灣 金憲의 자는 晦中, 다른 호는 松溪로 본관이 상산이다. 그는 1590년 진사시에 올랐고 1605년 증광문과에 급제하여 군수를 지냈다. 서애 유성룡의 제자로 임란 때는 창의하였다. 경학과 예학 및 음악에도 능통하여 임란 후에는 민심을 수습하기 위한 정책에 송만은 특명으로 전장례원 겸 진무위안사로 7도 都事를 두루 거쳐 선무원종공신 2등에 올랐다.

송만은 文名이 높아 상산의 큰 문회에서 좋은 시를 많이 남겼다. 정미년(1607)의 洛江泛舟詩會에서도 趙翊·이준·전식·趙瀷·黃時幹 등과 연구시 5언 30운 60구를 지었다. 그는 1622년 5월의 연악문회와 7월의 낙강범주시회에도 참여하여 각기 시를 지었다. 연악문회에서 '先'자 韻으로 지은 시[33]를 들면 다음과 같다.

勝界曾有約	경치 좋은 자리에 전부터 약속해,
吟鞭看我先	채찍 휘두르며 내 가장 먼저 왔네.
壺觴延日話	술 마시며 몇 날 동안 담소하면서,
風雨對床眠	비 바람 몰려와도 평상에서 잤네.
生世皆同地	살아가는 세상 모두 같은 땅이니,
持心不愧天	지닌 마음 하늘에 부끄럼 없기를.
相期各努力	각자 서로 노력하기를 기약하여서,
莫違愧前賢	선현을 어기는 부끄러움 없으리라.

고 읊어, 이 세상에서 같이 살아가는 동지로 하늘과 땅에 부끄럼 없는 삶을 살아가자고 서로 약속하였다.

북계 조광벽의 자는 汝完으로, 현감을 지낸 趙瑞卿의 玄孫이다. 1606년에 진사가 되고 行誼로 천거되어 직장에 올랐으며, 서애의 문인이다. 임란에는 함창 황령사에서 창의하였으며, 특히 사서 전식과는 아주 가까운 벗

---

33) 金憲, 『松灣先生文集』卷1, 「詩」.

이었다. 그도 1622년의 연악문회에 참여하여 시[34]를 지었다.

山齋勝日集親朋	연악서재에서 좋은 날 친한 벗들 모여,
滯雨聯宵枕共憑	비에 갇혀서 며칠 밤을 같이 잠잤다네.
筆下珠璣鏗戛睡	붓끝에는 구슬같은 시문 내리고,
鬢邊霜雪任鬅鬙	구레나룻 센 대로 덥수룩이 그냥 두어.
百年此會知難又	평생에 이런 모임 다시 갖기 어려우니,
四美俱幷見未曾	四美 다 갖춘 적 일찍이 없었네.
聚散由來皆有數	모이고 흩어짐은 본디 다 운수에 달려,
松壇徜復與君登	그대들과 함께 송단에 올라서 서성이네.

라 하였다. 그의 문집인 『北溪集』에 실린 작품 수는 많지 않다. 그의 시에는 輓詩가 많으며, 만시가 아닌 것도 哀調를 띠는 경우가 많다.

愚淵 金知復(1568~1635)의 자는 无悔, 또는 守初이다. 1612년 진사가 되고 1624년 증광문과에 급제하여 장령을 지냈다. 할아버지는 芸亭 金彦健, 아버지는 석천 김각으로 당대 상산을 대표하던 선비의 집에서 태어났다. 우연도 연악시회와 낙강범월시회에 참여하여 작품을 남겼다. 앞의 「淵嶽聯句」 시가 그의 문집에도 실려 있다.

商山洛水杳茫中	상산의 낙동강 물 아득한 가운데,
白髮蒼顔四五公	백발의 창안 노인 너덧 분 모여.
秦嶺幾年雲樹隔	주령에서 몇 년 구름숲에 가렸나,
鄕關今夕笑談同	고향에서 오늘 밤 함께 담소하네.
流光誰得漆粘日	흐르는 세월에 그 누가 해 잡으리,
勝事無常燭散風	좋은 일 무상한데 촛불 나플거려.

---

34) 趙光璧, 『北溪集』 卷1 및 『淵嶽文會錄』.

夜飮不妨醒後醉　　밤술도 괜찮아 깼다가 또 취하니,
淸歡直待月上東　　기뻐하며 동산에 달 뜨기 기다려.

라고, 읊었다.

臥雲 康用良(1568~?)의 자는 慶遇로 남계 강응철의 아들이다. 어려서부터 효도하고 우애로워 고을 사람들의 칭찬을 받았다. 그가 학문을 좋아하여 우복·월간·창석의 문하에 나아가 경학과 문학을 공부하였다. 와운재는 孝悌忠信을 실천한 선비로 벼슬길에 나아가지 않고 자연과 함께 즐겼다. 이와 아울러 그는 鄕風을 쇄신하고 후진 양성을 자신의 책임으로 여겼다. 그는 『臥雲集』이라는 문집과 世敎를 위하여 고금의 현인·의사의 사적을 발췌하여 『觀感錄』 1권을 엮었다. 그는 연악(갑장산) 밑에 살면서 臥雲齋에서 글공부하였다. 그는 선비이면서 가끔 스님들과도 서로 시를 주고받았다. 그의 「와운재에서 스님께 줌(贈臥雲齋僧)」[35]을 들어보면 다음과 같다.

釋名儒行者　　스님이면서 선비같은 행동하니,
一見便心傾　　한눈에 마음이 흠뻑 쏠렸다네.
兒輩聯書榻　　아이들 책상 나란히 공부하고,
老夫共夜檠　　늙은이들 함께 등잔불 마주해.
多年相有義　　몇 년 간 서로 의리 있었는데,
今日却無情　　오늘 무정하게 문득 떠나시네.
此後尋花節　　이다음 꽃이 필 때 찾아오면,
山門孰出迎　　절 문에서 누가 날 맞아 주리.

이 시를 통하여 보면, 그가 종교를 초월하여 골고루 사귀었다. 그는 그만큼 인정이 있었다. 그의 「와운재에서 즐겁게 놀면서 읊음(臥雲齋勝遊吟

---

35) 康用良, 『臥雲集』 卷1.

咏)」36)이라는 시를 들어보면 다음과 같다. 이 시 제목 밑에는 작은 서문이 달려 있다.

> 신묘년(1651) 9월 21일, 여러 벗과 함께 연악서당에 갔다가 구곡을 구경한 뒤에 龍興寺에서 묵었다. 이튿날은 成佛庵을 들러 갑장산 제일 봉에서 쉬며 냇물의 源頭를 두루 살펴보았다. 그 뒤 香爐峰으로부터 남쪽으로 내려와 臥雲齋에 도착하였다. 산에서 내리는 비가 동문을 막아 하루를 더 머물면서 오직 시를 짓고 성명을 붙여 이다음에 얼굴 보듯 하게 하였다. 산 위에서 집으로 돌아간 분들은 다 기록하지 않는다.37)

라고 하였다. 와운재는 연악동을 찾는 이들의 휴식 공간이었다.

前輩追從夙飽聞	선배를 따라서 일찍이 실컷 보고는,
十年今日我於君	십 년 뒤 오늘 내가 그대들 따르네.
連筇賞遍溪山勝	지팡이 나란히 해 좋은 경치 맛보고,
更向禪宮路入雲	다시 선궁을 향하여 구름 길로 드네.

위의 시에 無忝齋 鄭道應·曺挺華·康用直 등이 차운하였다. 그 뒤 竹軒 鄭憲世(1597~1660)·尹孝寬·李德圭(1598~1671)·李身圭(1600~1681)·李光圭(?~?) 등이 이어서 이 시에 차운하여 시를 남기고 있다. 무첨재는 우복 정경세의 손자이고, 이덕규와 이신규는 월간 이전의 둘째, 셋째 아들이다. 이광규는 창석 이준의 셋째 아들이다. 이들도 그들의 할아버지나 아버지의 뒤를 이어 연악동에 노닐며 시를 남기고 있다.

---

36) 康用良, 『臥雲集』 卷4.
37) "辛卯九月卄一日, 偕諸友尋淵嶽書塾, 賞九曲, 宿龍寺, 翌日歷成佛, 憩甲長池上第一峰, 周畹川源, 自香爐而南, 抵臥雲齋, 留一日山雨鎖洞門也. 聊題姓名, 以爲他日面目, 自山上歸家者不盡錄."

정헌세의 자는 景式, 호가 죽헌으로 참봉 정이룡의 아들이다. 1627년 진사가 되어 氷庫署 別檢을 지냈다. 그 역시 벼슬길을 버리고 학문에 진력한 선비다. 그러나 그의 문집이 전하지 않아 많은 작품을 접할 수는 없다. 그의 「연악서원에서 삼가 벽에 붙은 원시를 차운함(淵院敬次壁上元韻)」[38] 이라는 시를 들어보면 다음과 같다.

人也爲人在復初	사람이 사람됨은 착한 마음 회복,
斯言今日豈欺余	이 말씀 오늘 어찌 나를 속이랴.
世間萬事都癈謝	세상 온갖 일에 다 감사할 뿐이니
靜處群經可捲舒	조용한 곳에서 뭇 경서 열람하네.
向學工程入有益	공부하는 과정에 유익함으로 들고,
要榮名利子知虛	바라는 영화와 명리 헛된 짓이라네.
淵齋更感先賢訓	연악서재에서 선현 훈계에 감동해,
敢似當時敬拜善	살아 뵙는 듯하여 절하며 시 짓네.

이 시의 尾聯에 나오는 淵齋는 바로 연악서당을 가리킨다. 이 서당이 뒤에 서원으로 승격되었다. 이 시의 元韻는 앞에서 소개한 후계 김범의 「연악서당에 붙임(題淵嶽書堂)」[39]이다. 이외에도 정헌세는 「남계 강 선생께서 크게 쓰신 '강상풍월' 네 글자 첩자 뒤에 붙임(題南溪康先生所書江山風月四大字帖後)」[40]이라는 제목의 시를 지었다. 남계 강응철이 다섯 살 때 쓴 '江上風月' 네 글자를 첩자로 만들었을 때 지은 것이다. 그 내용을 들어보면 다음과 같다.

恭惟先輩南溪公	우러러 생각건대 선배이신 남계공은,

---

38) 鄭憲世, 『竹軒集』 卷1.
39) 金範, 『后溪集』 卷1.
40) 鄭憲世, 『竹軒公實紀』 卷2, 「東祠八賢實紀」.

文行衆稱眞君子	문학과 덕행으로 참 군자라 불렸다네.
生而已有用筆才	태어나며 이미 글씨 쓰는 재주 있어,
五歲能成四大字	다섯 살에 커다랗게 네 글자 쓰셨네.
字畫雄勁蛟蛇形	字劃 웅건하고 굳세어 교룡같고,
筆力可以曹張比	필력은 曹張에 견줄 만해.
穌齋松塢兩先生	穌齋와 松塢[41] 두 선생이,
皆以詩章贊奇異	모두 다 시로써 기이함을 칭찬하였네.
自從大亂幸保存	이로부터 큰 난리에도 다행히 보존해,
是知保存良有以	이와 같이 보존한 데도 까닭이 있네.
我今展翫重歎息	내 지금 펴서 보며 거듭 탄식하나니,
不覺摩挲零感淚	쓰다듬으니 나도 모르게 눈물 흐르네.
賢郞寶藏十襲秘	어진 손자 보배로이 십 대 보관하니,
不重千金重此紙	천금도 이 종이보다야 무겁지 않으리.
神明亦應終護持	천지신명도 당연히 이를 보호해 주어,
傳之子孫流千禩	천세토록에 자손들에 전하기를.

야촌 손만웅(1643~1712)이 동갑들인 상산의 선비들과 용흥사에서 놀았던 시회로 「노길보사헌 강자시 노희천은성 전혜중오익과 용흥사에서 동갑회를 하며(與盧吉甫思憲 康子施 盧希天恩聖 全惠仲五益 作同甲會於龍興寺)」[42] 라는 시를 읊었다. 그 내용을 들어보면 다음과 같다.

一世生同癸未年	다 같이 계미년에 함께 태어났으니,
忽逢周甲轉依然	홀연히 환갑을 맞아 옛대로 돌리네.
蒼顔白髮欣相對	창안 백발로 기분 좋게 마주 앉아,

---

41) 穌齋는 盧守愼의 호요, 松塢는 鄭大成의 호다.
42) 孫萬雄, 『野村集』 卷1.

洛社千秋續勝遊　　낙사회 영원히 좋은 인연 잇는다네.

아촌은 연악동에서 많은 시회를 가졌다. 1677년 12월 겨울에 그가 冬至書狀官으로 중국을 다녀온 뒤 1678년 3월 7일에는 용흥사에서 고향 父老들에게 사례연을 베풀었다. 그날의 淵會帖 서문은 新窩 李在寬이 썼다. 그는 1703년 정월에 다시 위의 동갑 계원 시회를 가졌다. 이보다 앞서 그가 1702년 5월에는 연악서당 문회에 참석하여 「연악서당에서 삼가 창석[이준] 선생의 시에 차운함(淵嶽書堂敬次蒼石李先生韻)」[43]이라는 시를 남겼다. 그 내용을 들어보면 다음과 같다.

悠悠宇宙晩余生　　아득한 우주 사이에 뒤늦게 태어나
遺躅尋來感涕零　　남은 자취 찾아와 감동해 눈물 짓네.
洞裏秋光山正紫　　연악동 가을이 드니 산빛은 붉은색,
座中佳客眼俱靑　　둘러앉은 손님들의 눈빛도 다정하네.
開懷剩得傾芳酒　　회포 풀며 향기로운 술잔 기울이다,
敍別那堪作散星　　별처럼 흩어지니 감당하기 어려워라.
是日邀頭聯一席　　오늘의 문회에는 사또도 자리했으니,
從知勝會壓蘭亭　　이것으로도 난정 모임보다 낫다 하리.

이 문회, 곧 시회에 상주 목사까지 참석하였다. 이를 두고 보면 연악문회는 그냥 몇몇 문인들이 모여 시와 술로 나날을 보내는 것과는 수준 차이가 난다. 이에 더하여 자아는 이 문회가 王羲之가 주관한 蘭亭宴보다 낫다고 자부하였다. 그는 또 「연악서원에서 사또 이숙겸과 함께(淵岳同地主李叔謙)」[44] (癸未, 1703)이라는 시를 지었다. 그 시의 내용을 들어보면 다음과 같다.

---

43) 孫萬雄, 『野村集』 卷1(『韓國文集叢刊』 續46, 343쪽).
44) 孫萬雄, 『野村集』 卷1(『韓國文集叢刊』 續46, 343쪽).

使君高義仰平生	사또의 높은 의절 평생토록 우러렀는데,
笑語頻承玉屑零	웃으며 하시는 말씀은 옥가루 떨어지듯.
佳句已驚裁錦繡	비단에 수놓은 듯한 시구에 이미 놀라,
勝遊端合倩丹靑	시회에 단정히 모이니 단청처럼 곱다네.
二年治化同時雨	두 해 동안의 교화는 時雨와 같고,
百里封疆耀福星	백 리의 封疆은 복성처럼 빛나네.
除却簿書無一事	公務 말고는 다른 일이 없으셔서,
早春乘興到林亭	이른 봄 흥 타고 林亭에 오시었네.

叔謙은 李壽沆(1685~?)의 자이다. 당시 상주 목사였던 이수항이 연악서원에 와서 시회에 참석하였다. 자아는 목사가 이곳에 온 것에 대하여 감사하고 있다. 이 문회가 한두 번 개최된 것이 아니었다. 이 문회는 1517부터 1704년까지 188년 동안 지속하였다. 이는 그만큼 이곳이 학문과 문학을 겸하기에 알맞은 곳이었다는 것을 입증하고 있다. 兢菴 姜世揆(1762~1833)의 「연악서원에서 선배들이 창수한 시집 발문(淵嶽書院先輩唱酬錄跋)」을 보면 다음과 같은 기록이 있다.

연악서원에서의 酬唱은 정덕 정축년(1517)으로부터 숙종 갑신년(1704)까지 188년 동안 상산(상주)의 큰선비들이 앞서거니 뒤서거니 하면서 남긴 작품이다. 이 작품들은 하늘에 반짝이는 별처럼, 깊은 바다에서 찾아낸 진주와 같이 값지다. 이 시들을 감상하다 보면 나도 모르게 눈이 번쩍 뜨이고 머리가 어찔하여 엄숙히 옷깃을 여미니 인품과 시가 서로 다르지 않았다. …(중략)…내가 마침 서원의 유사를 맡아 여러 동지와 연악서원의 淵源樓에서 詩會를 가지기로 하였으나 일이 많아 여가를 낼 수 없었다. 조용히 학문을 갈고닦아 학문이 발전하여 갔는데, 내가 서원의 故事를 읽다 보니 선비들의 酬唱錄이 있었다고 하였는데 바로 이 책이었다. 손을 씻고 꿇어앉아 이 책을 다 읽어보니 말뜻이 典雅하고 풍류와 운치가 은근하여 춤추고 싶게 하였다. 이는 참으로 마치 丹砂·空靑·金

膏・水碧과 같아 참으로 세상 밖의 얻기 어려운 자연의 신기한 보배였다. 그러나 이 시첩의 종이가 낡고 헤어져 오래 갈 수 없었다. 내가 趙奎和 군에게 이를 배접하니 몇 장의 내첩사로 만들게 하였다. 이윽고 몇몇 동지들과 길이 우복[정경세]・창석[이준] 두 선생이 지은 시와 여러 선배가 지은 聯句 20운 1수에 차운하여 운을 나누어 저마다 시 2수를 지어 이를 합하여 한 권 詩帖을 만들어 보관하였다.[45]

위에서 알 수 있듯이, 19세기에 들어와서 兢菴을 비롯한 몇 분의 선비가 우복 정경세와 창석 이준의 시와 여러 선배의 연구 20운 1수에 차운하여 시를 지었다. 또 운을 나누어 각자 2수씩 지어 한 권의 詩帖을 이루었다. 이때 지은 시를 배접하여 큰 시첩으로 만든 분은 趙奎和이며 이를 보관하는 곳은 연악서원이다. 이는 앞에서 언급한 1622년 5월의 『연악문회록』과는 그 성격이 다르다. 긍암의 「淵嶽書院先輩唱酬錄跋」에서 보듯이, 『淵嶽書院唱酬錄』은 연악서당 시절부터 서원으로 승격된 뒤까지의 이곳에서 남긴 시를 총망라한 연악서원의 史的인 공동시집이었음을 알 수 있다. 그러나 이 『창수록』은 현재 전하지 않는다.

2. 연악구곡과 吟詠詩

淵嶽은 갑장산이라고도 하는데 상주의 鎭山이다. 淵嶽九曲은 남계 강응

---

45) "淵嶽之有唱酬, 自正德丁丑至肅廟甲申, 上下百八十八年之間, 鴻儒碩輔之錯落相望, 後先聯絡, 殆星辰之藉太淸, 珠玉之探淵海也. 摩挲愛玩, 不覺瞠然而眩眼, 肅然而歎祉. 人與詩, 固無閒然. …(中略)… 余適忝院任, 約與諸同志, 會于院之淵源樓, 被人客膠擾, 有不暇. 從容講劇, 得有相長之益, 而閱院中故事, 有先輩唱酬錄, 卽是已. 盥手跪讀, 以卒業焉, 則音旨典雅, 風韻悠婉, 令人欲手舞而足蹈, 眞所럱丹砂空靑金膏水碧, 實物外, 難得自然之奇寶也. 但其故紙斷爛, 不可以久遠也. 倩趙君奎和, 褙起繕修爲數大帖. 仍與同志三數人, 敬次愚伏蒼石二先生, 與諸先輩, 聯句二十韻一篇, 分韻各二篇, 續成一帖, 以藏棄焉."(姜世揆, 『兢菴集』 卷5).

철이 상주시 지천동 지천에 설정하고 경영했던 구곡원림이다. 연악은 정상에서부터 동쪽과 서쪽으로 계곡물이 흘러 내려 절경을 이루는데 연악 서쪽으로 흐르는 계곡에 연악구곡이 있다.

강응철은 조선 중기의 의병장이자 학자였다. 그의 자는 明甫, 호는 남계, 본관은 載寧이다. 1592(선조 25)년 임진왜란이 일어나자 鄕兵을 모집하여 상주를 지켰다. 뒤에 鄭起龍의 의병과 합세하여 각지에서 왜병을 무찔렀다. 벼슬은 察訪에 이르렀으나 광해군의 난정에 분개하여 은퇴하고, 향리에서 독서와 저술로 일생을 보냈다. 상주의 연악서원에 배향되었다. 저서에 『南溪遺稿』가 있다.

남계가 벼슬은 하지 못하였지만, 陽村 五坐에 있는 남계정과 갑장산 아래에 있는 연악서당에서 머물며 공부하면서 시를 읊었다. 이때 그와 같이 책을 읽고 商山文壇을 이끌고 갔던 이는 월간 이전·창석 이준·우복 정경세·검간 조정·사서 전식·一黙齋 金光斗(1562~1608)·栗村 鄭而弘(1538~1620)·愚淵 金知復(1568~1635)·북계 조광벽 등이었다.

정이홍의 자는 彦毅, 호가 敬齋 또는 栗村으로 우복 정경세의 숙부다. 1582년에 진사가 되고 학행으로 직장에까지 올랐다. 임진왜란에는 황령에서 창의하였다. 愚谷 宋亮·석천 김각과 함께 당대에 뛰어난 선비로 향풍쇄신과 후진 양성에도 공이 많았던 선비이지만, 그의 문집을 구하지 못하였다.

이들은 대부분 서애 류성룡의 제자이다. 이들이 연악서당에서의 연악문회, 존애원에서의 강회와 문회, 낙동강에서의 낙강범월시회, 남계정 근방 낙지정에서의 문회를 열어 당시 상주의 문화를 크게 振作시켰다. 이 연악문화에 참석하여 시를 짓고, 연악서원에서 글공부한 남계 강응철이 연악산 서쪽 10리에 연악구곡을 설정하고 아홉 굽이에 이름을 붙였다. 구곡이라는 이름은 말할 것도 없이 남송시대 주희가 무이의 아홉 굽이에 이름을 붙인 무이구곡에서 따왔다.

상주지역에 구곡이라 이름 붙인 곳은 이 연악구곡(淵岳九曲)밖에 없다.

연악구곡 가운데 제1곡이 灌纓潭, 제2곡이 使君坮, 제3곡이 楓岩, 제4곡이 詠歸亭, 제5곡이 東岩, 제6곡이 秋遊岩, 제7곡이 南岩, 제8곡이 鱉岩, 제9곡이 龍湫이다. 연악구곡도 하류 1곡에서 상류 9곡으로 이어지고, 옛날에는 물레방아가 12대나 있을 정도로 명승지인 이곳의 총 거리는 4km 정도 된다.[46]

특히, 월간·창석·우복·남계가 남계정에 모여 술을 마시고 시를 지으면서 스스로 상산의 네 늙은이[四皓][47]라 불렀다. 연악구곡을 제재로 하여 읊은 시 가운데 가장 빠른 것은 일묵재 김광두가 지은 「연악동에 노닐며 남계옹에게 줌(遊淵嶽洞贈南溪翁)」[48]이라는 시 두 수이다. 김광두의 자는 汝遇, 호가 일묵재, 본관이 상산으로 서애 류성룡의 문인이다. 그 시의 내용을 들어보면 다음과 같다.

溪水冷冷九曲回　　차가운 시냇물 구곡을 돌아 흘러내리고,
巖花笑處繡新苔　　꽃 핀 바위에는 새로운 이끼 수놓았네.
莫言洞裏多情勝　　연악동에는 좋은 곳 많다 말하지 마오,
恐有人間俗客來　　세상의 속객들 찾아올까 걱정스러우니.

淡雲和照踏淸辰　　옅은 구름 따사한 햇살 푸른 풀 밟으며,
病叟悠然欲訪春　　병든 늙은이 태연히 봄을 맞으려 한다네.

---

46) 김정찬이 2009년 개최된 전국문화원연합회 논문대회에서 甲長山 일대 智川을 '淵嶽九曲'이라고 밝혀냈다. 이를 바탕으로 2011년 지천동 연악구곡의 옛터를 찾아 안내판을 설치하여 관광객들에게 편의를 제공하고 있다. 이 그 위치를 알 수 있게 하였다.
47) 商山四皓라는 말은 秦나라 말기에 나라가 혼란에 빠지자 東園公·綺里季·夏黃公·甪里 네 노인이 상산에 들어가 영지버섯 등을 따 먹으며 지냈는데, 이들의 눈썹이 모두 희었기에 상산사호라 불렀다. 공교롭게도 尙州의 옛 이름이 商山이었기에 이 네 사람도 商山四皓라 이름하여 자신들의 圓熟함을 과시하였다.
48) 康應哲, 『南溪集』 卷3, [附錄].

| 花柳前川新態度 | 버들 꽃이 핀 앞내는 새로운 모습 하니, |
| 十分詩料助精神 | 시 지을 거리 많아 정신을 넉넉히 돕네. |

제목에서 알 수 있듯이 이 시를 일묵재가 남계 강응철에게 지어주었다. 그 공간적 배경은 연악동이다. 자아가 연악구곡을 돌아 흘러내리는 시냇물을 보며 이 시를 지었다. 첫 번째 시에서 자아가 구곡이라는 말을 쓰고 있다. 이 시를 통하여 볼 때 남계 강응철이 연악 서쪽 시냇가에 연악구곡이라는 이름을 붙인 시기가 1598년부터 1608년까지라 짐작할 수 있다. 남계나 일묵재가 임진왜란 때 의병으로 활약한 분들이라 전쟁 기간에 한가로이 노닐 여가가 없었다. 따라서 왜란이 끝난 뒤부터 그가 죽기 전까지의 사이에 이 연악구곡의 이름이 생겨났다고 하겠다.

첫 번째 시에서 자아가 연악구곡이 있는 연악에 사람들이 많이 오가지 않는다고 하였다. 자아는 이를 다행으로 여겼다. 그것은 俗客, 곧 세상 사람들이 많이 몰려오면 혼탁하여지기 때문이다. 이를 통하여 보면, 자아가 아직 세속에 물들지 않았다는 것을 알 수 있다. 두 번째 시에 묘사하고 있듯이 자아가 자연과 함께 살아간다. 자연을 즐기면서 자연과 살아가기에 마음에 욕심이 생기지 않는다. 그는 평소에는 자연을 즐겼지만, 임진왜란이 일어났을 때 정경세와 함께 咸昌 등지에서 의병을 모집하여 왜군과 싸워 전공을 세웠다.

우복 정경세의 손자이면서 鄭杬(1597~1625)의 아들인 무첨재 정도응이 「연악을 유람하며(遊淵嶽)」[49]라는 시를 지었다. 그 내용을 들어보면 다음과 같다.

| 冷冷石澗洗心聞 | 차디찬 시냇물에 마음 씻고서 들어보니, |
| 却喜幽居摠屬君 | 그윽한 삶 다 그대에게 있음을 기뻐하네. |

---

49) 鄭道應, 『無忝齋集』 卷1.

| 無事小齋高枕臥 | 작은 서재 일 없어 베개 높이 베고 누워, |
| 半生怡悅嶺頭雪 | 고개 위 구름 보며 반평생을 기뻐한다네. |

  무첨재는 일찍 할아버지의 발길을 찾아 연악을 유람하였다. 그의 나이 8살 때 아버지를 여의고 할아버지인 우복 밑에서 자랐다. 그의 할아버지인 우복이 이 연악시회나 연악서원에 깊이 관여하였기에 그 또한 이곳에 관심을 가질 수밖에 없었다. 그는 또 「비가 와서 연악동에 묵으며(雨宿淵嶽洞)」[50]라는 시를 지었다.

龍興寺與臥雲齋	용흥사와 와운재에서,
六日淸遊七友偕	일곱 벗과 함께 엿새 동안 놀았다네.
暮雨更投淵嶽洞	저녁에 비가 와 다시 연악동에 들어,
懸燈細話十年懷	등 걸고 도란도란 십 년 회포 나누네.

  용흥사는 연악, 곧 갑장산 서쪽 기슭에 있는 절로 지금도 남아 있다. 와운재는 남계 강응철의 둘째 아들인 와운재 강용량의 별장이다. 강용량의 별장에서 7명의 벗과 6일 동안 묵었다. 이들이 이곳에서 묵으면서 한 일을 크게 두 가지이다. 그 하나는 학문에 관한 이야기이고, 다른 하나는 시를 짓는 일이었다. 이 모두 선비가 아니면 하지 못 할 일이다. 7명의 벗과 6일 동안 머물렀다는 구절에서 우리는 연악문화가 열렸다는 것을 짐작할 수 있다. 연악구곡의 경치 좋은 곳에서 자아가 다정한 벗들과 함께 시회에 참석하여 시를 지었다. 그의 「차운하여 산을 찾아간 여러 벗에게 부침(次韻寄諸友尋山)」[51]이라는 시도 연악구곡을 소재로 하여 지었다는 것을 알 수 있다.

---

50) 鄭道應, 『無忝齋集』 卷1.
51) 鄭道應, 『無忝齋集』 卷1.

尋山賞雪兩奇絕	산 찾아 눈 감상하니 모두가 기이한 절경,
好事還爲造物猜	좋은 일에는 오히려 조물주가 시기하였네.
孤座竹床淸不寐	홀로 대 평상에서 정신 맑아 잠 못 드는데,
暗香時動一梅枝	은은한 매화 향기 때로 가지에서 일어나네.

千疊淵山**九曲**溪	겹겹이 이은 연악 **아홉 굽이** 냇물 흘러,
吟筇應度石橋西	지팡이 짚고 읊으며 서쪽 돌다리 건너네.
橋西我亦留名姓	다리 서쪽에 나도 이름과 성 남기었으니,
須向巖間檢舊題	바위 사이에 새겨놓은 옛 시 찾아보리라.

첫 번째 시에는 연악구곡에 대한 언급이 없이 그 주변 경관을 묘사하고 있다. 起句와 承句는 주변 경관을 묘사하였고, 轉句와 結句에서는 자아의 심정을 묘사하여 先景後情의 興體로 詩想을 전개하고 있다.

두 번째 시에서, 자아가 구곡이 있는 냇가에서 시를 읊고 있다. 다리 서쪽에 자아 자신도 성명을 남겼다고 하였다. 이는 그의 아버지인 남계가 구곡이라는 이름을 붙인 곳이기 때문이다. 이 시에 자아의 그 아버지에 대한 추념의 정이 담겨 있다. 白石 成德徵(1675~1744)이 지은「淵嶽書院前後事蹟便覽記」에 연악구곡에 관련된 기록이 있다.

> 연악서원은 갑장산 아래 물과 돌이 맑고 기이한 곳이 있다. 아홉 굽이 시냇물이 서원의 앞으로 곧바로 쏟아지니 빼어난 경치로 명성이 있는데 오직 **탁영담, 풍암, 영귀정**이 그 가운데 가장 뛰어난 굽이이다.[52]

갑장산은 연악산의 다른 이름이다. 백석 성덕징의 자는 仲普이다. 그의 고조는 聽竹 成灠(1556~1620)이며, 증조부는 임진왜란 때 의병에 참여한

---

52) 成德徵,『淵嶽書院前後事蹟便覽記』.

成汝松이다. 그는 進士로 경학에 밝고 문장도 잘하였다고 하나 현재 문집이 남아 있지 않다.

二白齋 康思欽(?~?)의 「외남의 여러 벗과 지친의 냇가 정자에 가서 주인의 시에 차운함(與外南諸益 遊智川溪亭 次主人韻)」53)이라는 시에도 연악구곡을 읊고 있다.

一帶淸溪**九曲**流　　한 줄기 맑은 냇물 **구곡** 따라 흘러가니,
楓林倒影水生秋　　단풍이 거꾸로 비치어 물속이 가을이네.
追隨勝友觀瀾也　　좋은 벗들 따라 시내의 물결 바라보니,
忘却浮生半世憂　　부질없이 산 반평생 근심이 사라진다네.

이 시의 原註에 '팔월 하순[八月下浣]에 지음'이라 하였다. 자아가 구곡을, 승구에서는 楓林을 들어 구곡의 소슬한 풍경을 묘사하고 있다. 이 시는 先景後情의 興替이지만, 그 風格이 沖澹하여 선비의 氣風이 보인다.

致齋 趙橚(?~?)은 연악서원을 중국 장사 상수 가에 있는 악록서원과 연관시켰다. 다음 글을 보면 그 대강을 알 수 있다. 앞의 이용문 ㉣에 그러한 내용이 담겨 있다. 곧, 상산에 연악서원이 있는 것은 상수 가의 악록서원에 견주었다. 그것은 두 서원 모두 산을 등지고 시내 곁에 있기 때문이다. 또 그는 연악서원 가를 흐르고 있는 냇물과 돌이 맑고도 깊어 증수와 여수가 만나는 듯하다고 하였다. 악록서원은 백운동, 應天府, 崇陽書院과 더불어 중국의 4대 서원 가운데 하나이다.

악록서원이 상수 가에 있다면 연악서원은 거리가 있기는 하지만 낙동강 강가에 있다. 연악, 갑장산 꼭대기에 올라서 보면 동쪽에 낙동강에 흐른다. 연악서원은 갑장산의 서쪽에 자리 잡고 있다. 일반적으로 보면 산의 서쪽

---

53) 康思欽, 『三白齋集』 卷1 ; 김문기·강정서, 『경북의 구곡문화(2)』, 경북대학교 퇴계연구소, 2012, 255쪽.

보다는 동쪽이 발달하기 마련이지만, 이 갑장산은 이와 다르다. 갑장산 서쪽에 서원과 절이 들어서 있고 동쪽에는 민가가 들어서 있다. 연악 꼭대기에서 서쪽 기슭으로 계곡이 있다. 이 계곡을 따라 연악구곡이 있다. 탁영담이 제1곡이고 영귀대가 제4곡이다. 치재의 말처럼 탁영담과 영귀대의 경치가 빼어나 무이산의 무이구곡에 견줄 만하다. 이처럼 치재 조덕도 위의 백석 성덕징과 같은 말을 하고 있다.

　연악구곡 가운데 제3곡인 楓岩은 연악구곡에서 가장 아름다운 곳이다. 연악시회를 열 때마다 선비들이 이 굽이를 찾아서 시를 짓고 연회를 펼쳤다. 남계 선생의 제자인 河獅龍이 그의 스승인 남계의 「挽詞」[54]를 지으면서 이 풍암을 언급하기도 하였다.

亂後同居四十載　　임진왜란 뒤로 사십 년을 함께 살았고,
相從門下幾春秋　　문하에 서로 좇은 지는 몇 년 되었는가.
冠童六七楓岩上　　여섯 일곱 관동과 **풍암** 위로 올라가서,
每到花時逐日遊　　꽃이 필 때마다 이르러 함께 노닐었네.

恩峻高峯生未報　　은혜는 높은 산 같아 살아서 갚지 못하고,
情深河海死難酬　　정은 바다처럼 깊어 죽어도 갚기 어렵네.
如何一疾翻成夢　　어찌하여 한 번 병에 꿈결처럼 가셨는가,
舉目西山淚不休　　서산을 바라보니 눈물이 그치지 않는다네.

　이 시는 만시(挽詩)이다. 그것도 자신 스승의 죽음을 애도한 시이다. 첫 번째 시 기구와 승구를 보면 자아와 그의 스승과의 인연에 대하여 묘사하고 있다. 40년 동안 자아가 스승을 모셨다. 그것도 임진왜란이라는 난리를 겪으면서 서로 師弟 관계를 유지하였으니 그 감회가 깊을 수밖에 없다. 轉

---

54) 康應哲, 『南溪集』 卷4, 「挽詞」.

句와 結句에서 알 수 있듯이 자아가 그의 스승과 함께 노닐었던 곳 가운데 가장 기억에 남는 곳이 풍암이다. 풍암이 서원 가까이 있었다는 점도 있지만 그만큼 그 수위가 아름다웠다는 것을 자아가 간접적으로 드러내고 있다.

두 번째 시에서는 자아가 스승의 은혜에 보답하지 못한 점이 애달파하고 있다. 기구에서는 스승에 대한 은혜, 承句에서는 스승과 자아와의 정을 묘사하였다. 승구와 결구에서는 자아의 스승이 갑자기 병들어 돌아가서, 자아가 슬퍼하는 모습을 묘사하고 있다. 짧은 시이지만 그 안에는 자아의 스승에 대한 推仰의 정이 서려 있다. 이 시는 연악구곡 가운데 제3곡인 풍암을 배경으로 자아와 스승과의 다정한 모습을 그려내고 있다. 곧, 이 풍암이 그만큼 두 사람 사이를 긴밀하게 하는 중요한 장소였다. 이를 달리 말하면 풍암 주위의 경치가 그만큼 좋았다는 말이기도 하다.

위에서 알 수 있듯이, 연악구곡에 대하여 읊은 시는 그다지 많지 않다. 이들 시에는 자연의 좋은 경치와 아울러 그들의 학문과 풍류를 겸하고 있음을 직, 간접적으로 드러나 있다. 이를 통하여 보면 학문하는 선비들이 단지 학문만 한 것이 아니라, 자연을 완상하면서 이를 즐길 줄 알았다. 연악서원이 자리 잡은 곳에 연악구곡이 있어 이를 겸하기에 아주 적합하였다.

1500년대 중반 이후로 이곳, 상주 青里 智川을 중심으로 학문과 문학을 겸하는 선비가 많이 배출되었다. 16세기부터 이곳에서 학문과 문학이 발달한 것은 다음 몇 가지 이유에서 찾을 수 있다.

첫째 이 당시에 이 지역에서 훌륭한 목민관을 만나 인재가 많이 배출되었다는 점이다. 앞에는 영천 신잠, 뒤에는 서애 류성룡이 이곳 목사로 있으면서 서당, 또는 서원을 세워 인재를 양성하였다.

둘째 당시에 이곳이 학문의 중심지가 되었다는 점이다. 1400년대는 상주의 학문과 문학을 함창지역 출신 선비들이 주도하였다. 대표적인 인물로 함창 羊積里 출신인 虛白亭 洪貴達(1438~1504)이 있다. 이 지역 출신은 아니지만, 이곳으로 이주한 藍溪 表沿沫(1449~1498)과 懶齋 蔡壽(1449~1515)와 그 후손들이 상주의 학문을 주도하였다. 그러나 16, 7세기에는 상주 학문의 축이 청리로 넘어왔다.

선산 출신 진락당 김취성의 제자인 후계 김범을 필두로 서애 류성룡의 제자인 우복 정경세, 월간 이전, 창석 이준, 남계 강응철 등 쟁쟁한 선비들이 이곳에서 태어났다. 이곳에서 사이 길로 가면 선산도호부까지 그다지 멀리 떨어지지 않았다.

셋째 이곳이 유서 깊은 곳이라는 점이다. 연악은 갑장산이라고도 하는데 상주의 三山[55] 가운데 하나로 상주의 진산이다. 이곳은 신라 시대부터 유서가 깊은 곳이다. 지금도 신라 시대에 세웠다는 甲長寺와 용흥사가 남아 있다. 연악서원은 상주 관아에서도 그다지 멀지 않고 주위의 경치가 아름다워 학문과 휴식 공간으로 알맞았다. 따라서 이곳에서 문회가 열렸으며 연악의 경치 좋은 곳을 따라 구곡 문화가 생성되었다.

넷째 이곳은 고통의 요충지라는 점이다. 이곳은 상주에서 김천으로 가는 교통의 요충지에 있다. 곧, 사람들이 쉽게 이곳을 오갈 수 있었다. 이곳은 상주 관아에서 그다지 멀지 않은 거리에 있고, 자연이 아름다워 학문과 문학, 놀이 공간으로 적합하였다. 이와 같은 몇 가지 이유로 16세기부터 이 연악을 중심으로 인재가 배출되었고, 학문과 문학이 발달할 수밖에 없었다.

IV. 맺음말

이 논문에서는 상주 연악서원과 연악구곡에 대하여 고찰하는 것을 목표로 하였다. 이를 논의하면서 연악서원의 전신인 지천(연악)서당과 이 서당

---

[55] 『新增東國輿地勝覽』(尙州)에 "주 서쪽 10리에 있는데 서로악(西露岳: 露陰山)이라고도 부른다. 북석악(北石岳: 天鳳山)·남연악(南淵岳: 甲長山)과 함께 상산삼악(商山三岳)이라고 일컫는다(露陰山, 在州西十里, 自九峯山來. 或稱西露岳, 與北石岳 南淵岳稱商山三岳]."라는 기록에 처음 등장하는데 예로부터 상주를 대표하는 명산임을 알 수 있다. 이후 같은 내용이 『東國輿地志』(尙州), 『輿地圖書』(尙州) 등에서도 비슷한 내용이 실려 있다.

을 중심으로 결성된 연악문회에 대하여 논의하였다. 지금까지의 논의를 요약하는 것으로 결론으로 삼는다.

　　1552년 영천 신잠이 상주 목사로 부임(1552~1554)하였나. 그는 시천서당을 비롯하여 18곳에 서당을 건립하여 상주의 교육을 일으켜 많은 선비를 배출하는 계기가 되었다.

　　임진왜란 때 이 연악서당이 불타버리자 1702년(숙종 28)에 지방 유림의 公議로 박언성·김언건·강응철·조광벽·강용량의 덕행과 업적을 추모하기 위해 서원을 창건하여 그들의 위패를 모셨다. 이 서원이 바로 연악서원이다.

　　1622년(광해군 14, 壬戌) 5월 25일부터 연악서재에서 가진 우복·창석, 당시 상주 목사였던 현주 조찬한 등 15명이 4박 5일 동안 연악문회에서 남긴 시문집 『연악문회록』은 1638년 도천 황시간의 後識를 포함하여 책자로 남게 되었다. 작품은 연구시 5언 38구를 비롯하여 5·7언 율시 11제, 5언 절구 10수, 그리고 서문으로 이루어졌다. 이 『연악문회록』은 상산에서 나온 공동시집으로서는 최초이다.

　　남계 강응철은 벼슬하지 못하였지만, 양촌 오대에 있는 남계정과 갑장산 아래에 있는 연악서당에서 머물며 글공부하고 시를 읊었다. 이때 그와 같이 학문과 문학을 하여 상산문단을 이끌었던 사람 대부분이 이 모임에 참여하였다. 이들은 16세기 중반부터 17세기 전반에 걸쳐 살았다. 이들이 연악서당에서의 연악문회, 존애원에서의 강회와 문회, 낙동강에서의 낙강범월시회, 남계정 근방 낙지정에서의 문회를 열어 당시 상주의 문화를 크게 발전시켰다.

　　연악구곡은 남계 강응철이 상주시 청리면 지천동에 설정하고 경영했던 九曲園林이다. 일묵재 김광두의 시를 통하여 볼 때 연악구곡이라는 이름을 붙인 시기는 1598년부터 1608년까지라 짐작할 수 있다. 남계나 일묵재가 임진왜란 때 의병으로 활약한 분들이라 전쟁 기간에 한가로이 노닐 여가가 없었다. 따라서 왜란이 끝난 뒤부터 일묵재가 죽기 전까지 사이에 이 연악구곡의 이름이 생겨났다. 이 구곡은 연악산 서쪽으로 흐르는 계곡에 있다.

남계가 연악산 서쪽 10리에 연악구곡을 설정하고 아홉 굽이에 이름을 붙였다. 제1곡이 탁영담, 제2곡이 使君坮, 제3곡이 楓岩, 제4곡이 詠歸亭, 제5곡이 東岩, 제6곡이 秋遊岩, 제7곡이 南岩, 제8곡이 鼈岩, 제9곡이 龍湫이다.

연악구곡에 대하여 읊은 시는 그다지 많지 않다. 이들 시에는 자연의 좋은 경치와 아울러 그들의 학문과 풍류를 겸하고 있음을 직, 간접적으로 드러나 있다. 학문하는 선비들이 단지 학문만 한 것이 아니라, 자연을 완상하면서 이를 즐길 줄 알았다. 연악서원이 자리 잡은 곳에 연악구곡이 있어 이를 겸하기에 아주 적합하였다.

16세기 중반 이후로 이곳, 상주 청리 지천을 중심으로 학문과 문학을 겸하는 선비가 많이 배출되었다. 16세기부터 이곳을 중심으로 학문과 문학이 발달한 것은 다음 몇 가지 이유에서 찾을 수 있다. 첫째 이 당시에 이 지역에서 훌륭한 목민관을 만나 인재가 많이 배출되었다는 점이다. 둘째 당시에 이곳이 학문의 중심지가 되었다는 점이다. 셋째 이곳은 유서 깊은 곳이었기 때문이다. 넷째 이곳은 교통의 요충지였기 때문이다. 이곳은 상주에서 김천으로 가는 큰길 가에 있다. 이곳은 상주 관아에서 그다지 멀지 않은 거리에 있고, 자연이 아름다워 학문과 문학, 놀이 공간으로 적합하였다. 이와 같은 몇 가지 이유로 16세기부터 이 연악을 중심으로 인재가 배출되었고, 학문과 문학이 발달할 수밖에 없었다.

이상으로 이 논문을 마치기로 한다. 머리말에서 말했듯이 이 글은 어떤 사실에 대하여 통시적, 공시적으로 규명하는 것을 목표로 하였기에 대상 작품을 구체적으로 분석하지 않았다. 작품에 대하여 구체적으로 분석하는 일은 다음 기회로 미룬다.

【참고문헌】

成德徵, 『淵嶽書院前後事蹟便覽記』
趙讚韓 外, 『淵嶽文會錄』
李 埈, 『尙山誌』
李肯翊, 『燃藜室記述』
李睟光, 『芝峯類說』
金就文, 『久菴集』(木版本)
金 範, 『后溪集』(木版本)
趙 穆, 『致齋遺稿』(木版本)
金知復, 『愚淵集』(木版本)
金安節, 『洛涯遺稿』 卷1(『韓國文集叢刊』 續13)
金 憲, 『松灣集』(木版本)
趙光璧, 『北溪集』(木版本)
康用良, 『臥雲集』(木版本)
鄭憲世, 『竹軒公實紀』(木版本)
孫萬雄, 『野村集』 卷1(『韓國文集叢刊』 續46)
姜世揆, 『兢菴集』(木版本)
康應哲, 『南溪集』(木版本)
鄭道應, 『無忝齋集』(木版本)
康思欽, 『三白齋集』(木版本)
權泰乙 外, 『甲長山』, 尙州文化硏究所, 1996.
權太乙, 尙州漢文學, 文昌社, 2001.
상주얼찾기회, 『尙州咸昌牧民官』, 尙州市,
김문기·강정서, 『경북의 구곡문화(2)』, 경북대학교 퇴계연구소, 2012.
權泰乙, 「洛江詩會硏究」, 『尙州文化硏究』 2, 尙州産業大學校 尙州文化硏究所,
李九義, 「后溪 金範의 시에 나타난 정신세계」, 『韓國思想과文化』 65, 韓國思想文化硏究院, 2012 외 다수.

제2부

논산지역 서원의 지역성

이연숙 ▪ 조선시대 논산지역 재지사족의 동향과 서원건립
이경동 ▪ 조선시대 논산지역 서원의 운영과 특징
　　　　－遯巖書院, 魯岡書院, 竹林書院을 중심으로－
홍제연 ▪ 17~18세기 충청 지역 소론계 서원과 魯岡書院
김자운 ▪ 조선후기 竹林書院의 강학 운영상과 道學書院으로의 위상 확립
이우진 ▪ '돈암서원과 노강서원'에 대한 교육학적 이해

조선시대 논산지역 재지사족의 동향과 서원건립

이 연 숙

Ⅰ. 머리말

현재 논산지역은 조선시대 노성현, 연산현, 은진현과 여산현 일부, 석성현 일부로 이루어졌다. 노성현[1]은 동쪽과 남쪽으로 연산현, 서쪽으로는 석성현, 북쪽으로는 공주와 경계를 이루고, 연산현은 동쪽으로는 진잠현과 전라도 진산군, 남쪽으로는 고산현과 은진현, 북쪽으로는 공주와 경계를 이루고, 은진현은 동쪽으로는 連山縣과, 남쪽으로는 全羅道 礪山郡과, 서쪽으로는 石城縣과 북쪽으로는 尼山縣과 경계를 이루고 있는 곳이다. 이들 지역은 1646년(인조 24)년에 土賊 柳濯 등의 모반으로 인해 恩山縣으로 통합되었다가 1656년(효종 7)년에 다시 세 현으로 복구되었다.

지역 단위 서원연구[2]는 당색, 학맥과 중앙정국의 변화에 따른 동향을 파악하기 좋은 연구 단위이다. 호서, 호남, 영남지역의 재지사족, 서원, 문중에 관한 연구가 활발하게 진행되어 왔다. 호서지역은 지리적으로 근기와 가까워 사족들이 경제와 향제를 오가며 지냈기 때문에 거주지 이동이 잦은

---

1) 조선시대 노성현은 尼山→尼城(1776, 정조 즉위년)→魯城(1800)으로 읍호가 바뀌었다. 본고에서는 노성으로 통일하였다.
2) 이해준, 「호서지역 서원의 지역적 특성과 정치적 성격 : 숙종대 노·소론계 서원을 중심으로」, 『국학연구』 11, 한국국학진흥원, 2007 ; 한국서원학회, 「경산지역의 서원 현황과 성격」, 『한국서원학보』 7권, 2018 ; 채광수, 「조선후기 영남지역 노론계 가문의 분포와 서원 건립 추이」, 『한국서원학보』 8권, 2019.

편이었고, 중앙정국의 변화에 더 민감하였다. 따라서 호서지역은 親與 성향이 강했고, 중앙세력과의 연관도 깊었으며 중앙의 정쟁이나 당파적 경향들이 지역에 진이되거나 침에화된 곳으로 인식되고 있다.[3]

논산지역은 호서지역의 서남부에 속한 지역으로 호남지역과 경계를 이루고 있다. 연산과 노성은 노소분기의 1세대들인 광산김씨와 파평윤씨가 세거하는 지역이고, 그들을 제향하고 있는 서원인 돈암서원과 노강서원이 있다. 따라서 논산지역은 조선후기 정파, 학파가 첨예하게 대립하는 중앙정국의 축소판으로 그 판세가 지역에 어떻게 투영되는가를 극명하게 보여주는 곳이다.

논산지역 서원연구는 개별 서원연구가 주를 이루었고,[4] 연산과 노성의 대표적인 가문의 서원건립을 노소분쟁이라는 시각에 바라 본 연구[5]가 있다. 하지만 조선시대 은진현, 연산현, 노성현이 합해진 논산지역 재지사족과 서원건립에 관한 연구는 없는 실정이다. 따라서 논산지역에 세거하고 있는 가문을 조사, 분석하여 이들 가문의 존재와 동향이 어떻게 서원건립으로 이어졌는지, 그리고 서원 제향인물의 성격에 대해서 고찰하고자 한다.

Ⅱ. 논산지역 재지사족의 동향

재지사족의 존재를 파악하는 자료는 향안, 청금록, 사마방목 등이 있다.

---

3) 이해준, 「호서지역의 사족동향과 서원·사우」, 『한국의 서원과 학맥연구』, 경기대학교 소성학술연구원, 2000.
4) 이경동, 「조선후기 礪山 竹林書院의 운영과 위상」, 『한국서원학보』 9권, 2019 ; 이연숙, 「돈암서원의 건립과 성격」, 『민족문화의 제문제』 권태원교수 정년퇴임기념논총간행위원회, 1993 ; 이해준, 「모곡서원(茅谷書院) 창건의 역사적 의의」, 『암청 박증의 도학정신과 유물유적』, 충남대학교 유학연구소, 2005 ; 이해준, 「魯岡書院 자료의 유형과 성격」, 『한국서원학보』 1권, 한국서원학회, 2011.
5) 이정우, 「17~18시기 재지 노·소분쟁과 서원건립의 성격 – 충청도 논산지방 광산김씨와 파평윤씨를 중심으로」, 『진단학보』 88, 진단학회, 1999.

향안과 청금록은 현재 남아 있는 지역이 많지 않고, 『사마방목』이 재지사족의 존재와 지배성관을 파악하는데 가장 보편적이고 유용한 자료이다.[6] 논산지역 역시 연산현 유안만 남아 있고, 재지사족의 존재를 파악할 수 있는 것은 『사마방목』이 유일하다.

〈표 1〉 은진현·연산현·노성현 세기별·가문별 입격자 배출현황

구분		15C	16C전	16C후	17C전	17C후	18C전	18C후	19C전	19C후	계
은진	계	1	3	13	8	9	3	8	13	19	77
	광산김씨		2		3	7				1	13
	부여서씨		1	2					1	2	6
연산	계	2	0	2	7	23	18	30	22	32	136
	광산김씨			2	5	3	11	14	12	47
	안동권씨	1				1	1	1	3	1	8
	파평윤씨					3	1	2	1		7
	나주임씨					1	2	3		1	7
노성	계	1	3	5	16	28	26	30	22	22	152
	파평윤씨					13	10	17	16	12	68
	남양홍씨	1	1		4		4			1	11
	무안박씨				1	4	3			1	9
	나주임씨						1	4			5

〈표 1〉은 논산지역에 해당하는 은진현, 연산현, 노성현의 『사마방목』 입록자를 세기별, 가문별로 나타낸 것이다.[7] 본 장에서는 〈표 1〉을 토대로

---

[6] 조선시대 생원진사시는 총 230회 설행되었고, 현재 [한국역대인물종합정보시스템에 생원시는 199회, 입격자 21,009명과 진사시 197회, 입격자 22,308명의 정보가 수록되어 있다.

[7] 모반으로 세 현이 恩山으로 합현된 시기(1646~1656)의 사마시 입격자는 1650년에 李重蓋, 慶賓, 鄭德昌이 있고, 1651년에 金棐, 金震聲, 閔穌, 尹溟擧, 1654년에 金重昌, 朴鴻遇, 金守煥, 柳烿가 있다. 이 가운데 이중신, 김집 외손 정덕창, 김장생의 서자 김비와 유후, 민화는 연산 거주자이고, 윤명거와 박홍우는 노성

은진현, 연산현, 노성현 『사마방목』 입록가문을 중심으로 논산지역 재지사족의 존재와 동향을 고찰하고자 한다.

1. 은진현

은진현은 연산현과 노성현이 비하여 그동안 학계의 주목을 받지 못하였다. 특기할 만한 지배성관과 인물, 서원이 존재하지 않았기 때문이다. 〈표 1〉에서 보는 바와 같이 은진현에서는 15세기에 입격자를 1명을 배출하였는데 姜應貞이다. 강응정은 진주강씨로 부친 姜毅[8]가 1440년 예산현감에 부임하였다가 은진으로 퇴거하면서 세거가 시작되었다. 강응정은 생원시에 입격하기 전 1470년에 충청도 관찰사가 올린 장계로 그의 효행이 조정에 알려져 정문이 내려진 바 있다.[9] 그 후 늦은 나이에 1483년 생원시에 입격하여 성균관 유생이 되어 金用石, 申從濩, 朴演, 孫孝祖, 鄭敬祖, 權柱 등과 함께 향약을 만들고, 『소학』을 강론하여 이들을 '小學契' 또는 '孝子契'라고 하였다고 한다.[10] 그는 훈구 가문에서 태어나 신종호, 손효조, 박연, 남효온 등과 교유하면서 자신의 가문을 사림의 성향으로 변화시킨 인물이라고 볼 수 있다.

강응정의 현손 姜復中(1563~1639)은 성리학에 침잠하거나 과거와 관직에 뜻을 두지 않고 향촌사대부로서의 삶을 살며 65수의 시조 작품과 2편의 가사 작품을 남겼다.[11] 그는 1574년에 고조부 강응정 묘소가 산송에 휘

거주자이고, 광산김씨 김진성, 김중창, 김수환과 경빈은 은진 거주자이다. 이들을 각각 세 현에 포함시켰다.
8) 진주강씨 공목공파로 姜蓍(1339~1400)의 셋째아들 姜淮順의 아들이다. 1429년 문과에 급제함.
9) 『조선왕조실록』 성종 1년 2월 7일.
10) 『秋江集』 권7, 잡저, 〈師友名行錄〉 이 외에도 『삼강록』, 『대동지지』 등에 강응정에 관한 사적이 실려 있다.
11) 육민수, 「강복중 시가문학의 담론 양상」, 『국제어문』 제74집, 국제어문학회,

말리는 등 연이은 소송과 家禍로 1591년에 尼山縣으로 이주해 살다가 1602년에 다시 은진으로 돌아왔다. 이산에 살던 시기에 고을 사람들이 연명하여 그의 효행을 조정에 알려 천거를 받았으나 출사하지 않고 향촌에 살면서 이소한, 이명한, 이정구, 이귀, 김장생, 김집 등과 교유하였다. 이러한 인연으로 아들 宗孝(1603~1660)가 김장생의 문인이 되었다.[12]

진주강씨 문중은 15세기에 사마시 입격자를 배출할 만큼 이른 시기부터 세거하였고, 여러 대에 걸쳐 주변 명사들과 교유하여 사족으로서의 입지를 다졌다.[13] 13세손 來鎬[14]는 유사와 기문을 모아 『중화재실기』를 1885년에 간행하면서 姜復中의 『淸溪遺事』와 姜宗孝의 『東隱遺藁』을 부편하였다.[15]

또한 진주강씨와 부여서씨 집안과의 인연은 강복중 대에 시작되었다. 강복중의 어머니는 부여서씨 橞의 딸이고, 서익의 도움으로 부친의 옥사를 해결하였다. 이러한 보답으로 강복중은 1613년 칠서의 옥에 연루되어 유배 간 서용갑과 서호갑에게 물품을 보내어 위로하였으며 유배지에서 죽은 서용갑의 장례를 치루어 주고 서호갑의 딸의 혼례를 도와 주기도 하였다.[16] 이러한 두 집안의 世誼는 훗날 강응정의 독향사우인 갈산사에 서익을 배향하는 일로 이어진다.

2017 ; 박영주, 「가사작가 인물전 - 향촌 사족의 집념을 진술한 청계 강복중」, 『오늘의 가사문학』 제2호, 고요아침, 2019.
12) 진주강씨 소감공파
　　姜著 - 淮順 - 毅 - 應貞 - 寅麟 - 琨 - 齡 - 復中 - 宗孝 - 弭周 - 系 世義...彝錫 - 來鎬, 來徵
13) 『淵齋集』 권25, 記, 〈孝子中和齋姜公旌閭記〉
14) 강내호는 서원이 훼철된 후에 〈葛山書院前後異兆〉와 〈書葛山尋院錄後〉를 1868년에 지었고, 1868년에 〈敬題葛山書院講堂〉, 〈撤院後登遺墟發嘆〉 등 시를 지어 서원 훼철에 안타까운 감회를 나타내었다.
15) 강응정의 묘갈명은 박성양이, 강호중의 묘지명은 서용갑, 서호갑과 도의지교를 맺었던 인연으로 그 후손 徐榮澤이, 강종효의 묘지명은 스승인 김장생의 후손 金志洙가 지었다.
16) 『금곡서원지』 湖西儒生金在龍等請葛山祠追享疏 庚申.

은진현에 세거한 부여서씨[17]는 奉禮公派이고 입향조는 徐貞壽이다. 서정수는 세조조에 예산현감 재임 중에 임금행차를 따라 온양에 왔었는데 당시 금주령이 내려졌음에도 이픈 장인 閔孝悅을 위해 술을 올린 죄로 옹진에 付處되었다. 유배 중에 부친 奉禮公 悅이 돌아가자 1468년에 은진현 江村里에 묏자리를 정하였고,[18] 이듬해 해배되어 은진 육곡리 일대에 정착하였다. 그 후 후손들이 세거하면서 은진의 토착성씨였던 남양홍씨나 장수황씨, 진주강씨 등과 통혼하였다. 입향조의 증손 徐寬이 1531년에 진사시에 입격하여 은진 입향 후 첫 입격자를 배출하였고, 이후 景福이 1561년 생원시에 입격하였다. 경복은 당시 사마시 입격자인 金田漑, 金燮, 崔應參 등과 함께 미암 유희춘과 교유하였다.[19] 입향 후 지역에 영향력을 가질 정도로 성장하게 된 것은 입향조의 5세손 徐益(1542~1587)대이다. 서익[20]은 李珥·鄭澈로부터 志友로 인정받았으며 의주목사로 있을 때에는 鄭汝立으로부터 탄핵을 받은 이이와 정철을 변호하는 소를 올렸다가 파직되기도 하였다. 그는 벼슬을 그만두고 낙향하여 은진현에 聚奎齋라는 서재를 열어 후

---

17) 부여서씨 봉례공파

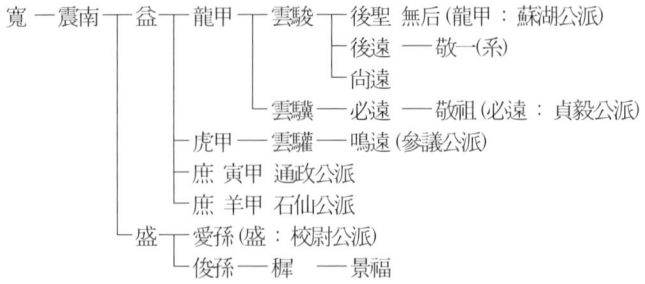

18) 『부여서씨세보』
19) 『미암일기』
20) 서익은 1569년(선조 2) 別試文科에 급제하였고, 그의 외조부 李若海는 李中悅의 아들로 묘소가 은진에 있다(『乙巳傳聞錄』, 李若海傳). 이약해는 을사사화가 일어나자 유관을 섬겼다는 죄목으로 羅淑·羅湜·鄭源과 더불어 죽임을 당하였다(『예종실록』 1년 4월 10일).

학을 양성하였다.

　이처럼 서익은 부친 서관의 재지적 기반, 외조부 이약해의 사림으로서의 입지와 자신의 능력과 활동으로 은진현은 물론 중앙정계에서 주목받는 인물이 되었고, 그의 자손들은 현달하여 은진현의 중심사족으로 성장하였다. 서익의 장남 서용갑은 어려서부터 조헌을 종유하였으며, 임진왜란에 가솔을 이끌고 강릉으로 피했다가, 난이 평정된 후에는 은진으로 돌아와 蘇湖山에 醉吟亭이라는 독서처를 짓고 '蘇湖'로 자호하며 소요하였다.[21]

　그러나 이렇게 중앙정계로 진출한 부여서씨 가문에 시련이 닥쳤다. 익의 서자 羊甲이 계축년 七庶의 獄에 연루되어 장살되었고, 이 여파로 서용갑과 서진익은 理山郡으로 유배되었다. 그리하여 이 가문은 1623년 신원되어 고향으로 돌아오기까지 10여 년을 암흑기로 보냈다. 이후 17~18세기에 부여서씨는 계축옥사의 악몽에서 벗어나 문중을 정비하기 시작하였다. 문중의 부흥을 위해 힘쓴 인물은 부친의 적소인 이산군에서 태어난 서필원(1613~1671)이다. 그는 문과급제 후 중앙정계로 진출하여 양주로 이거하였고, 족보를 편찬하기 위해 자료를 수집하였다. 徐鳴遠(1635~1699)은 송준길과 송시열의 문인이고 宋國輔(1602~1662)의 딸과 혼인하였다. 그리고 연산의 육신서원을 건립하는데 앞장섰으며 증조부 익의 서재인 聚奎齋를 중건하고 서익의 규약을 그대로 따라 강학하니 원근에서 따르는 이들이 많았다고 한다.[22] 서익이후 은진에 거주하는 부여서씨는 사마시 입격자를 배출하지 못하다가 19세기에 이르러 徐榮宅(1846년 진사), 徐奎勳(1880년 생원) 父子와 徐基道(1891년 진사)를 배출하였고, 徐台祿(1798~1861)은 효행으로 서명원과 같이 1889년에 증직되었다.[23]

　은진에 세거하는 광산김씨는 감찰어사공 良梓派[24]와 감찰공파이다. 양

---

21) 『여지도서』상, 은진현 / 『錦谷集』권17,묘표,〈贈參判徐公墓表〉
22) 『立齋集』권16, 묘표,〈奉直郎徐公墓表〉
23) 『錦谷集』권17, 묘표,〈徐孝子墓表〉
24) 광산김씨 監察御使公 良梓派

수파의 입향조는 김양수의 손자 金俞甫로 추정되는데, 입향동기는 혼인에 의한 것으로 보인다. 김유보의 부인은 은진의 토성인 덕은이씨로 李承玉의 딸이다.[25] 김유보는 1401년 문과에 급제하였고, 그의 사위는 임천조씨 趙瑤이다. 외손자 趙元卿과 외증손자 趙翊이 1466년과 1504년에 문과에 급제하였다. 이처럼 광산김씨는 토성인 덕은이씨와의 혼인으로 늦어도 15세기에 은진으로 입향한 것으로 보인다.

입향조의 5세손 金田漑[26]는 1549년 생원시에 입격하고, 1553년 별시문과에 급제하였다. 그는 취성당이라는 서재를 짓고 은진현 사족은 물론 유희춘과도 교유하였다. 또한 김전개와 같은 해에 진사시에 입격한 金燮(?~?)의 아들 秀南(1576~1636)[27]은 김장생 문인으로 1610년 진사시와 1624년 문과에 급제한 후 감찰 등을 역임하였고, 1630년에 冬至使의 書狀官으로 명나라에 다녀왔으며, 1634년에는 돈암서원 창건할 때 출문유사로 참여하였다. 병자호란 때 廟社를 따라 강화도로 피난하였으나, 적군이 침입하자 洪命亨과 같이 金尙容을 따라 南樓에 올라 焚死하였다.

감찰공파 김성휘(1535~1629)는 유복자로 집안이 매우 궁핍하여 배우지는 못했지만 어려서부터 治産에 힘써 재부를 축적하여 당대의 거부가 되었으며, 임진왜란 때 부족한 군량미를 많이 보충해주어, 국가로부터 여러 차례 관직이 제수되어 형조참의에 이르렀다. 이 계파의 곤수, 곤보와 성휘의

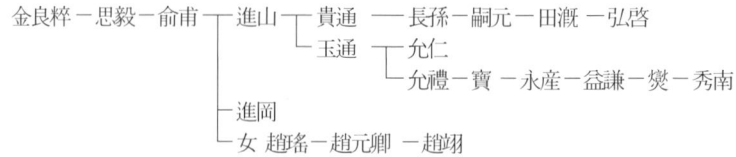

25) 덕은이씨는 조선 초기에 무과급제자를 5명 배출한 무인집안이었는데, 16세기 후반에는 생원진사와 문과 급제자를 배출하였다. 이승옥의 가계는 손자 哲孫 이후에 단절되었다.
26) 김전개의 후손들이 주로 關西지역으로 이거하고, 先代의 世居地였던 恩津을 본관으로 하여 김전개가 은진김씨의 시조가 되었다고 한다(광산김씨 대종회).
27) 金秀南의 자는 汝一이고, 호는 萬痴堂이다.

손자 정망, 정열 등은 김장생, 김집의 문인이고 돈암서원 관련 일에 적극 참여하였다. 특히 성휘의 맏손자 정망[28]은 김장생이 연산에 퇴거하여 왔을 때 제일 먼저 문인이 되었다고 한다. 은진에서 광산김씨의 재지적 기반은 서원 제향으로 이어져 김수남은 금곡서원에, 김성휘는 효암서원에 金廷望은 충곡서원에 제향되었다.

이처럼 은진현에는 15세기에 입향한 광산김씨, 진주강씨, 부여서씨가 생원진사시 입격자를 배출하였고, 관직에도 진출하였으며 서재를 지어 강학하여 재지적 기반과 학문하는 분위기가 조성되어 있었다.

2. 연산현

연산의 재지사족은 조선초기부터 거주해 왔는데, 제일 먼저 연산에 세거한 성씨는 礪山宋氏이다. 고려말 正嘉公 宋瑞의 아들 중 允蕃이 낙향하여 진잠에 살다가 그 자손들이 연산 花岳으로 이거하여 세거하기 시작하였다. 여산송씨와 같이 낙향한 외손가문은 固城李氏, 加平李氏, 全州李氏, 星州都氏 등이다.[29] 그러나 〈표 1〉에 의하면, 여산송씨와 그 외손가문 보다 광산김씨, 안동권씨, 파평윤씨, 나주임씨 등이 생원진사시 입격자를 많이 배출하여 조선후기에 이르러 연산의 지배성관이 되었음을 알 수 있다.

광산김씨는 조선초기에 金若采가 연산에 정착하면서 그의 장자 問의 후손들이 세거하기 시작하였다. 그 가운데 國光, 謙光과 후손들은 현달하여 중앙정계에 진출하여 16세기까지 근기지역에 거주하면서 사환생활을 하였다. 따라서 이 시기 생원진사시 입격자들의 거주지는 한성으로 등재되어 있다. 이후 김장생이 연산으로 낙향하여 본격적으로 강학하면서 연산 거주 입격자가 17세기부터 배출되었다.

---

28) 김성휘의 묘지명은 김집이 지었고, 김정망의 묘표는 송시열이 지었다.
29) 조중헌, 「연산지역 성씨 세거고(상)」, 『향토연구』 제9집, 충남향토연구회, 1991 ; 이연숙, 『돈암서원연구』, 충남대학교 석사학위논문, 1993.

김장생의 적자 가운데 장자 檠은 임진왜란 때 요절하였고, 차자 集은 산림으로 자처하며 부친의 예학을 계승하고 뒷날 호서사림의 핵심인물로 성장하는 인물들을 제자로 길러내어 호서사림의 영수가 되고 돈암서원에 배향되었다. 그러나 자신의 가계를 서자 益炯으로 대를 잇게 하여 支派가 되었으며 문원공파의 승중은 槃으로 이어지게 하였다. 그리하여 김집의 후손은 名賢의 후손이었음에도 불구하고 서얼이 가계를 이었으므로 호서사족 사회에서 門地와 명망이 높지 못하였다. 반면 반은 문과 출신의 정통관료로 성장하였고, 집안의 승중을 계승하여 자손들이 크게 번창하고 현달하여 대문벌을 형성하였다. 槃의 아들 가운데 益烈과 益熙 후손만 충청도 일대에 세거하였고, 益兼, 益勳, 益煦, 益炅 후손들은 사환가로 현달하면서 서울 근교로 옮겨가 연산 일대에 남은 재지파와 서울 근교로 옮겨간 京派로 나뉘었지만, 호서지역과 중앙정계에 큰 영향을 미치게 되었다. 경파는 당쟁기 그들의 정국운영에 있어서 여러 측면에서 호서사림 세력의 협조를 필요로 하였고, 연산 일대의 재지파는 그들의 가문적 지위를 유지하기 위하여 일정하게 관직의 경력이 필요하였다.[30]

이처럼 광산김씨 가운데 가장 현달하였던 가문인 문원공파 내부에서 당시 중앙정국의 주도권과 관련하여 경화사족화가 빨리 진행되었기 때문에 17세기 후반과 18세기 전반 사마시 입격자와 문과 합격자 수에서 연산거주 광산김씨의 비중이 노성의 파평윤씨에 비해 현저히 적다. 반면에 노성의 파평윤씨는 노성, 석성 등지를 기반으로 한 재지적 성격이 강하였다. 파평윤씨는 순거, 문거, 선거 등이 노성으로 돌아와 종계를 설립하고 종학을 세운 후에 擧字 항렬의 아들 세대인 扌변 항렬과 손자 세대인 敎字 항렬에서 번성하여 사마시 입격자를 배출하였다.[31]

---

30) 이영춘(1997), 「호서 사족사회에서의 광산김씨 문벌」, 『중원문화연구』 1권, 충북대학교 중원문화연구소.
31) 이러한 양상은 문과합격자 배출에서 더 확연하게 드러난다. 연산거주 광산김씨 문과합격자는 2명, 연산거주 파평윤씨 합격자는 2명, 노성거주 파평윤씨 문과합

연산에서 세거하는 김장생의 문인가문은 전의이씨, 청주한씨, 문화유씨 등이다. 이들 가문은 정회당의 유소활동, 돈암서원 창건과정과 향교에 적극 참여하였다. 연산사족들의 향촌활동 자료, 즉 정회당 유생들이 1600년부터 1695년까지 총 8회 관찰사에게 올린 儒狀, 돈암서원 봉안시 유생도기(1634, 1658, 1681, 1695년), 연산현 유안(1654), 청금록(1656), 향교좌목에 등에 등재된 인물들을 분석한 결과 광산김씨를 비롯하여 文化柳氏, 全義李氏, 驪興閔氏, 全州李氏, 淸州韓氏, 星州都氏 등이 대거 참여하였다.[32] 그리고 노강서원 봉안에도 참석하였다.

연산에 세거하는 파평윤씨는 노종오방파 가운데 충헌공파이다. 충헌공 윤전은 김장생과 양호호소사 막부에 종사관으로 참여하였고, 돈암서원 출문유사로 활동하였다. 그 아들 윤원거는 김장생, 김집의 문인으로 종형제인 윤순거, 윤문거, 윤선거, 송준길, 송시열, 유계 등과 돈암서원, 황산서원(죽림서원), 보광사 등지에서 교유하며 강론하였다. 윤원거는 안동권씨, 연일정씨와 사별한 후에 1643년에 광산김씨 灒의 딸과 재혼한 후, 1646년에 연산의 鳳凰村으로 이거하여 揄, 拊를 낳았다.[33] 둘째부인 연일정씨의 소생인 장남 拄의 아들 峕敎는 林治의 딸과 혼인하여 한산에 정착한 것으로 보이고, 광산김씨 소생 揄, 拊의 후손들이 연산에 세거하였다.

연산과 노성에 세거하는 나주임씨는 임붕의 후손이다. 林鵬(1486~1553)은 기묘사화 때 조광조를 구출하는 태학생 상소의 疏首로 활동하였

격자는 13명이다.

〈표 2〉 광산김씨, 노성거주 파평윤씨 입격자 배출현황 비교

성씨	15C	16C전	16C후	17C전	17C후	18C전	18C후	19C전	19C후	계
광산김씨				2	5	3	11	14	12	47
파평윤씨					13	10	17	16	12	68

32) 이연숙, 『돈암서원 연구』, 충남대학교 석사학위논문, 1993. 김장생 문인 중 연산 거주자는 김정망, 이항길, 이희영 류지하, 류성하, 김자빈, 최필, 김사립, 이공회, 류정민, 이후, 김원립, 홍사도, 도호민, 오삼성, 이봉주 등이다.
33) 『龍西集』 附錄 上, 年譜.

고, 문과에 급제하여 중앙 무대에서 활동하였다. 그와 아들 林復, 손자 林
愭, 林悌 등은 시문에 뛰어나 나주임씨를 會津의 '詩店'이라고 불릴 정도였
다.[34] 나주임씨의 『사마방목』입목사는 언산 거주자는 7명, 노성 기주지는
5명이다. 연산에 세거한 계파는 林㙉(1596~1652)의 후손이다. 아들 宏儒
는 삼년상을 마치고 연산 안곡으로 돌아와 정착하였다.[35] 굉유의 아들 世
讓, 世謙, 世誧 모두 생원진사시에 입격하여 연산이 거주지로 등록되어 있
다. 나주임씨는 파평윤씨, 광산김씨와 통혼하였다.[36]

이와 같이 연산의 재지사족은 생원진사시 입격자 수를 기준으로 볼 때
는 광산김씨, 파평윤씨, 나주임씨가 주도적인 성씨이지만 향촌활동의 참여
도로 볼 때 연산의 대표적인 사족은 광산김씨, 안동권씨, 가평이씨, 전주이
씨, 전의이씨, 문화유씨, 청주한씨 등임을 알 수 있다. 특히 광산김씨는 김
장생 직계 가문 외에도 겸광, 克羞, 克愧, 殷輝 자손들이 연산에 세거하여
생원진사시 입격자 배출은 물론 강학, 의병활동 등 향촌활동을 주도한 연
산의 대표적인 사족으로서 회덕의 은진송씨, 니산의 파평윤씨와 함께 호서
의 명족으로 지칭되었다.[37]

3. 노성현

15세기 노성으로 입향한 무안박씨는 생원진사시 입격자 배출은 다소
늦은 편이었다. 무안박씨 노성 입향조는 성삼문의 외손 朴增(1461~1517)
으로 어머니 창녕성씨의 3년 시묘를 마친 1492년 노성의 암천으로 들어와

---

34) 鄭夏汀, 『18세기 전반 羅州 林氏 家門 文人의 散文 硏究-林象鼎, 林象德, 林象
元을 중심으로-』, 고려대학교 박사학위논문, 2020.
35) 『歸鹿集』 권14, 墓碣銘, 「察訪林公碣銘」; 『滄溪集』 권1, 詩, 「次韻奉呈安谷族叔
宏儒」
36) 林㳓의 아들 㷜는 尹智敎(尹舜擧의 손자)의 딸과 혼인, 딸은 윤원거의 맏손자 시
교와 혼인, 林世讓의 딸은 金天澤과 혼인하였다.
37) 『懷德鄉校誌』〈鄉案序〉宋時烈 撰.

은거하였다. 그가 연고 없는 노성 암천에 은거한 것은 외조부 성삼문의 별장이 있는 연산 한양촌(부적면 충곡리), 성삼문의 일지총이 있는 은진(가야곡면 양촌리), 사육신을 모신 계룡사 숙모전, 생육신 김시습이 말년에 머물렀던 부여 무량사와 가까운 위치라는 점이 작용하였을 것이다.[38] 증은 1517년에 성삼문에 대한 외손봉사와 사환에 대한 유훈을 남기고 죽었다. 네 아들 大成, 大鵬, 大德, 大倫 중 大成(1497~1545)과 대붕은 노성에 세거하면서 자손이 번성하였다.

박증의 유허지에 1560년대에 현감 유몽렬이 보인당을 건립하였다. 무안박씨 가운데 보인당에 출입한 이는 宗憲(1562~1582)과 宗元(1570~1633)으로 김장생의 문인이다. 宗元은 정묘호란 때 군량을 운송하는 일을 도왔으며, 號召使 沙溪 김장생이 여러 대신들과 더불어 표창할 것을 아뢰어 군수에 임명되었다. 종원의 아들 訓(1599~1650)과 謙(1611~1639)은 보안당에 출입하면서 윤순거, 윤선거, 송준길, 송시열 등과 교류하였다. 특히 겸은 은진송씨 宋希遠의 딸과 혼인하여 宋奎濂의 고모부가 된다.[39]

노성현의 대표적인 재지사족은 파평윤씨이다. 파평윤씨의 노성입향에 대한 연구는 여러 연구자들에 의해 이루어졌다. 파평윤씨의 노성 입향은 윤돈(1519~1577)으로부터 비롯된다. 尹暾은 尹先智(1501~1568)의 둘째 아들로, 형과 아우는 경기도 파주에서 살았는데, 자신은 처가가 있는 이산현 득윤면 당후촌으로 내려와 살았다. 윤돈은 장인 柳淵으로부터 전답 174마지기와 노비 17구를 상속받아 삶의 터전이 되었다. 윤돈의 아들 昌世는 慶渾(1498~1568)의 딸과 혼인하여 처가의 기반이 있는 현재의 노성면 병사리 비봉산 자락으로 터전을 옮겼다.

윤창세(1543~1593)는 1574년에 병사에 孝廉齋와 誠敬齋를 건립하였고, 성남과 노성 양쪽을 왕래하며 아들과 손자들의 교육에 힘썼다. 윤창세는

---

38) 김경수, 「무안박문과 호서사림의 교유」, 『암천 박증의 도학정신와 유물 유적』, 충남대학교 유학연구소, 2005.
39) 『霽月堂集』 권6, 묘지명, 〈通德郞朴公墓誌銘〉

아들 5형제를 두었는데, 아들과 손자들은 과거시험을 치르기 위해 주로 성남 집에서 거주하여 학문에 힘써 5형제 중 燧(1562~1617), 煌(1571~1639)고 烇(1575~1636)이 문과에 급제하여 가문을 빛내있다. 황의 둘째 아들 舜擧(1596~1668)는 할머니 청주경씨의 지목으로 종가의 사손이 되어 할머니의 유지를 충실히 이행하고자 하였다. 파평윤씨 중심 인물들이 본격적을 노성에 거주한 것은 병자호란으로 국가와 가정적으로 어려움을 겪은 후에 은거하면서부터이다. 이 시기에 순거를 비롯한 여러 형제, 종형제들은 노성에 모여 살면서 종약, 종학을 마련하는 등 문중의 결속과 자제들의 교육에 치중하였다.

노성에 정착한 파평윤문은 자손이 번성하여 擧字 항렬에서 21명(季擧는 장단종중으로 출계),𣴎변 항렬은 51명, 敎字 항렬은 106명, 東字 항렬은 173명, 光字 항렬은 307명으로 번성하였고, 거주지도 노성현 장구동면 유봉, 가시라, 장구리, 죽림리를 비로하여 공주, 연산, 진잠, 석성 등지로 거주지를 확대하여 갔다. 그리하여 파평윤씨의 노성 입향조인 윤돈 이하의 자손을 칭할 때에는 '魯宗派'라고 하고, 창세의 아들 5형제 자손을 일컬을 때는 '五房派'라고 한다.⁴⁰⁾

또한 파평윤씨와 긴밀한 관계를 유지한 반남박씨는 문강공 朴紹의 후손 가운데 상월 牛谷에 세거한 가문이다. 박응천의 다섯째 아들 朴東民이 임진왜란이 일어나자 노모를 모시고 노성 명학동으로 피난왔다가 이듬해 병으로 죽었고 그 후손들이 노성에 정착한 것으로 보인다.

우곡에 거주하는 반남박씨는 파평윤씨, 남양홍씨와 통혼하였고, 노소분기 이후에는 소론의 정치적 입장을 견지하였다. 또한 이들 가문은 노강서원 건립에 주도적으로 참여하였다.⁴¹⁾ 박동선의 손자 박세견은 경유사로 참

---

40) 이연숙, 「조선후기 양반가의 문중교육-충남 논산시 노성면 파평윤씨 노종파를 중심으로-」, 『역사와 담론』 제52집, 호서사학회, 2009.
41) 박동선의 신도비명은 윤증이, 박사덕의 묘지명은 윤광소가, 박사수의 家狀은 윤홍규가 지었다. 박사덕과 윤광소는 이종형제간이고, 박사수의 외손이 윤홍규이다.

여하였고, 세기와 세구는 노강서원 건립을 주도적으로 추진한 인물이다. 동선의 孫壻 李永輝는 노강서원 건립 당시 석성현감에 재임 중에 3회에 걸쳐 물질적 부조를 한 인물이고, 박동량의 남양홍씨 외손들은 노강서원 봉안시도기, 청금록에 등재되어 있고, 노강서원과 구산서원 관련 상소에 적극 참여하고 있다.

이외에 노성현 재지사족 가운데 주목할 만한 성관은 남양홍씨와 청주양씨, 하음이씨이다. 남양홍씨는 연산과 노성일대에 세거하면서 15세기부터 입격자를 배출하였고, 보인당에 출입하였으며 구산서원 청액소에 참여하였다.[42] 그리고 노강서원 관련 시도기, 청금록에 많은 인물이 등재되어 있다. 청주양씨는 9세 春健(1448~1509)부터 노성 상월 주곡리에 정착하여 세거하였으며 『사마방목』에 양진행, 양진형이 입록되어 있고, 여필, 여찬, 진행, 진시 등은 보인당에 출입하면서 강학하였다.[43] 또한 무안박씨와 통혼을 하였다.

이와 같이 노성에 세거하는 파평윤씨는 단일 종파로서 전체 입격자 가운데 차지하는 비중이 상당히 높고, 문과급제자 역시 전체 18명 가운데 파평윤씨가 13명을 배출하여 노성의 주도성씨임을 알 수 있다. 남양홍씨는 15세기부터 사마시 입격자를 배출한 가문으로 노강서원 유생도기나 청금록에, 노강서원과 구산서원 관련 유소에 소두나 유생으로 적극 참여하였다. 무안박씨 역시 보인당에서 차지하는 지분이 높고 노강서원에 적극 참여하여 노성의 주도적인 가문이라고 할 수 있다. 이외에 청주양씨, 청주한씨와 입격자를 2명 배출한 의령남씨 가문 인물들이 노강서원 도기와 청금록에 다수 등재되어 있어 주목할 만하다.

---

42) 1566년에 洪允軾이 보인당 기문을 李珥에게 가서 받아왔고, 1723년 구산서원 청액소에 진사 洪南斗, 진사 홍하석, 홍하채 등이 참여하였다.
43) 〈보인당 제생록〉

III. 서원건립 추이와 제향인물의 성격

논산시역 사족들은 조선전기부터 서재를 건립하여 강학히며 학문은 물론 재지적 기반을 구축하였다. 은진의 취성당, 연산의 정회당과 양성당, 노성의 보인당이 그 사례이다. 보인당과 양성당은 노성현과 연산현이라는 지역 범위를 넘어 호서지역, 더 나아가 호남, 근기지역 인사들도 모여 강학하고 학문교류를 하였다. 이러한 서재에서의 강학활동과 교유로 사승관계가 형성되어 도학연원을 같이하는 학파로 성장하였고, 정파=학파의 등식이 형성되면서 17세기 중앙정국을 주도하는 인물들을 배출하였다. 또한 인근 유생들과 강학, 회합을 통해 향촌사회 결집을 이끌어낼 수 있었고, 이러한 분위기는 곧 서원건립으로 이어졌다.

〈표 3〉 논산지역 서원현황

지역	서원명	건립년도	배향인물	비 고
노성현	노강서원	1675년	尹煌, 尹宣擧, 尹文擧, 尹拯	1682년 사액, 1717년 현판철거 1723년 현판복액, 1781년 중수
	茅谷書院	1805년	朴曾, 李必泰, 成三問	1774 모곡별청 창건
연산현	돈암서원	1634년	金長生, 金集, 宋浚吉, 宋時烈	1659년 사액 1881년 이건
	구산서원	1700년	尹元擧, 尹烇, 尹舜擧	1710년 위차변경
	충곡서원	1692년	階伯, 朴彭年, 成三問, 李塏, 柳誠源, 河緯地, 俞應孚, 金益兼, 朴曾	
	휴정서원	1699년	柳懋, 柳文遠, 李恒吉, 金廷望, 權燧	
은진현	금곡서원	1687년	金秀南, 成三問, 曺繼明	1690년 이건
	효암서원	1713년	姜應貞, 徐益, 楊應春, 金文起, 金成輝, 南俊, 金必泰	1592년 소실(葛山祠)
	행림서원	1867년	徐益	

조선시대 논산지역에 해당하는 노성현, 연산현, 은진현에 건립된 서원은 앞의 〈표 3〉과 같다. 논산지역의 서원 가운데 돈암서원과 노강서원, 구산서원과 모곡서원에 관한 연구는 많이 이루어졌다.[44] 따라서 본 장에서는 그동안 연구되지 않은 서원을 중심으로 서술하고 논산지역 전체 서원 건립 추이와 제향인물의 성격에 대해서 고찰하고자 한다.

1. 은진현

聚星堂은 이이가 '취성당'이라 편액하였는데, 선조조에 정랑을 지낸 金田漑가 창건한 서재이다. 김전개는 당시 은진의 사족으로 비슷한 시기에 사마시에 입격한 서관, 김섭, 서경복 등과 함께 강학하였다. 이처럼 은진현에는 조선전기부터 사족들의 교류가 있었고, 취성당에서 강학과 회합을 하였던 것으로 보인다. 그러나 은진현에 건립된 서원은 생전에 서재를 바탕으로 강학활동을 한 인물이 아니라 충신과 효자 등 절의를 지킨 인물을 배향하였다.

김집이 서원건립을 처음 발의한 이후 은진의 유생들은 성삼문, 강응정, 조헌, 김수남을 병향하고자 많은 노력을 기울였다. 여기에 송시열이 성삼문, 조헌, 김수남을 제향하게 해 줄 것을 상소하여 힘을 보태었다.[45] 그리하여 1687년에 은진현 동쪽 釣亭里(현 가야곡면 조정리)에 金谷祠를 건립

---

44) 이연숙, 『돈암서원연구』, 충남대학교 석사학위논문; 이연숙, 「돈암서원의 건립과 성격」, 『민족문화의 제문제』 권태원교수 정년퇴임기념논총간행위원회, 1993 ; 김문준, 「돈암서원의 강학 활동」, 『한국철학논집』 58, 한국철학사연구회, 2018 ; 이철성, 「1880년 論山 遯巖書院의 移建과 재원확보」, 『역사와 담론』 88, 호서사학회, 2018 ; 임선빈, 「遯巖書院의 건립배경과 賜額 검토」, 『조선시대사학보』 85권, 조선시대사학회, 2018 ; 이해준, 「모곡서원(茅谷書院) 창건의 역사적 의의」, 『암천 박증의 도학정신과 유물유적』, 충남대학교 유학연구소, 2005 ; 이해준, 「魯岡書院 자료의 유형과 성격」, 『한국서원학보』 1권, 한국서원학회, 2011.

45) 『금곡서원지』 〈釣亭建祠時疏草〉 송시열 撰.

하고, 김수남을 독향하였다.⁴⁶⁾ 이는 숙종대 서원첩설 금지령에 따라 조헌은 금산의 사우에 봉안되어 있고, 성삼문 다른 서원에 제향되어 있었기 때문에 김수남만을 제향하는 것으로 결성이 내려진 것으로 사료된다. 이후 송시열은 1689년에 김수남의 유허지인 金谷으로 이건할 것을 제안하였고, 은진현 진사 李之綱과 유생들이 받아들여 1690년에 금곡으로 이건하였다.

한편 효자 강응정⁴⁷⁾에 대한 추숭은 김계휘(1526~1582)가 묘지기를 두어 보호할 것을 청하는 소⁴⁸⁾를 올리면서 시작되었다. 이후 16세기 중후반 즈음에 갈산사를 건립하여 제향하였으나⁴⁹⁾ 임진왜란으로 소실되어 오랫동안 제향하지 못하였다. 이후 성리학적 이념이 정착되어 충효의 가치가 높아지면서 강응정의 효행과 당시 사림세력과의 교유, 후손 姜復中과 姜宗孝의 향촌활동,⁵⁰⁾ 사우관계에 힘입어 중건 논의가 일어났다. 즉 송시열이 갈산사 중건의 단초를 열었고⁵¹⁾ 돈암서원 유생 金鎭望 등이 1692년에 은진향교에 통문을 보내어 강응정의 제향을 독려하였다. 이에 고무된 은진유생 安紀 등이 1693년에 충청도의 유생들에 통문을 보내면서 중건이 활발하게 추진되었다.⁵²⁾ 그러나 곧바로 중건은 되지 못하였고 1713년에 비로소 葛山祠를 은진현 葛麻山 아래로 옮겨 중건하여 강응정을 제향하였다.⁵³⁾ 곧이어 호서유생 柳聃 등이 1715년에 청액소를 올려, '본원은 중건이고 첩설이

---

46) 김수남의 봉안 제문과 춘추향 축문을 윤증이 지었다.
47) 『秋江集』 권7, 雜著, 〈師友名行錄〉 / 『三綱錄』 / 『대동지지』.
48) 『剛齋集』 권5, 序, 〈中和齋姜公事蹟序〉.
49) 『효암서원지』, 『중화재실기』.
50) 姜復中은 은진에 거주하면서 서용갑, 서호갑과 교유하였고, 그의 아들 宗孝는 김장생의 문인으로 병자년 정묘년 호란에 「勤王文」을 짓고 백의로 나아가 임금을 지키고자 하였다(『중화재실기』 / 『剛齋集』 권5, 序, 〈中和齋姜公事蹟序〉).
51) 『剛齋集』 권5, 序, 〈中和齋姜公事蹟序〉.
52) 〈遯巖書院儒生金鎭望等通恩津鄕校文〉 壬申, 〈恩津儒生安紀等通本道文〉 癸酉(『중화재실기』, 『효암서원지』).
53) 중건상량문은 尹揄(1647~1721)가 1713년에 지었다. 이듬해 강응정을 봉안하였는데, 봉안제문은 윤증의 문인 梁得中(1665~1742)가 지었다.

아니므로 새로 반포된 朝令과 사체가 다르니 사액을 회복해 달라'고 청원하였으나[54] 사액은 이루어지지 않았다.

이후 1734년에 서익(1542~1587)이 추향되었는데, 추향 통문이 전하지 않아 저간의 사정은 잘 알 수 없다.[55] 서익은 鄭汝立으로부터 탄핵받은 이이와 정철을 변호하다가 파직된 인물로 서인 입장을 견지하였다. 이러한 그의 행보, 부여서씨의 재지적 기반과 진주강씨와 부여서씨 가문의 세의로 추향이 가능할 수 있었다. 그리고 10년 후에 은진현 유생들은 1744년에 서원의 왼쪽에 강응정 정려를 改建하고, 강응정의 증직과 사액을 청하였다.[56]

이렇게 두 차례에 걸친 청액은 이루어지지 않았다. 『여지도서』와 『연려실기술』에는 금곡사와 갈산사로 기록되어 있다. 갈산사는 임진왜란으로 소실되기 이전에 '효암'이라는 사액을 받았다는 서원 측의 주장이 있지만 공적 자료에는 기록이 남아있지 않다. 1744년 강응정의 정려를 개건하면서부터 관에서 牲幣를 奉進해주었지만 갈산사로 칭하였고, 후에 다시 갈산서원[57]으로 하였다가 1868년 훼철되었는데, 그 이유가 사액이 復額되지 않았기 때문이라고 한다.[58] 추정컨대 복설되면서 효암서원이라고 칭한 것으로 보인다.

또한 1736년에 은진의 유생 安廷稷, 李瑞臣, 趙復命 등이 성삼문과 양응춘을 합하여 제사지내는 향현사를 조정에 품의하지 않고 창건하였다. 숙종 40년 첩설금령 이후로 이미 제향된 인물들을 다시 중첩 제향하는 것을

---

54) 〈湖西儒生柳岲等請院額疏〉 乙未.
55) 李縡가 1734년에 서익봉안제문을 지었고, 『만죽집』 서문도 지었다. 양득중이 〈恩津葛山書院春秋享祝文 萬竹軒徐益上疏救栗谷斥汝立〉을 지었다.
56) 1747년에 기호유생 진사 李齊恒 등이 강응정의 증직과 사액을 청하는 장문을 예조에 올리고 돌아왔다. 소두 李齊恒(1694~?)은 자는 允之, 본관이 加平이고 李夏翼의 아들이다. 1729년 진사시에 입격하였다. 현재 연명한 유생의 이름만 남아 있다.
57) 〈葛山書院奉安祭文〉(만죽헌집), 〈恩津葛山書院春秋享祝文〉(덕촌집).
58) 『효암서원지』.

엄금하는 서원억제정책에 따라 향현사는 훼철됨은 물론 주도한 당시 현감 李道善을 파출시키고 유생들을 3년간 과거에 응시하지 못하도록 자격을 정지시켰다.[59] 이에 은진현 유생들은 새로운 사당 건립은 포기하고 기존의 서원에 추향하는 방식을 선택하였다. 그리하여 성삼문은 一肢가 은진 양촌리에 묻혀 있다는 이유로,[60] 曹繼明(1568~1641)은 은진현감을 지냈다는 이유로 1781년에 금곡서원에 추향되었다. 추향시 위차 논의가 있었는데, 당시 禮文 大家에게 질의하여 성삼문이 나이와 덕이 높지만 거주지가 아니라는 이유로 '不脫主席之義'라는 지침을 받아 기존 위차를 고수할 수 있었다.[61]

楊應春(?~1592)[62]의 제향논의는 연산, 금산, 회덕, 돈암서원의 유생들이 발문하여 논의를 주도하였는데 어느 사우에 종향할 것인지에 대해서는 결정하지 못하는 있는 상황이었다. 임천향교 유생들과 부여향교 유생들이 양응춘의 고향(桑梓之鄕)인 은진현의 갈산사에 추향할 것을 청하였다. 즉 금곡사는 김수남과 세대차이가 있어서 위차 문제가 발생할 소지가 있었고, 갈산사는 충효가 두 개의 이치가 아니고 강응정과 나이 차이가 많이 나지 않기 때문에 위차변화 없이 추향이 가능하였기 때문이다. 이들의 요청이 받아들여져 양응춘은 1794년에 갈산사에 추향되었다.

19세기 후반에 들어 효암서원에 다시 추향의 바람이 불어 1853년 金文起, 1856년 金成輝, 1858년 南俊[63]과 金必泰(1728~1792)[64]가 추향되었다.

---

59) 『서원등록』 영조 14년(1738) 7월 24일.
60) 『여지도서』 上.
61) 『금곡서원지』.
62) 양응춘은 회덕현감을 지내다가 임진왜란이 일어나자 의병장 趙憲을 따라 청주에서 왜군을 무찔렀고, 이어서 금산 전투에 참가하여 왜군과 싸우다가 전사하였다. 양응춘은 이조참의로 증직되고, 1720년 충신으로 旌閭가 내려졌다.
63) 남준은 임진왜란 때 의병장이다 본관은 宜寧, 호는 梅溪이다. 장예원판결사를 역임하고, 임진왜란 때 의병장 조헌의 휘하에 들어가 청주전투에서 왜군을 무찌르는데 공을 세웠다. 이어 금산전투에서 왜군과 교전하다가 조헌과 함께 전사하였다.
64) 광산김씨로 金元行과 宋煥箕(1728~1807)의 문하에서 공부하였다. 그는 향리에서 후학들을 교육하여 인재를 양성하였으며 부모에게 효성이 지극하여 돌아가신 뒤

김문기 추향은 사육신의 복권 이후 김문기를 제향하는 서원이 없는 상황에서 1852년 청주의 화양서원, 회덕의 종회사, 연산의 돈암서원 재임과 유생들이 통문을 보내면서 추향이 추진되었다. 金成輝(1535~1629) 추향은 금산향교, 고산향교, 금산 중용사, 임피 鳳巖書院, 옥천 향교와 표충사, 익산 華山書院, 노성 향교와 闕里祠, 공주 忠賢書院, 연산 향교와 휴정서원, 회덕 宗晦祠, 여산 향교, 연산 돈암서원 등에서 통문을 보내어 추향을 추진하였다. 즉 김장생, 김집, 송시열을 배향하는 서인·노론계 서원의 독려와 협조로 김문기와 김성휘의 추향이 이루어진 것이다. 연이어 1860년에 강복중과 강종효의 추향을 시도하였으나[65] 이들의 추향은 이루어지지 못하고 서원은 1868년에 훼철되었다.[66]

그런데 봉안과정에서 김성휘가 서익보다 나이가 많다는 이유로 위차문제가 발생하였다. 위차에 대한 판단을 서원에서는 道伯에게 일임하였고, 도백은 예조판서에게, 예조판서는 山長 宋來熙에게, 송내희는 다시 예조판서에게 그 결정의 책임을 미루고 있었다. 도백, 예조판서, 산장이 서로 눈치를 보며 결정하지 못하는 상황에서 서익의 후손과 유생들이 서익이 六谷에 오래 거주하였으므로 이곳에 專祠하는 것이 좋겠다고 여겨 杏林書院을 건립하고 이봉하였다. 후에 후손 徐文錄과 徐廷勳이 서원에 杏林祠碑를 세웠다.[67]

이렇듯 추향 위차논의에서 산장, 도백, 예조판서가 서로 눈치만 보고 결정을 내리지 못하는 상황에서 서익은 행림서원으로 이봉되었고, 김성휘의 추향은 이루어졌다. 이는 광산김문의 재지적 기반과 영향력으로 가능한 일이었을 것이다.

에도 성묘를 게을리 하지 않아 감사의 추천으로 사헌부감찰과 영릉령을 지냈다. 1811년(순조 11) 문인인 黃彦鎭 등의 편집을 거쳐 손자인 金光鈺에 의해 간행된 『屯庵集』이 있다.
65) 〈湖西儒生金在龍等請葛山祠追享疏〉庚申.
66) 〈葛山書院前後異兆〉.
67) 『錦谷集』 권13, 碑, 〈杏林祠碑〉.

2. 연산현

성회낭가 양성낭은 광산김문의 서재이나. 징회딩은 연산 김계휘가 1557년에 건립하여 다시 출사하는 1563년까지 6여 년간 후학양성과 향촌교화에 전념하였던 서재이다. 양성당은 김장생이 연산으로 퇴거한 후에 아한정의 터에 양성당을 짓고 강학활동에 전념하여 초기 문인 최명룡, 장유, 정홍명, 박미 등과 후기 문인 송준길, 송시열, 윤선거, 이유태, 유계 등 소위 '충청오현'을 배출한 곳이다. 그가 1631년에 돌아가자 양성당 옆에 1634년에 서원을 건립하고, 1659년에 '돈암'이라는 사액을 받았다. 이렇게 바로 서원을 건립할 수 있었던 것은 그의 학문적 성취, 정묘호란 당시 양호호소사로서 활동한 이력과 광산김문의 재지적 기반 그리고 무엇보다 그의 문인들이 중앙정계에 포진해 있었기 때문에 가능한 일이었다. 즉 돈암서원은 김장생이 생전 강학하였던 서재인 양성당을 모태로 문인과 재지사족들이 건립한 서원인 것이다.

돈암서원은 건립과 동시에 김장생을 제향하였고, 이후 1658년에 아들이자 高弟인 김집(1574~1656)을, 1688년에 문인 송준길(1606~1672)을 그리고 1695년에 송시열(1607~1689)을 추향하였다. 배향인물의 정치, 학문적인 위상은 곧 그 서원의 위상과 직결된다. 즉 돈암서원은 호서지역 서원의 수선지지에 있었다고 할 수 있다.

17세기는 붕당정치가 본격화되면서 서원건립이 가장 활발한 시기로 돈암서원 건립 후 17세기 후반기에 사육신을 제향하는 서원과 김장생 문인을 제향하는 서원이 건립되었다. 먼저 성삼문의 유년시절 거주하였던 연산지역에 홍우주, 김광로, 김만준 등의 주도로 1673년에 유허비를 세웠으며, 1691년 사육신에 대한 복관과 치제의 명이 내려지자마자 연산에 1692년에 충곡서원을 건립하였다. 연산이 계백장군과 성삼문의 자취가 남아 있는 곳으로 제향을 모시기에 적합한 곳이며 선비들이 정한 의론에 따라[68] 계백, 사육신(박팽년, 성삼문, 이개, 유성원, 하위지, 유응부), 김익겸 등 8인을 제향하였다. 김익겸은 김장생의 손자, 槃의 아들로 병자호란 때 강화에서 순절하였다. 따라서 의리를 지켜 순절한 행의에 광산김문의 탄탄한 재지적 기반, 조부의 후광, 자손의 번성과 현달로 서원에 제향되는 것은 어쩌면 당연한 처사일 것이다. 8년 후 1700년에 연산의 유학 金得兼 등은 사액을 청하였으나 받아들여지지 않았다.[69] 사액의 길이 막히자 1701년 이관명이 몰수한 성삼문의 전답을 홍주에 있는 서원으로 출급하도록 한 전례와 마찬가지로 연산 서원에 출급하는 것이 사의에 합당할 듯하다고 아뢰어[70] 허락을 받았다. 1817년에 성삼문의 외손자 박증을 추배하였다.[71]

휴정서원은 1699년에 건립되어 柳懋, 柳文遠, 李恒吉, 金廷望, 權惰를 배향하였다. 류무, 이항길, 김정망은 사계 문하에서 수업하였고, 류문원과 류무는 연산의 대표 사족인 문화류씨로 류문원의 숙부 濟民과 定民은 사계, 신독재의 문인이다. 유무는 후진양성에 힘써 연산사족 가운데 그의 문하에서 수학한 자들이 많이 있다.[72] 권수는 안동권씨로 연산 사족 洪思道의 외손이고, 李尙膺(전주이씨), 具碩寶(결성구씨), 金以鉉(광산김씨)의 사위이다. 이처럼 휴정서원의 배향인물은 사계 김장생의 문인이자 연산현의 대표적인 재지사족이다.

구산서원[73]은 1700년에 尼山과 연산 사이 땅을 택하여 건립하고, 1702년에 尹元擧를 독향하였다.[74] 이 후 1707년에 충청도 진사 李萬誠 등이 상

---

68) 『玉吾齋集』 권12, 上樑文, 連山六臣書院上樑文.
69) 『서원등록』 숙종 26년(1700) 11월 초5일.
70) 『서원등록』 숙종 27년(1701) 2월 27일.
71) 『담정유고』 보유집, 〈巖川朴處士 增 忠谷書院奉安文〉 『화산집』 권6, 축문, 〈巖川朴處士 增 配享忠谷書院祝文〉.
72) 李東翼, 李夏翼, 李後膺, 李湜, 李浣이다.
73) 『충남의 서원사우』 등에 윤문거를 추배한 것으로 되어 있으나, 추배 관련 통문, 제문, 축문 등이 남아 있지 않고, 『연려실기술』이나 1816년에 올린 구산서원 청액소에 따르면 윤문거의 추배는 이루어지지 않았다.
74) 〈龜山書院營建時通文〉은 윤원거가 노성에서 세거하다가 중년 이후에 연산에 우거하였기 때문에 노성과 연산 사이의 땅을 택하여 건립하기 시작하였으나 오랫

소하여 윤전, 윤원거, 윤순거를 이산의 윤황 서원에 추향할 것을 청하였다.[75] 이 상소가 뜻을 이루지 못하자 1710년에 尹烇과 윤순거를 구산서원에 추배하고 위차를 변경하여 윤전을 수향으로 봉안하였다.

윤전은 율곡, 우계 문인으로 김장생과 동문수학하였고, 김장생이 양호 호소사에 임명되어 의병을 규합하여 막부를 구성하였는데, 이 때 종사관이 되어 군읍을 돌아다니며 의병과 군량을 모았다. 이러한 김장생과의 깊은 교유로 돈암서원 창건 출문유사로도 참여하였다. 그리고 병자호란이 일어나자 弼善으로서 세자빈을 보필하고 江都에 들어가 성이 함락되자 자결하였다. 당시 강화에서 순절한 인물들 가운데 宋時榮은 영동 초강서원(1665년)에, 김수남은 은진 금곡서원(1687년)에, 김익겸은 연산 충곡서원(1692년)에, 이시직은 회덕 숭현서원 별사에 제향되었는데 윤전만이 자신의 고향에 제향되지 못한 상황이었던 것이다.

윤순거와 윤원거는 모두 김장생, 김집의 문인으로 송준길, 송시열, 이유태, 유계 등과 황산의 임리정, 양성당 등에서 강학과 학문교류를 한 대표적인 서인학자이다. 윤원거는 돈암서원 창건 통문 출문유사로 참여하였고, 순거의 아들 晢이 돈암서원 청액소에 대표로 활약하였으며 원거의 아들 揄와 抈가 돈암서원 봉안 등 서원의 일에 적극 참여하였다. 그리고 두 집안 사이에 통혼이 많이 이루어졌다.[76]

이처럼 구산서원은 윤전, 윤원거, 윤순거의 사승관계와 행의, 김장생을 비롯한 광산김문과의 유대로 연산에 건립될 수 있었던 것이다. 건립 이후 1723년 노성의 진사 洪南斗 등이 구산서원 청액소를 올렸고,[77] 1816년에

동안 완성하지 못하고 있는 상황에서 재력을 모으기 위해 발송한 것이다. 그리하여 건립(1700년)과 봉안(1702년)까지 시일이 걸렸던 것으로 보인다(『용서집』 부록).
75) 『숙종실록』 33년 9월 2일.
76) 윤순거의 아들 揎의 壻가 김장생의 증손인 金萬増(부:益顯, 조:규)이고, 원원거의 세 번째 부인이 광산김씨 灝의 딸이고, 그의 아들 抈의 부인이 梁(부:善生)의 딸이고, 사위가 金世聲(洛의 孫)이다. 윤문거의 장남 搏의 부인이 송시열의 딸이다.
77) 『승정원일기』 1723년 3월 13일.

충청도, 전라도 양도 유생 등이 소를 올려 김상용, 이시직, 송시영 등은 윤전과 동시에 순절하였는데 그들을 제향한 祠院은 사액의 은전을 입었는데 유독 윤전의 사원만이 성전을 입지 못하였으니 華額을 내려달라고 청하였으나[78] 사액은 이루어지지 않았다.

한편 중앙정국이 노론과 소론으로 나뉘어져 정국이 경색되기 시작한 이후, 노론과 소론의 각축장이라고 볼 수 있는 연산과 노성에 각각 구산서원(1700년)과 궐리사(1716년)가 건립되었다. 이에 대한 연구성과에 따르면 구산서원을 소론계 서원으로 규정짓고, 노론계 텃밭인 연산에 소론계 서원인 구산서원을 건립하여 파평윤씨 일문을 제향하여 견제하고자 한다는 시각이 있다.[79] 이러한 시각은 당시 정치적인 상황과 서원 건립과 운영을 주도한 인물[80]들을 볼 때 설득력이 있다.

구산서원은 소론계 주도로 건립되었지만, 윤전이 강화에서 순절한 인물이라는 점, 연산의 광산김문, 노성의 파평윤문과 회덕의 은진송씨가 사승관계와 혼인관계로 매우 친밀한 관계를 형성, 유지하였던 점 등을 감안한다면 연산을 비롯한 인근의 사족들이나 돈암서원에서 구산서원 건립을 반대하지 않았을 것이다. 오히려 노강서원에 이들의 합향이 이루어지지 않았던 점은 파평윤씨 가문 내에 여의치 않았던 저간의 사정이 있었을 것으로 사료된다.[81]

---

78) 『승정원일기』 1816년 9월 26일.
79) 이정우(1999), 「17~18시기 재지 노·소론의 분쟁과 서원건립의 성격-충청도 논산지방 광산김씨와 파평윤씨를 중심으로」, 『진단학보』 88, 진단학회.
80) 윤증은 〈龜山書院龍西先生春秋享祝文〉과 윤전과 윤순거 춘추향 축문인 〈龜山書院春秋享祝文〉을 지었고, 양득중은 1710년에 〈龜山書院追享後村童土兩先生通文〉과 〈連山龜山書院追享後村童土祭文〉을 지었다.
81) 노강서원에 제향된 인물은 문정공파인데, 윤전과 윤원거는 충헌공파, 윤순거는 설봉공파라는 점, 윤전은 강화에서 순절하였는데, 윤선거는 살아 돌아왔다는 점 등도 생각해 볼 문제이다. 역으로 노론 입장에서는 강화에서 순절한 윤전을 연산 구산서원에 제향함으로써 노성의 파평윤씨를 자극할 수도 있었을 것이다.

3. 노성현

쥐성당, 정회당과 양성당이 개인의 서재인 것과 달리 노성의 보인당[82]은 현감 柳夢說의 주도로 박증의 유허지 명학당에 건립된 서당이다. 건립 후 洪允憲이 이이에게 가서 보인당 기문을 받아 온 후 8월부터 강학이 시작되었다고 한다.[83] 이후 강회는 임진왜란으로 중지되었다가 1617년에 재개되었다. 이 해에 작성된 講案을 보면, 講長은 김상헌이고, 김집, 윤황, 李緯,[84] 宋國澤 등이 강학을 인도하였으며 주로 회덕의 송준길, 송시열, 연산의 김집 등 광산김문, 노성의 윤순거, 윤문거, 윤원거 등 파평윤문과 무안박씨, 청주양씨, 남양홍씨 등이 유생으로 입교하였다. 이들은 17세기 호서사림의 핵심인물로 성장하였다. 이 즈음 尹舜擧가 다시 옛 규례대로 정비하였다.[85]

노성에 가장 먼저 건립된 서원은 노강서원[86]으로 윤황, 윤문거, 윤선거, 윤증을 배향하였다. 이 서원이 창건할 때는 정치적으로 노소분기가 있기 전이었고, 이들 인물이 보인당, 양성당, 죽림서원 등지에서 함께 강론하고 회합했던 호서사림의 핵심인물이었기 때문에 서원 건립에는 중앙관료와 지역 사족들의 협조 아래 이루어졌다. 즉 노강서원은 金壽恒이 營建通文을 지어 각 서원과 향교에 보내었고, 京有司 閔維重, 金萬基, 朴世堅(1619~

---

82) 현재 보인당은 노성 종학당 내에 보인당의 현판을 걸어 놓아 파평윤문의 서재였던 것처럼 오인될 수 있다. 이에 무안박씨의 후손의 노력으로 『암천 박증과 모곡서원』(2003)의 단행본이 있고, 2004년 충남대학교 유학연구소에서 특집으로 『암천 박증의 도학정신와 유물 유적』을 발간하여 보인당은 박증의 유허지에 현감 유몽열이 세운 서재임을 알리고, 모곡서원 창건과 무안박씨의 교유 등에 대한 연구를 수록하였다.
83) 『栗谷全書』卷13, 記,〈輔仁堂記〉
84) 이위(1590~?)는 여주이씨로 1624년 생원시에 입격하였고, 거주지가 尼山으로 되어 있다.
85) 『童土集』附錄,〈童土先生尹公行狀〉
86) 이해준,「魯岡書院 자료의 유형과 성격」,『한국서원학보』1권, 한국서원학회, 2011.

1683), 呂聖齊, 李選, 金萬重, 申翼相, 趙師錫, 鄭維岳, 趙根(1631~1690) 등과 노성의 유생 朴世薷,[87] 李師吉[88] 등의 주도로 1675년에 건립되었다. 건립 후 바로 윤황과 윤선거를 배향하였다. 〈봉안시도기〉에 따르면 전체 258명이 참석하였고, 그 가운데 이산거주자가 113명이었다. 가문별로 보면 파평윤씨 23명, 남양홍씨 13명, 무안박씨 7명, 하음이씨 6명, 청주양씨 5명 등이다.

　1682년에는 京有司 羅良佐, 金昌協, 趙得重, 李師吉 等의 주도로 윤문거 배향과 請額을 추진하여 5도의 유생들이 상소에 힘입어 윤문거의 추향과 사액이 이루어졌다.[89] 이때에도 전국 각 지역의 지방관, 향교, 서원으로부터 부조를 받았다. 나양좌, 전라감사 趙世煥, 평안감사 柳尙運, 충청감사 尹敬敎, 전라감사 申翼相, 경상감사 李秀彦, 강원감사 鄭始成, 함경감사 尹趾善, 충현서원 재임, 돈암서원 재임, 죽림서원 재임, 鳳鳴書院 재임, 莘巷書院 재임, 深谷書院 재임이 부조하였다. 부조한 지방관 가운데 주목할 만한 인물은 황해감사 黃俊耇, 전라감사 李東稷, 충청감사 南二星, 경상감사 李翻, 황해감사 李之翼, 능주목사 尹搢, 헌릉참봉 李迪吉, 함경감사 呂聖齊 등과 私人으로 과천 羅良佐가 있다. 이들은 노소분당 이후에는 주로 소론 입장을 견지하였다. 또한 여산 죽림서원, 죽림서원 유사 尹播, 蘇悌元, 石室書院, 공주의 충현서원, 창강서원 등에서도 부조하였다.

　노강서원은 노소분기 이후에는 정국의 변화에 따라 부침을 겪었다. 1717년 현판이 철거되었고, 1723년 소론이 정국의 주도권을 잡자 현판이 복액되고 윤증의 추향이 이루어졌다. 윤증의 추향으로 노강서원은 윤황-

---

[87] 朴世薷는 반남박씨로 윤선거의 제자이고, 노성 우곡에 은거하였으므로 牛谷處士로 불렸다(『明齋遺稿』 卷40, 〈四山監役李君墓碣銘〉).
[88] 함평이씨로 노성 처가에 살면서 윤선거의 문하에서 수학하였다. 1689년에는 疏頭가 되어 우계변무소를 올렸다(『명재유고』 권40, 묘갈명, 〈四山監役李君墓碣銘 癸巳〉).
[89] 『석호유고』, 부록, 연보.

윤선거-윤문거-윤증 등 소론의 학문적 연원이 되는 인물을 배향하여 문중서원의 성격을 띠고 있지만, 소론계 서원의 수선의 위치에 있는 서원으로 각인되있다.

노성의 사족들은 향현사와 별청 형태로 계속해서 자신들의 선조를 추숭하고자 하였다. 하음이씨는 1732년 南鶴齡의 주도로 향현사를 건립하여 이필태[90]를 제향하였으나 1741년 조정에 보고되어 훼철되었다.[91] 그리고 무안박씨는 1774년에 모곡별청을 건립하여 박증을 제향하였고, 1805년 모곡서원으로 재건하였다. 그리고 향현사의 훼철로 제향이 중지된 이필태를 1809년에 모곡서원에 추향하였고, 이후 1861년에 성삼문을 주향으로 위차를 변경하여 추향하였다.

노성의 파평윤씨와 무안박씨는 보인당 재정비와 강학에서부터 긴밀한 관계를 유지하여 왔다. 무안박씨는 노소분기 이전에 노성의 노강서원 뿐 아니라 돈암서원에 봉안시도기에도 이름이 등재되어 있으나 돈암서원 송시열 추향시도기에는 노성거주 파평윤씨와 무안박씨 등 주요 사족들이 한 명도 참여하지 않았다. 이를 보면 무안박씨는 파평윤씨와 같이 소론의 입장을 견지하였던 것으로 보인다. 그러나 연산 충곡서원에 박증이 추향되고, 성삼문과 박증을 제향하는 고유문과 성삼문 춘추향 축문을 송내희가 지은 것으로 보아[92] 성삼문과 박증은 노론, 소론에서 다 같이 추숭하는 인물이므로 모곡서원은 노론계 서원, 소론계 서원으로 단정지을 수 없을 것이다.

---

90) 이필태(1627~1692)는 본관이 하음이고, 노성에서 출생하였다. 윤원거와 윤선거 문하에서 수업하였고, 1650년 생원시에 입격하였으나 과거 공부를 폐하고 은거하여 강학을 하며 지냈다. 1730년에 從孫 李惟吉과 儒生 南敬寬 等의 주도로 묘표를 세웠다(『소곡집』 권5, 묘표, 〈懶翁李公墓表〉).
91) 『서원등록』 1741년 8월 26일.
92) 『금곡집』 권12, 축문, 〈魯城茅谷書院告由文〉, 〈魯城茅谷祠. 梅竹堂成先生春秋享祝文〉.

Ⅳ. 맺음말

 지금까지 조선시대 논산지역 재지사족의 존재와 동향을 사마시 입격자 배출현황과 서원 유생도기 등을 통해 향촌사회 참여 가문을 분석하였으며, 이 과정에서 주도적인 가문을 확인하였고, 이 가문 인물들이 어떻게 서원을 건립하고 제향되는가를 고찰하였다.
 조선시대 각 현의 사마시 입격자 가문과 향촌사회 내에서 향교, 서원을 중심으로 이루어지는 향촌활동 참여도는 미묘하게 다르게 나타난다. 각 현에서 사마시 입격자를 많이 배출하고 향촌활동에 적극적으로 참여한 가문은 서원 건립을 주도하였고, 자기 가문 인물을 제향하였다. 즉 연산의 진주강씨, 부여서씨, 광산김씨 등이고, 연산의 광산김씨, 파평윤씨, 전의이씨 등이고, 노성의 파평윤씨, 무안박씨 등이다. 또한 입격자를 배출하지 못하였거나 극소수인데도 향촌활동에 적극적으로 참여하는 가문도 있다. 예를 들면 은진의 의령남씨, 연산의 청주한씨, 여흥민씨, 성주도씨, 노성의 청주양씨, 의령남씨, 청주한씨 등이다. 향교, 서원관련 행사 등 향촌활동 참여는 사족으로서의 지위를 유지하는 방편이었고 경제력이 뒷받침되어야 가능하기 때문에 사족들의 경제력과도 무관하지 않을 것이다.
 은진현에는 충신 김수남을 제향한 금곡서원, 효자 강응정을 제향한 효암서원이 있다. 은진현 서원은 김장생, 송준길, 송시열 등의 노력과 재지사족의 주도로 건립되었다. 그리고 계속하여 돈암서원을 비롯하여 인근 지역 서원 유생들의 동조와 협조로 추향이 이루어졌다. 대체로 은진현 서원에 제향된 인물은 충신, 효자 등 절의의 인물들이다.
 연산현의 대표적인 서원인 돈암서원은 이이로부터 시작되는 김장생-김집-송준길·송시열로 이어지는 도학적 연원의 인물을 배향한 서원이고, 노성현의 노강서원 역시 성혼으로 시작되는 윤황-윤선거·윤문거-윤증으로 이어지는 소론의 학문연원이 되는 인물을 배향한 서원이다. 서원 배향인물의 위상은 곧 서원의 위상과 직결된다. 그러므로 돈암서원은 서인, 노론계

서원의 중심역할을 하였고, 노강서원은 역시 소론계 서원의 대표적인 서원이다.

　논산지역의 대표적인 재지사족인 연산의 광산김문과 노성의 파평윤문은 근기지역에 거주하면서 사환생활을 하다가 동서분당 과정에서 서인의 입장에 견지하였고, 호란을 겪으면서 향촌으로 돌아와 문중을 정비하고, 강학활동, 재지적 기반을 다지며 학연과 혈연, 지연으로 친밀한 관계를 유지하였다. 그러나 노소분기 후에는 광산김문과 파평윤문, 돈암서원과 노강서원의 협력관계에 균열이 일어나 갈등관계로 전환되었다. 따라서 연산과 노성은 당시 중앙정국의 판세가 그대로 반영되는 중앙정국의 축소판이었다고 볼 수 있다.

【참고문헌】

『조선왕조실록』, 『승정원일기』, 『서원등록』, 『여지도서』, 『연려실기술』
『돈암서원지』, 『노강서원지』, 『금곡서원지』, 『효암서원지』
『율곡전서』, 『사계전서』, 『용서집』, 『童土集』, 『초려집』, 『玉吾齋集』, 『명재유고』,
『연재집』, 『금곡집』, 『중화재실기』, 『화산집』, 『미암일기』
『광산김씨족보』, 『부여서씨세보』, 『덕은이씨세보』, 『진주강씨족보』
『충남의 서원·사우』
『암청 박증의 도학정신과 유물유적』

김경수, 「무안박문과 호서사림의 교유」, 『임천 박증의 도학정신외 유물 유적』, 충남대학교 유학연구소, 2005.
박영주, 「가사작가 인물전 – 향촌 사족의 집념을 진술한 청계 강복중」, 『오늘의 가사문학』 제2호, 고요아침, 2019.
육민수, 「강복중 시가문학의 담론 양상」, 『국제어문』 제74집, 국제어문학회, 2017.
이경동, 「조선후기 礪山 竹林書院의 운영과 위상」, 『한국서원학보』 9권. 한국서원학회, 2019.
이연숙, 『돈암서원 연구』, 충남대학교 석사학위논문, 1993.
이연숙, 「돈암서원의 건립과 성격」, 『민족문화의 제문제』 권태원교수 정년퇴임기념논총간행위원회, 1993.
이연숙, 「조선후기 양반가의 문중교육 – 충남 논산시 노성면 파평윤씨 노종파를 중심으로 – 」, 『역사와 담론』 제52집, 호서사학회, 2009.
이영춘, 「호서 사족사회에서의 광산김씨 문벌」, 『중원문화연구』 1권, 충북대학교 중원문화연구소, 1997.
이정우, 「17~18시기 재지 노·소분쟁과 서원건립의 성격 – 충청도 논산지방 광산김씨와 파평윤씨를 중심으로」, 『진단학보』 88, 진단학회, 1999.
이해준, 「호서지역의 사족동향과 서원·사우」, 『한국의 서원과 학맥연구』, 경기대학교 소성학술연구원, 2000.
이해준, 「모곡서원(茅谷書院) 창건의 역사적 의의」, 『암청 박증의 도학정신과 유물유적』, 충남대학교 유학연구소, 2005.

이해준, 「魯岡書院 자료의 유형과 성격」, 『한국서원학보』 1권, 한국서원학회, 2011.
조중헌, 「연산지역 성씨 세거고(상)」, 『향토연구』 제9집, 충남향토연구회, 1991.

조선시대 논산지역 서원의 운영과 특징
　－遯巖書院, 魯岡書院, 竹林書院을 중심으로－

이 경 동

Ⅰ. 머리말

　論山은 조선시대 恩津, 魯城, 連山, 石城, 礪山 등의 군현으로 분리되어 있다가 1914년 행정구역 개편으로 통합된 지역이다. 호남과 호서의 경계 지점으로서 각 지역의 특성이 복합적으로 존재하고 있다. 17세기 서인계 대표적 山林이었던 金長生, 金集, 尹宣擧, 宋時烈, 俞棨와 少論의 거두인 尹拯이 활동하던 지역으로서 조선시대 사상사에서 주목된다. 이러한 점에서 논산은 조선시대를 이해하기 위한 다양한 역사적 유산들을 보유하고 있다.

　16세기부터 논산 지역에는 서당과 서원들이 건립되기 시작하였다.[1] 지역적 특성에 따라 서인계 인물들을 배향하는 서원들이 주로 건립되었으며, 운영 또한 서인계를 중심으로 운영되었다. 논산에 건립된 서원들은 조선후기 양호지역의 공론을 형성하는 기점으로 작용하였으며 17세기 후반 이후 노소분기 과정에서 각기 다른 향중 여론을 형성하는 등 다채로운 활동 양상이 확인된다.

　논산지역 서원과 관련한 초기 연구는 논산 자체 보다는 호서 지역 서원을 전체적으로 조망하는 과정에서 분석되었다.[2] 이를 통해 사족의 동향과 서원이 밀접한 관련을 가지며 전개되었음이 밝혀졌다. 이와함께 노·소분기와 관련한 서원의 정치적 성격이 분석되었다.[3] 해당 연구를 통해 논산지

---

[1] 논산지역에 건립된 서원 현황은 다음과 같다.

역에서 건립된 서원들이 당대의 정국 변화와 밀접한 관련을 가지고 있음을 파악할 수 있었다.

개별 서원 연구는 돈암서원을 중심으로 수행되었다. 돈암서원의 선립과 연혁을 정리한 연구를 시작으로,[4] 건립경위, 강학활동, 이건과정, 책판 등 세부적인 연구들이 추가로 진행되었다.[5] 돈암서원은『遯巖書院誌』를 비롯한 고문서 자료들이 남아있다는 사실과 더불어 2010년부터 추진된 한국의 서원 세계유산 등재 사업과 연계되면서 활발하게 진행되었다. 다음으로 노

지역	서원	건립	사액	배향자
恩津	孝岩書院	1713	-	姜應貞, 梁應春, 金文起, 金成輝, 楊應春, 南沒金必泰
	金谷書院	-	-	金秀南, 成三問, 曺繼明
	杏林書院	1570	-	徐益
魯城(尼城)	魯岡書院	1675	1682	尹煌, 尹文擧, 尹宣擧, 尹拯
連山	遯巖書院	1634	1659	金長生, 金集, 宋浚吉, 宋時烈
	龜山書院	1702	-	尹烇, 尹舜擧, 尹元擧
	忠谷書院	1688	-	階伯, 桂年, 成三問, 李塏, 柳誠原, 河緯地, 俞應孚
	休亭書院	1699	-	柳懋, 柳文遠, 李恒吉, 金廷望, 權諰
石城	蓬湖書院	1693	-	尹文擧
礪山	竹林書院	1626	1663	趙光祖, 李滉, 李珥, 成渾, 金長生, 宋時烈
	鳳谷書院	1712	-	李繼孟, 李純仁, 南溟翰, 南斗健

2) 전용우, 「호서사림의 형성에 대한 연구 - 16~17세기 호서사족과 서원의 동향을 중심으로」, 충남대학교 박사학위논문, 1994 ; 이해준, 「호서지역의 사족동향과 서원·사우」,『한국의 서원과 학맥연구』, 2000 ; 이해준, 「호서지역 서원의 지역적 특성과 정치적 성격」,『국학연구』11, 2007.
3) 李政祐, 「17~18세기 在地 老·少論의 분쟁과 書院建立의 성격」,『震檀學報』88, 1999.
4) 이연숙, 「遯巖書院의 建立과 性格」,『干江權兌遠敎授定年紀念論叢 - 民族文化의 諸問題』, 干江權兌遠敎授定年紀念論叢 刊行委員會, 1994.
5) 임선빈, 「遯巖書院의 건립배경과 賜額 검토」,『朝鮮時代史學報』85, 2018 ; 김문준, 「돈암서원의 강학 활동」,『한국철학논집』58, 2018 ; 이철성, 「1880년 論山 遯巖書院의 移建과 재원확보」,『역사와 담론』88, 2018 ; 김소희, 「논산 돈암서원 책판의 현황과 활용방안」,『서지학연구』87, 2021.

강서원과 관련한 연구가 있다. 노강서원 고문서 자료를 통해 재정 및 교육에 대한 연구가 진행되었으며,[6] 서원 소장 자료에 대한 분석도 수행되었다.[7] 죽림서원에 대한 연구도 확인되는데, 사액과 운영과정을 토대로 양호지역 여론의 중심지로서 서원의 정치사회적 성격이 분석되기도 하였다.[8]

이상의 연구들은 논산을 중심으로 하는 서인계 서원의 운영과 위상에 대한 구조적 분석을 시도하였다는 점에서 연구사적 의의가 있다. 그럼에도 불구하고 논산 지역 서원에 대한 분석은 추가적인 연구가 필요하다. 논산은 조선시대 여러 군현이 통합된 지역일 뿐만 아니라, 광산김씨·파평윤씨와 같이 당시 붕당을 주도했던 가문이 자체적으로 서원을 운영하면서 각 서원 사이에 공통점과 차이점을 동시에 가지고 있다. 이러한 점에서 논산지역 서원 연구는 호서·호남의 서원 연구를 분석하는 데 있어 주목될 필요가 있다.

본고에서는 논산 지역 서원의 운영과 지역적 특징을 고찰해보고자 한다. 분석 대상은 연산 돈암서원, 노성 노강서원, 여산 죽림서원으로 한정하였다. 해당 서원은 논산 지역 내 사액 서원일 뿐만 아니라 서원지를 비롯한 고문서 자료가 남아있어 서원 운영의 실상을 파악하는 데 유용하다. 또한 조선시대를 기준으로 각기 다른 군현에 소재하고 있기 때문에 이로 인한 지역적 성격을 비교할 수 있다. 이를 통해 논산지역 서원을 중심으로 호서, 호남지역 서원의 지역적 특징을 도출할 수 있을 것으로 기대한다.

---

6) 朴連淑, 「朝鮮後期 書院經濟에 대한 一考察-魯岡書院의 財政構造分析을 中心으로-」, 전북대학교 석사학위논문, 1988 ; 정경원, 「明齋 尹拯의 敎育과 鄕村 敎育活動」, 『역사와 역사교육』 2, 1997.
7) 이해준, 「노강서원(魯岡書院) 자료(資料)의 유형(類型)과 성격(性格)」, 『한국서원학보』 1, 2011.
8) 이경동, 「조선후기 礪山 竹林書院의 운영과 위상」, 『韓國書院學報』 9, 2019.

II. 원임의 구성과 역할

조선시대 논산 지역은 은진, 노성, 연산, 석성, 여산의 6개의 군현으로 구분되어 있었다. 16세기부터 이 지역에 정착하며 강학활동을 수행하는 사림들이 확인된다. 대표적으로 黃岡 金繼輝는 정회당을 중심으로 학문 연마와 후학 양성을 병행하였다. 김계휘를 이어 그의 아들 金長生은 지역의 대표적 山林이자 서인계의 학문적 종장으로 명성을 획득하면서 연산을 중심으로 후학을 양성하게 되는데, 養性堂을 건립하면서 송시열, 송준길, 이유태, 유계, 윤선거 등의 문인집단을 형성하게 되었다.[9]

17세기 이후 논산은 김장생과 그의 문인을 중심으로 서원들이 건립되기 시작하였다. 가장 먼저 건립된 것은 礪山의 竹林書院이다. 죽림서원은 김장생의 주도로 1626년 건립되었다. 죽림서원은 은병정사를 모태로 건립된 해주 紹賢書院을 따라 조광조, 이황, 이이, 성혼을 배향하였으며, 서원 운영에 있어서도 소현서원의 사례를 따랐다. 여산 지역이 이이와 지역적 연고가 없는 지역임에도 불구하고 서원이 건립된 것은 김장생을 비롯한 문인들이 율곡학파로서의 학통을 명확히하고 지역적 거점을 확보하려는 목적이 있었던 것으로 이해된다.[10] 김장생 사후 그가 강학활동을 하였던 養性堂을 모태로 1634년 連山에 遯巖書院이 건립되면서 논산 지역은 서인계의 중심 지역으로 자리잡기 시작하였다. 이후 연산, 은진, 노성, 여산, 석성 등의 서원 건립에 서인계 인물들이 직·간접적으로 관여하면서 서인계 성향이 두드러지게 되었다.

일반적으로 서인계 서원의 院任은 院長-掌議-有司-直月 체제로 구성된다.[11] 이러한 형태는 이이가 제정했던 「隱屛精舍學規」를 수용한 것이다.

---

9) 한기범, 「沙溪 金長生의 生涯와 禮學思想」, 『백제연구』 20, 1989.
10) 죽림서원의 건립 경위에 대해서는 이경동, 「조선후기 礪山 竹林書院의 운영과 위상」, 『韓國書院學報』 9, 2019, 227~233쪽 참조.
11) 이수환, 『朝鮮後期 書院研究』, 일조각, 2002, 118~127쪽.

은병정사는 堂長(1)-掌議(1)-有司(2)-直月(2) 체제로 구성된다. 당장, 장의, 유사의 임기는 정해져 있지 않으며, 직월은 월별로 교체하였다. 당장은 정사 전체를 총괄하며, 장의는 齋內 의논을 주관하는 역할을 하였으며, 유사는 使喚과 집기의 유무를 주관하고 齋直을 관리·처벌하는 역할을, 직월은 재정과 강론, 齋生의 행실을 기록하고 관리하는 역할을 맡았다.[12] 은병정사의 운영 원칙은 이후 서인계 서원의 원임 구성의 토대로 작용하였으며, 실제 원임의 구성이나 명칭에 있어서도 유사성이 확인된다. 이러한 점은 죽림서원, 돈암서원, 노강서원 등에서도 동일하다. 각 서원별 원임의 구성과 역할에 대해서는 다음과 같다.

遯巖書院의 원임은 원장-장의-유사-직월로 구성되어 있다. 원임들의 역할은 은병정사 학규에서 규정된 사항을 준용하였다. 『遯巖書院誌』에 수록된 「院長錄」에 의하면 院長은 宋浚吉, 李縡, 朴弼周, 李箕鎭, 閔遇洙, 俞拓基, 宋煥箕, 金履陽 등 서인-노론계를 주도했던 인물들이 재임하였다.[13] 해당 인물들의 이력을 보건데 실제 돈암서원에 체류하기 보다는 상징적으로 돈암서원의 원장을 역임하면서 院中의 대소사에 관여했던 것으로 짐작된다.

현존하는 『遯巖書院齋任案』에는 1847년부터 1886년까지 약 40여년간 掌議, 有司, 直月의 명단과 재임 기간이 수록되어 있다. 掌議는 連山縣監을 비롯한 인근 군현의 지방관 1인이 담당하였다. 연산현감의 장의 재임이 다수를 차지하고 恩津縣監과 魯城縣監의 사례도 일부 확인된다. 은진현감과 노성현감의 경우는 연산현감의 공석 등의 이유로 장의를 수행하지 못하기 때문에 대행한 것으로 이해된다. 장의의 임기는 지방관 재임 기간과 동일하기 때문에 개별적으로 재임 기간의 편차가 존재한다. 서원 운영에 있어 지방관의 도움이 중요했기 때문에 장의로서 서원의 일원으로 포함시키고 이와 더불어 재정적 지원을 받고자 하는 의도로 보여진다.[14]

---

12) 『栗谷先生全書』 卷15, 雜著, 「隱屛精舍學規」.
13) 『遯巖書院誌』 上, 「院長錄」.

유사는 2인으로 구성되며, 임기는 특별한 사유가 없으면 2년이었다. 유사의 구성으로 미루어보면, 주향자의 가문인 광산김씨 이외에도 다양한 성관의 인물늘이 유사로 참여하고 있어 문중서원보다는 鄕學의 중심기구로 운영하고자 했음을 확인할 수 있다. 사안에 따라 유사의 범위가 확대되는 경향도 있는데, 창건시에 出文有司와 列邑有司의 직함들이 확인된다. 출문유사는 창건을 발의하는 역할을 했던 유사들이며, 열읍유사는 각 군현별로 존재하여 재원을 조달하는 유사로 활동하였다.[15]

유사의 직무와 관련해서는 돈암서원의 전신인 정회당「立議」에서 확인할 수 있는데, 유사 2인이 1년간 재임하면서 田畓所出을 파악하거나 書冊을 貿納하는 등 재정과 관련한 사항을 맡았다.[16] 유사의 직무는 장의와 달리 실무적인 역할을 주로 하였으며 재정과 관련된 사항을 집중적으로 수행했던 것으로 추정된다.

직월은 일반적으로 1원이 구성되지만 경우에 따라 복수의 직월이 재임하기도 하였다. 은병정사와 같이 월별 교체되지는 않으며, 유사와 마찬가지로 2년을 재임하는 경우도 있었다. 다만 유사에 비해서 교체의 주기가 빈번하다. 유사와 직월은 2~3차례 재임하는 경우도 있었다.

魯岡書院의 원임도 원장-장의-유사-직월의 체제를 따랐다. 원장은 학규에 의하면 齋中年長者 즉 서원 내에 연장자를 선택하여 삼기로 되어 있다.[17] 그러나「院中記事」에 의하면, 초대 원장인 金壽恒부터 崔奎瑞, 李光佐, 李宗城의 순으로 중앙의 고위 관료가 재임하였으며, 이후에는 별도로 원장을 선임하지 않았다.[18] 원장으로 재임된 인물들이 가진 정치·학문적 위상을

---

14) 이연숙, 「遯巖書院의 建立과 性格」, 『干江權兌遠敎授定年紀念論叢 - 民族文化의 諸問題』, 干江權兌遠敎授定年紀念論叢 刊行委員會, 1994.
15) 『遯巖書院誌』 上, 「創建通文」.
16) 『靜會堂儒案』「堂中立議」, "一 有司二人 一年相遞 文書傳掌 一 田畓所出 有司計數收入 擇寺僧謹厚者一人爲保守 量入爲用 存本取利事 一 有司 計一年用度 貿納書冊".
17) 『魯岡書院誌』 卷3. 「魯岡書院齋規」.

고려해보면 이들은 학문적 권위를 가지고 있으면서도 중앙 정계에서 소론 계를 주도하던 인물들이었다. 노강서원에는 장기간 원장이 재임하지 않다가 19세기 중반에 李相璜, 鄭元容 등 三公에 해당되는 고위관료들의 원장 역임 사례가 확인된다.[19] 특히 정원용의 경우는 1848년부터 1868년까지 약 20여년간을 원장으로 재임하였다. 노강서원의 원장들은 대체로 중앙조 정에서 고위관직을 역임하고 있었다는 점에서 노강서원 운영에 직접적으로 관여하기 보다는 상징적인 성격을 가지고 있었으며 실제 서원의 운영은 장의 및 유사를 중심으로 운영되었던 것으로 보인다.

원장 이외에 원임의 구성과 역할 등은 「노강서원학규」에서 확인할 수 있다.[20] 장의는 院中의 의견을 수렴하고 필요시 원장에게 보고하여 처리를

---

18) 『魯岡書院院中記事』,「院長」, "建院之初 請于文谷先生 文谷之後 請于艮齋崔公 艮齋之後 請于雲谷李公 雲谷之後 請于梧川李公 李公之後 院規士風 漸不如古 更無 調院長之事". 이종성 이후 원장으로 임명된 사례가 없었던 이유에 대해서는 추가적으로 검토될 필요가 있다. 「원중기사」에 인용된 바와 같이 서원 자체의 사풍의 퇴락 때문인지, 단순 누락 혹은 외부적인 요인에 의해서인지는 현존하는 자료로는 확인할 수 없다. 소론계의 정치적 부침으로 인한 원장의 공석을 이해할 수는 있으나 이종성 이후 정조대부터 철종대까지 소론계는 중앙 정계에서 지속적으로 활동하고 있었기 때문에 정치사적 측면에서만 이 현상을 해석하는 것은 신중할 필요가 있다고 생각된다.

19) 『魯岡書院誌』卷4, 「歷代齋任案」.

20) 『魯岡書院誌』卷3. 「魯岡書院齋規」. 『노강서원지』에 수록된 것은 현재 노강서원 강당에 '學規'로 기재되어 있고, 이미 원생의 강학을 위한 목적에서 尹拯이 「魯岡書院齋規」를 제정하기도 하였다(『明齋遺稿』卷30, 雜著, 「魯岡書院齋規」). 윤증은 1675년 3월 노강서원 건립과 함께 재규를 함께 제정하였다(『明齋先生年譜』卷1, 四十八年(肅宗大王元年)乙卯 … ○三月 定魯岡書院齋規(時湖西士林建院于尼山之魯岡 享八松魯西兩先生 以爲藏修之所 先生爲定齋規五條 揭栗翁石潭齋規退翁十圖以訓之)), 윤증은 1682년 노강서원의 학규와 「初學畫一圖」를 제정하였다. (『明齋先生年譜』卷1, "五十五年壬戌 … ○作初學畫一圖 示諸生(時先生往往魯岡院齋 諸生講業者甚多 先生爲定學規 以夙興日用野昧爲摠名曰初學畫一圖 以示諸生曰 學者日用 自朝至暮之間不過此四事而已 苟能眞知其理而實踐之 則上可以爲聖爲賢 下猶不失爲淸修之吉士矣 又爲說以勉之 其爲圖 規模詳備 工夫切察 爲後世學者法程云)") 현재 노강서원 학규는 1688년 後學 李養源이 쓴 것이라고 한다(이

하는 업무를 수행하였으며, 서원의 재정을 비롯한 관리 일반에 대한 것은 유사가 전담하였다. 직월은 유사를 보좌하되 서원 내의 모든 물품의 장부를 정리하고, 師弟 및 朋友 사이에 강론한 이야기를 보는 기록하노록 하는 書記의 역할을 수행하였다.

『魯岡書院誌』에는 1808년 이후 역대 장의와 유사, 직월에 대한 정보가 수록되어 있다. 장의는 돈암서원과 마찬가지로 서원 소재지의 魯城縣監이 주로 재임하였고, 이외에도 扶餘縣監, 韓山郡守, 懷德縣監 등 인근 군현의 수령이 장의를 맡았다. 혹은 道伯에 해당하는 충청감사가 道掌議를 역임하기도 하였다. 장의와 관련하여 주목할 점은 京掌議이다. 承旨나 判書·參判에 해당되는 인사들이 경장의를 수행하였다. 경장의, 도장의와 같은 제도는 서인계 서원에서 공통적으로 나타나는데 대체로 중앙과 지방과의 긴밀한 관계를 모색하기 위한 것으로 이해된다.[21] 掌議案에는 1873년 이후 祭掌議라는 직함도 확인된다. 제장의는 명칭으로 미루어 향사와 관련된 업무를 수행하는 직임으로 추정되는데 1~2명으로 구성된다. 제장의는 참봉, 감역, 군수 등의 관료 이외에도 진사 등 관료가 아닌 인물들도 선임되기도 하였다.

유사는 2인, 직월은 1인으로 교대로 운영되었다. 유사 및 직월의 명단을 검토해보면 파평윤씨 이외에도 다양한 성관의 인물들이 참여하는 것으로 미루어보아 노강서원은 문중서원보다는 향학의 중심지로 운영하고자 했음을 알 수 있다. 유사 외에 別有司라는 직함이 별도로 부여되어 있는데, 이 경우 파평윤씨가 재임하는 경우가 일반적이다. 都有司의 직함도 간헐적으로 확인되는데, 工曹判書·魯城縣監이 이를 구성한다. 아마도 장의에 해당되는 관료보다 직급이 낮은 관료로서 서원 원임에 참여할 경우 해당 직함을 부여하였던 것으로 보인다. 유사와 직월은 향사가 시행되는 8월과 2

해준, 「魯岡書院 資料의 類型과 性格」, 『韓國書院學報』 1, 2011, 163쪽). 혼동을 피하기 위해 아래에는 齋規가 아닌 學規로 표현하기로 한다.
21) 이수환, 『朝鮮後期 書院硏究』, 일조각, 2002, 122~124쪽.

월에 교체되었다. 학규에 의하면, 유사는 1년마다 직월은 1개월마다 교체하도록 규정하였는데,[22] 원임안을 토대로 살펴보면 유사는 1년의 주기로 파악되며, 직월은 인원의 부족으로 1개월은 아니지만 그 교체 주기가 빈번한 것을 확인할 수 있다. 유사와 직월은 서원 운영과 관련한 직접적인 업무를 수행했다.

竹林書院은 원임의 구성에 대해서 명확하게 규정되어 있지는 않지만, 대체로 돈암서원과 노강서원의 사례와 같이 원장-장의-유사-직월 체제를 유지했을 것으로 추정된다. 원장의 경우 초기에는 창건의 주체였던 김장생이 역임했으며, 이후 그의 문인들에 의해 원장을 역임하였다. 대표적으로 유계는 죽림서원의 원장(山長)으로 재직하며 「절목」을 제정하였다.[23] 18세기에는 이재가 죽림서원의 강학을 권장하거나, 직접 도봉서원 강규를 참작하여 규례를 제정하기도 하는 등 원장 혹은 이에 준하는 역할을 하였다.[24] 『竹林書院誌』를 비롯한 죽림서원 관련 자료에는 원장에 대한 규정이 없는 것으로 미루어보아 돈암서원 및 노강서원의 규례와 같이 적임자가 있을 경우에 초빙의 형태로 원장직이 운영되었을 것으로 추정된다.

죽림서원의 운영 초기에는 掌議(1), 本官有司(1), 他官有司(1), 直月(1)로 원임이 운영되었다. 장의는 직접적으로 소관하는 업무가 있지는 않았으며, 본관유사는 財穀 관리, 타관유사는 簿籍, 직월은 焚香을 담당하였다. 유사 2인과 함께 필요시 전곡유사와 별유사를 두었다. 전곡유사는 別廳穀을 관리하고, 별유사는 서원 운영과 관련된 추가적인 사안이 발생했을 때 1~2명을 선임하는 구조로 운영되었다.[25]

장의는 서원이 위치한 100리 내의 수령, 散官, 章甫로 추천을 받은 자

---

22) 『魯岡書院誌』 卷3, 「魯岡書院齋規」, "有司則一年相遞 直月則一月相遞(次月朔會改定)".
23) 『宋子大全』 卷171, 碑, 「竹林書院廟庭碑」; 『市南集』 卷7, 雜著, 「竹林書院節目」.
24) 『陶菴集』 卷10, 書, 「與俞子恭(肅基○甲子)」; 『白水集』 「年譜」 乙丑年 5月條.
25) 『竹林書院誌』 上編, 「規約」 齋薦條.

중에서 會圈의 절차를 거쳐 선발되었다. 원내의 각 인원이 輪圈으로 1명씩 黑筆하고, 齋任이 朱筆로 권점하였는데 朱筆이 없는 경우 黑筆이 있다 하더라도 후보에서 제외되었다. 장의의 후보군이 다양함에도 불구하고 실제 장의는 인근의 수령이 맡는 것이 관례였다.[26] 회권과 관련한 문서는 2부를 작성하여 1부는 서원에 1부는 장의가 보관하였다.[27]

유사는 章甫 중에서 士望이 있는 2인을 선발하되 1인은 湖西, 1인은 湖南에서 선발하였다. 도별로 1인씩 유사를 선임하는 규례는 죽림서원에서만 나타나는 특징인데, 죽림서원이 위치한 여산의 위치가 호서와 호남의 경계선으로 두 지역의 공론을 효과적으로 수렴하는데 필요했기 때문으로 이해된다. 유사는 『薦錄』[28]을 토대로 전임 유사가 自代하고, 이를 장의가 다시 살펴서 최종적으로 선임되는 과정을 거쳤다. 전임 유사의 유고 시에는 장의가 공론에 따라 신임 유사를 선임하였다. 직월은 유사와 마찬가지로 章甫 중에서 士望이 있는 1인을 선발하되 2명의 유사가 『천록』에 따라 1명을 추천하고, 이를 장의가 다시 살펴 최종 선임하는 과정을 거쳤다.[29]

장의는 임기가 정해지지 않았으며, 유사는 1周年 직월은 半年의 임기가 있었다. 장의는 인근의 지방관이 역임하는 사례가 일반적이었으므로, 지방관의 임기 중에는 교체되지 않았다. 유사와 직월의 경우 대부분의 서원 관련자들이 참석하는 춘향과 추향에 걸쳐 교체가 이루어졌다. 유사는 추향에 1번 교체되고 직월은 춘향과 추향에 각각 교체되었다.[30]

---

26) 『陶菴集』 卷10, 書, 「與俞子恭(肅基○甲子)」, "竹林書院介在兩湖之間 海山奇勝 固罕其匹 事體嚴重 有非他院之比 … 似聞院規自前以隣近邑宰差掌議".
27) 『竹林書院誌』 上編, 「規約」 齋薦條.
28) 『薦錄』은 매 間年 2월 講會에서 각 인원이 재임을 감당할 자 3인을 추천하는 형태로 작성되었다. 3원 중에서 2원은 호서, 1원은 호남을 추천하도록 하였다(『竹林書院誌』 上編, 「規約」 齋薦條).
29) 『竹林書院誌』 上編, 「規約」 齋薦條.
30) 『竹林書院誌』 上編, 「規約」 齋薦條.

논산지역 서원의 원임은 원장-장의-유사-직월의 체제로 구성되었다. 원장은 당대의 명망이 있는 인사를 위주로 선발하였으며, 임기가 정해져 있지 않았다. 원장은 원중공론에 따라 정치적·학문적 명망가를 초빙하였다. 장의는 소재하는 郡縣의 縣監이 맡았다. 유사는 2인으로 정해졌으며 죽림서원은 예외적으로 호서와 호남의 각 1인씩으로 차정하였다. 직월은 장부 작성이나 분향과 같은 서원의 말단행정을 담당하였다. 이외에 경장의·경유사와 같이 서울에 소재하는 원임들이 확인된다. 이러한 경향으로 미루어 논산지역의 서원의 원임의 구성과 운영은 공통적인 양상을 보이면서도 서원별로 독자적인 측면도 동시에 내포하고 있다.

III. 원생의 선발과 운영

서원이 교육기관이라는 점에서 피교육자인 원생은 핵심적인 인적 요소이다. 16세기 건립되었던 초기 서원부터 원생은 『入院錄』을 작성하여 관리되었으며, 원규를 비롯한 서원 운영의 제반 사항들은 원생을 중심으로 규정되었다. 원생은 17세기 이후 避役의 목적으로 투속하는 경향도 발생하는데, 이는 원생이 서원 내에서 의무와 특권을 동시에 가진 존재였다는 사실을 보여준다.

원생 선발 방식의 원형은 논산지역 강학 활동의 초기 형태인 精會堂의 사례로 살펴볼 수 있다. 정회당은 김장생의 부친인 金繼輝가 강학하던 장소로 16세기 논산지역의 강학활동을 엿볼 수 있는 장소이다. 정회당 「立議」에 의하면, 儒生入屬의 자격으로 初試入格者 혹은 文理該通하여 衆人이 共知한 자의 경우 허락하는 것을 확인할 수 있다. 또한 입속시 내부의 추천을 통하여야 하며 잘못된 추천일 경우 추천자가 연대 책임을 지도록 하였다.[31]

---

31) 『精會堂誌』「立議」, "儒生入屬者 初試入格者人 及衆所共知文理該通者外 一切勿

초시입격자를 기준으로 강학 참여자격을 준 것은 16세기 건립된 서원의 입원자격에서 공통적으로 나타나는 현상이었다. 소수서원에서 주세붕은 입원 사격과 관련하여 초시입서사를 기본으로 하며 미입격사는 약행을 토대로 유사가 입원여부를 결정하도록 하였다.[32] 소수서원의 초기 입원생들은 초시입격자가 높은 비율을 구성하고 있다.[33] 16세기~17세기까지 건립된 일부 서원의 입학자격에서 초시 입격여부를 설정하거나 과거 학습 위주로 강학이 진행된 사실에서 확인할 수 있다.[34] 김계휘의 정회당의 유생 참여 기준 또한 관학적 요소가 반영된 시대적 현상과 무관하지 않다.

서원이 점차 전국적으로 건립되기 시작하면서 서원의 입원자격도 초시입격자에서 한층 변화된 경향들이 나타나기 시작했다. 이를 추동한 것은 이황의 「伊山書院院規」에서 부터였다. 이황은 서원의 본래 목적이 과거 학습이 아닌 道學에 있다고 이해했으며, 이에 따라 서원을 운영하고자 하였다.[35] 원칙적으로 과거 학습을 서원 교육에서 배제한 것은 아니었으나, 입원 자격에 있어 초시 입격과 같은 사항은 제외하면서 서원 교육의 목적이 도학에 있음을 지향하고자 했다.

이러한 경향은 이이의 은병정사 운영에서 보다 구체화되었다. 「隱屛精

入事".
32) 『竹溪志』雜錄後, 「院規」.
33) 송정숙, 「「紹修書院 入院錄」 분석 - 16·17세기를 중심으로 - 」, 『書誌學硏究』 34, 2006.
34) 대표적인 사례로 星州의 迎鳳書院과 안동의 廬江書院을 들 수 있다. 영봉서원은 입원 자격에 있어서 소수서원의 내용을 차용하였을 뿐만 아니라, 매월 초순·중순·종순의 평가기준을 두어 교관이 試講을 하도록 하였다. 여강서원도 소수서원과 같이 생원·진사시 입격자를 기본 요건으로 하고 미입격자의 입원 방식을 추가하였다. 대체로 16세기 건립된 서원들에서 초시입격여부는 입원의 중요한 요소로 작용하고 있다(이경동, 「16세기~17세기 초 영남지역 서원 원규의 구조와 변화」, 『중앙사론』 55, 2022).
35) 정만조, 「退溪 李滉의 書院論 - 그의 敎化論과 관련하여」, 『朝鮮時代 書院硏究』, 집문당, 1997.

舍學規」에는 入齋 원칙에 있어 士族・庶類를 구분하지 않고 학문에 뜻이 있는 자의 경우 모두 입재를 허용하였다. 또한 원칙적으로 과거 학습을 할 경우에는 他處에 가서 익히도록 하였다.[36] 이러한 점은 과거학습을 일정부분 허용했던 이황의 서원관에 비해 한층 도학 중심적인 경향을 보여주는 것이기도 했다.[37]

17세기 논산지역에 건립되는 서원들이 대체로 율곡학파에 해당되는 서인계 문인들의 주도로 건립되었기 때문에 원생의 입원자격과 관련하여 이이의 「은병정사학규」를 차용하거나 이와 유사한 기준을 설정하는 경향을 확인할 수 있다.

竹林書院은 서원 운영에 있어 「隱屛精舍學規」를 따랐으며 이에 따라 입원자격에 특별한 제한을 두지는 않았다. 입원을 하기 위해서는 書儒 2인이 추천을 하고 이를 유사 2인이 최종 승인하는 절차를 거쳤다. 타 지역에서 온 경우에는 「은병정사학규」를 따라 居齋를 허용하고 서원에서 공부할 수 있도록 하였다.[38]

遯巖書院의 입원자격은 명확하게 규정되어 있지는 않지만, 점차적으로 정회당 「입의」를 바탕으로 「은병정사학규」를 준용하여 입원자격의 폭을 확대했을 것으로 추정된다. 1669년 송준길과 윤증이 논의했던 돈암서원의 학규에 대한 내용에 의하면 학규는 「은병정사학규」를 준용하고, 원근에 관계없이 입학을 허용하고 貴賤에 관계없이 입학을 허락하여 학행에 주안점을 두고 있었다.[39] 돈암서원 『入院錄』이나 『院生案』이 현전하지 않아 전

---

36) 『栗谷先生全書』 卷15, 雜著, 「隱屛精舍學規(戊寅)」.
37) 이에 대해 도학과 과거와 관련하여 이황을 본말론, 이이를 배제론으로 이해하는 경향도 있다(박종배, 「學規에 나타난 조선시대 서원교육의 이념과 실제」, 『한국학논총』 33, 2010, 45~46쪽).
38) 『竹林書院誌』 上編, 「居齋條」.
39) 『明齋遺稿』 卷9, 書, 「上同春堂」, "○一日 許入之規也 學規曰 不論遠近許入 … ○二則籍名之規也 學規曰 不論貴賤 許入云 今貴賤之別大約有四等 曰士族也 曰庶族也(栗谷集甕約位次註 庶族謂非士族而稱兩班 如校生忠贊別侍衛之類) 曰庶孼也

체적인 원생의 규모를 파악하기는 어렵지만, 1634년 김장생 봉안시에 28개 지역 155명, 1659년 김집 봉안시에 50개 지역 282명이 참여하고 있는 것으로 보아 전국적인 규모의 인원들이 돈암서원에서 강학활동을 했거니 논암서원과 직·간접적으로 관여하고 있었다.[40] 또한, 연산현 내에서 돈암서원이 가지고 있는 영향력을 고려해 볼 때, 현내에 속한 대부분의 유생들이 돈암서원의 원생으로 활동했을 것으로 여겨진다.

魯岡書院은 입원자격에서 貴賤에 구애받지 않으며, 학문에 뜻이 있고, 심행의 단정함을 기준으로 共知 즉 모든 사람이 허여하는 자로 입원자격을 설정하였다. 다만 추천의 방식에 있어서 齋儒 10인의 完議를 얻어야 하였다.[41] 노강서원은 입원자격에서 「은병정사학규」를 계승하고 있으면서도 추천제에 입각한 입원 자격을 구체화하여 입원의 자율성과 함께 공론을 중시하고 있음이 확인된다.

원생은 입원에 따른 강회 및 향사 준비 및 참석, 학업 평가와 같은 의무와 함께 특혜가 함께 제공되었다. 특히 17세기 이래로 강화된 儒生考講과 관련하여 서원 원생의 경우 관례적으로 면제되었기 때문에 사족들은 서원에 입원하여 이를 면제받으려는 경향이 있었다. 원칙적으로 서원 원생 또한 고강의 대상이기는 하였지만, 향교와 달리 고강이 실질적으로 이루어지는 경우는 드물었다. 그 결과 서원에 입원하거나 고강을 피하기 위한 수단으로 서원을 건립하여 입원생으로 등록하는 경우들도 발생했으며, 서원에 미포 등을 납부하고 그 대가로 額外 원생으로 활동하며 군역을 면제받기도 하였다.[42]

曰良民也 似當各爲一行 不相夾雜 而竊見靜會堂座目 雖庶孼 旣爲生進者 則以齒序列 此規可以通行而無礙耶 若然則亦當定爲永規曰 庶族庶孼良民爲生進者 則與士族以齒列書 其餘則各爲一行書之 俾絶後日之爭端如何".

40) 봉안시 참여자의 지역적 분포는 이연숙,「遯巖書院의 建立과 性格」,『干江權兌遠敎授定年紀念論叢-民族文化의 諸問題』, 干江權兌遠敎授定年紀念論叢 刊行委員會, 1994, 679~681쪽 참조.
41)『魯岡書院誌』卷3,「魯岡書院齋規」.

조정에서도 서원 폐단을 억제하기 위해 院額에 대한 조치들이 이루어졌다. 가장 근원적인 조치는 서원별 원생의 인원을 제한하는 것이었다. 숙종 33년(1707) 문묘에 종향된 인물을 배향하는 서원은 30인, 사액서원은 15인으로 원생을 제한하였고, 숙종 39년(1713)에는 문묘 종향인을 배향하는 서원의 원생을 30인에서 20인으로 감축하였다.[43] 이러한 배경은 서원 입속에 따른 폐단을 막기 위한 것으로 이해할 수 있다.

원생 인원의 제한은 18세기 후반 이후 논산지역 서원의 원액 운영에서도 적용되었다. 죽림서원은 본래 본관 30원 타관 20원의 액내 원생이 정해져 있었다.[44] 총 50원의 액내원생의 규모는 1791년 『礪山府邑誌』에 의하면 30원으로 변경되었다.[45] 이는 영조대에 규정된 30원의 규정을 준수하고자 감액되었던 것으로 이해된다. 돈암서원의 경우 1802년 작성된 것으로 추정되는 『遯巖書院可考續錄』에 의하면, 돈암서원은 본래 액내 30, 액외 30인의 常例를 준용하였으며, 액외의 경우에는 액내원생에 유고가 있을 경우 액내로 陞補하였다.[46] 노강서원은 현존하는 자료로는 원생의 규모를 명확하게 파악하기는 어렵지만, 죽림서원과 돈암서원의 사례와 같이 사액서원의 기준에 따라 액내 원생과 액외 원생을 유지했을 것으로 추정된다.

---

42) 윤희면, 「額內院生의 사회적 성격과 신분」, 『조선시대 서원과 양반』, 집문당, 2004, 252~259쪽.
43) 『春官志』卷1, 「書院(祠宇附)」 肅宗朝, "先是仁祖甲申 禮曹以入院儒生 多不學冗雜之徒 啓請一院毋過二十人 上非時急之事 姑令置之 至肅廟丁亥 又定式 文廟從享大賢之院則三十人 賜額書院十五人 其後癸巳 又故改令減三十人爲二十人 又有院奴定額法 孝宗初年庚寅定制 賜額書院給保奴七人 未賜額則五人 鄕賢祠則二人 其後額數漸滋 肅廟乙卯 戶曹判書吳挺緯 箚論鄕校書院 作一逋逃藪 院奴米布 徒作儒生酒食之資 保布負木定式外濫屬者 一切搜括 充良丁兒弱之代 時又有書院募入之名 丁亥因憲臣箚子定式 已賜額處二十人 未賜額處十五人"
44) 『竹林書院誌』上編, 「規約」西齋條.
45) 『礪山府邑誌』「書院」, 竹林書院(… 掌議一人 有司二人 院生三十人).
46) 『遯巖書院可考續錄』, "院生則以額內三十 額外三十 已有常格 而額外則陞補額內有頉者也".

이를 기준으로 살펴보면 대체로 법제적으로 규정하는 액내 원생을 바탕으로 액외 원생을 탄력적으로 운영해갔음을 짐작할 수 있다.

원생들은 원규를 포함한 내부 규정에 따라 원내의 생활이 규정되었다. 가장 중시되었던 것은 강학이다. 서원에서 원생의 활동은 기본적으로 도학 학습과 밀접한 관련을 가지고 있었기 때문에 서원 건립 당시부터 강학이 중시되었다. 강학은 서원 내에서 체류하며 학문에 전념하는 居齋·居接과 정기적인 講會로 구분된다. 죽림서원·돈암서원·노강서원 모두 거재유생과 강회를 동시에 운영하였다.

거재유생은 서원에서 기거하며 기숙형태로 학습을 하였기 때문에 일과 전체가 정해진 원칙에 따라 규정되었다. 거재유생들에게는 정해진 시각과 예법에 맞는 행위가 요구되었으며, 학업에 방해가 되는 일체의 생각이나 행동은 금지되었다. 이들의 일과를 「魯岡書院學規」를 통해 살펴보면 다음과 같다.

- 매일 해가 뜨기 전에 기상하여 침구를 정리하고 나이가 어린 사람은 .. 세수하고 빗을 빗고 해가 뜨면 모두 常服을 입고서【갓은 直領 혹은 申直領 따위를 사용한다.】廟庭에 가서 中門을 열지 않는 상태로 再拜하고 廟門을 나가는데, 사람들은 묘정의 동서로 서서 읍례를 마치고 독서할 장소로 나아간다.【諸生 중에서 타 지역에서 처음 서원에 왔거나 혹은 서원에서 집으로 돌아갈 때에는 반드시 묘정에 가서 재배한다.】독서할 때에는 반드시 단정하게 拱手한 상태에서 꿇어앉아 專心致知하여 義趣를 함께 궁구하며 서로 돌아보면서 이야기 하지 않는다.
- 几案, 書冊, 筆硯 도구들은 모두 원래의 장소에 정리하여 두고 어지러이 섞이게 해서는 안된다.
- 식사할 때에는 나이 순서대로 앉아 먹고 마시고 이것저것 골라서 먹지 않으며 항상 배부르게 먹는 것으로 마음을 삼아서는 안된다.
- 거처할 때에는 반드시 편하고 좋은 자리는 연장자에게 양보하고 스스로 편한

자리만을 골라서는 안된다. 坐中에 10살 이상된 자가 나가면 나이 어린 자들은 반드시 일어난다.
- 식후에 혹 溪上에서 遊詠할 적에는 모두 사물을 보고 이치를 궁구해야 하며, 遊戲나 雜談을 해서는 안된다.
- 걸음걸이는 천천히 걸으며 질서가 있어야 하고, 어지럽게 걸으면서 정돈되지 아니하면 안된다.
- 언어는 반드시 신중하여야 하며 문자예법이 아니면 말하지 않으니 공자께서 괴력난신을 말씀하지 않으신 것을 법으로 삼고 또 범조우의 七戒를 마음과 눈에 간직하여야 한다.

노강서원에서 거재 원생은 하루 일과의 전체를 규율에 따라 지켜야 했다. 이러한 점은 서원에서의 학습이 단순히 경전 문의에 대한 이해를 넘어서서 경전에 나타난 다양한 사항들을 실천하고 이를 체득하는 것을 주요한 목적으로 하고 있음을 보여준다. 거재 원생에 대한 생활 규정은 서원마다 약간의 차이를 보이기도 하는데, 이는 분향 방식이나 일상 생활에서 발생하는 요인들이 서원별로 차이가 있기 때문이다. 이후 윤증은 추가적으로 「魯岡書院齋規」를 제정하여 입재생의 강학 및 생활방식을 세분화하여 규정하였다.[47]

거재 원생의 학업 성취를 위해 외부인의 출입을 제한하는 조치들도 존재했다. 죽림서원의 사례를 살펴보면 過客들이 함부로 서원을 방문하여 원생들의 교육을 방해하는 행위를 규제하였으며,[48] 女巫와 雜色의 출입 등도 함께 금지하였다.[49] 그러나 거재 원생을 유지하기 위해서는 供饋를 비롯한 다양한 비용이 들었기 때문에 현실적으로 거재 원생을 지속적으로 운영하

---

47) 『明齋遺稿』 卷30, 雜著, 「魯岡書院齋規」.
48) 『竹林書院誌』 上編, 「規約」 居齋條.
49) 『市南先生別集』 卷7, 雜著, 「竹林書院節目」.

기에는 한계가 있었다. 19세기에는 세 서원 모두 거재 원생의 활동이 확인되지 않는다.

거재와 함께 講會도 운영되었다. 강회는 성기와 비성기로 구분되는데, 정기 강회에서는 원생의 학업성취도 평가를 포함한 구체적인 의절에 따라 행해지는 경우를 확인할 수 있다. 죽림서원에서는 별도로 講學掌議를 兩湖에서 1~2인 선정하여 강학을 운영하였고, 매월 15일에 진행하는 것을 원칙으로 하였다.[50] 또한 18세기에 李縡에 의해 제정된 도봉서원 강규를 참조하여 강학례를 포함한 세부적인 원칙이 마련되었다.[51]

강회는 춘추 향사와 맞물려서 진행되는 것이 일반적이었다. 대표적으로 19세기 돈암서원의 사례를 주목해 볼 수 있는데, 춘하추동의 첫달 초하루와 향사를 시행하는 일자에 맞추어 課講을 시행하였다. 각 과강에는 평가 내용에 따른 상벌이 적용되었다.[52] 1870년에는 講學契가 만들어져서 매년 9월 20일에 「白鹿洞規」를 敬讀하고 진강하도록 하였다.[53] 이러한 점은 기존에 비해서는 강학 사례가 약화되고 있는 것을 보여주고 있기는 하지만, 제향 위주로 운영되는 서원에서 강학 기능을 지속적으로 유지하고자 했던 노력으로 평가할 수 있다.

---

50) 『竹林書院誌』 上編, 「規約」 講學條.
51) 『竹林書院誌』 上編, 「規約」 講學條.
52) 『遯巖書院可考續錄』, "兩丁享祀之時 四孟月朔之講 毋作磨驢之跡 以寓存羊之意 院生則逐月課講 似涉煩瑣 春秋兩節 東齋齋任及附近儒生 定日會同 以爲捧講 各施賞罰"
53) 李政祐, 「19세기 論山地方 儒林의 書院활동과 學稧設置」, 『史學硏究』 58·59, 1999 ; 김자운, 「서원 강학 관련 자료의 유형과 특징」, 『(한국의 서원 세계유산 등재를 위한 제3차 워크샵)서원의 교육(강학)과 제향의례』, 한국서원세계유산등재추진단, 2012, 44쪽.

Ⅳ. 경제기반과 재정운영

원임과 원생이 서원을 구성하는 인적 요소라면, 서원전·서원노비를 비롯한 재정 사항들은 서원의 운영을 가능하게 하는 물적 요소이다. 서원의 전체적인 수입과 지출을 확인하는 것은 서원의 운영을 구체적으로 이해할 수 있는 주요한 지표가 된다.

서원 재정을 구성하는 요인으로 서원전, 서원노비, 屬寺, 부조 등을 들 수 있다. 이 중에서 서원전과 서원노비는 서원 재정의 다수를 차지한다. 서원전은 매득, 속공, 상환, 노비 記上 등을 통해 확대되어 갔다. 서원노비는 관노비의 給屬, 매득, 상납, 출생 등의 방법을 통해 확보·확대되었다. 부조는 서원에 소속되어 있는 원임이나 원생뿐만 아니라 중앙 및 지방관료 혹은 타서원 및 향교 등에서 享祀나 건물 중수, 문집 간행 등으로 비용이 발생할 경우 이루어지는 경우가 일반적이다. 죽림서원, 돈암서원, 노강서원 등도 이러한 형태로 서원의 재정을 확보하였다. 이외에 인근 사찰을 屬寺로 두거나 인근에 거주하는 良賤 일부를 院保로 설정하여 필요한 소요물품을 조달하였다.

서원 재정은 원임인 유사와 직월이 관리하였다. 유사는 서원내 물품의 出納을 관리하였으며, 직월은 장부를 작성하는 역할을 수행하였다.[54] 이들이 작성 및 관리하는 서원 재정과 관련 장부는 田畓案·傳掌記·賭地記·書冊簿 등이 있으며 현재에도 논산 소재 서원들에 고문서의 형태로 남아있다.

서원전의 경우 서원전의 면적을 파악하는 量案과 서원전의 수취액과 지출처를 명기한 賭地記·捧賭記가 있다. 논산지역 서원의 量案은 1841년 작성된 『遯巖書院田畓量案』이 있다. 『돈암서원전답양안』에는 지번에 따른 田畓의 면적(四方尺數 및 陳·起 포함)과 형태(直·方·句·梯·圭) 그리고 면세 여부가 확인된다. 이를 살펴보면 다음과 같다.

---

54) 『魯岡書院誌』 卷3, 「魯岡書院齋規」.

〈표 1〉『遯巖書院田畓量案』에 기재된 字號별 면적과 내용

字號	전체	起田畓	陳田畓	免稅田畓	買得	放賣
四	0-23-7	0-23-7		0-23-7		
大	2-25-4	0-63-3	1-62-1	0-63-3	-	-
被	0-22-6	0-22-6	-	0-22-6	-	-
草	0-73-3	0-73-3	-	0-73-3	-	-
萬	0-32-0	0-32-0	-	0-32-0	-	0-06-1
蓋	0-32-6	0-32-6	-	-	-	-
此	0-10-8	0-10-8	-	0-10-8	-	-
身	0-20-5	0-20-5	-	-	-	-
常	0-17-0	0-17-0	-	0-17-0	-	-
恭	0-24-0	0-24-0	-	-	-	0-24-0
鞠	0-02-3	-	0-02-3	-	-	-
養	0-37-7	-	-	0-37-7	-	-
鳴	0-40-0	0-40-0	-	-	-	-
鳳	0-97-1	0-97-1	-	-	-	0-51-9
效	0-31-7	0-30-2	0-01-5	0-30-2	-	0-31-7
才	0-07-7	0-07-7	-	0-07-7		
良	0-54-2	-	0-54-2	-	-	-
過	0-06-5	0-06-5	-	0-06-5	-	-
必	0-83-0	0-06-3	0-76-7	-	-	0-09-5
靡	0-26-1	0-26-1	-	-	-	-
建	0-24-0	0-24-0	-	-	-	-
重	0-31-3	0-31-3	-	-	-	-
弔	0-17-8	0-17-8	-	-	-	-
拱	0-18-4	0-18-4	-	-	-	-
緣	0-08-4	0-08-4	-	-	-	-
斯	0-29-5	0-29-5	-	-	-	-
資	0-05-0	0-05-0	-	-	-	-
競	0-15-8	0-15-8	-	-	-	0-15-8
與	0-47-2	-	0-47-2	-	-	-
上	0-14-6	0-14-6	-	-	-	-

字號	전체	起田畓	陳田畓	免稅田畓	買得	放賣
訓	0-31-0	0-31-0	-	-	-	-
澄	0-30-1	0-30-1	-	-	-	-
帝	0-21-9	0-21-9	-	-	-	-
育	0-27-6	0-27-6	-	-	0-15-7	0-15-7
黎	0-20-0	0-20-0	-	-	-	-
伐	0-32-0	0-32-0	-	-	0-29-7	0-29-7
罪	0-14-6	0-14-6	-	-	0-14-6	0-14-6
周	0-03-7	0-03-7	-	-	-	-
章	0-76-4	0-76-4	-	-	-	-
愛	0-11-8	0-11-8	-	-	-	-
垂	0-04-7	0-04-7	-	-	-	-
黃	0-19-9	0-19-9	-	-	-	-
裳	0-20-4	0-20-4	-	-	-	-
총계	13-94-3	10-40-3	3-44-0	3-24-8	0-60-0	1-99-0

※ 면적은 結·負·束으로 표현하였음 (예: 1결 2부 3속 →1-02-3)

〈표 1〉에서와 같이 1841년 돈암서원의 서원전은 38개의 字號로 구분되어 있으며, 총 13결 94부 3속으로 확인된다. 해당 규모는 상주 도남서원 등 비교적 규모가 있는 타 서원의 전결수와 비교하여 유사하다.[55] 돈암서원의 토지는 대부분 연산현 내의 토지로 추정된다. 기전과 진전의 비율은 대략 3:1 정도로 서원의 전체 토지 중에서 실제 경작이 이루어지는 起田은 대략 75%였다. 서원전의 소출은 총액으로 운영되었는데, 上字와 訓字에 속하는 45부 6속에 해당되는 토지는 祭田으로 특별히 관리되었다. 이외에는 재정 일반으로 관리되었던 것으로 보인다.

서원전 중에서 3결 24부 8속에 해당되는 免稅田이 있다. 경종 연간에 논의되기 시작하여 영조대 최종적으로 서원전은 각 서원에서 自備하고 民結로 충당하지 않도록 하였으며 사액서원은 3결, 미사액 서원은 무면세로

---

55) 이수환, 『朝鮮後期 書院研究』, 일조각, 2001, 169쪽.

확정되어 『續大典』에 규정되었다.[56] 돈암서원의 면세전은 『속대전』에서 규정된 3결을 약간 상회하는 것으로 미루어 보아 규정에 따라 면세전이 획급되었음을 알 수 있다. 같은 字號 중에서도 陳田은 제외하고 면세선을 구성하는 것으로 미루어 보아 면세에 해당되는 토지가 고정되어 있다기 보다는 起田 내에서 유동적으로 운영되었다. 이는 『續大典』규정에 따라 서원에서 자체적으로 할당된 면세전의 면적에 맞추어 면세결을 정하였던 것으로 보인다. 서원전이라 하더라도 民田과 마찬가지로 매득과 방매는 필요에 따라 진행되었다. 돈암서원의 경우 매득보다는 방매의 사례가 많다. 매득의 사례도 기존에 방매한 것을 還退 즉 다시 돌려받는 경우가 일반적이어서 기존 서원전을 유지하고자 하였다. 주목할 점은 防川 즉 하천의 범람을 막기 위하여 방매한 사례가 확인된다는 점이다. 해당 시기는 1820년에 집중되는데, 돈암서원이 위치한 林里 인근에 하천의 범람으로 인한 보수정비가 지속되었음을 보여준다.[57]

그렇다면 당시 서원전의 면적과 소출 그리고 지출내역은 어떻게 되는지 파악해 볼 필요가 있다. 1858년에 돈암서원에서 작성된 『院中賭地記』에 의하면 전체 도지 면적은 14석 10두락이고, 도지액은 118석 4두, 頉下額은 10석 15두로 실수입은 107석 9두로 나타난다.[58] 전체 도지액 중에서 8% 정도만이 탈하되어 원도지액과 실수입의 차이는 크지 않다. 탈하의 사례는 화재를 비롯한 災結로 인한 경우가 일반적이다. 전체적인 지출의 사

---

56) 『書院謄錄』 5冊, 경종 원년 5월 25일·영조 원년 2월 16일;『英祖實錄』 卷21, 5년 정월 甲寅;『續大典』 戶田,「諸田」,「學田」 "書院田 本院自備 雖未滿三結 勿以民結充給 … 賜額書院 三結(未賜額 則無免稅位)"
57) 19세기부터 돈암서원이 위치한 임리 인근의 하천 범람은 지속되었다. 이는 자연지형이나 하상계수의 변화와 밀접한 관련이 있었다. 결과적으로 1860년대 발생한 대홍수로 인해 돈암서원은 현재의 위치로 불가피하게 이건될 수 밖에 없었다. 19세기 후반 돈암서원의 이건 과정에 대해서는 이철성,「1880년 論山 遯巖書院의 移建과 재원확보」,『역사와 담론』88, 2018 참조.
58) 『院中賭地記』.

유는 구체적으로 나타나 있지는 않으나, 사우중수·防川·庫直價 등이 나타나는 것으로 미루어보아 경상지출 이외에 추가로 발생하는 비용은 별도로 기재했다.

노강서원의 「捧賭記」는 돈암서원에 비해 서원전에 대한 한층 더 구체적인 내용을 제공하고 있다.[59] 「봉도기」는 1870년부터 1906년까지 노강서원 토지 면적과 함께 지출처를 제시하고 있어 서원 재정 운영의 실제를 구체적으로 파악할 수 있다.

노강서원 서원전의 면적은 평균 10석 내외로 추정되며, 도조액은 40석에서 50석 내외로 풍흉에 따른 편차가 있다. 서원전은 현재 논산에 해당하는 長久洞面, 素沙面, 得潤面, 廣石面, 可也谷面에 분포해 있으며, 부여와 공주 등에도 일부 서원전이 존재하는 것으로 보아 서원이 위치한 인근을 중심으로 서원전이 분포해 있었다. 도조액은 돈암서원과 비교하여 단위면적 당 頉下의 비율이 높다.

노강서원의 사례에서 주목할 수 있는 부분은 지출에 대한 항목이다. 전체적으로 가장 많은 지출을 차지하는 것이 향사이다. 비정기적 지출항목인 기타를 제외하고, 祭享供祀를 포함한 향사에서 수입의 주요 지출을 차지한다. 제향 비용은 연도별 편차를 보이는데, 이는 물종에 따른 물가를 반영한 것으로 추정된다. 이외에 書記, 庫直, 使令과 같이 서원 운영의 말단 실무를 담당하는 경우에 보수의 형태로 지급되었으며, 柴價·鹽價 등 일상생활과 관련한 비용들이 지출되었다. 해당 비용은 7석 5두의 고정비로 지출되었다. 이 외에 稅米, 堤堰, 건물 重修(上樑) 등에 지출되었다.

---

59) 『魯岡書院捧賭記』는 현재 국사편찬위원회에 2종이 소장되어 있다. 庚午年(1870) 有司 尹龍鎭의 글이 수록되어 있는 자료(청구기호: KO B16FB 16)는 庚午年(1870)~乙酉年(1885)까지의 내용이, 己亥年(1899) 完議가 수록되어 있는 자료(청구기호: KO B16FB 16a)는 己丑年(1889)~丙午年(1906)까지의 자료가 수록되어 있다. 이와 같은 장기간에 걸친 賭地記는 호서 지역에서는 예외적인 자료에 해당된다는 점에서 자료적 가치가 높다.

노강서원의 지출 경향을 살펴보면 19세기 서원 운영에 있어 강학보다는 향사를 위주로 서원이 운영되고 있음을 확인할 수 있다. 강학과 관련한 지출항목은 존재하지 않으며 향사를 중심으로 한 비용이 대부분을 구성하고 있다.

서원노비는 서원전의 경작 및 身貢의 의무와 함께 서원의 말단 실무를 담당한다는 측면에서 서원전과 함께 중요한 경제적 기반이었다. 노비의 규모는 易東書院이 10~30구였던 것에서부터 陶山書院과 같이 2,000여구를 상회하는 경우도 있었다는 점에서 서원별 편차가 존재한다. 서원노비는 매득·기진·납상과 같이 서원 자체에서 마련한 것과 중앙 및 지방관청에서 屬公奴婢를 획급해 주는 것으로 확보되었다. 또한 이들은 거주지에 따라 院中差役者, 院底奴婢, 他官奴婢로 구분되며 시기가 내려올수록 신공을 납부하는 타관노비화되는 경향이 많았다.[60]

논산지역 서원에서도 노비 소유 사례가 확인된다. 죽림서원에서는 保奴가 祠宇直 20명, 享祀保奴 30명, 院中保奴 30명으로 총 80명의 保奴를 운영하였다.[61] 돈암서원에서는 保奴 60명이 존재했다.[62] 이들은 신공납부, 사우관리, 향사운영, 원중 잡역 등에 종사하면서 서원의 제반 업무에 종사했던 것으로 보인다.

『魯岡書院有司便覽』에는 노강서원의 총 4건의 노비안이 수록되어 있다.[63] 이를 정리하면 다음과 같다.

---

60) 이수환, 위의 책, 2001, 170~181쪽.
61) 『竹林書院誌』上編, 「院隸條」.
62) 『遯巖書院可考續錄』.
63) 『魯岡書院有司便覽』에는 「奴婢案」, 「癸未正月買得奴婢」, 「乙巳十一月日改修正」, 「庚午九月日院奴婢改修正案」이라는 題名의 노비안이 수록되어 있다. 「奴婢案」와 「癸未正月買得奴婢」에는 서로 중복되는 노비가 존재하지 않고, 「乙巳十一月日改修正」과 「庚午九月日院奴婢改修正案」에는 두 노비안이 통합된 형태로 노비안이 구성된다는 점에서 「奴婢案」, 「癸未正月買得奴婢」, 「乙巳十一月日改修正」, 「庚午九月日院奴婢改修正案」의 순서로 노비안이 작성된 것으로 추정된다. 또한

〈표 2〉『魯岡書院有司便覧』奴婢案에 기재된 서원노비 현황

연도	奴					婢					實奴婢
	原奴	故	放良	逃亡	相換	實數	原婢	故	放良	逃亡	相換	實數	
-	17	9	-	-	-	8	20	11	-	-	-	9	17
癸未 (1703)	13	4	1	-	-	8	11	4	1	-	-	6	14
乙巳 (1725)	35	1	-	-	-	34	38	17	-	-	-	21	55
庚午 (1750)	82	25	2	1	1	53	85	29	-	-	-	56	109

〈표 2〉와 같이 노강서원의 노비 수는 18세기 전반에 걸쳐 우상향의 경향을 보인다. 1703년에는 노비를 매득하여 증가하면서 기존의 노비와 합하여 약 30구 이상의 노비가 존재했다. 노와 비의 비율은 큰 편차를 보이지 않으며 유지되었다. 이후 출산 등으로 인해 1725년에는 55구, 1750년에는 109구까지 노비가 증가하였다. 일부 노는 班婢와의 혼인을 통해 새로운 노비가 유입되는 사례들도 확인된다. 사망, 도망, 방량, 그리고 상환 등으로 노비가 감소되는 사례도 존재했으나, 전체적인 경향은 증가 추세를 보이고 있다. 노강서원의 경우 18세기 초반에는 매득을 통해 노비수가 증가하였고, 이후에는 출산이 노비 수 증가를 견인하였다.[64]

노비안에는 간지 이외에 연도에 대한 정보가 구체적으로 나타나지는 않으나, 『노강서원유사편람』 내에 수록된 「致賻記」 등의 자료와 유사한 시기에 작성된 것으로 여겨 癸未(1703), 乙巳(1725), 庚午(1750)로 연대를 비정하였다.

64) 1725년 이후 노비 수가 증가되었다는 사실은 이 시기 노강서원 재정 운영이 이전에 비해 확대되었음을 뜻하기도 한다. 노강서원은 18세기 초반 다양한 부침을 겪었는데, 1717년 윤선거·윤증 부자의 관작이 삭탈되면서 서원의 사액 현판이 철거되었다가 1722년 관작이 회복되면서 현판이 복액되었고, 1723년에는 윤증을 추향하였다. 노비안이 작성된 1725년은 영조대 초반 소론 완론 중심의 탕평 정국이 운영되던 시기로서 노강서원의 원장으로 재임했던 최규서, 이광좌, 이종성 등 소론계의 후원이 있었을 것으로 여겨진다. 18세기 중반에 파악되는 노비의 수는 100여구를 상회하는데, 이는 영남지역의 대표 서원인 소수서원, 병산서원, 옥산서원의 노비수가 100~200명 내외인 점과 비교하여 유사한 규모였다(김영나,

서원노비의 거주지는 을사년(1725) 노비안에서 구체적으로 파악된다. 實奴婢인 55구 중 거주지 미상의 3구를 제외하고 서원이 위치하는 魯城에는 院底 34구, 邑底 2구가 거주하였고, 石城에는 院公 7구, 立石 4구, 烟火 5구가 거주하였다. 거주의 형태는 대체로 가족단위로 구성되어 있으며 서원과 가까운 지역에 분포되어 있다. 院底 즉 서원 인근의 거주하는 노비의 비율이 50% 이상을 상회하는 것으로 미루어 보아 노강서원의 노비는 신공 납부보다는 서원전 경작 및 서원 관련 잡역 등에 종사하였을 것으로 추정된다.

서원 노비와 함께 院保라 하여 양인 중에서 서원에 소속되어 잡역을 수행하고 군역을 포함한 국가의 부역에 면제받는 부류가 있었다. 실제로 서원의 원보가 되는 것이 군역의 부담보다 헐하다는 장점도 투속을 촉진하는 경향을 야기하였다. 특히 17세기 이후 양정의 일부는 私募屬을 통해 피역이 이루어진 방식과 유사하게 피역 수단으로서 서원의 원보로 투속하였다. 이에 사액서원으로 한정하여 원보를 20명으로 정하고 이것이 『續大典』에 법제화되었다.[65]

원보에 소속되면 기본적으로 관찰사·수령이 지시하는 각종 부역에서 면제되고 서원에 보호를 받았다. 죽림서원의 경우 원보를 成貼하여 관청에 보내고 원보를 침해하는 사례가 발생하면 감영에 보고하여 해당 邑吏를 처벌하고 面任에게는 원보의 부역을 대신하여 충당하도록 하였다.[66] 이러한 원보에 대한 보호 조치는 죽림서원 뿐만 아니라 타 서원에서도 일반적이었다.

서원의 입장에서도 원보는 서원에서 소요되는 각종 잡역과 물품 마련에

「17~18세기 소수서원 노비의 혼인과 가족」, 『영남학』 73, 2020, 64쪽 ; 김영나, 「17~19세기 병산서원 노비의 존재양상」, 『大東漢文學』 67, 2021, 154쪽 ; 김영나, 「18세기 옥산서원 노비의 양상」, 『민족문화논총』 79, 2021, 294~299쪽). 노비수의 사례를 통해 볼 때 18세기 중반 노강서원은 타 서원과 비교하여 재정적으로 안정된 형태로 운영되었음을 보여준다.

65) 『續大典』 禮典, 「雜令」, "募入人 鄕校四十名 賜額書院二十名 定額".
66) 『竹林書院誌』 上編, 「規約」 院隸條.

중요한 재원이었다. 노강서원의 경우 1773년 良保奴 20인은 1년에 白米 13두를 私保奴 47인은 1년에 柴 2駄, 生蟹 17개, 小炬 2柄을 납부하도록 하였으며, 「堆牲匠人」 항목에는 石城의 小船 3척과 林川의 小船 1척에 乾石魚를 포함한 물종을 납부하도록 규정하였다.[67] 노강서원의 사례는 원보가 良丁의 피역 수단이자 서원의 주요 재원으로서 기능하였음을 보여준다.[68]

서원전과 서원노비 그리고 원보는 서원을 구성하는 기본 재원이라면, 부조 등도 서원을 운영하는 주요한 재원으로 기능하였다. 특히 서원에 불시로 발생하는 각종 비용을 처리하는 과정에서 부조 등 외부의 지원은 반드시 필요한 사항이기도 하였다.

대체로 서원이 부조가 가장 많이 진행된 경우는 창건이나 추향 등에서 주로 이루어졌다. 서원지 및 관련 기록을 통해 서원 건립이나 위패 봉안 등과 관련한 행사에서 100~300여명의 참석인원이 확인되며 참석자의 지역적 분포도 다양한 것을 확인할 수 있다.[69] 참석자의 인원과 분포는 결과적으로 부조의 범위와 물력에 비례하기 때문에 해당 서원들의 부조 범위를 추정해 볼 수 있다. 실제 부조액의 범위도 확인되는데 노강서원 창건당시 부조록에 의하면 전국 각지의 관료와 향교, 서원, 사우, 향약, 개인 등 약

---

67) 『魯岡書院有司便覽』 癸巳五月改修正 良保奴·私保奴·堆牲匠人」
68) 院保와 더불어 除役村에 해당하는 書院村도 존재했을 것으로 추정되나 현존하는 자료에서는 확인하기가 어렵다. 조선후기 전반에 걸쳐 서원촌이 광범위하게 존재했던 것으로 추정되는데(이수환, 위의 책, 2001, 199~204쪽 ; 윤희면, 위의 책, 2004, 464~473쪽), 사액서원이던 돈암서원, 노강서원, 죽림서원 또한 院底 즉 서원 인근의 서원촌이 자리잡고 있을 가능성이 높다. 이와 관련해서는 추가 자료를 통해 입증해야 될 것으로 여겨진다.
69) 죽림서원은 창건 당시 上樑에서 전라감사 閔聖徽를 포함하여 70~80여명이 참여하였으며(『沙溪全書』 卷44, 附錄, 「年譜」 丙寅年條), 1663년 趙光祖·李滉의 추향 시에는 1,000여명 가까운 인원이 참석하고 송시열의 강의를 듣기도 하였다(『宋子大全附錄』 卷5, 「年譜(四)」). 돈암서원은 배향자의 봉안례에 155명(김장생), 282명(김집), 177명(송준길), 160명(송시열)이 참석하였다. 이들은 충청도뿐만 아니라 타도의 유생들도 포함되었다는 점에서 전국적인 규모였음을 짐작할 수 있다.

200여 소에서 쌀, 종이, 붓, 소금 등 다양한 물목을 부조한 것이 확인된다.[70] 1791년에는 중수에 따른 부조가 이루어졌는데, 전국 각지의 약 320여 곳에서 부조한 내용이 기록되어 있다. 당시 부조 총액은 錢文 1,931냥, 白米 100석, 기타 물목으로 구성되어 있다.[71] 중수에 따른 부조에는 창건 당시의 부조에 비해 파평 윤씨를 중심으로 한 소론계 가문의 부조가 일반화 되고 있으며, 이후 진행된 追配 및 重修 과정에서도 동일한 경향을 보이는 것으로 미루어 보아 서원 부조에 있어서도 붕당별·문중별로 계열화 되는 양상이 뚜렷하게 나타난다.[72]

서원 내 정기 지출 이외에 추향, 중수, 문집 간행 등에서 발생되는 추가적인 비용은 관의 지원을 필수적으로 요구하였다. 재정 지원은 지방관청이 일반적으로 담당했으며, 예외적으로 중앙에서 사패지의 지급과 같은 조치를 통해 이루어졌다. 죽림서원은 성균관에 소속되어 있는 靈光의 角耳島를 賜牌地로 이속받았다.[73] 이속된 각이도의 재원을 바탕으로 享祀의 수용을 비롯한 제반 물품을 지원하는데 사용할 수 있었다.[74] 이와 같은 사례는 이례적이었으며 지방관청의 서원 지원이 일반적인 방식이었다. 죽림서원, 돈

---

70) 『魯岡書院誌』卷3, 「本營營建時扶助錄」.
71) 『魯岡書院誌』卷3, 「魯岡書院歷代重修時扶助錄」.
72) 이해준, 「호서지역 서원의 지역적 특징과 정치적 성격」, 『국학연구』11, 2007, 43~44쪽 ; 이해준, 위 논문, 2011, 172~173쪽. 부조를 받는 것 뿐만 아니라 부조를 제공하는 방식도 붕당별·문중별 계열화 현상이 확인된다. 『魯岡書院有司便覽』 「應求及致賻記」에 의하면 1695년부터 1769년까지 노강서원에서 지출된 다양한 부조 사례가 상세히 기재되어 있다. 그 내용을 살펴보면 交河 新谷書院(尹宣擧 배향), 靈光 龍巖書院(尹拯 배향), 石城 蓬湖書院(尹文擧 배향), 連山 龜山書院(尹烇 등 배향) 등 파평윤씨와 직·간접적으로 관련이 있는 서원들의 追配·延額·奉安時에 부조하였다. 이외에 朴世采 葬禮, 院任의 喪事 등에 부조가 이루어졌다. 부조의 품목은 錢, 正木, 白紙, 壯紙, 黃燭 등이었다. 이를 통해 노강서원을 중심으로 한 인적 네트워크의 경향을 확인할 수 있다.
73) 『承政院日記』351冊, 숙종 19년 2월 7일(辛巳) ; 『承政院日記』352冊, 숙종 19년 5월 27일(庚午).
74) 『竹林書院誌』上編, 「靈光角耳島事蹟(己巳三月初三日)」.

암서원, 노강서원의 원임 구성에서 掌議를 인근의 지방관으로 선임한 것은 재정 확보에 큰 도움을 주었을 것으로 여겨진다. 인근 군현의 수령뿐만 아니라, 감영에서도 서원에 대한 적극적인 지원이 이루어졌다. 1886년 돈암서원에서 조직된 講學契에는 충청감영에서 300냥을 지원하고 운영에 필요한 노비와 庫直을 위한 비용을 추가적으로 지급하였다.[75] 이러한 점은 지방관청이 서원운영에 필요한 재정 지원에 핵심적인 역할을 하고 있음을 보여준다.

V. 맺음말

이상에서 논산지역에 소재한 서원의 운영과 그 특징에 대해 살펴보았다. 고문헌 자료가 풍부한 영남지역에 비해 호서·호남지역 서원 연구는 사액이나 정치적 사건과 관련한 사항 이외에는 크게 연구가 진전되지 못하였다. 본고의 대상으로 삼은 세 서원들은 향촌사회에서 공론을 주도하거나 학파의 首院으로 기능하면서 비교적 운영과 관련된 자료가 현존하고 있고, 해당 자료들을 중심으로 서원들의 운영 실태를 분석할 수 있었다.

원임은 서원 관리의 주체로서 원장-장의-유사-직월의 구조로 운영되었다. 원장은 대체로 외부의 명망있는 인사를 중심으로 선임되었으며, 임기가 정해져 있지 않았다. 장의는 서원소재 및 인근지역 군현의 수령이 임명되었으며, 경우에 따라 道伯인 감사가 역임하는 사례도 존재한다. 유사는 일반적으로 2인으로 서원이 소재하는 인근 지역의 유생이 임명되었으며, 1년 혹은 2년의 임기를 수행하였다. 18세기 이래로 점차적으로 서원이 문중화 경향을 보이고 있음에도 불구하고 서원의 유사들은 여러 성관의 인물

---

75) 『遯巖書院學契案』「巡營甘結」. 돈암서원의 학계 구성은 연산향교의 講學稧와 밀접한 관련을 가진 것으로 보인다. 이에 대해서는 李政祐, 「19세기 論山地方 儒林의 書院활동과 學稧설치」, 『史學硏究』 58·59, 1999, 912~914쪽 참조.

들이 순환적으로 역임하였다. 직월도 유사와 마찬가지로 인근 지역 유생으로 임명되었다. 서원의 말단 행정을 수행함에 따라 연령이 낮고 교체 주기도 빈번하였다.

원생은 서원의 피교육자로서 강학과 제향활동의 주축을 담당하는 핵심 구성원이었다. 16세기에는 서당 등의 입회조건으로 초시입격여부가 중시되었으나, 점차적으로 학행을 중심으로 하고 입원 자격도 사족 이하로 확대되었다. 17세기 이후로 원생이 피역의 수단으로 활용되면서, 사액서원일 경우 액내원생을 30명으로 유지하게 되었으며, 이는 논산지역 서원에서도 공통적으로 나타나는 현상이었다. 원생들은 거재와 강회의 이원화된 학습을 운영하였으나, 재정적 어려움으로 거재보다는 강회를 중심으로 한 서원 강학활동이 진행되었다.

서원의 재정을 구성하는 요소로 서원전, 서원노비, 원보, 부조 등을 들 수 있다. 논산지역 서원들은 賭租를 바탕으로 서원전을 운영했으며, 서원전의 주요한 소용처는 향사와 관련한 사항이었다. 서원노비는 서원의 관리를 위한 잡역이나 서원전의 경작 등을 담당하였다. 원보는 피역의 수단이면서 서원 재정의 확보라는 이중적 목적에 따라 운영되었으며, 서원 재정의 중요한 요소 중 하나였다. 서원의 영향력과 특징은 부조에서 확인된다. 붕당의 분화 및 문중의 발달 등으로 인해 서원별 부조의 경향이 계열화되는 것을 확인할 수 있다.

이상과 같이 논산지역 서원은 서원 운영의 공통점과 함께 다채로운 측면을 보이며 발전하였다. 유사한 지역에 존재하는 서원이라 하더라도 각 서원별 운영 양상은 공통점과 함께 차이점이 동시에 존재하며, 논산 서원의 사례와 같이 붕당과 문중의 차이에 따라 그 차이점은 더 두드러진다. 추가적으로 논산지역에 소재한 문중 내 서원 관련 자료가 추가적으로 확보된다면 보다 구체적으로 서원 운영의 실상을 파악할 수 있을 것이라 기대한다.

【참고문헌】

『肅宗實錄』,『英祖實錄』,『承政院日記』
『續大典』,『春官志』,『書院謄錄』,『礪山府邑誌』
『魯岡書院誌』,『遯巖書院誌』,『竹溪志』,『竹林書院誌』,『精會堂誌』
『遯巖書院可考續錄』,『遯巖書院學契案』,『院中賻地記』,『精會堂儒案』
『魯岡書院捧賻記』,『魯岡書院院中記事』,『魯岡書院有司便覽』
『陶菴集』,『明齋遺稿』,『沙溪全書』,『宋子大全』,『市南集』,『栗谷全書』

윤희면,『조선시대 서원과 양반』, 집문당, 2004.
이수환,『朝鮮後期 書院研究』, 일조각, 2001.
정만조,『朝鮮時代 書院研究』, 집문당., 1997

김소희,「논산 돈암서원 책판의 현황과 활용방안」,『서지학연구』87, 2021.
김문준,「돈암서원의 강학 활동」,『한국철학논집』58, 2018.
김영나,「17~18세기 소수서원 노비의 혼인과 가족」,『영남학』73, 2020.
김영나,「17~19세기 병산서원 노비의 존재양상」,『大東漢文學』67, 2021.
김영나,「18세기 옥산서원 노비의 양상」,『민족문화논총』79, 2021.
朴連淑,「朝鮮後期 書院經濟에 대한 一考察-魯岡書院의 財政構造分析을 中心으로-」, 전북대학교 석사학위논문, 1988.
박종배,「學規에 나타난 조선시대 서원교육의 이념과 실제」,『한국학논총』3, 20103
이경동,「조선후기 礪山 竹林書院의 운영과 위상」,『韓國書院學報』9, 2019.
이경동,「16세기~17세기 초 영남지역 서원 원규의 구조와 변화」,『중앙사론』55, 2022.
이연숙,「遯巖書院의 건립과 性格」,『干江權兌遠敎授定年紀念論叢-民族文化의 諸問題』, 干江權兌遠敎授定年紀念論叢 刊行委員會, 1994.
李政祐,「17~18세기 在地 老·少論의 분쟁과 書院建立의 성격」,『震檀學報』88, 1999.
李政祐,「19세기 論山地方 儒林의 書院활동과 學稧設置」,『史學研究』58·59, 1999.
이철성,「1880년 論山 遯巖書院의 移建과 재원확보」,『역사와 담론』8, 20188

이해준, 「호서지역의 사족동향과 서원·사우」, 『한국의 서원과 학맥연구』, 경기대학교, 2000.
이해준, 「호서지역 서원의 지역적 특성과 정치적 성격」, 『국학연구』 11, 2007.
이해준, 「노강서원(魯岡書院) 기류(資料)의 유형(類型)과 성격(性格)」, 『한국서원학보』 1, 2011.
임선빈, 「遯巖書院의 건립배경과 賜額 검토」, 『朝鮮時代史學報』 85, 2018.
전용우, 「호서사림의 형성에 대한 연구-16~17세기 호서사족과 서원의 동향을 중심으로」, 충남대학교 박사학위논문, 1994.
정경원, 「明齋 尹拯의 敎育과 鄕村 敎育活動」, 『역사와 역사교육』 2, 1997.
한기범, 「沙溪 金長生의 生涯와 禮學思想」, 『백제연구』 20, 1989.

17~18세기 충청지역 소론계 서원과 魯岡書院

홍 제 연

Ⅰ. 머리말

충청도는 李珥, 成渾 등의 학통을 잇는 기호유학의 거주 기반으로, 金長生, 金集, 尹宣擧, 宋時烈, 宋浚吉, 李惟泰 등의 출신지였다. 이들의 문인으로 구성된 정치집단인 西人系 핵심 인물이 배출된 곳이기도 하다. 인조반정 이후 정권을 주도한 서인이 다시 노론과 소론으로 분열된 후 충청 지역은 중앙정치의 변화에 가장 민감하게 대응하는 현장이 되었다. 그리고 정치 활동의 거점이 된 서원은 재지사족의 당파성을 상징하며 창건과 사액, 철액과 훼철, 제향 위차 등의 문제를 둘러싼 갈등 양상을 보였다.

이러한 지역적 특징으로 인해 충청지역 서원 연구는 정치 세력의 변화와 서원의 관계를 유기적으로 파악하고 지역의 재지사족 활동과 연계해 역사를 살피는 경향이다. 여기에는 경상, 전라 지역에 비해 서원 소장 자료가 많지 않다는 한계도 작용하였던 것으로 보인다.[1] 2000년~2017년까지 발표된 단행본 및 자료집 101건과 논문 179건을 분류한 논문에 의하면[2], 충청지역을 주제로 다룬 경우는 30건에도 못미친다.[3] 이후 2021년까지의 성

---

1) 고종대에 전국에 47개소의 서원만 남기고 모두 훼철하면서 충청지역은 돈암서원(연산), 노강서원(니산), 창렬사(홍산), 표충사(청주), 충렬사(충주) 5개 원사만 살아남았다. 이에 따라 현대의 서원 연구에 있어 비훼철 및 정치적 거점 서원(제향 인물 관련)에 주목하는 경향이다(홍제연, 「충청지역 서원 연구의 현황과 과제」, 『충청학과 충청문화』 28, 2020).
2) 이수환, 「2000년 이후 한국 서원 연구의 현황과 과제」, 『민족문화논총』 67, 영남대학교 민족문화연구소, 2017.

과에서도 20여건 정도가 추가되었을 뿐이다.[4]

처음 충청지역 서원 전반을 살핀 전용우의 연구에서는 도내 42개 서원을 분석해 호서사림의 발전 추세를 3단계로 나누었다.[5] 1기는 김장생 등장 이전에 초기 사림계 인물을 제향한 서원이 세워지는 시기에 해당한다. 2기는 김장생 송시열의 활동과 이들을 제향하는 서원이 창건되며 공주목이 주요 거점이 되고 동시에 홍주와 충주 지역에 영남계[6] 서원이 세워지는 시기이다. 3기는 송시열 사후 노소분열로 당쟁이 심화되던 때로 호서사림의 거점이 연산 돈암서원에서 청주 화양서원으로 옮겨진 시기이다. 전용우의 3단계 발전론에 대해서는 이후에 반론 없이 인용되고 있다.

한편, 이해준은 충청도의 4개 목(공주, 홍주, 충주, 청주) 고을의 소속 鎭管별로 나타나는 서원의 성격을 분석하여 충청도내에 문화권이 나뉘어 있음을 밝혔다.[7] 서인이 노론과 소론으로 분화되는 과정에서 노론계 서원은 공주와 청주, 비노론계는 홍주와 충주 권역에 집중되며 문화권별 차이를 보였다는 것이다. 당쟁이 심화되기 이전부터 홍주목과 충주목 주변 군현에 영남계 인물을 제향하는 서원이 존재했고 숙종 대 이후 양쪽 지역에

---

3) 위의 이수환(2017) 논문에서 제시한 2000년~2017년까지 연구성과 중 서원 총서 및 일반 연구를 제외하고 충청지역만을 다룬 사례는 단행본 1건, 자료집 6건, 논문 25건(정치분야 10건, 경제분야 0건, 사회분야 6건, 교육분야 0건, 문화분야 6건, 건축지리분야 3건) 등이다.
4) 홍제연, 「충청지역 서원 연구의 현황과 과제」, 『충청학과 충청문화』 28, 2020.
5) 전용우, 「朝鮮朝 書院·祠宇에 對한 一考察 ; 建立推移 및 祭享人物을 中心으로」, 『호서사학』 제13집, 호서사학회, 1985 ; 전용우, 『호서사림의 형성에 대한 연구 -16~7세기 호서사족과 서원의 동향을 중심으로-』, 충남대학교 대학원 박사학위논문, 1993 ; 전용우, 「湖西 書院 小考(Ⅲ) - 18세기 湖西지방에 건립된 書院을 중심으로-」, 『역사와 역사교육』 제3·4호, 熊津史學會, 1999.
6) 당쟁이 심화되기 전, 충청지역에 건립된 퇴계 이황 및 이황의 문인 등을 제향하거나 이들 학통을 이은 이들이 주도해 건립한 서원을 '영남계'로 분류하였다. 전용우 이해준 등의 기존 연구에 같은 개념으로 쓰였다.
7) 이해준, 「호서지역 서원의 지역적 특성과 정치적 성격-숙종대 노소론계 서원을 중심으로」, 『국학연구』 11, 한국국학진흥원, 2007.

비노론계 서원이 건립되는 경향이 확인된다.[8] 노론의 경우 거점 서원이 갑술환국 이후 연산 遯巖書院에서 청주 華陽書院으로 옮겨지면서 이 두 서원의 영향을 받는 주변지역 서원은 대개 노론계가 지배적이었다. 이러한 시각은 이미 여러 연구자에 의해 조망되었으며, 이후 발표되는 서원 및 학파에 관한 연구 또한 위의 논리를 보완하고 있다.[9]

이 글에서 살피고자 하는 노강서원은 소론계의 首院이다. 노강서원과 관련하여 역사, 문화, 건축, 소장자료 등에 대한 연구,[10] '연산-광산김씨-돈암서원'과 '니산-파평윤씨-노강서원'의 경쟁과 갈등 관계를 밝힌 논문[11]과 최근 대중서가 발간되었다.[12]

노강서원은 소론의 발원지와 같은 독보적인 위상을 가진 서원임에도 위치상으로는 연산 돈암서원과 12㎞ 정도 거리에 불과하여 그 영향력을 행사하는데 한계가 있었다. 1674년에 범서인계의 지원과 참여로 창건되었으나 노소분열 이후 철액과 재사액, 윤증의 추배 등 고비마다 철저히 노론의 견제를 받았다. 그러나 소론 서원의 상징으로 1871년 훼철 대상에서 제외될 수 있었다. 노강서원이 가진 힘은 자손과 문인에 대한 철저한 교육으로 구축된 인적 기반과 이를 바탕으로 소론 유학의 정신을 전승하는 구심처란 위상이었다. 이에 비해 충청도내 소론계 서원은 경종조 소론이 집권했던 짧은 기간 사액과 추향을 이뤄내지만 이후에는 서로 다른 처지에 놓이게 된다.

---

8) 이해준, 「호서지역 서원의 지역적 특성과 정치적 성격-숙종대 노소론계 서원을 중심으로」, 『국학연구』 11, 한국국학진흥원, 2007, 31~33쪽.
9) 이근호, 「조선시대 성리학 학파의 지역성과 문화권-3남 지역을 중심으로」, 『한국학논총』 41, 2014 ; 이영자, 「17세기 호서학파의 성리학적 특징으로 본 충청의 로컬리티」, 『동서철학연구』 제78호, 한국동서철학회, 2015.
10) 건양대학교 예학교육연구원, '노강서원의 문화 전승과 전통건물의 문화사적 가치 학술세미나'(2010.9.16.).
11) 이정우, 「17~18세기 在地 老少論의 분쟁과 書院建立의 성격-충청도 논산지방 광산김씨와 파평윤씨를 중심으로」, 『진단학보』 88, 1999.
12) 이남옥·박용만 외, 『魯岡書院·華陽書院』, 한국학중앙연구원출판부, 2019.

조선후기 정권의 주도권은 주로 노론에게 있었고, 특히 노론의 텃밭이었던 충청 지역에서 소론의 전통을 이어간다는 것은 지역 재지사족의 성향과 전통적 문화 기반 없이는 어려웠다. 이에 따라 학계에서는 서원의 분포를 통해 충청도의 문화권을 구분하려는 시도도 이루어졌다. 이 글은 당쟁의 갈등이 중앙정계와 다름 없이 펼쳐진 충청지역의 동향을 소론계 서원을 중심으로 살피고자 하는 것이다.

Ⅱ. 충청지역 소론계 서원의 건립 추이

1. 충청지역 비노론계 서원의 분포

충청지역은 정조대까지 약 107개소[13]의 서원이 창건되었다. 대체로 이이와 성혼의 학통을 계승한 서인계 서원이 다수를 차지하는 가운데 영남계 서원은 11개소가 존재했고, 서인의 노소분열 이후 소론계 성격을 띤 서원은 11개소가 확인된다.[14] 즉, 90여 개의 서원 대부분이 서인-노론계에 일부 門中書院이라고 볼 수 있다.

노론의 강력한 우위 속에서 비노론계 22개 서원의 분포는 중요한 의미를 지니는데, 각 서원이 지역의 문화권을 특징하는 기준이 되기 때문이다. 노론계 首院의 위상은 초기에 연산 돈암서원이었고, 갑술환국 이후 청주

---

13) 書院誌(1799), 列邑院宇事蹟, 書院可攷, 燃藜室記述, 俎豆錄, 東國文獻錄, 增補文獻備考, 東國院宇錄(湖西), 典故大方 등 서원관련 기록에서 명확히 확인되는 서원은 105개소이고, 이 중 서원지에만 등재된 2개소는 기존 서원의 다른 이름으로 추정된다.
14) 2007년 한국국학진흥원 주도로 서원 연구 성과를 종합 분석하여 지역적 정체성을 규명한 바 있는데 영남, 경기, 호서, 호남 등이 다른 양상을 보이는 것은 지역 사족의 정치적 성향이 다른데다 반복되는 환국 과정에서 영향을 받았기 때문으로 보았다(『국학연구』 11, 한국국학진흥원).

화양서원으로 옮겨지게 되면서 이 두 서원의 영향을 받는 주변지역 서원은 대개 노론계가 지배적이었다.[15]

이와 달리 당쟁이 심화되기 이전 영남계 인물을 제향하는 서원이 충주목과 홍주목 진관 소속 군현에 존재하였다. 다음 표에서 보듯 충주 제천 괴산 단양 등 주로 충주 권역의 군현이었고, 아산과 온양은 홍주 권역이다. 영남계 서원 소재지를 이후 소론계 서원 소재지와 비교하면 서로 인접한 지역임을 확인할 수 있다. 즉, 제천 남당서원과 영춘 송파서원, 목천의 도동서원과 신창의 도봉서원 등이 그렇다.

〈표 1〉 충청지역의 영남계 서원

서원	지역	창건	사액	제향인물
南塘書院	제천	1580년(선조 13)	-	李滉, 姜瑜
仁山書院 (五賢書院)	아산	1610년(광해군 2)	-	주향) 金宏弼, 鄭汝昌, 趙光祖, 李彦迪, 李滉 추향) 洪可臣, 奇遵, 李之菡, 李德敏, 朴知誡
龜溪書院 (龜巖書院)	청안	1613년(광해군 5)	-	주향) 徐思遠, 朴枝華, 李得胤 추향) 李浚慶 李塘
花巖書院	괴산	1622년(광해군 14)	-	李滉, 李文楗, 盧守愼, 金悌甲, 許詡, 全有亨, 朴世茂, 李信儀, 朴知謙, 許穧, 柳根
靜退書院	온양	1634년(인조 12)	1676년 (숙종 2)	趙光祖, 李滉, 孟希道, 洪可臣, 趙相愚, 姜栢年, 趙爾後
道東書院	목천	1649년(인조 27) '죽림서원'	1676년 (숙종 2)	朱子, 金馹孫, 鄭逑, 黃宗海
雲谷書院	충주	1661년(현종 2)	1676년 (숙종 2)	朱子, 鄭逑
丹巖書院	단양	1662년(현종 3)	1692년 (숙종 18)	禹倬, 李滉

---

15) 이해준, 「호서지역 서원의 지역적 특성과 정치적 성격 – 숙종대 노소론계 서원을 중심으로」, 『국학연구』 11, 한국국학진흥원, 2007, 31~33쪽.

서원	지역	창건	사액	제향인물
松溪書院	황간	1664년(현종 5)	-	曺偉, 朴英, 金始昌, 朴應勳, 南知言, 朴惟棟
雙泉書院	청주	1695년(숙종 21)	-	申湜
虎溪書院	옥천	1711년(숙종 37)	-	南秀文

충청지역에서 최초로 건립된 영남계 서원은 제천의 남당서원으로 제천은 지리적으로 경상도 북부지역에 접해 있으며 퇴계 이황이 단양군수로 있을때에 자주 왕래한 인연으로 퇴계학맥이 전승된 곳이다. 괴산과 단양에 이황을 제향한 서원이 세워지는 것도 같은 이유에서였다. 충주 운곡서원에서는 선조대에 충주목사를 지냈던 정구를 제향하고 1676년 온양 정퇴서원, 목천 도동서원과 함께 사액을 받았다. 1674년 갑인예송으로 남인정권이 수립되면서 남인계 서원이 대거 사액된 것이었다.

1664년 황간의 송계서원 이후 문중사우인 쌍천서원과 호계서원을 제외하면 순수한 영남계 서원은 더 이상 창건되지 않았고, 이들 서원이 남인의 거점 서원으로서의 역할을 지속하였다고 보기도 어렵다. 단양 단암서원의 경우 송시열의 '師門之嫡傳'이라 칭해지는 權尙夏(1641~1721)가 1682년에 請額疏를 지어 사액에 협조하자 노론에 우호적 입장으로 변모하였다.[16] 충주 운곡서원은 1725년(영조 1)에 '경종 즉위 후 음흉한 무리의 소굴'이 되었다는 노론계 유생의 상소가[17] 등장하며 소론과 다름없다는 평가를 받고 있어 남인계 서원의 변화를 추측케 한다.

숙종대 후반에 노소론간 대립이 격해지면서 충청지역 사족은 우암 송시열로 대표되는 노론계의 돈암서원 및 화양서원과 명재 윤증으로 대표되는 소론계의 노강서원을 거점으로 활동하게 되었는데, 지역 전반의 당파적 성향은 노론이 우위에 있었다. 소론계 서원은 다음의 11개소가 세워졌을 뿐이다.

---

16) 『한수재선생문집』 제2권, 「疏」〈丹陽書院請額疏〉.
17) 『승정원일기』 영조 1년 을사(1725, 옹정) 5월 2일(음)

<표 2> 충청지역의 소론계 서원

서원	지역	창건	사액	제향인물
道峯書院 (道山書院)	신창	1670년(현종11)	-	趙翼, 1720추향) 趙克善
松坡書院	영춘	1673년(현종14)	-	尹宣擧
魯岡書院	니산	1675년(숙종1)	1682년(숙종8) 1717년 철액 1722년 재사액	尹煌, 尹文擧, 1682추향) 尹宣擧 1723추향) 尹拯
蓬湖書院	석성	1693년(숙종19)	-	尹文擧, 尹搏(추향)
松泉書院	청주	1695년(숙종21)	1711년(숙종37)	金士廉 崔有慶 李貞幹 朴光佑 李之忠 趙綱 李大建 1723추향) 李濟臣 李寅燁 崔錫鼎 南九萬 朴文秀 李宗城 李孝碩 金汝亮
奇巖書院	청주	1699년(숙종25)	-	姜柏年 1826추향) 吳䎘
龜山書院	연산	1702년(숙종28)	-	尹烇 尹舜擧 尹元擧 尹文擧
惠學書院	홍주	1705년(숙종31)	1722년(경종2)	李世龜
晦菴書院	덕산	1709년(숙종35)	-	朱子 李湛 趙克善 1800추향) 李洽 1830추향) 安敏學
芝山書院	진천	1722년(경종2)	1723년(경종3)	崔錫鼎
龍溪書院	홍주	1724년(경종4)	-	尹拯 1796추향)尹搢

　　서원의 소재지는 청주목(청주, 진천), 충주목(영춘), 공주목(니산, 연산, 석성), 홍주목(신창, 홍주, 덕산)으로, 한쪽에 치우쳤다고 볼 수는 없지만, 홍주목 권역은 영남계 2개소의 소재지로 소론계 서원도 4개소에 달했다는 점에서 확실히 타 지역에 비해 비노론계의 입지가 강했던 것으로 보인다. 공주목 청주목 권역은 각각 노론의 수원인 돈암서원과 화양서원이 있는 지역임에도 소론계 사액서원이 존재했다는 점에서 지역의 정치적 성향을 단순히 규정짓기는 어려운 면도 확인된다.

소론계 서원은 1670년~1724년까지 50여 년간 건립되고, 경종대에 집중적으로 사액되었다. 최초의 서원이 신창에 세워진 것은 이웃한 아산과 온양의 영남계 재지사족의 영향으로 보인다, 이 일대가 비노론계 사속 성향을 갖고 있었던 것이다.

이후 노소 분열이 심화되고 윤증이 소론의 영수가 되면서 파평윤씨가의 유현을 제향하는 서원이 소론계의 활동을 상징하게 되었다. 5개 서원이 니산 파평윤씨가의 유현을 제향하고 있다. 그중 노강서원이 중앙 정계의 변화에 따라 철액과 재사액, 윤증의 추배 등 철저히 노론의 견제를 받는 가운데 여타 서원은 소재지 군현 재지사족의 성향별로 각각 다른 처지에 놓이게 되었다.

2. 재지사족의 활동과 소론계 서원

충청지역에서 노론은 자파 서원을 건립하거나 당쟁기 이전부터 존재한 서원을 지원하고, 정치적 성향이 불분명한 지역 사족에게 제향처를 마련해 주어 포섭하는 전략을 취하였다. 소론 또한 서원을 건립하고 사액하는데 전력을 기울이는 동시에 자파 인물의 추향에 힘을 쏟았지만, 노론이 실각한 잠깐의 시기에 불과했다. 특히 짧았던 경종 재위기에 전국 곳곳의 소론계 서원이 명예회복을 위해 노력했음에도 영조대에 실권하자 철액과 훼철의 압박 속에 전반적으로 약화되었다.[18]

서원의 창건과 사액 과정, 운영 상황 등은 지역에 따라 달랐다. 1500년대부터 영남계 학통이 확산된 지역에 건립된 신창 도봉서원, 재지사족 전반이 참여한 홍주 혜학서원과 영춘 송파서원, 해당 군현의 가장 위세있는 집안이 주도함에 따라 무리없이 창건과 운영이 이루진 홍주 용계서원, 파

---

18) 이근호, 「조선시대 성리학 학파의 지역성과 문화권 - 3남 지역을 중심으로」, 『한국학논총』 41, 2014 ; 이영자, 「17세기 호서학파의 성리학적 특징으로 본 충청의 로컬리티」, 『동서철학연구』 제78호, 한국동서철학회, 2015.

평윤씨가의 지원이 있었던 송파서원과 연산 구산서원 석성 봉호서원, 반 노론 전선에 따라 남인계와의 협조를 통해 건립된 청주 송천서원, 노론의 견제와 무신란 이후의 여파 속에서도 명맥을 이어간 진천 지산서원 등 각 지역의 소론계 서원은 정치적 풍파를 함께 겪으면서 향촌사회의 사족 동향에 민감한 영향을 받았다. 또한 윤증 문인들의 활동은 여러 서원의 연대를 가능케도 하였다. 홍주 용계서원 창건을 주도한 진사 沈益來가 노강서원에 윤증의 제향을 청하는 상소의 유생대표가 된 사례, 최석정이 송시열을 무함했다는 상소로 곤란에 처했을때에 윤증 문인들이 반박상소를 작성하면서, 청양(용계서원)과 홍주(혜학서원) 유생중 누가 소두가 될 것인지 논의하였던 사실 등이 확인된다.[19]

노강서원 창건 이전 소론계 서원으로 분류되는 곳은 신창 도봉서원과 영춘 송파서원이다. 도봉서원은 포저 조익과 야곡 조극선을 제향한 곳이다.[20] 조익이 은거하며 강학하던 신창에 1667년 서원 건립이 계획되어 1670년(현종 11)에 창건 후 독향되다 1720년(숙종 46) 趙克善(1595~1658)을 추배하였다. 조극선은 예산 출신으로 李命俊, 朴知誠, 趙翼에게 수학하였는데[21] 이명준을 통해 우계학통을 계승하였다.[22] 1723년(경종 3)에 사액을 청하였으나 조익 제향 서원의 중첩 설립문제로 불가 결정이 내려졌다. 조익과 조극선은 생전에 파평윤씨가와 직접 관련되지는 않았지만 우계 학통과 박지계라는 연결고리가 있었고 조극선의 사위 韓壽遠(1602~1669)[23]은 김장생의 외손이자 윤증의 문인이었다. 그리고 한수원의 손자 韓配夏(1650~1722)는 숙종대에 스승인 윤증을 홍주 용계로 모셔 머물게 하고, 윤증을 제향하는

---

19) 홍제연, 「17~18세기 충청우도 少論家의 형성과 활동 – 청양 함평이씨 함성군파를 중심으로」, 『역사와실학』 제71집, 2020, 131쪽.
20) '道山書院'이라고도 한다.
21) 조극선은 이의길 권시 등과 함께 박지계 문인록에 등재되었다.
22) 1709년에는 덕산 회암서원에도 제향되어 있다.
23) 金長生과 鄭曄의 문인, 1635년 성균관에서 이이와 성혼의 문묘배향 상소를 올렸다.

용계서원의 창건에 적극적으로 개입하였던 인물이다.

영춘의 송파서원은 파평윤씨가의 서원 중 가장 이른 시기에 세워졌다. 숙종 初에 청액상소를 올리기 위하여 尹拯에게 도움을 청한 바 있는데, 마침 1695년 交河縣에 윤선거 서원이 창건된 후 사액됨에 따라 윤증은 금령을 무릅쓰고 사액을 청하기 보다는 유생 교육에 힘써 서원 건립의 본 뜻을 지키자는 뜻을 보였다.[24] 정조대까지 영춘의 유일한 서원이면서 미사액으로 인해 정치적 공격과 윤선거 서원의 철폐 논의에서도 벗어나 있었던 것으로 추측된다.[25]

1702년 연산에 尹烇 등 파평윤씨 인물을 제향하는 구산서원이 창건되자 노론은 1705년 인접한 곳에 休亭書院을 세워 연산의 여러 성씨를 제향하도록 힘을 실어주었고, 노강서원이 1717년 철액 조치가 내려질때에는 송시열의 문인들이 윤증이 살았던 고택 인근 노성산 아래에 공자를 제향하는 궐리사를 창건하였다. 연산이나 니산이 노론계가 강성한 공주목 문화권이었다는 점에서 니산의 윤씨가는 혹독한 정치적 견제를 겪었던 것이다. 그러나 같은 공주목 문화권인 석성현의 봉호서원은 송시열이 1681년 서원 창건을 발의한 사례로, 그후 12년이 지난 1693년에 세워졌다. 석성은 니산과 경계를 접하고 있으며 봉호서원 외에 다른 원사가 없고, 지역 내의 주요 성씨가 윤문거의 문인 집안으로 형성되어 재지사족간 갈등 없이 유지되었다.

한편, 소론계 사족이 주도권을 가지고 창건한 홍주의 혜학서원과 용계서원이 있다. 홍주목은 충청도 서부 해안 지역의 수부 도시로, 중앙 정계에서는 '충청도의 巨邑이며 땅이 넓고 백성이 많아 難治의 고을'로 인식된 곳이었다.[26] 목사가 파견되는 큰 고을임에도 정조대까지 3개의 서원이 세워져 공주, 청주, 충주와 비교되기도 한다. 3개 서원중 가장 이른 시기에 세

---

24) 『명재유고』 제26권, 「書」〈答永春院儒〉.
25) 『서원등록』 숙종 44년(1718) 3월 26일.
26) 『신증동국여지승람』 충청도 홍주목 궁실조.

워진 魯恩書院은 단종대의 사육신을 제향한 곳이고, 나머지 2개소가 모두 소론계 서원이지만 용계서원은 홍주의 월경지인 청양에 세워졌다는 점에서 사실상 청양의 서원이나 다름없었다.

1699년 소론계 관료 홍주목사 李世龜가 홍주향교를 대대적으로 중수하며 선정을 베풀었고, 윤증은 1679년에 홍주에 거주하는 문인들의 권유로 홍주 龍溪에 서실[敬勝齋]을 짓고 제자를 길러 자취를 남김으로서 두 서원이 세워지는 계기를 마련하였다. 홍주의 사족 성향은 다양한 편이었다. 홍주목사로 부임해 이몽학의 난을 진압하였던 남인 홍가신에 대해 淫祀와 유교적 제향이 함께 이루어지고 있었고, 노은서원을 중심으로는 노론계 사족 활동이, 그리고 윤증의 문인들이 존재하였다. 이세귀가 홍주목사로 재임중일때 홍주 유생 柳長台가 붕당의 폐단을 논하며 송시열과 권상하를 비난하는 상소를 올린 일이 있었는데 권상하는 '尊尹拯者[윤증을 존숭하는 사람들]'가 송시열과 자신을 욕되게 하고 있다며 비난하기도 하였다.

그리하여 1706년 홍주의 중심지에 이세귀를 제향하는 혜학사가 건립되고 1716년 청양의 사족이 주도해 창건한 용계서원에는 윤증을 독향하였다. 1721년 소론 정권이 들어서면서 혜학서원이 사액되고, 1724년에는 용계서원도 사액되었다. 혜학서원은 홍주의 사족들이 스스로 재물을 내어 세우고, 용계서원은 청양지역에서 명문으로 이름난 함평이씨 주도 하에 청주한씨, 기계유씨 등이 협력하여 이룬 것이므로 창건과 운영 과정에서 지역 내 반대 세력은 드러나지 않았다. 다만, 당초 범서인계가 건립했던 노은서원에 대하여 노론 정권의 각별한 지원이 잇달아 1709년 '魯恩書院'으로 재사액되고 '홍주서원'이라 할 정도의 위상을 갖게 된 것이 주목된다.[27]

홍주 지역 서원이 비교적 안정적인 운영이 가능했다면, 청주 문화권에 속하는 진천의 지산서원은 격렬한 정치적 갈등 상황의 한복판에 있었다. 소론

---

27) 홍제연, 「17~18세기 忠淸道 洪州지역 재지사족과 少論系 書院」, 『역사와 담론』 제93집, 2020, 76쪽~83쪽.

의 핵심 인사인 명곡 최석정을 독향하고 사액까지 받았음에도 청주 지역이 영조대 戊申亂의 주요 현장이 되면서 훼철의 위기를 겪어야 했던 것이다.

진천은 일찍이 서인계 시족이 협력해 세운 百源書院이 있었고, 백원서원 건립을 주도한 평산신씨가 송시열과 인연이 있던데다 권상하와 蔡之洪(1683~1741)이 활동으로 노론하맥이 영향이 크게 확산되어 있었다. 진천에서는 경주이씨가 소론가문이었는데, 이 집안 출신 좌의정 李慶億의 딸과 최석정이 혼인하면서 소론의 영수 최석정이 진천으로 우거하여 지역 사족과 교유하며 말년에 완전히 낙향하여 제자를 길렀다. 최석정과 뜻을 함께 했던 처남 李寅燁, 각자의 아들인 崔昌大와 李夏坤이 강학하였던 宛委閣은 진천과 청주의 소론계 사족의 구심처가 되었고 소론계 가문의 성장을 도왔다. 그리하여 1722년(경종 2) 최석정을 독향한 지산서원이 건립되고 동시에 사액을 받았으며 바로 인접한 청주의 송천서원에는 최석정과 경주이씨 이인혁이 추배되었다.[28]

진천은 1675년부터 서인계 내부의 분열과 대립이 심각한 상태였는데 영조 즉위 후 1728년(영조 4)에 청주에서 벌어진 무신란에 진천 사족 일부가 자발적으로 반란군 편에 가담하는 상황으로 이어졌다. 반란군은 노론정권 하에서 정치적 불만을 품은 자들이었고, 반란군을 진압하는 의병에 선 쪽은 노론계 사족이었다. 무신란 이후 지산서원의 상황을 보여주는 기록은 없지만, 1795년(정조 20) 《御定奎章全韻》의 배포처였으며, 1871년 훼철된 것을 보면 조선말 까지 유지되고 있었다.

지산서원과 같은 청주권역의 松泉書院은 최석정과 충청도 유생 朴世冑 등이 주도하여 1695년(숙종 21)에 건립한 서원이다. 창건 당시에는 고려말부터 조선중기까지 청주 지역 사족 가문의 현조 15인을 제향하였다. 당시 청주에는 莘巷書院, 華陽書院, 雙泉書院이 있었는데 신항서원과 화양서원

---

28) 고수연, 「鎭川地域 士族의 分岐양상과 戊申亂」, 『역사와 실학』 68, 2019, 161~165쪽.

은 송시열의 문인들이 주도권을 갖고 소론과 남인계 사족은 서원 운영에서 배제된 상태였다. 뿐만아니라 청주와 인접한 문의에 魯峯書院(1615년)과 黔潭書院(1695년)이 노론계 서원으로 사액까지 받게 되자 이에 불만을 갖고 있던 청주의 비노론계 사족들이 모여 세운 것이 송천서원이었다. 이후 1723년(경종 3) 李濟臣, 崔錫鼎, 李寅燁을 추향하였고, 1728년(정조 22) 소론의 영수 남구만과 역시 소론의 朴文秀 및 李宗城을 추향하였다.

III. 니산 파평윤씨와 서원 창건 시도

1. 파평윤씨가의 니산 입향과 활동

노강서원은 1675년 충청도 니산에 세워졌다. 니산 파평윤씨가 선산의 안산에는 다섯 개의 작은 산등성이 이른바 '五岡'이 있었고, 그중 가운데에 서원이 자리잡았다.[29] 서원의 이름은 니산 고을의 다른 이름인 '魯城'과 '오강'에서 각 글자를 따 '노강'이라 하였으며 지명이 상징이 되어 '尼山書院'이라고도 불리웠다.

파평윤씨가 이곳에 입향하게 된 것은 1500년대 중반경이었다. 경기도 파주에 거주하던 尹暾(1519~1577)이 문화유씨 柳淵의 딸과 혼인 후 처향인 니산으로 이거하면서 세거의 기반을 마련하였다. 유연이 죽은 후 1573년에 작성된 和會文記[30]에 의하면 윤돈의 처의 몫으로 전답 174마지기와 노비 17구가 분재되었다. 그런데 당시 유연의 아들 유서봉이 아들 없이 사망한 상황이었으므로, 유서봉의 처 이씨는 남편 몫의 재산과 봉사조의 전답 노비를 모두 윤돈의 손자 尹熺(1584~1648)에게 넘겨주어 외가의 봉제

---

29) 노강서원의 오른쪽에 윤증의 종숙부 尹海擧의 집인 不憂堂이 있어 그를 '오강공'이라 칭하였다(『明齋遺稿』 권32 〈不憂堂記〉).
30) 김영한, 「尹暾의 同腹和會立議」, 『鄕土硏究』 제1집, 충남향토연구회, 1985.

사를 잇도록 하였다. 이를 통해 파평윤씨가는 니산에 경제적 기반을 획득하게 되었고, 윤돈의 아들 尹昌世(1543~1593)가 청주경씨 慶渾의 딸과 혼인 후 니산 냉사리로 이주해 자신의 庶母와 嫡母를 함께 모셨다고 한다.

윤창세는 아들 다섯을 두었는데, 첫째 尹燧(설봉공파), 둘째 尹煌(문정공파), 셋째 尹炫(충헌공파), 넷째 尹熽(서윤공파), 다섯째 尹熺(전부공파) 모두 일가를 이루었다. 윤창세는 1574년에 丙舍에 孝廉齋와 誠敬齋를 세우고 자손들의 교육에 힘써 아들 손자가 대과와 소과에 급제할 수 있었다. 차남 윤황은 이이와 성혼에게 학문을 배웠으며 성혼의 사위가 됨으로서 성혼 학맥을 이었다. 5형제의 후손이 모두 크게 번창하여 이들을 '노종파-노종오방파'라 부른다. 훗날 우암 송시열이 호서의 3대족으로 연산의 광산김씨, 회덕의 은진송씨와 함께 니산의 파평윤씨를 들었던 것은 바로 이 노종파를 일컫는 것이었다.[31]

파평윤씨가는 1643년부터 종회를 열고 1645년 윤순거 주도로 제정한 宗約에 따라 집안의 墓祭, 교육, 宗事를 위한 재정 운영 등을 실천하여 종중의 결속을 다졌다.[32] 그중에서도 자손의 교육을 강조한 종약의 지침은 '宗學'으로 이어졌고 윤씨가에서 1600년초~1700년초까지 설립한 書齋만 노서당(니산), 양정재(니산), 산천재(금산), 작천서재(금산), 보인당(니산), 유봉정사(니산), 경승재(홍주), 월곡정사(공주) 등 8개소에 이르렀다.[33] 서재는 파평윤씨 자제 뿐만 아니라 문인들과 재지사족의 강학의 공간이 됨으로서 각 지역에 소론 학풍을 전승하였고, 니산 유봉정사, 금산 산천재와 홍주 경승재 등은 훗날 윤증을 제향하는 서원으로 변모하였다.

파평윤씨가의 종학은 윤증(1629~1714)이 매월 강례를 실시하고 1682

---

31) 송시열, 『宋子大全』, 〈懷德鄕案 序文(1672)〉.
32) 김필동, 「17세기 사족 문중의 형성 : 파평윤씨 노종파(魯宗派)의 사례」, 『사회과학연구』 20(3), 2009 34쪽~36쪽.
33) 이연숙, 「조선후기 양반가의 문중교육 : 충남 논산시 노성면 파평윤씨 노종파를 중심으로」, 『역사와 담론』 52, 2009, 49쪽~50쪽.

년 '初學畫一之圖', 1701년 '爲學之方圖'를 제정하여 교육의 체계를 갖추었 지만 1700년대 중반에 중단되었다. 그러나 1817년경 유봉영당 북측에 종학당을 건립하면서 교육이 재개될 수 있었다. 그 결과 1600년대 초부터 1800년대말까지 노종오방파에서만 46인의 문과 급제자, 66인(니산 거주) 의 사마입격자가 배출되었다.[34] 이런 파평윤씨가의 인적 기반은 조선후기 소론가로서 극심한 정치적 풍파를 거치면서도 노강서원을 유지하고 훼철의 위기를 넘길 수 있게 한 동력이 되었다.

충청지역의 유학은 노소 분열 이후에는 성혼과 박지계 계열 학파가 소론계로 좌정하였다. 성혼은 충청 지역과 무관하였지만, 사위인 윤황에게, 윤황은 아들 윤선거에게 다시 윤선거는 아들 윤증에게 학통을 전수함으로서 윤증이 우계(성혼)학맥의 중심적 위치에 서게 되었다.[35] 윤증대에 노소 분열이 이루어지기까지 조부 윤황과 숙부 윤문거, 부친 윤선거, 그리고 윤증의 행적을 통해 노강서원 창건의 배경을 살피고자 한다. 이 4인은 모두 노강서원의 제향인이기도 하다.

八松 尹煌(1571~1639)은 임진왜란 중 1593년 장인이자 스승인 성혼을 따라 의주로 가는 피난길에서 아버지가 사망한 소식을 듣고 니산으로 와 장례를 치렀고, 1597년(선조 30) 27세에 문과 급제 후 승문원의 權知正字를 시작으로 내외 요직을 거쳤다. 1608년(광해군 즉위) 북청판관으로 있을 때에 반대파의 탄핵으로 파직되고, 1616년(광해군 8) 사돈 崔沂의 옥사에 연루되는 등 광해군대에 정치적 부침을 겪다 인조반정 후 다시 관직에 나아갔다. 1636년 병자호란때에 척화파 대신 중 한사람이었지만 병석에 있느라 김상헌과 정온 등이 척화파로 지목되어 청에 잡혀간 것을 뒤늦게 알

---

34) 이연숙, 「조선후기 양반가의 문중교육 : 충남 논산시 노성면 파평윤씨 노종파를 중심으로」, 『역사와 담론』 52, 2009, 44쪽.
35) 황의동, 「湖西儒學의 展開樣相과 特性」, 『南冥學硏究』 vol.16, 경상대학교 경남문화연구원, 2003, 247쪽 ; 이근호, 「조선시대 성리학 학파의 지역성과 문화권-三南 지역을 중심으로-」, 『한국학논총』 41호, 2014, 114쪽.

아, 자신이 청에 가야 한다고 상소한 죄로 영동으로 유배되었다. 수개월간의 유배생활 후 금산에 머물다 고향 니산으로 돌아와 1639년(인조 17) 69세의 나이로 사망하였다. 행장을 송시열이 짓고, 묘지명은 김상헌이, 묘표는 유계가 지었다. 당대 최고의 유현들이었다.[36]

윤황의 4남 石湖 尹文擧(1606~1672)는 김집의 문인으로 조익, 김상헌에게도 배웠고 송시열 송준길과 교유하였다. 1633년 식년문과 급제 후 관직에 올랐는데 3년만인 1636년 병자호란이 벌어지자 아버지와 함께 척화를 주장하였다. 인조를 호종해 남한산성에 들어가 있던 중 척화신이 청으로 잡혀갈 때에 아버지에게 알리지 않고 자신이 대신 잡혀가려 한 일이 있었다. 이후 현종때에는 여러번 관직이 내려졌지만 모두 거부하고 학문에 몰두하였다. 67세인 1672년(현종 13)에 사망하였다.

윤황의 6남 尹宣擧(1610~1669)는 호가 吉甫, 美村, 魯西, 山泉齋, 文敬 등인데 주로 '미촌', '노서'로 알려져 있다. 김집의 문인이며, 1633년 형 윤문거와 함께 식년문과에 급제하였고, 1636년 청나라 사신이 입국하였을때 성균관 유생들을 모아 사신의 목을 벨 것을 주청하여 척화의 입장을 분명히 하였다. 그 해 병자호란이 일어나자 가족을 이끌고 강화도로 피신하였는데, 곧 강화도가 함락되며 처 공주이씨가 자결하였지만 그는 평민 복장으로 탈출함으로서 평생 이 일을 자책하였다. 그리고 스스로 죽지 못한 것을 부끄럽게 여겨 더 이상 출사하지 않은채 학문에 몰두하였다.

윤선거의 장남 윤증은 9세의 어린 나이에 강화도에서 어머니의 자결을 목도하였고, 조부 윤황이 척화를 주장하다 영동에서 유배생활을 할 때부터, 금산에 머물던 시기까지 함께 거주하였다. 금산에서 이웃에 살던 俞棨를 스승으로 모셨고, 1647년 19세에 權諰(1604~1672)의 딸과 혼인 후 장인에게 학문을 전수받았다. 권시는 남인이면서 서인 박지계의 문인이기도

---

36) 김문준, 「노강서원 제향 인물의 활동과 역사적 위상」, 『노강서원지 3』, 노강서원, 2012, 39쪽~40쪽.

한 인물이었다. 1651년 23세에 연산에 있던 김집(1574~1656)의 문하를 출입하였으며, 이듬해에 송준길, 1654년에는 구포에 있던 趙翼을 찾아갔다. 또 1657년 29세에 송시열에게 주자서를 배우며 사제관계를 맺었고 1658년 이유태를 만난 후 20여 년간 服制 문제를 질의하였다. 이러한 사승관계와 전란 속에서의 경험은 윤씨가의 사상적 기반이 되어주었다.

윤선거의 문하에는 윤증과 나양좌가 있고, 윤증의 문하에 정제두, 박태보, 한영기, 권이진 등이 있다. 윤증은 서인에게만 국한되지 않고 남인계의 석학들과 교류하며 예학에 정통한 학자로 명성을 떨쳤다.[37]

윤증은 송시열의 高弟로 지목될 정도였지만 사제관계가 벌어진 후 1681년 숙종의 부름을 받았을때에 송시열의 세도와 서인과 남인의 대립, 외척 가문(여흥민, 광산김, 청풍김)의 폐단 등을 이유로 출사하지 않았다. 아들들에게 남긴 유언에 '지금의 偏論은 나라가 망해야 끝날 것이고 살육이 그치지 않을 것'이라는 우려를 전하기도 하였다.[38] 실제 그가 죽은 후 1년만에 『家禮源流』발문에 송시열의 문인 鄭澔가 윤증이 스승을 배반하였다는 글을 쓰며 노소간 당쟁은 더욱 심화되었다.

2. 서인내 갈등과 서원 창건 논란

1650년대에 들어와 충청지역 서인계 내부에서 분열의 조짐이 보이기 시작했다. 김집의 문하에서 함께 교유하던 송시열이 『대학』과 『중용』 등 經傳註解의 문제로 尹鑴를 비판할때에 윤선거가 윤휴를 변호하는 태도를 보이며 두 사람의 관계가 틀어졌다. 1653년(효종 4) 여산의 황산서원[39]에

---

37) 이형성, 「명재 윤증에 대한 후대의 평가와 추숭」, 『유학연구』 제20집, 2009, 132~133쪽 ; 황의동, 「明齋儒學의 家學的 淵源에 대한 연구」, 『철학논총』 제33집, 2003, 430쪽.
38) 尹東源, 『一庵遺稿』 권3, 〈祖考文成公家狀〉.
39) 현재 논산시 강경읍 소재.

서 윤선거 유계 송시열 등의 회합이 있었는데, 이때 윤휴를 이단으로 규정하는 송시열을 윤선거가 설득하려 하였으나 오해만 불거졌을 뿐이었다. 그리고 1669년 윤선거 사후 윤증이 송시열에게 아버지의 비문을 청했을때에 송시열이 윤선거의 학문을 애매하게 기록하면서 끝내 노소 분열의 확실한 계기가 마련되었다.

1672년 윤문거가 죽은 후 곧 서원 건립이 논의되었다. 윤증과 윤씨가의 사람들, 윤문거의 사위 최세경 등이 정사에 모여 서원 입지를 의논하고, 이듬해 1월 윤증과 윤진이 서원이 들어설 자리를 둘러보았다.[40] 서원 창건을 위해 金壽恒(1629~1689), 閔鼎重, 金萬基, 朴世堅, 呂聖齊, 李選, 金萬重, 申翼相, 趙師錫, 鄭維岳, 趙根 등 조정의 고위 관료이면서 당대의 명현으로 이름난 이들이 '서원영건시발문'에 이름을 올렸고[41], 김수항이 지은 魯岡書院營建通文이 전국으로 보내졌다. 이 글에서 김수항은 팔송과 노서를 위해 니산에 사당을 세우는 일은 '사문(유학)의 부흥'이라 하였다.

그런데 그로부터 12년이 지난 1684년, 송시열이 박세채에게 쓴 간찰에는 노강서원 건립 이전인 1646년경 윤황을 제향하기 위해 니산에서 서원 건립이 시도된 바 있었고, 당시 창건을 이루지 못하다가 1674년에 드디어 노강서원을 세우게 된 사실, 그리고 송시열이 서원 창건에 지극한 불만을 가지고 있었음이 드러난다.[42]

이 글에 의하면 파평윤씨가에서는 1639년 윤황이 죽은 후 니산 사람 李綱 등에 의해 사당 건립의 의론이 일어나자 列邑에 통고하지 않은채 곧바로 공사에 들어갔고 니산현감에게 役軍을 요청하였다가 비협조적인 답변을 받았다고 한다. 이에 송시열이 윤선거를 불러 윤씨가에서 鄕人들의 의론을 따라 서원을 짓는다면 비웃음을 받을 것이라 경계하였다. 그런데 그

---

40) 尹拯, 『德浦遺稿』.
41) 金壽恒, 「魯岡書院營建時發文」(노강서원지).
42) 송시열, 『宋子大全』 제68권 「書」〈答朴和叔 甲子十二月〉.

무렵 1646년(인조 24) 니산 사람 柳濯의 역변으로 인해 니산 연산 은진 3개 현을 통합하는 문제로 지역사회가 시끄럽자 윤선거는 곧 서원 공사를 중단시켰다.

그 뒤 윤선거 사후 1669년, 윤증이 서원 건립에 대해 의논하기 위해 화양동에 있는 송시열을 찾은 일이 있었다. 송시열은 청음 김상헌이 모친의 병환을 돌보느라 니산에 머무른 적이 있으니, 만약 서원을 세우려거든 김상헌을 주향으로 하고 윤황 부자를 배향하는 것이 좋겠다고 하며 조정에 먼저 소를 올려 주청하고 서원을 세우라는 의견을 내었다. 이것은 윤씨가의 서원 건립을 반대하는 것이나 다름없었으므로 윤증이 이를 듣지 않았다.

또 어느날 영춘현의 유생이 송시열을 찾아와 자신이 '윤선생의 서원'에 있는 유생이라며, 일찍이 윤선거가 영춘에 들렀던 인연이 있어 서원을 세웠노라 답한 일이 있었다. 송시열은 이에 대해 몹시 불쾌하게 여겼고 '윤선거가 윤휴와 어울려 기탄이 없는 행동'을 하였기 때문에 영춘 서원도 임금에게 허락받지 않고 세워 의절이 난잡하다고 비난하였다. 영춘 서원은 윤선거를 제향하는 松坡書院을 뜻하며, 송파서원은 1673년(현종 14)에 창건되었다.

그리고 노강서원이 건립되던 1674년, 송시열이 상경도중 경기도 광주에 머물다 이유태를 만났는데, 이유태가 "길보(윤선거)의 서원 건립이 갑자기 시작되었으나 우리가 이것을 저지시키지 못하였다 …" 라 하였고, 송시열은 자신이 이미 윤증에게 조정에 윤허를 얻은 후 공사를 시작하라고 충고하였지만 듣지 않았다고 한탄하였다.[43] 그러면서 윤증 집안이 윤휴에게 본받은 습성이 있어 걱정된다고 덧붙였다. 표면적으로 서인계 전체가 노강서원의 창건을 지원하고 있었지만, 완전한 지지를 보낸 것이 아니었으며 가장 핵심 인물이라 할 송시열과 이유태 등의 태도는 윤증과의 분열의 조

---

43) … 李曰. 吉甫書院之猝遽. 吾儕不能止. 吾儕忠信不及愼老遠矣. 曰. 吾則使之請於朝. 許之然後始役可也. 雖不明言其猝遽. 而其難愼之意可見. 而渠乃不聽. 此欲先發後聞之計矣. … (『宋子大全』 제68권 「書」〈答朴和叔 甲子十二月〉)

짐이 강하게 내재되어 있음을 보여준다.

노강서원 건립에 대한 송시열의 부정적 입장은 이후 불거지는 이른바 목천 통문사건에서도 드러난다.[44] 이 사건은 1674년 노강서원 창건을 위한 협조 통문이 각 고을에 보내진 후, 이를 받은 충청도 목천의 유생들이 향사에 반대하여 '江都俘奴不合享祀', 즉 '강도에서 오랑캐의 종이 된 사람을 향사하는 것은 합당치 않다'라는 라는 답통을 각 고을에 돌린 일이었다. 그런데 정작 답통을 돌렸다는 그 당시에는 알려지지도 않았을 뿐만아니라 시간이 지난 후 실제 벌어진 일인지 조차 모호하였다. 훗날 노강서원측에서 송시열의 원한에 의한 거짓 주장이라고 이해할 정도였다.[45] 왜냐하면 8년이 지난 1681년(숙종 7)경 송시열이 제자 李翔이 목천의 서원 원장으로 추대되었다는 소식을 듣고 '목천 유생들은 노강서원 향사를 반대하고 윤선거를 모욕한 통문을 돌린 일이 있었으니 주의하라'는 뜻을 전하였는데, 이상의 門下에서는 그게 사실이라면 목천의 유생을 처벌해야 한다며 직접 노강서원으로 통문을 보내 그런 내용의 문건이 있었는지 확인하는 과정에서 알려진 일이기 때문이다.[46]

윤증은 1682년에야 목천 통문 사건을 알게 되어 2년 후인 1684년 송시열과 간찰을 주고받으며 사실을 밝히고자 하였으나 송시열은 자신의 잘못이라 하면서도 명확하게 해명하지 않았다. 이에 대해 윤증은 석연치 않았음에도 불구하고 더 이상 다른 말을 할 수 없었다고 하였다.[47] 이 문제로 두 사람의 골은 더욱 깊어졌고, 송시열은 윤증에게 '의리에 의거하여 내치고 절교하는 것을 더 이상 미룰 수 없다'는 글을 보내기까지 하였다.[48] 목천 통

---

44) 『숙종실록』 15권, 숙종 10년(1684) 8월 21일(갑인) ; 『숙종실록보궐정오』 60권, 숙종 43년(1717) 9월 2일(계축).
45) 윤증, 『明齋遺稿』, 「명재연보」 제1권 55년 임 ; 「명재연보」 후록 제2권 전 지평 이세덕의 상소.
46) 송시열, 『宋子大全』 권56 〈答金久之 甲子 四月 二十五日〉.
47) 윤증, 『明齋遺稿』, 「별집」 제4권 〈與懷川, 答朴士元〉.
48) … 大抵來書怨怒 更加一層 引義斥絕 不宜少緩 而猶且云云 此則愚昧之所不敢知也

문 사건은 1717년(숙종 43)에도 다시 거론되며 송시열을 옹호하는 노론과, 윤증의 억울함을 호소하는 소론간의 상소로 정국을 혼란하게 만들었다.

송시열이 노강서원 건립에 불편한 심정을 보인 위의 사실들은 서원 건립 후 10여년이 지나 이미 노소 분열 후에 비로소 드러난 것이었고, 창건이 되던 시기에는 송시열도 외형적으로 긍정적인 입장을 보였다. 1673년 1월 李喜朝가 송시열에게 '尼城의 魯西書院을 빨리 했으면 하는 것이 선생의 뜻이냐' 물었을때에 자신은 김장생이나 성혼의 제향 사례에서 보듯 너무 서두르지 말고 늦추자 했을 뿐이지 반대한 것이 아니라고 답하였던 것이다.[49]

Ⅳ. 노강서원의 위상변화

1. 노강서원의 창건과 사액

1672년에 서원 건립이 발의된 후 1675년 윤황과 윤선거의 위패를 봉안하며 3년만에 노강서원이 창건되었다. 이때 작성된 노강서원『營建時扶助錄』[50]을 보면 전국 각 도와 군현의 지방관, 향교, 원사, 유림, 향약, 경유사, 일반 개인 등 200여 개소가 막대한 자금과 다양한 물목을 부조하였다. 여기에서 충청지역의 서원은 숭현서원(회덕), 충현서원(공주), 돈암서원(연산), 동봉서원(홍산), 창강서원(공주), 건암서원(서천), 문헌서원(한산), 창주서원(옥천), 도동서원(목천), 봉암서원(연기) 등 10개 서원이고, 향교는 목천 전의 석성 공주 한산 홍주 등 6개소였다.

봉안제문은 南九萬, 춘추 향축문과 노강서원 상량문은 朴世采가 지었는데 두 인물 모두 향후 소론계 인사로 활동하였다는 사실은 노소분열 이전

··· / 答尹拯 甲子七月二十四日 (『宋子大全』 권111 「書」).
49) 송시열, 『宋子大全』「부록」 제14권 〈語錄 1〉 李喜朝의 기록 중.
50) 노강서원(2012), 제15장 제2절 魯岡書院建立時扶助錄, 『노강서원지 1』.

부터 창건 주도 세력이 이미 하나의 계열성을 갖고 있음을 보여준다. 노강서원 창건 과정에서 작성된 時到記인 봉안시 유회록(1675년)에 은진송씨 여흥민씨 광산김씨 등이 전혀 보이지 않는 것도 같은 맥락에서 이해된다.[51]

이 기록에는 258명의 본관과 성명 자, 출생년도 거주지 등이 기록되어 있는데, 지역별 분포는 다음과 같다. 대부분이 충청지역 출신이고 서울, 경기, 전라도에서도 참여하고 있다. 성관은 파평윤씨를 제외하면 매우 다양한 편이다.

〈표 3〉『營建時扶助錄』 등재 인원

등재인원	군현(인원)
30인 이상	니산(112), 공주(31)
10인 이상	연산(20), 서울(13), 여산(12), 석성(10)
5인 이상	임천(6), 정산(5), 부여(5), 금산(5)
1~4인	연기(4인), 홍주(4인), 은진(3인), 회덕(3인), 光州(2인), 옥천(2인), 덕산(2인), 서산(1인), 한산(1인), 전의(1인), 결성(1인), 남평(1인), 홍산(1인), 보령(1인), 덕흥(1인), 익산(1인), 전주(1인), 고부(1인), 廣州(1인), 창평(1인)

「奉安時執事錄」에는 초헌관 석성현감 李永輝, 아헌관 니산현감 安重, 종헌관 경기전참봉 白光瑞 및 각 분방에 따른 약 30여 명의 성명이 기재되어 있다.

창건된 지 7년이 지난 1682년(숙종 8) 윤문거를 추향하며 봉안제문은 전주이씨 李敏敍가, 제향 축문은 박세채가 지었다. 그리고 곧이어 나양좌, 조득중, 이사길, 김창협 등 5도 유생이 청액상소를 올렸다. 노강서원 청액 무렵 마침 경기도 교하에도 윤선거 사우가 건립되어 이는 동일인의 서원을 중첩되는 상황이었다. 중첩 설립을 금한 상태였으므로 예조판서 呂聖齊[52]

---

51) 노강서원(2012), 제16장 魯岡書院奉安時儒會錄 / 공교롭게도 송, 민, 김 이들 성관은 연산 돈암서원 창건의 주도 세력이다.

가 서둘러 '니산의 사우에서 이미 몇해째 제향을 올려왔기 때문에 특별히 사액해야 한다'고 주장하여 마침내 '노강'으로 사액되었다.[53]

이 시기는 1680년 경신환국으로 남인에서 서인으로 정권이 교체된 때였다. 이런 분위기에서 노강서원 사액이 순조롭게 이루어졌던 것이다. 그러나 비슷한 시기에 시남 유계의 사우 건립이 무산되고 김장생 송준길의 흥현서원 추향, 송준길을 봉암서원 노봉서원 충현서원에 합향하려는 시도가 모두 중첩 설립이란 이유로 보류되었고, 영남 안음에 송준길 서원 창건도 불허된 사실이 주목된다. 서인 정권 내부의 불협화음과 국왕과의 관계에 있어 서로 다른 입장을 짐작케한다.

노강서원 사액에 대해 숙종이 내린 賜額致祭文은 林泳이 지었고, 예관은 예조정랑 李立中이었다. 이때의 기록으로「延額追配時扶助錄」이 있다.[54] 사액에 대해 부조한 충청지역의 서원은 창주서원(옥천), 숭현서원(회덕), 노봉서원(문의), 도동서원(목천), 충현서원(공주), 돈암서원(연산), 의열사(부여), 신항서원(청주), 봉암서원(연기), 영동서원(영동)[55], 보령서원(보령)[56] 등 11개소, 향교는 비인, 대흥, 당진, 공주, 영춘, 태안, 연기, 결성, 천안, 온양, 면천, 청양, 청산, 진잠, 연풍, 영동, 덕산, 석성, 홍주, 부여, 서산, 음성, 서천, 청주, 은진 등 25개소로 창건시 부조물목을 보냈던 것과 비교하면 모두 숫자가 늘었다. 특히 향교는 창건시 6개소에 불과했던 것과 비교된다. 서원 중에는 도봉서원, 창강서원, 건암서원, 문헌서원이 창건시 부조하였지만 사액시에는 하지 않았다. 목천 도동서원을 제외하면 모두 서인계 서원이었다.

노강서원이 사액되는 1682년 전후한 시기의 정치적 상황은 복잡했다.

---

52) 소론관료로 1688년 우의정으로 있을때 박세채와 남구만을 변호하고, 이후 남인이 성혼과 이이를 문묘에서 출향하려 하자 부당함을 진소하였다.
53) 『서원등록』, 1682년(숙종 8) 2월 17일.
54) 노강서원(2012), 「제15장 제4절 延額追配時扶助錄」, 『노강서원지 1』 345쪽.
55) 영동 花巖書院으로 추정.
56) 보령 花巖書院으로 추정.

1680년 경신환국으로 남인이 실각하고 서인이 정국을 주도하게 되었으며, 1681년에 윤증이 송시열을 비난하는 '신유의서'를 지었다. 그러나 아직 신유의서가 공개되기 전이었으므로, 이 해 송시열이 석성에서 윤문거를 제향한 蓬湖書院의 창건을 위한 發論을 짓기도 하였다.[57]

노강서원 사액 후 바로 이듬해 서인은 노론과 소론으로 나뉘어 본격적으로 대립하기 시작했다. 1694년(숙종 20) 갑술환국으로 노론정국이 되면서 1695년 송시열을 돈암서원에 추배하였을 때에 송시열 추배시 도기에는 니산 거주자가 고작 2명에 불과하였고, 파평윤씨는 아예 참여하지 않았다.[58] 그럼에도 윤증이 죽기 전까지는 큰 충돌 없이 1709년(숙종 35) 교리 李世瑾의 건의에 따라 윤황과 윤선거가 증직되고 1711년(숙종 37) 윤황에게 '文正', 윤선거에게 '文敬'의 시호가 내려졌다. 1712년(숙종 38)에는 노강서원에서 윤선거의 문집『魯西遺稿』가 목판으로 간행되었다.

2. 철액과 서원 재정비

1714년 1월 윤증이 酉峯精舍에서 죽자 노소 갈등은 더욱 깊어져 겨우 2년이 지난 1716년(숙종 42) 회니시비 등의 잘못이 윤증에게 있다는 병신처분이 내려졌다. 곧 소론이 대거 축출되고 윤선거 문집훼판령, 윤선거와 윤증을 '先正'으로 칭하지 못하게 하는 왕명이 있었다. 이어서 이듬해 1717년에는 윤선거와 윤증의 관작이 추탈되고 윤선거 문집 목판이 훼판되었으며, 노강서원도 철액되었다.

노강서원에서는 철액된 시기에 서원 결속을 강화하기 위한 靑衿錄 修正時完議가 작성되었다.[59] 여기에 205명의 명단이 있는데, 성명과 관직, 본

---

57) 『列邑院宇事蹟』乾隆二十四年 月 日 石城縣縋湖書院事實成冊: "肅廟朝辛酉 尤庵宋先生發論 縉紳章甫發通 癸酉設立 獨享 未賜額"
58) 돈암서원,「文正公尤庵宋先生奉安時儒生到記」,『遯巖書院誌』上, 35~39쪽.
59) 노강서원(2012), 제18장 청금록 정유 2월 13일 修正時完議,『노강서원지 1』364쪽.

관(일부)만 기재되어 각 인물의 성분을 명확히 파악하기는 어렵다. 37명이 파평윤씨이며, 타성 중 거주지가 확인되는 사마입격자 및 그들의 부친 형제 등 약 30여명이 주로 니산 출신이고 그 외에 거주지로 서울과 공주 등이 있다. 청금록 등재 타성 중에서 주목되는 성관은 남양홍씨(21인), 무안박씨(16), 청주한씨(12인), 청주양씨(9인), 함평이씨[60] 등이다. 이들 성씨 모두 1600년대 학문적 교류와 통혼으로 연계된 관계였다.

무안박씨는 오늘날 '호서유학의 산실'이라 불리우는 니산 輔仁堂[61]에서 수학한 嚴川 朴增(1461~1517)[62]의 후손이다. 남양홍씨는 니산 입향조인 洪世耉가 윤증과 함께 보인당과 養正齋에서 동문수학한 인연으로 후손들이 노강서원을 왕래하였고, 이후 노강서원의 각종 좌목에 이름을 올리고 있다.[63] 청주양씨와 함평이씨는 현 논산 상월면 주곡리에 집성촌을 형성하고 있는 성씨로 노강서원 청액소를 올렸던 이사길이 이 집안 출신이다. 청주한씨는 윤증에게 20년 이상 수학한 韓佑箕(1656~1705) 일가이다.

1717년 청금록이 수정되기 전의 기록은 전해지지 않아 변화상은 알기 어렵지만, 노강서원의 위기 속에서 파평윤씨와 니산의 세거사족들이 결속하는 모습으로 해석되며, 한편으로는 서원 구성원이 니산 거주인들로 축소된 것으로도 보인다.

노강서원 철액 후 윤선거를 제향하는 전국의 원사에 대한 철폐령이 내려졌다. 이에 대해 1718년(숙종 44) 3월, 좌의정 조태채와 오명준 등이 반대함으로서 철폐 논의는 금하는 것으로 결정되었다.[64]

---

60) 본관이 기개되지 않은 인물이 많아, 함평이씨 구분이 명확하지 않다.
61) 보인당은 돈암서원이나 노강서원보다 2~3세대 앞선 유적으로 이곳에서 기호학맥의 적통을 계승한 인재들이 모여서 학문을 연마하였다(이해준, 『암천 박증과 모곡서원』, 2003 머리말 중).
62) 성삼문의 외손. 무안박씨 노성파의 파조.
63) 1723년(경종 3) 윤원거의 사우 청액상소의 소두가 되는 인물도 청금록에 보이는 홍남두(洪南斗) 였다.
64) 『서원등록(書院謄錄)』 숙종 44년(1718) 3월 26일.

숙종말기에 노론 편향적으로 전개되던 정국은 경종 즉위 후에도 한동안 계속되다 신축환국으로 소론이 정권을 장악하게 되었다. 이와함께 1722년 (경종 2) 관학의 유생 鄭栐 및 향교의 유생 김수귀 등이 윤선거와 윤증이 무함을 받았으니 그 원통함을 씻어줄 것을 청하면서, 윤선거와 윤증의 관직 회복 및 贈諡, 윤선거 문집 간행 허가에 이어서 노강서원도 다시 사액되고 1년 후 윤증이 추배되었다.[65]

노강서원이 지역내에서의 기반을 만회한 후에는 큰 변화 없이 유지된 듯 하다. 영조 즉위 후 탕평정국으로 들어섬에 따라 노소 갈등이 서원으로 비화되지 않았기 때문인 것으로 보인다. 물론, 영조가 즉위한 직후 1725년 (영조 1) 윤선거와 윤증 관작 삭탈 및 서원철폐 요구 상소가 있기도 하였지만, 영조는 경종때 처분을 따르겠다며 다시는 문제삼지 말 것을 표명한 상태였다. 이 해에 노강서원 유림은 유봉영당에 모여 齋生案을 정리하였다. 이 명단에 등재된 이들만 향사 등에 참여할 수 있고, 한 문중에 여러 사람이 있으면 그 부형의 이름을 적어 함께 하는 것을 허락하며, 다른 고을의 명망있는 인사라면 참여할 수 있도록 한다는 전제하에 76인의 이름이 등재되었다.

그리고 1759년(영조 35) 10월 서원 중수와 함께 윤증의 문인들로 구성된 門人稧인 趾泉稧 좌목을 구성하여 44인의 성명 자 생년 본관을 기록하였다.[66] 여기에는 남양홍씨와 파평윤씨가 반 이상이고 1717년 청금록과 1725년 재생안에서 다수를 차지했던 청주양씨와 무안박씨 등이 전혀 보이지 않는다.

노강서원 유생들은 1769년(영조 45) 박세채 文廟黜享을 둘러싼 찬반논쟁이 벌어졌을때 서울로 가 상소를 올리며 참여자 명단인 '己丑疏行時 京

---

65) 복관후 치제문은 趙泰億, 노강서원봉안제문은 梁得中이 지었다.
66) 노강서원지천계좌목(노강서원지 1, 제20장, 375~376쪽). 등재 성씨: 남양홍(18), 파평윤(9), 완산이(5), 거창신(2), 여주이(2), 용인이(2), 평산신(2), 함평이(1), 청주한(1), 함열남궁(1), 순천박(1)

儒訪問錄'을 기록하고 소론 서원으로서 정치적 참여를 이어갔다.

1776년 정조가 즉위하자 다시 1716년의 병신처분에 대한 재논의가 일어나 노강서원은 철액되고 윤선거와 윤증의 관작이 추탈되었으며 문집도 훼판령이 내렸다. 노론이 강성한 시기였고, 6년이 지난 1782년(정조 6)에야 윤선거와 윤증의 관작이 회복되었다.

V. 맺음말

조선 성리학의 학맥이 형성되는 과정에서 율곡 이이와 우계 성혼의 학맥이 충청지역으로 이어져 확산되었다. 율곡의 적통으로 추앙받던 사계 김장생이 연산에서 강학하여 충청지역 사림을 성장시켰고, 우계 성혼의 사위 윤황은 니산에서 활동하며 가학으로 발전시켜 나갔다. 율곡과 우계의 문인은 정치적으로 서인으로 분류되었는데, 1600년대 후반 서인이 노론과 소론으로 나뉜 후 벌어진 극심한 당쟁의 여파는 충청지역 각 군현의 서원을 중심으로 향촌사회의 갈등을 유발시켰다.

조선후기 여러 기록을 통해 충청도에는 정조대까지 107개의 서원이 확인되고, 그중 11개가 영남계, 11개가 소론계 서원으로 추정된다. 지금까지 연구성과에는 충청도의 중앙인 공주목과 청주목 권역에 노론계 서원이 밀집해 있고 홍주목과 충주목 권역은 비노론계의 특징이 있다고 보아왔는데, 그것은 대체로 영남계 서원에만 적용된다. 소론계의 수원이라 할 수 있는 노강서원의 영향으로 11개 서원중 공주목 권역에 4개소가 위치하며, 파평 윤씨가의 인물을 제향하는 서원이 5개소가 있다. 또한 최석정 남구만 박문수 등 소론 핵심관료들의 자취가 남은 청주목 권역에도 3개소가 있어 소론계 서원은 비록 그 숫자가 많지 않지만 충청도 일대에 분포했음을 알 수 있다.

충청도 마지막 소론계 서원인 용계서원이 1724년에 홍주에 세워질때까지 중앙정계에서 소론정권이 유지된 기간은 범서인 집권시기인 경신환국(1680~1689년) 이후 갑술환국(1694~1701년), 노소 공동정권기(1707~1716년), 신임사화(1721~1724년), 정미환국(1727~1729년)까지에 불과했기에 4군현의 소론계 서원은 이 시기를 제외하면 계속해서 정치적 견제를 받아 훼철 대상으로 거론되거나 향전의 무대가 될 정도였다. 또한 영조대 이후로는 주목할 만한 활동을 보이지 않아 관련 기록을 찾기 어렵다.

니산에서는 파평윤씨 종가와 가까운 노성산 아래에 공자를 제향하는 闕里祠가 송시열의 문인들에 의해 세워지고 인근에 노론계 서원이 들어서며 긴장 상태가 지속되었다. 1717년 윤선거 윤증 부자의 관작 추탈 및 철액, 1722년 관작 회복 및 재사액 등의 고비를 맞으면서도 소론의 수원으로서의 위상을 유지하여 1871년 흥선대원군의 서원훼철령을 피할 수 있었다. 니산의 파평윤씨가는 노강서원 창건 후 200여년간 자손들과 재지사족 교육에 열성을 다하여 소론 학풍을 전승하고 지속적으로 과거급제자를 배출해 지지기반을 유지하였던 것이다.

충청지역 서원 연구는 전승 기록의 한계로 인해 서원 내부의 운영상을 고찰하는데 어려움이 있다. 특히 훼철 서원의 경우 주변 자료를 통한 간접적 접근만 가능할 뿐이어서 당초 서원간 교류와 결속을 살펴보고자 한 본 연구의 목적을 달성하기에 미흡하였다. 향후 관련 기록을 면밀히 살펴 소론계 서원간의 연계망을 재구성해보고자 한다.

【참고문헌】

『書院謄錄』, 『承政院日記』, 『列邑院宇事蹟』, 『遯巖書院誌』

權尙夏, 『寒水齋先生文集』
宋時烈, 『宋子大全』
尹東源, 『一庵遺稿』
尹拯, 『明齋遺稿』
尹鑴, 『白湖全書』

노강서원, 『노강서원지』 1,2,3, 2012.
충청남도, 『충남의 서원 사우』, 1999.

고수연, 「鎭川地域 士族의 分岐양상과 戊申亂」, 『역사와 실학』 제68집, 2019.
김문준, 「노강서원 제향 인물의 활동과 역사적 위상」, 『노강서원지 3』, 노강서원, 2012.
김영한, 「尹㬎의 同腹和會立議」, 『鄕土硏究』 제1집, 충남향토연구회, 1985.
김필동, 「17세기 사족 문중의 형성 : 파평윤씨 노종파(魯宗派)의 사례」, 『사회과학연구』 20(3)., 2009
이근호, 「조선시대 성리학 학파의 지역성과 문화권 – 三南 지역을 중심으로 –」, 『한국학논총』 41호, 2014.
이남옥 박용만 외 지음, 『노강서원(魯岡書院)·화양서원(華陽書院)』, 한국학중앙연구원출판부, 2019.
이수환, 「2000년 이후 한국 서원 연구의 현황과 과제」, 『민족문화논총』 67, 영남대학교 민족문화연구소, 2017.
이연숙, 「조선후기 양반가의 문중교육 : 충남 논산시 노성면 파평윤씨 노종파를 중심으로」, 『역사와 담론』 52, 2009,
이정우, 「17~18세기 在地 老少論의 분쟁과 書院建立의 성격 – 충청도 논산지방 광산김씨와 파평윤씨를 중심으로」, 『진단학보』 88, 1999.
이해준, 「노강서원(魯岡書院) 자료(資料)의 유형(類型)과 성격(性格)」, 『한국서원학보』

30, 2011.
이해준, 「호서지역 서원의 지역적 특성과 정치적 성격-숙종대 노소론계 서원을 중심으로」, 『국학연구』 11, 한국국학진흥원, 2007.
이해준, 『압천 바즙과 무곡서원』, 2003.
이형성, 「명재 윤증에 대한 후대의 평가와 추숭」, 『유학연구』 제20집, 2009.
전용우, 「朝鮮朝 書院·祠宇에 對한 一考察: 建立推移 및 祭享人物을 中心으로」, 『호서사학』 제13집, 호서사학회, 1985.
전용우, 「湖西 書院 小考(Ⅲ) - 18세기 湖西지방에 건립된 書院을 중심으로-」, 『역사와 역사교육』 제3·4호, 熊津史學會, 1999.
전용우, 『호서사림의 형성에 대한 연구-16~7세기 호서사족과 서원의 동향을 중심으로-』, 충남대학교 대학원 박사학위논문, 1993.
홍제연, 「17~18세기 忠淸道 洪州지역 재지사족과 少論系 書院」, 『역사와담론』 제93집, 2020.
홍제연, 「17~18세기 충청우도 少論家의 형성과 활동-청양 함평이씨 함성군파를 중심으로」, 『역사와실학』 제71집, 2020.
홍제연, 「충청지역 서원 연구의 현황과 과제」, 『충청학과 충청문화』 28, 2020.
황의동, 「明齋儒學의 家學的 淵源에 대한 연구」, 『철학논총』 제33집, 2003.
황의동, 「湖西儒學의 展開樣相과 特性」, 『南冥學研究』 vol.16, 경상대학교 경남문화연구원, 2003.

조선후기 竹林書院의 강학 운영상과 道學書院으로의 위상 확립

김 자 운

I. 서론

호서 지역은 예부터 사대부의 고장으로 일컬어졌다. 사대부가 우거하기에 적합한 조건으로 다산 정약용은 '물길과 땔나뭇길, 오곡, 풍속, 산천의 경치'를 들고, 그 최적의 장소로 첫째는 영남, 둘째는 호서 지역을 꼽으며 그 이유를 다음과 같이 설명하였다.

생활하는 방도는 마땅히 먼저 물길과 땔나뭇길을 살펴보고, 다음은 五穀, 다음은 風俗, 다음은 山川의 경치 등을 살펴야 한다. 물길과 땔나뭇길이 멀면 人力이 지치게 되고, 오곡이 갖추어지지 않으면 흉년이 잦게 되고, 풍속이 文을 숭상하면 말이 많고, 武를 숭상하면 싸움이 많고, 이익을 숭상하면 백성이 간사스럽고 각박해지며, 힘만을 숭상하면 고루해서 난폭해지고, 산천이 흐릿하고 험악하면 빼어난 인물이 적고 마음이 맑지 못한 것이니, 이것이 그 대체적인 것이다. 우리나라에서 별장이나 농장이 아름답기로는 오직 嶺南이 최고이다. 그러므로 士大夫가 당시에 화액을 당한 지가 수백 년이 되었으나, 그 존귀하고 부유함은 쇠하지 않았다. … 그 다음은 湖西가 뛰어났다. 그래서 懷川宋氏, 尼岑尹氏, 連山金氏, 瑞山金氏, 탄방 권씨(炭坊權氏), 扶餘鄭氏, 沔川李氏, 溫陽李氏 등이 모두 기반을 굳히고서 대대로 현달하였다.[1]

---

1) 『다산시문집』 권14, 跋, 「跋擇里志」.

한편, 명재 윤증에 따르면, 우계와 율곡 이후 훌륭한 師友가 가장 많이 배출되어 당시 호서지역은 '송나라의 洛中에 비유된다'고 하였으며,[2] 영조는 즉위 초 하직 인사를 하고 돌아가는 충청감사 宋寅明에게 '호서는 사대부가 많은 곳이니 도내에 필시 뛰어난 인재가 많을 것이다. 비록 초야의 미천한 사람이라 하더라도 문벌과 지망을 가리지 말고 발굴하여 보고하라'고 당부하였다.[3] 또 성호 이익은 '오늘날 사대부의 고장이라 이르는 곳은 영남이 으뜸이요, 그 다음은 호서, 호남이니 그러므로 임진왜란 때에 영남에서부터 의병이 일어나 나라에서 이를 힘입었고, 서북 지방에서는 조용했던 것이다.'[4]라고 하였으며, 우암 송시열도 호서와 호남 양호지역을 '사대부들이 밀집한 곳'이라고 평한 바 있다.[5] 이와 같이 호서 지역은 예부터 산천의 조화, 서울과의 접근성, 뛰어난 학자 및 의병의 배출 등 자연지리적, 문화적, 인문적 여건으로 인해 사대부의 기반이 강한 지역이었다.

또 조선조 문과급제자의 52%가 충청도 인물이라는 통계가 있으며,[6] 왜란과 호란에 많은 충절인물을 배출하고, 조선 중·후기에는 한국 예학을 주도했던 사계 김장생과 신독재 김집, 그리고 그의 고제인 우암 송시열, 동춘당 송준길 등 산림계 인물들이 활동한 무대였다. 특히 호서지역은 송시열과 송준길의 활동기를 거쳐 조선후기 전 기간 동안 서인-노론계의 주 활동 무대이자 세력 기반으로 기능하였다.[7] 이들의 향촌활동을 위해 정치적, 학문적으로 가장 중요한 근거지가 바로 서원, 사우였다. 조선시대 호서 지역에 건립된 서원은 70개, 사우는 65개에 달하며, 그 중 31개 서원과 30개

---

2) 『명재유고』 권32, 跋, 「市南先生文集跋」.
3) 『국조보감』 권57, 영조 즉위년.
4) 『성호사설』 권3, 天地門, 「西關」.
5) 『사계전서』 권47, 부록, 봉안문, 「죽림서원 봉안문」[문인 송시열].
6) 이해준, 「조선후기 호서지역 사족동향과 서원·사우」, 『한국의 서원과 학맥 연구』, 경기대학교 소성학술연구원, 2000, 125쪽.
7) 이해준, 「호서지역 서원의 지역적 특성과 정치적 성격」, 『국학연구』 11집, 한국국학진흥원, 2007, 31쪽.

사우가 노론 집권기인 숙종대에 집중적으로 건립되었다.[8]

호서 지역 서원에 대해서는 그동안 건립 추이, 지역적 특성, 사족동향, 정치적 성격 등을 주제로 많은 연구 성과가 축적되었다. 그 결과, 16세기 호서 지역에는 서인계 뿐 아니라 남인계의 학연이 공존하였음이 밝혀졌다. 또 17세기에는 김장생과 그 문인들을 중심으로 공주목을 대표하는 연산의 돈암서원이 호서 사림의 중심축이었다면, 18세기를 전후로 송시열과 그 문인들을 중심으로 청주목의 화양서원으로 그 중심축이 이동하였음이 밝혀졌다.[9] 또 그동안 호서지역 서원연구가 주로 노론계의 동향과 그 거점 서원에 집중되었음을 지적하며, 노소 분기 시기인 숙종대 노론계와 소론계 서원의 건립 추이와 동향을 비교하여, 17세기에는 대체로 서인계가 노-소 동반의 모습이었으나 경종대 이후 소론계의 네트워크가 마련되고 18세기 후반 이후 소론계가 비로소 자기 결속력을 지니게 되었음이 밝혀지고, 노강서원 자료의 유형과 성격 등이 소개된 바 있다.[10]

그런데 조선 서원의 지역적 특성을 연구하기 위해서는 당파나 정치적 성향에 따른 건립 추이 및 사족 동향과 함께 강학활동에 주목할 필요가 있다. 학맥의 계승과 분화는 서원의 건립과 사액, 향촌사회의 지배질서와 향권, 자파 인물의 추향과 위차 분쟁을 통한 주도권 확보 등 정치사회적 역

---

8) 전용우, 「충남지방 서원·사우의 건립 추이와 사족 동향」, 『충남의 서원·사우』, 충청남도, 1999, 42쪽 〈표 1〉 참조.
9) 전용우, 앞의 논문, 1999, 47~48쪽.
10) 이해준, 「호서지역 서원의 지역적 특성과 정치적 성격」, 『국학연구』 11집, 한국국학진흥원, 2007 ; 이해준, 「노강서원 자료의 유형과 성격」, 『한국서원학보』 제1호, 한국서원학회, 2011
   그 외 노강서원과 파평윤씨 종학 관련 연구로는 『노강서원·화양서원』(이남옥, 박용만 외, 한국학중앙연구원출판부, 2019), 「17세기 중엽 파평윤씨 노종파의 종약과 종학」(이해준, 『충북사학』 11-12집, 충북대학교 사학회, 2000), 「문중과 공동체-파평윤씨 노종파 종족 운동의 재검토-」(김문용, 『동양고전연구』 59집, 2015), 「조선후기 양반가의 문중교육-충남 논산시 노성면 파평윤씨 노종파를 중심으로」(이연숙, 『역사와 담론』 52집, 호서사학회, 2009) 등이 있다.

학관계와도 밀접히 관련되어 있지만, 무엇보다 특정 학파의 학맥과 학설을 계승하는 가장 직접적이고 구체적인 매개체의 하나는 바로 '강학'이었기 때문이다.

특히, 논산 지역은 논산에 최초의 서원이 건립되기 이전부터 김상헌, 김집, 윤황, 윤순거, 송준길, 송시열 등 후일 호서사림의 핵심 인물들이 모여 강학했던 輔仁堂(모곡서원 전신)부터, 호서예학을 대표하는 돈암서원, 소론을 대표하는 노강서원과 파평 윤씨 종학당, 18세기 호락논쟁에서 호론의 핵심인물이었던 윤봉구가 한 때 강학을 주도했던 죽림서원 등이 병존하고 있어 기호학맥이 노론과 소론, 노론이 다시 호론과 낙론으로 분화되는 과정을 조명하기에 좋은 사례가 될 수 있다.

현재 논산 지역에 건립된 서원은 총 11개이다. 99년에 간행된 『충남의 서원·사우』에는 논산 지역 서원이 10개소로 조사되었고,[11] 충남의 마지막 서원을 경종 4년(1724) 홍주에 건립된 용계서원이라고 보았다.[12] 그러나 성삼문의 외손 암천 박증의 유허지인 논산시 상월면에 그를 기리기 위해 1566년 건립된 강학처 보인당의 후신으로 모곡사를 거쳐 1805년에 건립된 모곡서원이 있다. 이를 포함하면 현 논산 지역 서원은 총 11개소가 된다.

그 중 본고에서는 돈암서원보다 앞서 건립된 서원이자 (현)논산 지역 최초의 서원인 죽림서원을 살펴보고자 한다.[13] 죽림서원은 처음 '황산서원'이라는 이름으로 율곡과 우계의 위패를 모시고 사계 김장생이 건립을 주도, 그의 핵심 문인들이 운영에 참여함으로써 돈암서원에 앞서 양호지역 기호문인들의 거점이자 학문과 교류의 중심적 역할을 수행하였다. 게다가

---

11) 구산서원, 금곡서원, 노강서원, 돈암서원, 봉곡서원, 죽림서원, 충곡서원, 행림서원, 효암서원, 휴정서원의 10개이다. 이들 서원에 대한 상세한 내용은 『충남의 서원·사우』 2부 6장 참조.
12) 전용우, 앞의 논문, 1999, 45쪽 참조.
13) '현재 논산 지역'이라고 한 이유는 건립 당시 죽림서원은 호서 지역이 아닌 호남의 여산부에 속해 있었기 때문이다. 죽림서원의 현 소재지는 논산시 강경읍 황산리이다.

죽림서원은 호서와 호남이 만나는 경계에 위치하고 있어 조선후기까지 양호 지역의 都會로서 핵심적 기능을 수행하였고, 서원 인근에 사계와 우암의 강학처인 임이정과 팔괘정이 있었다.

이들 사후 두 사람을 추배하고, 또 서원을 중건할 때 율곡의 은병정사, 주희의 창주정사의 예를 따라 정암 조광조와 퇴계 이황을 추향함으로써 '도학서원'으로서 명분을 확보하였다. 1665년에는 주희의 '죽림정사'를 따라 '죽림'으로 사액 받음으로써 '조광조·이황-이이·성혼-김장생-송시열' 뿐 아니라 주희로까지 이어지는 도맥을 계승한 도학서원으로서 상징적 위상을 확립하게 된다.

또한 호서 지역에 사계 김장생의 예학이 최초로 구현된 서원 건축물은 바로 사계가 건립을 주도하고 직접 설계한 죽림서원의 강당 '憲章堂'이다. 현존하는 서원 건축물 중 사계의 예학이 구현된 건물이 돈암서원의 강당 응도당이라는 점은 널리 알려져 있지만, 응도당이 바로 죽림서원의 강당을 그대로 모방하여 지어졌다는 사실은 잘 알려져 있지 않다. 또한 죽림서원에는 조선후기 강학 운영상을 보여주는 규약류 자료들이 비교적 풍부하게 남아 있다.

이 같은 중요성에도 불구하고, 대원군 때 훼철된 이후 죽림서원은 돈암서원에 비해 이렇다 할 주목을 받지 못했고 연구 성과도 매우 미진한 형편이며 일부 잘못된 기록이 전해지기도 한다. 그 예로 김장생이 『儀禮』와 『주자대전』의 제도를 고증하여 직접 설계한 강당 '憲章堂'을 강당이 아닌 '동재'로 기록하거나, 제향인물의 향사시기를 김장생이 조광조·이황·이이·성혼의 4현보다 먼저 향사된 것으로 잘못 보기도 하고,[14] 심지어 1965년 복원된 건축물과 그 표기를 토대로 죽림서원에는 애초에 강당 없이 사묘와 재실만 있었다거나,[15] 사계와 우암의 강학처인 임이정과 팔괘정이 강당 역할을 대신 수행한 것으로 추정하기도 하였다.[16]

---

14) 충청남도, 『충남의 서원·사우』, 1999, 327~328쪽.
15) 이왕기, 「충남지방의 서원 건축양식」, 『충남의 서원·사우』, 1999, 91쪽.

이에 본고에서는 선행 연구의 몇 가지 오류를 바로 잡고, 황산서원 건립 이전 김장생의 황산 우거와 황산에서의 강학 전통, 건립 초기 지역과 무관한 인물의 제향으로 여러 비판에 직면했던 황산서원이 이후 제향인물의 선정 기준과 명분을 확립함으로써 도학서원으로의 위상을 확보해가는 과정, 김장생이 직접 설계한 황산서원의 강당 '憲章堂' 및 조선후기 죽림서원의 강학 운영상과 특징을 검토하고자 한다.

Ⅱ. 건립 이전 김장생의 황산 강학과 황산서원 제향 인물의 선정 기준

현 논산지역에 건립된 서원은 총 11개소로, 그 중 죽림서원은 논산에 최초로 건립된 서원이다. 논산 지역 서원 11개소의 목록과 제향 인물을 건립 연대별로 정리하면 다음과 같다.[17]

〈논산 지역 서원 목록〉

서원명	건립 연도 (사액)	제향 인물
죽림서원	1626(1665)	조광조·이황·이이·성혼·김장생·송시열
돈암서원	1634(1659)	김장생·김집·송준길·송시열
노강서원	1675(1682)	윤황·윤문거·윤선거·윤증
충곡서원	1682	박팽년·성삼문·이개·유성원·하위지·유응부·김익겸 등 18인
금곡서원	1687	김수남, 성삼문, 조계명
휴정서원	1699	훼철 이전: 유무·유문원·이항길·김정망·권수 1919년 복건: 송익필·김공휘·김호·이항길·유무·김상연·김진일·김우택

16) 이현우·노재현, 「논산 임이정과 팔괘정의 입지 및 조영 특성」, 『한국전통조경학회지』 31-2, 2013.
17) 모곡서원을 제외한 10개소의 목록은 『충남의 서원·사우』를 참고하였음.

서원명	건립 연도 (사액)	제향 인물
구산서원	1700	윤전·윤순거·윤원거·윤문거
봉곡서원	1712	이계맹·이순인·남명한·진극효·남두건
효암서원	1713	강응정·서익·김문기·김성휘·양응춘·남준·김필태
모곡서원 (보인당)	1805 1566	박증·이필태·성삼문
행림서원	1867	서익·이소

죽림서원은 김장생의 주도로 1626년 이이와 성혼의 위패를 모시고 여산부 황산(현 논산시 강경읍 황산리)에 '황산서원'이라는 이름으로 건립, 김장생 사후 1648년 그를 추향하였다. 1663년 중수 시에는 조광조와 이황을 추향하고 1665년 '죽림'으로 사액되었으며, 1695년 송시열을 추배하였다.[18]

김장생이 처음 서원터로 강경의 황산을 택한 것은 '兩湖가 교차하는 지점에 처해 있고 江山의 景勝이 있으며, 또 溪上과 아주 가깝기 때문'이었다.[19] 황산이 위치한 강경은 금강의 결절점으로 회덕·공주·부여 등지의 유림이 모이고, 인근 연산과 노성의 학자들은 물론 호남의 유림들까지도 쉽게 만날 수 있는 곳이었다.[20] 이 같은 이유로 김장생은 황산서원이 건립되기 훨씬 전인 16세기 후반 무렵부터 이곳에 왕래하며 문인들을 가르치기 시작했던 것으로 보인다. 「臨履亭記」에 따르면, 황산은 광산 김씨 세거지인 연산에서 40리 떨어진 곳으로, 서원이 건립되기 이전부터 김장생이 황산 기슭에 정자를 지어 문인들에게 강학하였고, 연산에서 왕래하며 거처하기 위해 정자 아래 따로 집을 지었으며, 이후 황산서원은 정자의 서쪽에 세워졌

---

18) 『사계전서』 권47, 부록, 「院享錄」, 竹林書院 조.
　　죽림서원의 역사적 변천에 대한 상세한 내용은 이경동의 연구 참조(「조선후기 여산 죽림서원의 운영과 위상」, 『한국서원학보』 제9호, 한국서원학회, 2019).
19) 『사계전서』 권44, 부록, 「연보」, 병인년 3월조.
20) 이철성, 「淵齋宋秉璿의 黃山舟遊와 문화경관 인식 -「遊黃山及諸名勝記」를 중심으로」, 『韓國史學報』 제70호, 고려사학회, 2018, 321쪽.

다고 한다.[21] 또 「臨履亭重葺記」에 따르면, '죽림서원 동쪽에 臨履亭이 있으니 문원공이 연산에서 왕래하며 강학하던 곳'이라고 기록하고 있다.[22]

김장생의 정자가 16세기 후반에 지어졌을 것으로 추정하는 근거는 김장생의 '黃山亭'이라는 시에서 찾을 수 있다. 그의 스승이었던 구봉 송익필의 문집에 김장생이 지은 '黃山亭'이라는 시에 차운하여 지은 시가 있고,[23] 이어 구봉의 시에 김집이 다시 차운한 시[24]가 있는 것으로 보아 이 때 김장생이 지은 정자의 이름은 현재 명칭인 '臨履亭'이 아니라 '黃山亭'이었던 것으로 추정되며 '臨履亭'은 후대에 붙여진 것으로 보인다. 그리고 김장생이 '황산정'을 지은 시기는 송익필(1534~1599)의 몰년을 기준으로 하면 적어도 1599년 이전이었음을 알 수 있다. 아마도 1596년 여러 차례 관직이 내려졌으나 부임하지 않고 한 때 연산에 낙향하여 지낸 적이 있는데 황산의 정자도 이 무렵 지어진 것이 아닐까 추정된다. 즉, 김장생은 서원 건립 훨씬 전인 1596년 무렵부터 정자를 지어 연산과 황산을 오가며 강학한 것으로 추정된다.

이후에는 벼슬에 나아가 사직 후 낙향하기를 반복하다가 1613년, 동생이 계축옥사에 연루되었다 풀려나자 관직을 버리고 낙향하여 10년 넘게 학문과 강학에만 몰두하였다. 황산서원 건립이 논의된 것은 바로 이 즈음이었던 것으로 보인다. 17세기 초반 무렵, 문인들이 점점 많이 찾아오자 황산의 정자가 너무 협소하여 더 넓은 강학공간이 필요했고, 이 때 강학공간을 마련하는 김에 율곡의 사당을 함께 건립하자는 논의가 제기되기 시작하였다. 최초의 논의는 1606년에 있었다.

---

21) "臨履亭者 我先祖文元公沙溪先生杖履樓息之地也 … 距先生連山之居爲四十里 先生建牛溪成門簡栗谷李文成二先生祠於亭之西 而亦嘗至是亭而敎授子弟云"(『죽림서원지』,「臨履亭記」).
22) "竹林書院之東麓有臨履亭 我先祖文元公自連山往來講學之所也"(『죽림서원지』,「臨履亭重葺記」).
23) 『龜峯集』 권1, 七言絶句,「次金希元黃山亭韻 三首」.
24) 『신독재전서』 권1, 詩,「次次黃山亭韻 二首」.

1606년 문인 송흥주, 최명룡 등이 김장생과 상의하여 서당 몇 칸을 지어 강학하는 장소로 삼고자 황산강가에 강학처와 율곡의 사당을 건립하고자 하였으나 곧 동인 세력의 저지로 인하여 완성하지 못하였다. 이후 서원 건립이 다시 추진된 것은 서인이 정계의 주도권을 잡기 시작한 인조 4년(1626)이었다.[25] 또 황산에는 16세기 후반 이래 이미 김장생의 강학 전통이 있었고, 호서와 호남의 경계에 위치하고 있어 연산 출신이었던 김장생이 호서 뿐 아니라 호남의 문인들까지 아우르며 교유하기에 최적의 장소였다는 점이 무엇보다 이곳에 서원을 건립한 중요한 요인으로 작용하였을 것이다.

　그러나 건립과 동시에 제향인물인 율곡과 성혼이 지역적 연고가 전혀 없다는 이유로 비판에 직면하자, 김장생은 연고가 전혀 없던 추천에 퇴계를 제향하고, 나주와 아산에도 지역 인물이 아닌 5현의 서원이 건립되었으며, 성주에 정자와 주자를 제향한 서원 등의 예를 들며 제향인물 선정 기준이 꼭 지역적 연고일 필요는 없다고 주장하였다.[26] 또 이후 1648년 김장생, 1663년 조광조와 이황, 1695년 송시열의 추향이 차례로 이어지자, 지역과 무관한 4현의 제향에 대한 의혹을 불식하기 위해 사계 문인들은 그 근거를 율곡과 주자의 고사에서 찾고, 오히려 이를 '도학서원'으로서의 정통성을 확보하는 명분으로 활용하게 된다.

　송시열은 '文元公이야말로 일찍이 이곳에 왕래하였거니와, 文正·文純·文成·文簡 같은 선생들이야 어찌 여기에 향사할 수 있겠는가'라는 의혹에 대해 다음과 같이 답하였다.

---

25) 『사계전서』 권44, 부록, 「연보」, 병인년 3월조. 이 해 서원 건립이 추진된 또 다른 배경으로 이경동은 이보다 앞서 율곡의 강학처인 해주에 문인들이 추진한 은병정사 재건 등 율곡 문인들의 추숭 활동과 궤를 같이 하는 것으로 보았다. 당시 동인세력의 서원 건립 저지에 대한 내막은 이경동의 연구 236쪽 참조(이경동, 같은 글).

26) 『사계전서』 권3, 書, 「答宋明甫」.

"옛날 무원의 제현들이 周子와 程子를 제사할 때 주자가 처음에는 '이는 어느 禮에 의거한 것이며, 어느 義에 해당되는 것인가.' 하다가 마침내 그 일을 인가하고 그 祠宇에 대해 記를 썼다. 그때 무원 세현의 밤에 濂洛의 학맥은 前聖들이 주고받은 도통에 부합되고 또 하남의 두 정 선생을 얻어서, 그 흐름이 온 천하에 미쳐 천하가 마치 바람에 쏠리듯 추향하였으니, 비록 그분이 우거하던 땅이나 태어난 고향이나 游宦하던 나라가 아니더라도 그 학문이 있는 곳이면 누구나 사당을 세워서, 학자들로 하여금 낮과 밤으로 첨앙하고 흥기하게 해야 한다. 지금 이곳에 사당이 이미 낙성되었는데, 자네가 어찌 여기에 대해 한마디 말을 언급하지 않을 수 있겠는가.' 하였다. 무원 제현의 이 말이 이미 주 부자의 뜻과 부합되어 마침내 주 부자가 文字를 지어 이를 빛나게 하였으니, 지금 이 네 분 선생을 이곳에 제향하는 것은 그 유래가 있다."[27]

또 우리나라의 儒賢 중에 마땅히 첨앙하고 흥기할 만한 분이 많은데, 유독 文正·文純·文成·文簡 4인을 택한 이유에 대해서는 율곡의 소현서원 고사를 따른 것이라며 다음과 같이 주장하였다.

"무릇 옛날 문성공이 일찍이 소현서원을 지어 朱子를 모시고 文正·文純을 배향했으니, 이는 반드시 깊은 의의가 있었을 것이다. 文成·文簡 같은 분은 文元公이 높이던 바이니, 지금 네 분의 제사도 문성공이 소현서원에서 하듯 해야 한다. 만약 그렇게 하지 않고 후생들이 감히 父祖의 年甲이나 비교하려는 뜻을 둔다면 그 옳지 못한 죄가 어떠하겠는가."[28]

그는 지역과 무관한 네 분을 제향한 것은 근거 없는 것이 아니라 주자의 창주정사와 율곡의 소현서원 고사를 계승한 것임을 밝히고 있다.

---

27) 『송자대전』 권171, 碑, 「竹林書院廟庭碑」.
28) 『송자대전』 권171, 碑, 「竹林書院廟庭碑」.

또 윤증은 '사당을 세우는 연원은 각각 그 道와 德의 크기, 공적과 은택의 정도에 따라 사람들이 존숭하고 보답하는 것에 차이가 있을 수밖에 없으며, 학문이 선현을 계승하고 도가 후학을 계도할 만하며 생민에게 끼친 공적과 만세에 베푼 은택이 지대하여 당대나 후세로부터 공히 宗師로 인정받는 분의 경우에는 연고에 구애되지 않고 천하에 두루 사당이 세워졌음'을 지적하며 율곡과 우계, 정암과 퇴계가 바로 그런 분에 해당한다고 하였다. 그리고 '율곡과 우계의 덕행과 공적은 거의 河南의 程氏 형제와 견줄만하며, 사계는 창주정사와 석담서원의 규례를 준수하여 황산서원을 설립함으로써 선현을 존숭하고 표장한 공이 있으며, 창주정사에서 성인 공자를 종주로 하여 周子와 程子 등 여러 선생을 배향한 것이나 석담서원에서 율곡이 朱子를 종주로 하여 정암과 퇴계 두 先正을 종향한 것은 전후로 같은 맥락'이라고 하였다. 나아가 황산서원에 제향된 오현에 대해 '우리 도가 동방으로 온 뒤로 정암이 이것을 창도하고 퇴계가 화답하였으며, 우계와 율곡에 이르러서 크게 천명되었고 우리 사계에게 전해져서 폐단이 없었으니, 그렇다면 이 사당이 어찌 우연이라고 할 수 있겠습니까'라고 하였다.[29]

여기서 윤증은 지역과 무관한 제향 인물 의혹에 대하여 해명 차원을 넘어 '주자로부터-정암-퇴계-우계·율곡-사계'로 이어지는 '도통의 정맥을 계승한 곳'으로 황산서원의 위상을 자리매김하고 있다. 또 송시열도 황산서원 앞의 바위에 주자의 시 "길이 인간 세상의 일을 버리고, 우리의 道를 창주에 부치노라[永棄人間事 吾道付滄洲]"라는 열 글자를 새겨 황산서원은 주자의 도를 계승한 곳임을 다시 한 번 천명하였다. 황산서원에 왔다가 이 석각을 본 우암 문인 송상기도 '무한한 창주 고금의 지취, 백년 동안 우리의 道 잘못되지 않았구나'라는 시를 남겼는데, 이를 통해서도 황산서원의 도통의식을 엿볼 수 있다.[30] 또 17세기 중반 시남 유계도 황산서원을 '본

---

29) 『명재유고』 권31, 雜著, 「黃山書院重修通文」.
30) "無限滄洲古今趣 百年吾道未曾非"(『玉吾齋集』 권2, 詩, 「黃山」).

원은 동방 도통의 정맥이 있는 곳이니 사체가 정중하며 더욱 자별하다'고 언급한 바 있다.[31]

이와 같이, 제향인물 신징 기준에 대한 논란은 더 이상 '해명'의 차원에 머물지 않고, '도통'의 차원으로 전환되고 있었다. 이 같은 '도통서원'으로의 인식과 위상은 황산서원이 사액 받을 때 무엇보다 핵심적인 근거로 작용하게 된다. 1664년 황산서원의 사액을 청하는 예조의 啓目에서, "황산서원이 창립된 연유는 다섯 분의 賢臣이 道學이 갖추어졌기 때문입니다."라고 하였고, 이듬 해 다시 額號를 청하면서는 "여산에 있는 황산서원은 우리나라의 名賢들이 모두 배향된 곳입니다"라고 하였다. 즉, 사액의 가장 핵심적인 근거는 황산서원에 제향된 5현이 모두 조선을 대표하는 명현이자 도학자로 공인받은 인물이라는 데 있었다.

이 같은 도통의식은 18-19세기로 가면서 점차 강화된 것으로 보인다. 18세기 말에는 죽림서원의 제향 인물 선정 기준에 대해 '오직 도통을 중심으로 설립한 서원이기 때문'이라고 직접적으로 명시하며 죽림서원을 '도통서원'으로 다음과 같이 평가하고 있다.

"죽림서원은 전적으로 도통을 중심으로 설립되었기 때문에 선정신 김장생과 송시열을 제외하면 모두 직접 머물렀던 곳이 아닌데도 네 분의 선정을 함께 배향하였습니다. 옛날 婺源의 諸賢이 周敦頤와 程子를 제사하려 할 때 朱夫子께서 처음에는 반대했다가 끝에 가서 허락했던 것도 濂溪의 도가 前聖과 합치되고 두 程子의 학문은 염계에게서 얻은 것이기 때문에 고향이 아니고 머물렀던 곳도 아니며 벼슬살이를 했던 고장도 아니지만 혐의쩍게 여기지 않았던 것입니다. 죽림서원에 四賢을 배향한 것은 여기에서 의미를 취했습니다."[32]

---

31) "本院 吾東道統正脈之所在 則事體鄭重 尤有自別"(『市南別集』 권7, 잡저, 「竹林書院節目」).
32) 『일성록』, 정조 21년 정사(1797) 5월 12일(신해).

1839년에는 우의정 趙寅永이 '이단이 성행하는 것은 正學이 천명되지 못했기 때문이니 선현을 表章함으로써 人士를 권면하는 것을 급선무로 삼아야한다'고 주장하며 헌종에게 각 도 서원에 치제를 청하는 과정에서, 죽림서원을 도통서원의 하나로 다음과 같이 언급하고 있다.

"신이 지난번 척사윤음을 찬진하였을 때 正學을 밝힘으로써 異端을 물리치는 근본으로 삼은 것은 마치 중국이 융성하면 오랑캐가 감히 업신여기지 못하고, 元氣가 충실하면 질병이 침범할 수 없는 것과 같은 것입니다. 先賢을 表章하여 人士를 勸勉하는 방도에 이르러서는 진실로 이러한 때의 先務로 삼아야 합니다. 가도이 서원 가운데 관서의 仁賢, 해서의 紹賢, 松京의 崧陽, 畿輔의 道峰, 湖南의 竹林, 嶺南의 玉山·陶山, 湖西의 華陽·黔潭의 여러 곳은 모두 道統과 관계되는 분을 제향하는 곳인데, 우리 聖上께서 登極하신 후에 사모하시는 뜻을 전달할 겨를이 없었습니다. 이제 만약 일례로 致祭하는 恩典이 있게 되면, 유학을 존숭하는 정치를 더하고 도덕을 숭상하는 뜻을 보이는 데 충분할 것입니다."[33]

그는 각 도의 서원 중 도통과 관계되는 분을 제향하는 서원으로 9개 서원을 언급하였는데, 죽림서원을 호남에서 유일한 도통서원으로 거론하였다. 즉, 19세기에 이르러 지역과 무관한 제향인물의 선정은 더 이상 의혹의 대상이 아니라 '도통서원'으로 자부하고 공인받는 근거로 작용하게 된 것이다.

이와 같이 17세기 초반 제향 인물 선정 기준에 대하여 불거졌던 의혹과 논란은 이후 송시열, 윤증 등 사계 문인들이 그 근거를 율곡과 주자의 고사에서 찾고 이를 통해 '도학서원'으로서의 정통성이라는 논리와 명분을 확립함으로써 '해명'을 넘어 '도통'의 차원으로 전환되었고, 18~19세기에 이르러 제향 인물 선정 기준이 오히려 '도통서원'으로 공인받는 근거로 작동하였다.

---

33) 『헌종실록』, 헌종 5년 기해 11월 10일(임인).

Ⅲ. 죽림서원의 강학 공간과 사계 예학이 반영된 '憲章堂'

현재 복원된 죽림서원의 구조는 아래 그림과 같다. 그런데 그 중 ③번 '헌장당'은 동재로 알려져 있으며, 『죽림서원지』에 수록된 사진에도 동일하게 '헌장당'을 동재라 기록하고 있다.[34]

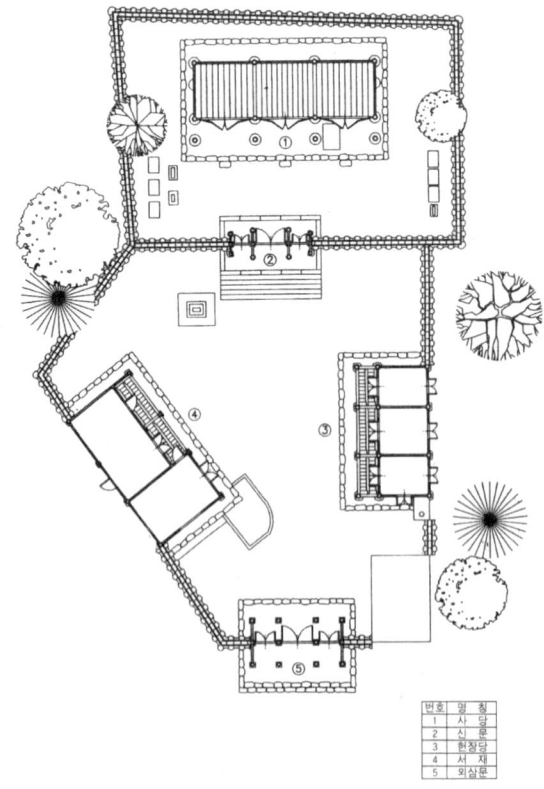

〈죽림서원 배치 및 평면도〉[35]

---

34) 『죽림서원지』, 6쪽.
35) 충청남도, 앞의 책, 1999, 335쪽.

그 이유는 일반적인 서원 건축 구조에서는 대개 강당이 사당과 수평으로, 동서재는 강당과 수직으로 배치되므로, 사당 전면에 수직으로 우측에 놓인 '헌장당'을 동재로 추정한 것이다. 그리고 사선으로 틀어진 서재의 방향에 대해서는 다음과 같이 설명하였으나, 양재 중 왜 동재에만 '헌장당'이라는 당호가 붙었는지에 대해서는 해명되지 않았다.

> "강학공간의 동·서 양재는 서로 마주보면서 배치하고 있다. 대개 양재는 수평, 수직을 맞춰 대면하는데 여기서는 서재가 사선으로 틀어져 배치되어 있다. 이러한 배치는 아마도 고종 때 훼철당한 후 나중에 복원하면서 대지조건에 따라 배치하려다보니 이렇게 된 것이 아닌가 생각된다. 서원이 민가 가운데 배치되어 있는 경우 대지조건에 많은 제약을 받을 수밖에 없는 것이다. 이 때문에 정연한 배치형태가 되지 못한 것 같다."[36]

이를 토대로 선행연구에서는 '죽림서원에는 애초에 강당 없이 사묘와 재실만 있었다'거나,[37] 사계와 우암의 강학처인 '임이정과 팔괘정이 강당 역할을 대신 수행'한 것으로 추정하기도 하였다.[38] 그러나 최근 이경동의 연구에서는 '주자대전 석궁'의 예를 따라 지었다는 기록 등 여러 자료를 토대로 강당이 없었다는 기존의 추정에 의문을 제기하고 죽림서원의 강당은 돈암서원 응도당의 규모와 유사하게 건립되었을 것이라고 추정한 바 있다. 또 사우 전면에 위치한 건물 두 채가 동서재라면 왜 동재에만 '헌장당'이라는 당호를 썼는지 해명되지 않는다고 지적하며 향후 추가적인 검토가 필요함을 지적하였다.[39]

---

36) 충청남도, 앞의 책, 1999, 333쪽.
37) 이왕기, 「충남지방의 서원 건축양식」, 『충남의 서원·사우』, 1999, 91쪽.
38) 이현우·노재현, 「논산 임이정과 팔괘정의 입지 및 조영 특성」, 『한국전통조경학회지』 31-2, 2013.
39) 이경동, 「조선후기 여산 죽림서원의 운영과 위상」, 『한국서원학보』 제9호, 한국

한편, 서원지에는 헌장당을 동재로 표기한 곳도 있으나, 「書院事績」에는 '고종 8년에 훼철되었다. 그 강당을 〈憲章堂〉이라 하고 문을 〈由道門〉이라고 하였는데, 훼철령에 따라 철거되었다'고 하여 '헌장당'을 동재가 아닌 '강당'으로 명시한 기록이 분명히 남아있다.[40] 또 죽림서원의 규약 '講學條'에는 '독서하되 강습하고 토론하는 것이 서원의 제일가는 일이다. 우암선생과 도암선생도 여기에 뜻을 두어 강학을 부지런히 시행하였는데, 지금에 이르러 한 두 차례 강회를 개설하고 파하는 데 그치니 엄연한 憲章堂이 장차 쓸모없는 곳이 되었다'라고 하여 '헌장당'이 강당임을 분명히 암시하고 있다.[41]

〈1653년 '黃山之會' 기념을 위해 제작된 ≪黃山記帖≫ 중 황산서원도〉

서원학회, 2019, 238쪽 각주 11 참조.
40) 『죽림서원지』, 「書院事績」.
41) 『죽림서원지』, 「規約」, 講學條.

위의 그림은 1653년 황산서원에서 있었던 '黃山之會'를 기념하기 위해 제작한 《黃山記帖》의 제 7면에 그려진 황산서원도이다. '黃山之會'는 1653년 사계 문하에서 동문수학한 김경여가 사망하자 장례식에 모인 송시열, 윤선거, 유계 등 동문들이 울적함을 달래기 위해 황산서원에서 모이기로 약속하고 윤 7월 21일부터 23일까지 인근 산수를 유람하며 황산서원에서 이루어진 모임이다. 이 때 송시열과 윤선거 사이에 심한 논쟁이 있어 조선 유학사에서 노소분기의 계기가 된 역사적 사건으로 평가된다. 이 서화첩은 이 모임을 기념하기 위해 유계의 기문, 송시열의 발문, 참석자들의 시문 및 당시 유람했던 여정을 그림으로 그려 당시 모임에 참석했던 권성원의 손자 권상하가 1680년에 제작한 것이다.[42]

위 서원도를 통해 17세기 황산서원의 건물 배치는 현재 복원된 모습과 전혀 달랐음을 확인할 수 있다. 특히 사당 앞에 강당이 존재하였고, 강당의 위치는 현재 복원된 동재의 자리가 아닌, 사당과 수평으로 배치되어 있었음을 알 수 있다. 이와 같이, '憲章堂'은 김장생이 『儀禮』와 『주자대전』의 제도를 고증하여 직접 설계한 죽림서원의 강당으로, 돈암서원에 앞서 사계 예학이 반영된 호서지역 최초의 서원 건축물이다. 김장생이 헌장당을 구상하게 된 과정은 다음 「黃山書院重修通文」의 기록을 통해 확인할 수 있다.

"하은주 삼대의 가옥 제도에 대해서는 다행스럽게도 주자가 저술한 釋宮篇에 자세히 설명되어 있는데, 사람들이 옛것을 좋아하지 않고 선비 중에 뜻이 있는 사람이 적다 보니, 대부분 '옛날과 지금은 시대가 다르기 때문에 그런 것을 상고할 필요가 없다.'라고 여깁니다. 그래서 禮經에서 말한 가옥의 명칭과 출입문의 向背에 대해서는 무지하게도 전혀 알지를 못하는데, 이는 실로 비루한 습속이라 하겠습니다. 사계 선생은 이 점을 두렵게 여기시고 이 서원을 건립할 때

---

42) 이수경, 「송시열과 윤선거 분쟁의 기록-동원컬렉션 《黃山記帖》 제작 배경 및 의의」, 『東垣學術論文集』 13, 2004(위 그림은 188쪽에서 스캔) ; 『宋子大全』 권148, 跋, 「書黃山會遊圖後」; 『市南集』 권19, 記, 「黃山記遊」.

실로 옛 제도를 상고하여 지침을 내려 주었으니, 지금 사당 앞에 있는 講堂이 바로 그것입니다. 이에 房, 室, 堂, 塾의 위치와 奧, 穾, 宦, 溜의 명칭을 차례대로 힐결 같이 옛 명칭 그대로 복구하여 분명하게 古制를 눈으로 보고 몸으로 느끼게 하였으며, 그 뒤에 돈암서원이 또한 이를 모방하여 만든 서원입니다. 이는 대체로 전에는 없던 것으로 동방을 통틀어 오직 이 두 곳에만 있습니다."[43]

윤증은 1663년에 작성한 「황산서원중수통문」에서 '하은주 삼대의 가옥 제도가 주자의 「釋宮篇」에 상세히 실려 있는데 당시 사람들이 예와 지금은 시대가 다르므로 상고할 필요가 없다고 여겨 예경에서 말한 가옥의 명칭과 출입문의 향배도 전혀 모르니 실로 비루한 습속'이라고 비판하면서, 김장생이 죽림서원 강당을 지을 때 건물의 위치와 명칭을 古制에 따라 그대로 복구하여 눈으로 보고 몸소 느끼게 해주었으며 후에 돈암서원의 강당은 바로 이를 그대로 모방한 것임을 밝히고 있다.

송시열도 「돈암서원비」에서 돈암서원의 강당 응도당은 '일체 죽림서원 강당의 유법을 따랐음'을 밝히고, 이는 김장생이 죽림서원 강당을 지을 때 『儀禮』와 『朱子大全』을 고증하여 지은 것으로, 이로써 상고하지 못했던 옛 제도를 비로소 손바닥 보듯 환히 볼 수 있게 되었다'고 다음과 같이 기록하였다.

"사당 앞에 강당 다섯 칸이 있는데, 옛 廈屋의 제도를 써서 지었다. 문원공이 일찍이 《儀禮》와 《朱子大全》을 고증하여 죽림서원에 강당을 창건하였는데, 이제 일체를 그 遺法에 따라 지었다. 그리하여 房, 室, 堂, 廂, 序, 坫, 穾, 宦, 奧, 溜, 依, 陳, 戶, 牖를 갖추고는 그 이름을 '凝道堂'이라 하였으니, 상고하지 못하였던 옛 제도를 손바닥을 보듯이 환히 볼 수 있게 되었다. 그리고 응도당 양쪽 곁에 齋가 있는데, 좌측은 '居敬齋'라 하고 우측은 '精義齋'라 하였으니, 주

---

43) 『명재유고』 권31, 雜著, 「黃山書院重修通文」.

자의 晦堂 양쪽 협실의 뜻을 취한 것이다. 또한 사면에는 담장을 두르고 문을 만들었으며, 문 좌우에는 글방이 있는데, 이는 와서 배우는 小子들을 거처하게 하는 곳이다."[44]

실제로 19세기까지 헌장당에서 강학했다는 기록을 몇 군데서 확인할 수 있다.[45] 또한 헌장당은 강학 목적 외에 '習禮'를 위한 공간으로도 활용되었다. 향사일에 헌관과 집사를 분정하고 모든 준비를 마치면 본 의례를 거행하기 전에 성균관과 도봉서원의 예에 의거하여 '헌장당'에 위패를 설치하고, 집사들로 하여금 儀禮를 미리 익히도록 하여 실제 의례를 시행할 때 생소한 폐단이 발생하지 않도록 하였다. 또 향사일에 設講하는 규정이 있었는데, 매번 설강을 마친 뒤에는 '憲章編'을 읽도록 하였다.[46] 이 때 '헌장편'은 죽림서원 강학에 관련된 운영 규칙 혹은 강당에서 공부할 때 지침으로 삼을만한 글을 따로 만들어 헌장당에 걸어두고 '헌장편'이라 이름한 것으로 추정된다. 특히, 1745년 도암 이재의 문인 양응수가 죽림서원에 방문하였을 때 '선생의 조약이 서원 벽에 걸려있었는데, 스승이 손수 쓰신 것'[47]이라는 기록과 죽림서원 규약 '강학조'에 '陶菴 선생의 절목이 있으니 달마다 시행하여 강학이 폐지되지 않도록 할 것'이라는 기록에 따르면, '헌장편'은 아마도 이재가 원장 재임 시 죽림서원 강학 규정을 위해 1744년에 작성한 절목이 아닐까 추정된다. 그러나 절목의 내용은 현재 확인되지 않는다.

1871년 죽림서원이 훼철된 이후에는 김장생과 송시열이 지었던 정자 임이정과 팔괘정이 강학 공간으로 사용된 것으로 보인다. 즉, 선행연구에

---

44) 『사계전서』 권49, 附錄, 「遜巖書院碑」 [宋時烈].
45) 『立齋集』 권21, 附錄, 「行狀」[宋秉璿] ; 『淵齋集』 권46, 「叔父立齋先生行狀」 등.
46) 『죽림서원지』, 「規約」, 享祀條.
47) "翌日到黃山書院 瞻拜六先生 又見先生條約 揭在壁上 感懷百端"(『白水集』 권1, 書, 「上陶庵先生」) ; "至黃山 瞻拜竹林書院 院壁所揭條約 迺師門之手寫也"(『白水集』, 「年譜」).

서 '임이정과 팔괘정이 강당 역할을 대신 수행하였다'고 추정한 것은 훼철된 이후의 사정이다. 「書院事績」에 따르면, 훼철 이후에는 사림들이 서원 터에 단을 설치하고 향사를 지르다가 경술국치 후에는 이소차 폐지되어 잡초가 무성하게 되었다고 한다.[48] 그러나 훼철 당시 서원 건물만 철거되고 정자는 철거되지 않았다. 임이정은 1850년 호서관찰사 심승택의 지원을 받아 한 차례 중수한 뒤 강학공간으로 사용하였고, 서원 훼철 이후 1875년에는 정자의 연원을 기록하여 비석을 세웠으며, 1884년에는 유생들을 수용하기에 공간이 너무 협소하여 다시 중수하면서 마루를 조금 확장하여 강학 공간 및 향사일에 거처로 사용하였다.[49]

Ⅳ. 조선후기 죽림서원의 강학 운영상과 특징

김장생 사후 17세기까지는 송시열, 유계, 이유태, 윤증 등 김장생과 송시열의 핵심 문인들을 중심으로 강학활동이 비교적 활발하게 전개되었다. 송시열이 황산으로 이거한 1662년 이전까지는 유계와 윤증이 강학을 주도했던 것으로 보인다. 유계는 인조의 묘호를 정할 때 선왕을 비방했다는 이유로 유배되었다가 풀려나 고향으로 돌아온 1652년 무렵부터 다시 관직에 나간 1658년까지 향리에서 학문과 강학에 몰두하였는데, 이 시기를 전후로 황산서원의 강학을 주도하였고, 1662년 이후 「竹林書院節目」을 지었다. 그가 송시열·송준길·이유태·윤선거와 함께 忠淸山林 五賢으로 불리며 사림의 중망을 얻게 된 것도 바로 이 무렵이다.

1659년 1월에는 윤증이 사우들과 수 개월동안 朱子書 강회를 열고, 강회 내용을 기록하여 '箚疑'를 남겼다.[50] 1662년 10월 송시열이 황산으로

---
48) 『죽림서원지』, 「書院事績」.
49) 『죽림서원지』, 「臨履亭記」; 「臨履亭重葺記」.

이거하여 우거하기 시작하면서 황산서원의 강학은 송시열이 주도하게 된다. 이 무렵 호남관찰사 趙龜錫이 황산 강가의 암석 사이에 정자를 하나 세웠는데 송시열이 황산으로 이거한 뒤 文會를 여는 장소로 이 정자를 사용하면서 '八卦亭'이라 이름하였다. 이때부터 송시열은 정자와 서원을 왕래하며 황산서원의 강학을 상당 기간 주도한 것으로 보인다. 특히, 초하루와 보름에 정기적으로 분향례와 상읍례를 행하고 강학했다는 것으로 보아 강학의례와 절차가 체계화된 강학 규범이 이 때 송시열에 의해 만들어진 것으로 보인다.[51] '노선생[송시열]이 작성한 규약이 전후로 확실하다'고 한 서원지의 기록은 이를 뒷받침한다.[52]

이듬해 1663년 12월에는 대대적으로 서원을 중수하면서 정암, 퇴계를 추향하는 大享禮를 거행한 뒤 송시열이 講席에 올라 「玉山講義」를 강론하였다. 당시 참여한 유생이 1천 여명이나 되었다고 한다.[53] 이후 윤증이 이유태에게 보낸 편지에 죽림서원의 일에 대해 강론하는 사이에 유생들에게 본인의 뜻을 전해달라고 부탁한 기록에 따르면, 1669년 무렵에는 초려 이유태가 강학을 주관하고 있었던 것으로 보인다.[54]

한편, 유계가 지은 「竹林書院節目」 중 正齋日의 강학 규정에 '文義가 의심스럽거나 어려운 곳은 우암의 杖屨가 가까운 곳에 있으니 문목을 들고 가서 질의한다'[55]는 기록에 따르면, 이 절목은 적어도 송시열이 황산으로

---

50) 『명재유고』, 「연보」 권1, 숭정 32년, 기해.
51) "十月 轉寓礪山黃山江上 朔望詣竹林書院焚香 與諸生行相揖禮 仍與講學 湖南伯趙公龜錫 又創立江亭於巖石間 爲先生文會之所 名曰八卦亭"(『鳳谷集』 권5, 行狀, 「祖考尤庵先生家狀」). 이경동의 연구에서는 송시열이 아닌 '그의 자제 宋疇錫이 이 때 제생들과 분향례와 상읍례를 행하며 강학한 것'으로 보았으나 이는 잘못 해석한 것이다(이경동, 같은 글, 243쪽). 또 송주석은 송시열의 자제가 아니라 손자이다.
52) 『죽림서원지』, 「規約」, 講學條.
53) 『송자대전』 부록, 권5, 「연보」 4, 毅宗皇帝 36년 계묘 조 ; 『鳳谷集』 권5, 行狀, 「祖考尤庵先生家狀」.
54) 『명재유고』 권9, 書, 「上草廬」(己酉).
55) "文義疑趄每處 尤庵杖屨 方住邇地 問目就質"(『市南別集』 권7, 잡저, 「竹林書院節目」).

이거한 1662년 이후에 작성된 것임을 알 수 있다. 유계는 1664년에 사망하였으니 1662년에서 1664년 사이에 작성된 것으로 추정된다.

「竹林書院節目」은 총 9개 조항으로, 서원교육의 복표, 강학의 운영과 교육과정 및 거재유생들의 생활 관리에 대한 규정을 담고 있다. 그 중 첫 번째로 주목할 대목은 서원을 다름 아닌 '詩禮를 위한 교육공간'으로 인식하고 있다는 점이다. 이는 단지 문자적 지식의 학습에 그치거나 과거합격을 위한 준비기관을 넘어, 서원교육의 궁극적 목표가 어디에 있는지를 보여주는 의미 있는 대목이다.

"거재하는 유생은 이미 서원 경내에서 여러 선생들과 함께 생활하고 있으니 이는 곧 스승을 눈앞에 모시고 가르침을 받는 날과 다르지 않으므로 한가롭게 거처해서는 안 되나 간혹 放過하는 경우가 있다. 매일 瞻拜하는 여가에 안팎의 방과 계단, 마당을 친히 청소하고, 때때로 매일 부과된 공부를 하는 여가에 諸賢의 狀德文字를 공경히 읽으면 선현들의 환히 빛나는 도덕과 목소리, 용모, 행동이 마치 친히 엄습하는 것과 같을 것이다. 德性을 훈도하고 志氣를 감발시키는 데는 詩禮만한 것이 없으니 周召兩南과 明倫 1편을 아침저녁으로 강송하는 것을 매일의 규칙으로 삼는다. 또 游息의 사이에 숙흥야매잠, 경재잠, 사물잠, 백록원규를 강독하고 암송하여 날이 갈수록 이를 본받아 실효를 거두도록 해야 한다. 아침의 小學 강독은 朝謁 후에, 저녁의 詩傳 강송은 夕謁 후에 한다."56)

"거재유생 외에 공부에 뜻이 있어 책을 끼고 양식을 가지고 오는 자에게는 반찬과 등유 일체를 조치해주고 거접을 허용한다. 비록 과거공부에 종사하는

---

56) "居齋儒生 旣同周旋於諸先生宮墻之內 則此無異三席請益之日矣 不可以燕居 或有放過也 每日瞻拜之暇 內外室堂階庭 親檢灑掃 時讀課工之餘 諸賢狀德文字 時時盥讀 道德光華 聲音容儀 若將親襲者然 薰陶德性 感發志氣 無如詩禮 周召兩南 明倫一篇 朝講夕誦 日以爲度 且於游息之間 夙興夜寐箴 敬齋箴 四勿箴 白鹿院規 講讀成誦 以收日益之效爲宜 朝講小學 朝謁後 夕誦詩傳 夕謁後"(『市南別集』 권7, 잡저, 「竹林書院節目」 3조).

사람이라 하더라도 詩禮의 場에 들어온 뒤에는 아침저녁으로 배알, 강송하기를 규례에 따라 하지 않을 수 없으니, 일체의 공부를 거재유생들과 더불어 똑같이 해나가는 것이 마땅하다."[57]

'德性을 薰陶하고 志氣를 感發하는 데는 〈詩禮〉만한 것이 없고', '과거공부에 종사하는 사람이라 하더라도 〈詩禮의 場〉에 들어온 이상 詩禮를 익히기 위한 일체의 공부를 거재유생들과 똑같이 해나가야 한다'는 대목은 서원이 다름 아닌 '詩禮를 위한 교육공간'으로 인식되었음을 보여준다. 나아가 詩禮를 가르치는 서원 교육의 궁극적인 목표는 과거공부가 아니라, 유생들이 '德性을 薰陶하고 志氣를 感發'시키는 데 있었다. 이를 위해 공식적으로 부과된 교육과정이 바로 『小學』과 『詩傳』이었다. '詩禮'에서 '詩'는 『詩傳』을, '禮'는 『小學』의 「明倫」편을 가리킨다.[58] 매일 아침저녁으로 알묘례를 행한 뒤 아침에는 『小學』, 저녁에는 『詩傳』을 강독하도록 하였으며, 그 중에서도 특히 『小學』의 「明倫」편과 『詩傳』의 周召兩南을 아침저녁으로 강송하도록 하였다. 詩의 교육적 의미, 그 중에서도 특히 周南, 召南 두 편을 강조한 이유는 다음과 같은 공자의 언급에서 확인할 수 있다.

"너희들은 어찌하여 詩를 배우지 않느냐? 詩는 뜻을 감발시킬 수 있고[興], 득실을 살필 수 있으며[觀], 조화롭게 무리를 지을 수 있고[群], 원망하면서도 성내지 않을 수 있으며[怨], 가까이는 어버이를 섬길 수 있게 하며, 멀리는 임금을 섬길 수 있게 하고, 새와 짐승, 풀과 나무의 이름을 많이 알게 한다."[59]

---

57) "居齋生外 有意工夫 挾册裹糧而來者 饌物及燈油一體措置 許其居接 雖爲擧業之人 旣入詩禮之場 則朝夕拜謁講誦 不可不隨例爲之 與齋生一體做去爲宜"(『市南別集』 권 7, 잡저, 「竹林書院節目」 4조).
58) 이경동의 연구(이경동, 앞의 논문, 부록, 2019, 256쪽)에서는 '詩禮'의 '禮'를 『禮記』로 보았으나 문맥상 『小學』 「明倫」편을 가리키는 것으로 보아야 한다.
59) "子曰, 小子 何莫學夫詩? 詩 可以興 可以觀 可以群 可以怨 邇之事父 遠之事君 多識於鳥獸草木之名"(『論語』, 「陽貨」).

공자가 아들 伯魚에게 말하길, "너는 周南과 召南을 배웠느냐? 사람으로서 周南과 召南을 배우지 않으면 그것은 마치 담장을 정면으로 마주하고 서 있는 것과 같을 것이다."라고 하였다.[60]

詩의 교육적 의미는 첫째, 시를 통해 직접 '興하고 觀하고 群하고 怨할 수 있다는' 데 있다. 둘째, 그 대상은 가까이 부모로부터 멀리 임금에 이르기까지 폭넓은 범위에 미칠 수 있음을 강조하고 있다. 셋째, 그 중에서도 『詩經』의 첫 머리에 나오는 周南과 召南 두 편은 모두 자기 몸을 수양하고 집안을 다스리는, 수양과 교화의 가장 근본적인 내용을 노래한 것으로, 이를 배우지 못하면 마치 정면이 담장으로 가로막힌 것과 같이 지극히 가까운 곳에 나가서도 하나의 사물도 보이지 않고 한 걸음도 나갈 수 없게 된다는 것이다.[61] 이에 周南과 召南은 『詩經』 중에서도 正風으로 평가되어 가장 주목 받아왔다. 「毛詩序」에 따르면, "周南과 召南은 처음을 바르게 하는 도리이며 제왕이 교화를 행하는 기초이다"라고 하였으며, 그 疏에는 "周南, 召南에 있는 25편의 시는 모두 시초를 바르게 하는 큰 도리이며, 王業과 風化의 기본이다"[62]라고 하여 '二南'의 중요성과 교육적 위상을 분명히 지적한 바 있다.

그 외 부차적 교육과정으로는 '諸賢의 狀德文字', '夙興夜寐箴·敬齋箴·四勿箴·白鹿院規'를 들고 있다. 그 중 '諸賢의 狀德文字'를 교육과정에 둔 것은 특히 주목할 필요가 있다. 영남 서원에서는 볼 수 없는 서인계 서원의 특징을 드러내는 대목이기 때문이다.[63] 여기서 '제현의 장덕문자'란 서

---

60) "子謂伯魚曰 女爲周南召南矣乎? 人而不爲周南召南 其猶正墻面而立也與"(『論語』, 「陽貨」).
61) "周南 召南 詩首篇名 所言 皆修身齊家之事 正墻面而立 言卽其至近之地 而一物無所見 一步不可行"(『論語集註』, 「陽貨」).
62) "周南, 召南, 正始之道, 王化之基. [疏]: … 周南, 召南 二十五篇之詩, 皆是正其初始之大道, 王業風化之基本也"(『毛詩正義』, 北京大學出版社, 2000).
63) 소수·도산·옥산서원의 원규, 학규 등 영남 남인계 서원의 강학 관련 규약에서는

원에 제향된 선현들의 행적을 수록한 행장이나 묘문 등을 말한다. 조선후기 서인계 서원에서는 이와 같이 서원에 모셔진 선현들의 행적을 기록한 글을 '敬讀'하는 것이 강회 절차 안에 공식적으로 포함되어 있었다. 우암 송시열을 제향한 정읍 考巖書院의 사례에서 이를 확인할 수 있다. 18세기 고암서원 강회록인「考巖講義」의 서두에는 송시열의 행적을 기록한 글 세 편이 실려 있다. 도암 이재가 지은「書院廟庭碑」, 이의현이 지은「遺墟碑」, 권상하가 지은「墓表略」이 그것이다. 이 세 편의 글이 강회록의 서두에 수록된 이유는 무엇일까.

> "이 세 편의 글은 매월 강회 시「백록동규」를 경독할 때 함께 읽던 것이다. 그러나 이번 10월 16일 강회에서 직월이 진신장의와 상의하여 매 강회 때마다 세 편을 모두 읽는 것은 너무 번거로우니 묘정비 한 편만 읽는 것이 좋겠다고 제안하였다. 이에 황윤석이 다시 품의하길 '묘정비도 좋지만 전후사실과 행적의 순서가 미처 상세하지 못한 부분이 있어 유생들을 觀感振作하기에 부족한 면이 있으니, 지금부터는 〈行狀略〉을 읽는 道峯書院의 예에 의거하여 〈묘표〉 한 편만 읽는 것이 어떻겠습니까?'라고 하였다. 이에 진신장의가 동의하니 앞으로는 이를 定式으로 삼는다."[64]

이를 통해 두 가지 사실을 확인할 수 있다. 당시 고암서원에서는 송시열의 행적을 기록한 글이 주자의「백록동규」와 함께 敬讀의 교재로 활용되고 있었으며, 도봉서원의 예를 고암서원 강학 규범의 표준으로 삼고 있었다는 점이다. 서원에 제향된 선현의 행적을 매 강회 때마다 반복하여 읽었다는 것은, 서원 강학이 후학들에게 스승의 '도통을 전수하고 내면화'시키는 구체적인 한 방편으로 작동하였음을 보여준다. 게다가 백록동규와 우

'제현의 장덕문자'를 교육과정으로 규정한 조항이 발견되지 않는다.
64)「考巖講義」, '先生墓表略' 후기.

암의 행적을 나란히 병독함으로써 주자의 도통이 송시열에게 '직접 전승되었음'을 부지불식간에 학습시키는 효과도 있었다. 이처럼, 서원에 향사된 '제현의 장덕문자'를 강회의 교육과정과 절차에 공식적으로 부합시킨 것은 '도통의식'을 강조했던 서인계 서원에서 볼 수 있는 특징 중 하나이다.

「竹林書院節目」에는 여타 서원에서는 볼 수 없는 특이한 조항이 또 있다. 무녀의 굿을 금지하는 조항이다. 절목의 마지막 9조에서는 '〈色은 서원 문 안으로 들여서는 안 되고 책은 서원 문밖으로 나가서는 안 된다〉는 조항은 퇴계선생께서 정한 규정이다. 서원 문 안에 雜色이 출입해서는 안 되는데, 무녀가 굿하고 방울소리를 내는 지경에까지 이른다면 이는 심히 미안한 일이니, 원촌 바로 가까운 곳에서는 이런 행위를 일체 금지한다'라고 규정하고 있다. 무당의 굿을 금지하는 조항은 18세기 이후의 규약에서도 보인다. '서원 인근 마을에 귀신을 숭상하는 풍습이 있고 심지어 서원의 강당 뜰에서도 괴이한 일을 설행하니 掌議 趙宗溥(1715년생)가 이를 효유하고 금지했다'는 것이다. 18세기 이후에는 심지어 원촌 뿐 아니라 서원 경내의 강당 뜰에서도 굿이 행해졌던 것이다. 이는 이 지역에 해마다 12월이 되면 祓除[재앙을 물리침]를 한다고 하여 무당이 크게 굿을 하는 오래된 풍속이 있었기 때문이다.[65] 「竹林書院節目」이 작성된 것은 17세기이니 그 후 100여 년 가까이 이러한 풍속이 여전히 잔존하였음을 알 수 있다. 18세기에 죽림서원 원장을 맡고 있던 도암 이재도 이 지역의 풍속에 대해 다음과 같이 말한 바 있다.

"죽림서원은 양호의 사이에 끼어 있어 산과 바다의 승경이 필적할 데가 없으니, 사체의 엄중함이 다른 서원에 비할 바가 아닙니다. 그러나 고을의 풍속이 몽매하고 고패가 심하여, 강학이 아니면 그 적폐를 고칠 방도가 없으니, 지금 반드시 講長을 먼저 정한 뒤에라야 손쓸 방도가 생길 것입니다."[66]

---

65) 『죽림서원지』, 「規約」, 居齋條.

'고을의 풍속이 몽매하고 고패가 심하여, 강학이 아니면 그 적폐를 고칠 방도가 없다'는 것은 바로 위와 같은 무속의 풍습을 가리킨 것으로 보인다. 즉, 이재도 오래전부터 있었던 죽림서원의 이 같은 폐단을 인지하고 있었던 듯하다. 이는 여타 서원에서는 볼 수 없는 매우 이례적인 현상이다. 이는 강경의 해안가에 위치했던 죽림서원의 지리적, 문화적 특성에서 기인한 것으로, 해안지역에 으레 존재하는 오랜 무속 문화와 습속이 서원과 원촌에까지 영향을 끼쳤던 것으로 보인다.

이후 17세기 말부터 18세기 초반 무렵까지는 강학활동에 대한 기록이 거의 보이지 않는다. 1664년 이래 유계, 이유태, 송시열이 차례로 사망하였고, 그 사이 돈암서원과 노강서원이 건립되어 김장생 문인집단의 영향력이 분산될 수밖에 없었기 때문이다.

18세기 중반 이후 죽림서원의 강학은 이재, 윤봉구, 유숙기 등 주로 송시열의 재전문인이자 노론계 인사들이 주도하였다. 이는 1695년 송시열의 추향 이후 죽림서원이 점차 노론화되었음을 의미하는 것으로 볼 수 있다. 1744년에는 김창협의 문인 도암 이재가 원장을 맡았다. 당시 그는 서원 인근이 아닌 용인 한천동에 우거하고 있었기 때문에 직접 강학을 주도하지는 못했지만, 원유들과 편지를 왕래하며 서원 일을 상의하고 강학을 면려하거나 강학의 운영을 위한 절목을 지어 보내기도 하였다. 죽림서원 유생들은 이 때 이재가 지은 절목을 강당 벽에 걸어두고 실제 지침으로 삼았다. 다음 해 그의 문인 양응수가 죽림서원에 방문하였을 때 '선생의 조약이 서원 벽에 걸려있었는데, 스승이 손수 쓰신 것'이라는 기록을 통해 이를 확인할 수 있다.[67]

1745년에는 김창흡 문인 유숙기가 『대학』 강회를 주관하였다.[68] 상술한 바와 같이 한 해 전, 원장 이재가 그에게 편지를 보내 강장을 정하여

---

66) 『陶菴集』 권10, 書, 「與俞子恭 肅基」.
67) 『白水集』 권1, 書, 「上陶菴先生」 ; 『白水集』, 「年譜」 ; 『죽림서원지』, 「規約」, 講學條.
68) 『止庵集』 권9, 「行狀」[金亮行 撰]

강회를 시행하는 일이 시급하다고 독려한 바 있는데, 아마도 이 해 유숙기가 강장의 일을 맡아 강회를 주관한 것으로 보인다.

18세기에 상학을 이끈 인물 중 또 주목할 만한 인물은 바로 귀상한 분인 윤봉구이다. 그는 1753년 무렵 죽림서원에서 「太極圖」 강회와 『大學』 강회를 주관하였다. 그는 강회에 참석한 유생들에게 사당의 명칭을 '죽림'이라 한 것은 죽림서원이 바로 '주자 이래 천년동안 斯文의 道統을 계승한 곳'이기 때문임을 밝히며 죽림서원의 도통의식을 강조하였다.[69] 당시 「太極圖」 강회에는 金晦材, 金奎五, 李命奭, 洪章海, 卞台鎭 등이, 『大學』 강회에는 權裕, 金愚, 洪章海 등이 참석하였다.

19세기에는 이세연, 송병선, 송병기, 송익수, 송응수, 송근수 등 송시열의 후손들이 중심이 되어 강회와 향음주례를 주관하였다. 1862년과 1863년의 향음주례에는 李世淵, 宋秉琦가 참석하였는데 특히 1863년 향음주례에는 양호지역에서 모인 선비들이 수백 인이나 되었다고 한다.[70]

1866년에는 송시열의 9세손 송병선이 이세연, 송병기, 송익수, 송응수, 송근수 등과 함께 1653년 '黃山之會'의 고사를 모방하여 당시 여정을 그대로 유람하고 죽림서원 강당 헌장당에서 각자 경전 한 장씩 강송한 뒤 그 전말을 「遊黃山及諸名勝記」에 기록하였다.[71] 이 모임의 의미는 '금강을 따라 펼쳐진 호서지역의 문화경관을 방문하여 송병선이 자신의 사상적 연원을 확인하고 역사적 재해석을 시도한 것이며, 특히 강경의 죽림서원, 팔괘정, 임리정에서는 華와 夷의 단호한 구별을 강조했던 송시열의 정신을 되새긴 시간'으로 해석되고 있다. 또 1867년 10월 15일에는 송병선이 주렴계의 태극도설 강회를 개최하였다.[72]

---

69) "千載斯文道統尊 祠名視昔竹林援"(『屛溪集』 권4, 詩, 「黃山書院 得短律一章 示講學諸生」).
70) 『淵齋集』 권45, 行狀, 「內舅丹臺李先生行狀」; 「從氏毋忽齋公行狀」.
71) 『淵齋集』 권19, 雜著; 『淵齋集』 권 46, 行狀, 「叔父立齋先生行狀」; 『立齋集』 권21, 附錄, 「行狀」[宋秉璿].

V. 결론

　이상에서 서원 건립 이전 김장생의 황산 우거와 황산에서의 강학 전통, 황산서원의 건립 과정과 이후 도학서원으로의 위상을 확보해가는 과정, 김장생이 직접 설계한 강당 '憲章堂' 및 조선후기 죽림서원의 강학 운영상과 특징을 검토하였다.
　첫째, 1626년 황산서원의 건립 계기는 이전부터 있었던 김장생의 강학 전통에서 시작되었음을 확인하였다. 그는 16세기 후반 무렵 '兩湖가 교차하는 곳에 위치하고 江山의 景勝이 있는' 강경의 황산 기슭에 '황산정'이라는 정자를 지어 강학처로 삼고, 그 아래 집을 지어 연산과 황산을 오가며 양호지역에서 찾아오는 문인들을 가르치기 시작하였다. 17세기 초반 무렵, 찾아오는 문인들이 많아지자 황산의 정자가 너무 협소하여 더 넓은 강학공간이 필요했고, 이 때 강학공간을 마련하는 김에 율곡의 사당을 함께 건립하자는 논의가 서원 건립의 배경이었다. 건립 계기가 단지 '자파 인물의 제향'이 아닌 김장생의 '강학 전통'에서 비롯되었다는 사실은 숙종대 남설된 여타 서원들의 위상과 차별화되는 지점으로 주목할 만하다.
　둘째, 건립 초부터 지역과 무관한 인물의 제향으로 비판에 직면했던 황산서원이 이후 제향인의 선정 기준과 명분을 확립함으로써 도학서원으로의 위상을 확보해가는 과정을 확인하였다. 17세기 초반 제향 인물 선정 기준에 대한 논란은 이후 송시열, 윤증 등 사계 문인들이 그 근거를 율곡과 주자의 고사에서 찾고 이를 통해 '도학서원'으로서의 정통성이라는 논리와 명분을 확립함으로써 '해명'을 넘어 '도통'의 차원으로 전환되고, 18~19세기에 이르러 제향 인물 선정 기준이 오히려 '도통서원'으로 공인받는 근거로 작동하게 된 과정을 검토하였다.
　셋째, 1653년 '黃山之會'를 기념하기 위해 제작된 『黃山記帖』에 실린

---

72) 『淵齋集』 권6, 書, 「與元玉田 世范」.

'황산서원도'와 몇 가지 문헌기록을 근거로 현재 잘못 복원된 죽림서원 건물 배치의 문제점을 지적하였다. 또 '憲章堂'을 강당이 아닌 동재로 보고, '죽림서원에는 애초에 강당 없이 사묘와 재실만 있었다'거나, 사계와 우암이 강학처인 '임이정과 팔괘정이 강당 역할을 대신 수행'한 것으로 추정한 선행연구의 오류를 바로 잡고, '憲章堂'은 김장생이 주자의 의례를 고증하여 직접 설계한 죽림서원의 강당이며, 돈암서원 응도당에 앞서 사계 예학이 반영된 호서지역 최초의 서원 건축물임을 밝혔다.

 넷째, 김장생 사후 19세기까지 죽림서원 강학활동을 개괄하고 강학 운영상의 특징을 검토하였다. 17세기 죽림서원은 단지 문자적 지식의 습득이나 과거 준비를 위한 수단이 아닌 '詩禮를 위한 교육공간'으로 인식되었으며, 나아가 詩禮를 가르치는 서원 교육의 궁극적인 목표는 유생들의 '德性을 薰陶하고 志氣를 感發'시키는 데 있었음을 확인하였다. 또 詩 중에서도 특히 '二南'이 강조된 이유와 그 교육적 의미가 어디에 있는지 확인하였다. 다음으로 서원에 향사된 '諸賢의 狀德文字'를 강회의 교육과정과 절차에 공식적으로 포함시킨 죽림서원과 고암서원의 사례를 통해, 서원 강학이 후학들에게 스승의 '도통을 전수하고 내면화'하는 구체적인 한 방편으로 어떻게 작동하였는지 검토하였다. 더불어 이는 영남 남인계 서원에서는 볼 수 없는 서인계 서원의 특징을 드러내는 대목임을 확인하였다. 마지막으로 여타 서원에서는 볼 수 없는 매우 이례적인 현상으로, 17세기 시남 유계, 18세기 도암 이재가 원장으로 재임할 때까지 원촌과 심지어 서원 경내 강당 뜰에서 귀신을 숭상하고 무녀가 굿을 하는 무속 문화와 습속이 성행할 수밖에 없었던 배경을 검토하고, 몽매한 풍속과 적폐를 오직 강학을 통해 해결하고자 했던 원장들의 노력을 확인하였다.

【참고문헌】

「考巖講義」
『龜峯集』, 『국조보감』, 『論語集註』, 『다산시문집』, 『陶菴集』, 『立齋集』, 『명재유고』, 『白水集』, 『屛溪集』, 『鳳谷集』, 『사계전서』, 『성호사설』, 『송자대전』, 『市南別集』, 『신독재전서』, 『硏經齋全集』, 『淵齋集』, 『玉吾齋集』, 『일성록』, 『죽림서원지』, 『止庵集』, 『현종실록』
『毛詩正義』, 北京大學出版社, 2000.

김문용, 「무중과 공동체-파평윤씨 노종파 종족 운동의 재검토-」, 『동양고전연구』 59집, 2015.
이경동, 「조선후기 여산 죽림서원의 운영과 위상」, 『한국서원학보』 제9호, 한국서원학회. 2019.
이남옥, 박용만 외, 『노강서원·화양서원』, 한국학중앙연구원출판부, 2019.
이수경, 「송시열과 윤선거 분쟁의 기록-동원컬렉션《黃山記帖》제작 배경 및 의의」, 『東垣學術論文集』 13, 2004.
이연숙, 「조선후기 양반가의 문중교육-충남 논산시 노성면 파평윤씨 노종파를 중심으로」, 『역사와 담론』 52집, 호서사학회, 2009.
이왕기, 「충남지방의 서원 건축양식」, 『충남의 서원·사우』, 1999.
이철성, 「淵齋宋秉璿의 黃山舟遊와 문화경관 인식-「遊黃山及諸名勝記」를 중심으로」, 『韓國史學報』 제70호, 고려사학회, 2018.
이해준, 「17세기 중엽 파평윤씨 노종파의 종약과 종학」, 『충북사학』 11-12집, 충북대학교 사학회. 2000.
이해준, 「노강서원 자료의 유형과 성격」, 『한국서원학보』 제1호, 한국서원학회, 2011.
이해준, 「조선후기 호서지역 사족동향과 서원·사우」, 『한국의 서원과 학맥 연구』, 경기대학교 소성학술연구원, 2000.
이해준, 「호서지역 서원의 지역적 특성과 정치적 성격」, 『국학연구』 11집, 한국국학진흥원, 2007.
이현우·노재현, 「논산 임이정과 팔괘정의 입지 및 조영 특성」, 『한국전통조경학회지』

31-2, 2013.
전용우, 「충남지방 서원·사우의 건립 추이와 사족 동향」, 『충남의 서원·사우』, 충청남도, 1999.

'돈암서원과 노강서원'에 대한 교육학적 이해

이 우 진

Ⅰ. 들어가는 말

　우리나라에서 書院의 출현은 당시 제대로 작동하지 못하는 '官學에 대한 개선적인 사항'에 대한 필요성에 따른 것이었다. 이른바 관학을 대신하여 사학을 설립한다는 의식에서 설립된 것이 아니라 일종의 제도경과적인 차원에서 周世鵬은 개선적 형태의 '관학'을 설립하고자 한 것이었다. 그것이 바로 백운동서원의 탄생이었다.[1] 주세붕은 "교육이란 반드시 현인을 높이는 것에서 비롯되므로 사당을 세워 덕 있는 이를 숭상하고 서원을 세워 학문을 돈독히 하는 것이니, 실로 교육은 난리를 막고 기근을 구제하는 것보다 급한 것"이라 언급하였다.[2] 하지만 李滉에 이르러 서원은 관학의 틀을 완전히 벗어나 士林의 강학과 藏修를 위한 교육기관으로 탈바꿈되었다. 그렇지만 이황은 "주세붕이 선현의 유적이 있는 곳에 터를 잡고 서원을 지었는데, 여러 이유에서 나라에서 인재를 얻는 데도 서원이 틀림없이 국학이나 향교보다 나을 것"[3]이라 판단하였다. 이는 서원의 성격에 대한 이해

---

1) 정순우, 「주세붕의 「심도(心圖)」 편찬과 그 사상적 의미(意味)」, 『퇴계학보』 123, 2008, 160~161쪽.
2) 『竹溪志』 「序」 "夫敎必自尊賢始, 故於是, 立廟而尙德, 立院而敦學, 誠以敎急於已亂救飢也."
3) 『退溪集』 9권 「書」(1) 「上沈方伯(通源)」(己酉) "竹溪是前賢遺迹之所在, 乃就相其地, 營構書院. … 其視國學鄕校在朝市城郭之中, 前有學令之拘礙, 後有異物之遷奪者, 其功效豈可同日而語哉. 由是言之, 非惟士之爲學, 得力於書院, 國家之得賢, 亦必於此而優於彼也."

를 어떻게 하든 간에, 조선의 유자들은 '인재양성에 있어 서원교육의 우수성'을 동일하게 인식하고 있었던 것이다.

하지만 우리에게 서원이라고 하면, 왜지 모를 부정적인 이미지들이 앞서곤 한다. 인재양성기관으로서의 이미지는 온데간데없고, 당쟁의 근거지이자 고리타분한 유교의 이념들을 내세우는 양반들의 소굴이라는 이미지들이 더욱 강하게 떠오른다. 이와 같은 서원에 대한 부정적인 이미지의 근원은 무엇일까? 아마도 '유교망국론'이 가장 커다란 영향력을 펼쳤을 것이다. 주지하다시피 이는 '조선의 통치 이념인 유교' 때문에 우리 민족이 일본의 식민 지배를 받게 되었다는 주장이다. 곧 유교의 이념만 부르짖느라 시대의 변화에 전혀 대응하지 못함으로써, 일본 제국주의에 의해 우리 민족이 식민 지배를 받게 되고 그로 인해 엄청난 박해와 수탈을 당하게 되었다는 것이다.

당시 우리나라의 많은 지식인들도 당시 그렇게 생각했다. 유교로 인해 우리 민족의 尙武정신이 궤멸되었으며, 유림들은 민중의 삶에 전혀 도움이 되지 않는 理氣心性의 논의에만 골몰하여 실용적인 학문을 천시하게 되었다고 말이다.[4] 이러한 인식아래 서원은 망국의 원인인 유교의 집산지라는 점에서 반드시 폐기 처분해야 할 대상이라고 파악하게 된 것이었다. 이러한 유교비판은 우리나라의 지식인 스스로 제기한 것이기도 했지만, 일본 제국주의의 식민통치전략으로 적극적으로 추진되었다.[5]

심지어 유교는 일본 제국주의의 침략에 보조를 맞추는 정치적 이데올로기(ideology)로서 활용되기까지 하였다. 물론 일본 제국주의의 유교는 자신들이 행하고 있는 '교육칙어'의 교육 방침을 그대로 조선인들에게 이식하는 왜곡된 것이었다.[6]

---

4) 대표적인 인물로 신채호를 들 수 있다. 이에 대해서는 "이우진, 「신채호의 민족에 대한 상상과 영웅 양성: 『독사신론』과 영웅론을 중심으로」, 『퇴계학논집』 25, 498~499쪽" 참조.
5) 오주연 외, 「1910년대 유교비판의 담론지형: 신지식층의 學之光 논설을 중심으로」, 『동서철학연구』 100, 2021.

하지만 중요한 사실이 있다. '유교망국론'은 일본 제국주의가 가장 강력하게 주장한 식민사관의 대표 주자였음을 말이다. 일본 제국주의자들은 우리 민족이 모든 전통을 부정하게 만들고자 하였다. 그 부정의 대상에는 조선의 이념인 유교였다. 그들이 인정하는 유교는 일본이 국민 통합을 위해 만들어낸 일본화된 유교였다. 곧 조선의 유교와 그 제도인 서원도 당연히 부정될 수밖에 없었다. 일본 제국주의자들은 우리 민족에게 열등한 조선의 문화를 버리고 우월한 일본의 문화를 수용할 것을 요구하였다. 그래야 우리 민족이 일본의 요구를 순순히 따르지 않겠냐고 그들은 생각하였던 것이다.

그러나 '유교망국론'이 진정 설득력 있는 논의일까? 당시 유교를 통치이념으로 삼기는커녕 자신들의 사유로 조금도 받아들이지 않은 러시아는 왜 러일전쟁에서 일본에게 패배하였던가? 이는 단적으로 일본 제국주의에 의해 우리가 식민 지배를 받게 된 원인이 '유교' 때문이 아님을 말해 준다. 유교가 과연 우리 민족에게 전혀 도움이 되지 않았던 것일까? 허만 칸(Herman Kahn)이나 피터 버거(Peter Berger), 로데릭 맥파쿼르(Roderick MacFarquhar)와 같은 서구의 학자들은 1960년대 이후 우리나라를 비롯한 동아시아 국가들이 고도성장을 하게 된 이유를 고민하며 그 해답을 유교에서 찾았다. 이른바 '동아시아 국가들이 급속하게 성장할 수 있었던 것은 그 뿌리에 유교가 자리하고 있다'는 입장, 즉 '유교자본주의'로서 설명하였다. 이와 같은 설명이 과연 설득력을 지니는지에 대해서는 아직도 논란이 가득하다.[7] 하지만 분명한 사실은 서구의 많은 학자들이 유교에서 긍정적인 요소를 추출할 만큼, 유교는 현시대에 있어서도 분명히 가치를 지닌 사유체

---

6) 이은봉, 「일제에 의해 강압된 유교 문화 연구: 교육칙어, 호주제도, 현모양처를 중심으로」, 『인문학연구』 33, 2020, 210~211쪽.
7) 유교자본주의에 대한 비판적 검토는 다음의 논문들을 참조할 수 있다. 윤원현, 「유교자본주의 담론에 대한 비판적 검토」, 『동양철학』 21, 2004 ; 이철승, 「'유교자본주의론'의 논리 구조 문제」, 『중국학보』 51, 2005 ; 이주강, 「유교자본주의라는 용어에 대한 비판적 고찰」, 『퇴계학논집』 17, 2015.

계이며 결코 무시해야 할 대상으로 치부해서는 안 된다는 점이다.

서원도 마찬가지다. 하지만 우리의 역사를 보면, '서원이라는 유교제도가 현대인들에게 비난의 대상으로 지목당한 것은 당연한 것이 아닐까?' 생각할 수도 있다. 일부 사대부 계층은 서원 원생이 지닌 免役의 특권을 이용하여 軍政을 회피하기도 하였고, 면세의 특권을 이용해 세금을 회피하기도 하였다. 더군다나 서원은 교육기능은 사라지고 제향이 중심이 되었고, 서원을 중심으로 學統을 매개로 하여 朋黨을 이룸으로써 당쟁의 근거지로서 활용되었다고 주장되기도 한다.[8] 그 특혜와 정치적 이권을 획득하고자 일부 사대부계층은 서원을 이곳저곳 되는 대로 마구 설립하였다는 것이다. 얼마나 적폐가 심했으면, 많은 유림들의 반대에도 불구하고 흥선대원군이 47개의 서원을 제외한 수백여 개의 서원을 훼철시켰겠는가. 하지만 반대로 '왜 흥선대원군이 47개의 서원을 살려 두었던가?'를 질문해 보아야 할 것이다. 서원이 악의 축이라면 완전히 제거해야 할 터인데 말이다. 사실 서원 자체의 본래 이념이나 실제 운용에는 아무런 잘못이 없었기 때문이다. 모든 잘못은 서원의 특혜를 악용한 일부 사대부 계층에 의해 기인한 것이었다. 그들에 의해 서원의 의미와 가치가 왜곡되고 훼손되었던 것이지, 그 본래의 의미와 가치는 너무도 소중한 것이었다. 그래서 흥선대원군도 遯巖書院과 魯岡書院을 포함한 중요한 47개의 서원은 남겨 두었던 것이라고 본다. 그렇다면 서원의 의미와 가치는 무엇일까? 이제부터 돈암서원과 노강서원을 중심으로 그 의미와 가치를 살펴보도록 하겠다.

Ⅱ. 세계유산위원회가 주목한 서원의 가치

그렇다면 서원이 어떤 가치를 지녔던 것일까? 놀랍게도 우리가 간과하

---

[8] 이희환, 「조선 후기 당쟁의 원인」, 『역사학연구』, 2010, 483쪽.

고 있는 서원의 가치에 대해 세계인들은 주목하였다. 논산의 돈암서원을 포함하여, 소수서원, 남계서원, 도동서원, 옥산서원, 도산서원, 필암서원, 병산서원, 무성서원의 가치를 세계인들은 인정하였다. 바로 한국의 9개 서원이 2019년 유네스코 세계문화유산으로 등재된 것이다. 이 사실은 언젠가부터 우리 스스로가 무시해 버린 서원이 지닌 그 가치를 세계인들이 다시 살린 것이라고 말해도 과언이 아닐 것이다. 어떠한 유산이 세계유산으로 등재되기 위해서는, 반드시 한 나라에 머물지 않는 '탁월한 보편적 가치'를 지녀야 한다. 세계인들은 우리의 서원들이 그 '탁월한 보편적 가치'를 지닌 것으로 평가한 것이다. 그 '탁월한 보편적 가치'란 무엇일까? 유네스코(UNESCO) 세계유산위원회는 이렇게 말하였다.

한국의 9개 서원은 향촌 지식인들에 의해 16세기 중반부터 17세기 중반 사이에 건립되었다. 이 유산은 중국으로부터 전래되어 한국 사회의 많은 부분에 기초가 되었던 성리학 교육을 증진한 교육기관의 탁월한 증거이다. 서원에서 향촌 지식인들은 교육을 효과적으로 수행하기 위한 교육 체계와 유형적 구조물들을 창조하였다. 그들은 성리학 경전과 연구를 수행하였고, 세계에 대한 이해와 이상적 인간형을 길러 내기 위해 노력하였다. 그들은 향촌사회의 선현들을 제향하였고, 제향인물을 통해 강한 학문적 계보를 형성하였다. 또한, 향촌 지식인들은 이 유산을 기초로 다양한 사회적·정치적 활동들을 통해 성리학이 사회 전반에 전파되는 데 기여하였다. 이 유산은 동아시아에 전파되었던 성리학이 지역화되고 번영된 독특한 과정을 통합적으로 보여 준다. 이 유산은 한국에서 서원 건축의 정형화에 의해 완성된 독특한 문화전통을 나타낸다. 9개로 구성된 이 유산은 한국 서원의 특성과 발전을 보여 주며, 서원이 건축적으로 어떠한 과정을 통해 발전하였는지 각각의 과정을 통해 보여 준다. 정리하면, 한국의 9개 서원은 오늘날까지 교육과 사회적 관습 형태로 지속되고 있는 한국의 성리학과 관련된 문화적 전통의 증거이자, 성리학 개념이 한국의 여건에 맞게 변화하는 역사적 과정을 보여 준다는 점에서 '탁월한 보편적 가치(Outstanding Universal

Value)'가 인정된다.[9]

세계유산위원회가 지적하였듯이, 시원은 선현들을 본받고 성리학을 강론하여 인재를 육성코자 하는 교육기관이다. 아울러 지역 풍속을 순화하고 도서를 보관하였으며, 정치적 여론을 형성하는 역할도 맡았다. 특히 우리가 주목할 만한 부분은, 세계유산위원회가 '오늘날까지 교육과 사회적 관습 형태로 지속되고 있는 한국의 성리학과 관련된 문화적 전통의 증거'이자 '성리학 개념이 한국의 여건에 맞게 변화하는 역사적 과정을 보여 주는 기관'으로 서원을 인식하였다는 점이다. 이처럼 세계유산위원회는 서원이 지니는 탁월한 보편적 가치를 '건축물이나 주변 경관'에 두지 않았던 것이다.

그렇다면 '오늘날까지 교육과 사회적 관습 형태로 지속되고 있는 한국의 성리학과 관련된 문화적 전통의 증거'라는 것은 무엇일까? 그것은 위의 세계유산위원회의 말을 빌려 표현하자면, '이상적 인간형을 길러내기 위해 노력한 성리학 교육기관으로서의 가치'를 말한다. 성리학은 '공부를 통해 도덕적 인간이 되는 것'을 근원적으로 지향한다. 전통적인 용어를 빌리자면 '聖人 혹은 君子가 되는 것'이다. 곧 서원이라는 교육기관에서 '길러 내고자 했던 이상적 인간은 바로 도덕적 인간'이었다.

비록 조선 후기에 왜곡되었다고 할지라도, 서원의 본래적 가치는 '도덕적 인간을 양성하는 교육기관'이라는 점에 있었다. 서원의 이념과 활동은 모두 이 목적을 이루고자 한 것이다. 이와 같은 서원에 대한 이해는 많은 조선유학자들의 공통된 의견이기도 했다. 예컨대, 이황은 서원에서 과거공부를 하는 것을 완전히 막을 수는 없지만, 오로지 과거공부만을 목적으로 하는 居接을 서원의 강학제도로 공식화하는 것에 대해서는 완강히 거부하였다. 이러한 이황의 입장은 박세채 등 이후 조선 성리학자들에게도 계승되었다.[10] 그들에게 서원은 道學을 강명하고 옛 사람의 爲己之學을 위한 장

---

9) 유네스코와 유산(https://heritage.unesco.or.kr/), 검색일(2023.01.25.).

소, 즉 도덕적 인간을 양성하는 교육기관이었다. 다시 말해, 서원 교육의 궁극적 관심은 工夫論이었다. 서원에서 유자들은 일상적인 삶에서 깨우친 지식을 단순히 아는 것으로 그치는 것이 아니라, 언제나 덕성을 함양하는 일과 연결시키기를 지향하였다.[11]

앞으로 살펴보겠지만, 서원의 건축 구조마저도 이 목적에 부합하고 있다. 그 목적과 활동이 너무도 의미 있는 가치를 지니기에, 조선 조정은 서원에 많은 특혜를 준 것이었다. 결코 서원은 탈세나 병역 기피, 정권 창출을 위한 기구가 아니었다. 흥선대원군은 그 본래적 가치를 잃어버렸기에 많은 서원을 훼철하였지만, 그 본래적 가치가 너무도 소중하기에 47개 서원은 남겨 둘 수밖에 없었던 것이다. 세계유산위원회도 서원의 왜곡된 모습이 아닌 그 본래적 가치에 집중하였던 것이다.

현재 우리 사회의 많은 이들이 우리의 학교교육이 심각한 상황에 직면하였다고 말한다. 그렇다면 우리의 학교교육이 직면하고 있는 심각한 상황이란 무엇일까? 그것은 모든 이들이 동의하고 있듯이, 학교교육은 '도덕적 인간을 길러 내는 것'을 최우선에 두어야 하는데 우리의 현재 학교교육은 그렇지 못하고 있음을 말한다.[12] 이러한 우리의 문제의식은 분명 '오늘날까지 교육과 사회적 관습 형태로 지속되고 있는 한국의 성리학과 관련된 문화적 전통의 증거'라고 할 수 있다. 왜냐하면 '학교교육의 목표는 도덕적 인간을 길러 내는 것에 있다'는 우리들은 인식은 '도덕적 인간을 양성하는 것에 최우선을 두는 성리학과 관련된 문화적 전통'이 계승된 것이기 때문이다. 그 '문화적 전통'에 따라 서원이라는 교육기관의 가치가 '도덕적 인간의 양성'에 있었듯이, 학교라는 교육기관도 그러한 목표를 실현할 때 가치

---

10) 김자운,「조선시대 소수서원 강학 연구」, 한국학중앙연구원 한국학대학원 박사학위논문, 2013, 67~68쪽.
11) 정순우,「한국 초기 서원의 교육사적 의의」,『한국학논총』, 2007, 122쪽.
12) 인성교육진흥법의 시행과 인성교육의 강화는 우리의 현재 학교교육이 '도덕적 인간을 길러 내는 일'에 실패했음을 명확하게 보여주는 일이라 할 수 있다.

를 인정받을 수 있다고 우리는 생각하는 것이다.

여기서 질문을 하나 해 보자. 서원은 과연 '도덕적 인간을 어떻게 양성' 했을까? 우리는 이 질문에 대한 답을 논산의 돈암서원과 노강서원을 통해 확인해 보고자 한다. 그 출발점은 바로 '廟學制'의 건축원리이다.

Ⅲ. 돈암서원과 노강서원의 건축 원리와 교육철학

〈파놉티콘(Panopticon)〉

미셸 푸코(M. Foucault)에 따르면, 근대 교육의 중심에는 '통제와 감시'가 자리하고 있다. 교실, 복도, 운동장 등으로 이루어지는 학교 건물은 '모든 이들에게 관찰되는 동시에 모든 이들을 관찰하는 파놉티콘 (Panopticon)'의 또 다른 이름이다. 따라서 교사와 학생 모두가 통제와 감시의 주인이면서 거기에 종속되어버린 노예이기도 한 것이다. 여기에 모든 것을 숫자로 환원해버리는 '計量化'라는 우상이 객관적이고 과학적 방법이라는 미명 아래 근대 교육의 중심에 자리하고 있다. 이러한 '통제와 감시' 및 '계량화'가 근대 교육에서 그토록 원활하게 돌아갈 수 있었던 것은 무엇일까? 푸코는 근대교육이 지닌 '특별한 건축술'에 주목한다. '수업에 가장 효과적인 교실의 크기'와 '올바른 책상 높이', 누구라도 볼 수 있는 '운동장'을 마련하여, '학교를 감시와 통제가 이루어지는 도덕의 종합 장치 (apparatus)'로 구성하게 되었다는 것이다.[13]

---

13) 스티븐 볼, 이우진 옮김, 「도시 학교 교사의 계보학」, 『푸코와 교육』, 청계출판

이와 같은 근대 교육기관의 특징인 '감시와 통제' 및 '계량화'의 원칙을 서원을 비롯한 成均館·鄕校와 같은 유교 전통의 교육기관에서는 찾아보기 어렵다. 물론 유교 전통의 교육기관에도 근대 교육기관과 마찬가지로 '특별한 건축술'이 자리한다. 하지만 그 형식과 이념에 있어서는 완전히 결을 달리한다. 근대 교육기관은 '인격적인 인간의 양성'이 아니라 '순종적인 인간의 양성'에 그 주된 목적을 두는 도덕의 종합장치를 구축하기 위한 건축술이다. 곧 효율성·실용성·감시·통제와 맞물려 학생과 교사를 효과적으로 경영하는 데 중점을 두는 도덕의 종합 장치를 구축하려는 건축술인 것이다.[14] 반면 유교 전통의 교육기관의 '특별한 건축술'은 '배움의 공간인 講學 공간'과 '제사를 지내는 祭亨 공간'이 함께 두는 방식이다. 그것은 앞서 말했던 廟學制로, '공부하는 공간으로서의 강학공간'과 '인격적 모델을 모셔놓은 제향공간'을 함께 두는 건축술이다. 다른 말로 나타내자면, 강학공간이라는 學의 세계와 제향공간이라는 道의 세계를 중층적으로 연결시킨 건축술이었다.[15] 우리는 여기서 의문을 지니게 될 것이다. 교육기관이라면 '배움의 공간인 강학 공간'만으로도 충분할 터인데, 왜 '제사를 지내는 제향 공간'이 필요하냐고 말이다. 이에 대한 답은 '성스러운 공간'에 대한 엘리아데(Eliade)의 언급에서 실마리를 찾아볼 수 있을 것이다. 그의 언급에 따르면, 성스러운 공간은 "인간에게 고정점을 부여하고 혼돈된 균질성 가운데 방향성을 획득하게 하는 공간"이요, 인간은 이러한 "성스러운 공간을 통해 세계를 발견하고 진정한 의미에서 삶을 획득하게 되는" 경험을 하게 되는 것이다.[16] 서원의 제향공간은 바로 이러한 성스러운 공간이다.

유교에서 말하는 '배움'은 우리가 현재 사용하고 있는 '배움'의 주 의미와는 상당한 거리가 있다. 우리 현대인에게 '배움'은 주로 '새로운 지식이

사, 2007, 112~114쪽.
14) 스티븐 볼, 「도덕적 기술로서의 경영」, 앞의 책, 216~217쪽.
15) 정순우, 『서원의 사회사』, 태학사, 2013, 116~121쪽.
16) 엘리아데, 이은봉 옮김, 『성과 속』, 한길사, 1998, 57쪽.

〈돈암서원의 凝道堂〉

나 기술 혹은 교양을 얻는 활동'을 의미한다. 하지만 유교 전통에서의 '배움'이란 용어가 담고 있는 그 주된 의미는 '어떠한 사람을 본받아 그 사람처럼 되고자 노력하는 것'이다. 때문에 性理學의 집대성자인 朱熹는 '배움 즉 學'을 '본받을 效'라고 설명한 것이다.[17] 유교 전통의 교육기관에서 강학공간과 제향공간을 함께 두는 것은 이러한 '본받음으로서의 배움'을 실현하기 위한 철학에 근간하기 때문이다. '공부하는 공간으로서의 강학 공간'과 '인격적 모델을 모셔놓은 제향 공간'을 함께 둠으로써, 배우는 이들에게 모셔놓은 인격적 모범의 속성이 어느새 무젖어가도록 하는 것이었다. '강학 공간'은 인격적 모범들이 남긴 교재들을 공부하는 공간이요, '제향 공간'은 그 인격적 모범과의 만남이 이루어지는 공간이었던 것이었다.[18] 이 두 공간의 중심점은 '인격적 모범'이 자리하는 것이었다.

논산의 두 서원인 돈암서원과 노강서원을 예로 들어보자. 두 서원을 비교할 때 그 크기나 건물 수에 있어서 상당한 차이를 지니고 있지만, 두 서원 모두 묘학제의 원리에 따라 講堂과 祠宇를 중심 건축물로 두고 있으며, 앞에 강당에 두고 뒤에 사우를 두는 前學後廟의 형식을 취한다는 점에서는 동일하다. 구체적으로 말하면, 돈암서원은 앞에 자리한 강당인 凝道堂과 뒤에 자리한 사우인 崇禮祠가 중심 건축물이며, 노강서원은 앞에 자리한 강당과 뒤에 자리한 사우인 崇義祠가 중심 건축물이다. 물론 돈암서원은 노강서원에 비해 다수의 건축물들이 자리하고 있다.

---

17) 『論語集註』,「學而」〈朱註〉 "學之爲言效也."
18) 이우진, 「유학(儒學)에서의 배움: 본받음의 길 – '희철학(希哲學)'과 '묘학제(廟學制)'를 중심으로」, 『퇴계학논집』 22, 2018, 145~168쪽.

노강서원의 경우 강당과 숭의사를 비롯한 학생들의 기숙사인 東齋와 (西齋가 전부이다. 하지만 돈암서원의 경우, 강당인 응도당과 사우인 숭례사 그리고 학생들의 기숙사인

〈노강서원의 강당〉

同齋 居敬齋와 西齋 精義齋를 제외하고도 門樓인 山仰樓, 도서관에 해당하는 藏板閣, 돈암서원의 전신에 해당하는 養性堂과 靜會堂이 있다.[19] 이처럼 돈암서원과 노강서원은 그 건축물 수에 있어서 상당한 차이를 보이고 있지만, 핵심건물인 강당과 사우를 지녔다는 점에서 서원이라 명명하기에 전혀 문제가 없다. 왜냐하면 두 건물 다 '본받음으로서의 배움'을 실현하기 위한 공간이라는 서원의 본질적 의미를 충분히 실현하고 있기 때문이다.

사실 돈암서원과 노강서원의 차별되는 지점은 서원에 모시고 있는 인물들의 차이에서 발견해야 할 것이다. 崇禮祠와 崇義祠라는 사우의 이름이 다르다는 점에서, 두 서원의 지향점이 상당한 차이를 지니고 있음을 말해주는 것이다.[20] '본받음으로서의 배움'을 실현하기 위한 공간이라는 점은 두 서원 모두 동일하지만, 돈암서원은 '崇禮 즉 禮를 숭상'하는 데에, 노강서원은 '崇義 즉 義를 숭상'하는 데에 초점을 두고 있음을 짐작할 수 있다.

---

19) 돈암서원은 김장생(金長生,1548~1631)의 아버지 김계휘(金繼輝,1526~1582)가 설립한 정회당과 김장생이 설립한 양성당(養性堂)을 중심으로 1634년 건립된 서원이다. 따라서 정회당과 양성당은 돈암서원의 전신이라고 말할 수 있다.
20) '이해준, 「노강서원 자료의 유형과 성격」, 『한국서원학보』, 2011, 155쪽'에서 지적하고 있듯이, "학문·혈연적 바탕 위에서 맺어졌던 호서예학, 서인계 학맥은 17세기 중후반에 이르러 경서에 대한 견해, 주자학의 해석에 관한 이견, 그리고 예론 등 현실인식의 차이로 말미암아 노론과 소론으로 분화되는데, 이는 서원과 사우의 건립활동으로 반영되어 나타났다." 즉 서원과 사우의 차이는 그들의 학문적·사상적 차이를 보여주는 중대한 증거라고 할 수 있다.

〈돈암서원의 崇禮祠〉

사우에 모신 인물들을 보면 두 서원의 차이를 더욱 분명하게 확인해 볼 수 있다.

돈암서원의 숭례사에는 沙溪 金長生(1548~1631)을 중심으로, 김장생의 아들인 愼獨齋 金集(1574~1656), 김장생과 김집의 문인인 同春堂 宋浚吉(1606~1672)과 尤庵 宋時烈(1607~1689)이 배향되어 있다. 특히 송시열은 호서지역 老論係의 대표하는 인물이었다. 반면, 노강서원의 숭의사에는 八松 尹煌(1572~1639)을 중심으로, 그 아들인 石湖 尹文擧(1606~1672)와 美村 尹宣擧(1610~1669), 그리고 윤선거의 아들인 明齋 尹拯(1617~1680)이 배향되어 있다. 특히 윤증은 호서지역 少論係를 대표하는 인물이었다. 주지하다시피 송시열을 중심으로 하는 노론계와 윤증을 중심으로 하는 소론계는 대립하는 사이였다.

하지만 원래부터 그런 것은 아니었다. 송시열과 윤증 모두 김집의 문하생이자 西人에 해당되기 때문이다. 하지만 懷尼是非로 인해 두 사람은 서로 불화하게 되고 老論과 少論으로 갈라지게 된다. 회니시비란 송시열이 살았던 '懷德(현 대전광역시 대덕구)'과 윤증이 살았던 '尼山(현 논산시 노성면)'이라는 두 지명의 앞 글자를 따서 명명된 논쟁이다. 사실 송시열과 윤증은 원래 사제지간이었다. 더군다나 윤증의 아버지 윤선거와 송시열은 김집 문하에서 동문수학한 벗이기

〈노강서원 崇義祠〉

도 하였다. 『中庸』과 관련하여 송시열이 白湖 尹鑴(1617~1680)와 대립하게 되자 송시열은 벗인 윤선거에게 윤휴와 절교할 것을 요구했다. 하지만 윤선거가 윤휴의 주장을 변호하고, 이에 송시열은 믿었던 벗인 윤선거에게 서운한 감정을 지니게 되었다. 그 때문인지, 윤선거가 죽자 아들 윤증이 스승인 송시열에게 찾아가 아버지의 墓碣銘을 부탁하였을 때, 송시열은 윤선거의 묘갈명을 쓰는 것을 탐탁하게 여기지 않았다. 하지만 송시열은 제자의 부탁을 단호히 거절할 수 없어, 윤선거의 묘갈명을 성의 없이 작성하여 전달하였다. 이에 윤증은 송시열에 대해 대단히 서운해 하였다. 이와 같은 송시열과 윤선거·윤증 부자간의 서운함 감정들이 겹쳐 서로 대립하는 상황이 출현하게 되었다.

그러나 우리는 주의해야 할 것이 있다. 송시열과 윤증을 중심으로 하는 老論과 少論의 대립을 단순히 '사사로운 감정적인 서운함'으로만 해석해서는 아니 된다는 것이다. 두 집단의 대립을 해석함에 있어서, 우리는 그 표면적 감정이 아닌 두 집단사이의 철학적 입장차에 주목해야 할 필요가 있다. 사실 이들의 입장차는 돈암서원과 노강서원이라는 두 교육기관이 지닌 '길러내고자 하는 인간에 대한 입장차', 즉 '교육철학의 차이'를 대변하기도 한다.

노론은 栗谷 李珥(1536~1584)를 연원으로 하여 김장생과 송시열에 의해 조선화한 성리학을 신봉하고 異端적 사유를 적극적으로 배격하였다. 특히 그들은 明나라의 멸망으로 끊어진 '儒道의 정통성을 조선이 이어받았다'는 조선중화사상과 '명나라가 임진왜란 때 조선을 도와준 것에 대한 의리를 지켜야 한다'는 對明義理論을 내세웠다. 무엇보다 그들은 주자학만을 유일한 정통으로 인정하는 '주자학 一尊主義'의 입장을 내세웠다. 송시열이 윤휴와 대립한 것도 이 때문이었다. 윤휴는 「中庸說」을 지어 주희의 『中庸章句』와 다른 입장을 내세웠다. 그는 『中庸章句』에 제시된 장과 절을 거부하고 새롭게 구분하였으며, 주석에 있어서도 주희의 해석에만 매몰되지 않고 여러 주석들을 절충하였다. 이에 송시열은 윤휴를 '유교의 진리를 어지럽히는 도적과도 같은 인물 즉 '斯文亂賊'으로 배격해버린 것이었다. 禮訟論爭에서도 노론의 '주자학 일존주의'는 여실하게 드러난다. 송시열을 비롯한 노론은 '주희가 강조한 宗法과 禮의 불변적 입장'에 근거하여 왕·사대부·평민 모든 이들에게 동일한 예법을 행해야 한다고 주장하였다. 노론은 당시 조선이 바람직한 사회가 되기 위해서는 주자학의 이념이 조선 사회 전 부분에서 실현되어야 한다고 믿었다. 만약 조선사회가 조금이라도 주자학을 부정하거나 일탈하게 된다면, 조선사회는 위태로운 상황을 맞이하게 될 것이라고 믿고 있었다. '儒道의 정통성이 주자학에 있으며 그 정통성을 자신들이 계승하였다'는 노론의 분위기에서는 당연한 것이었다. 특히 임진왜란 등으로 당시 조선사회는 혼란에 휩싸였고 신분제의 붕괴와 함께 각종 범죄가 확산되고 있었다. 노론을 이러한 혼란을 바로잡기 위해서는 禮가 필요하다고 인식한 것이었다.

여기서 우리는 이와 같은 노론의 철학에 바탕을 둔 돈암서원이 어떠한 교육을 시행했는지 짐작해볼 수 있을 것이다. 아마도 돈암서원의 '강학 공간인 응도당'에서는 주희의 교설과 예법 등을 철저히 강학했으리라 생각된다.

그리고 제향 공간의 이름이 '崇禮祠'라는 사실에서 볼 수 있듯이, 돈암서원은 분명 '禮의 불변적 입장을 숭상하는 유학자' 다시 말해 '주자학의 이념을 충실히 구현하는 유학자'를 양성하고자 했을 것이다. 무엇보다 원생들에게 '儒道의 정통성을 계승한 사람'이라는 자부심과 책임감을 지니도록 했을 것이다.

돈암서원의 전신인 靜會堂의 운영을 위한 규약인 「靜會堂立議」를 살펴보면, 다른 서원의 규약에서 찾아볼 수 없는 독특한 사제간의 연을 맺을 의례인 '贄禮'가 시행되었다.[21] 돈암서원의 이념에서 유추해볼 때, 사제관계는 '儒道의 정통성이 확보되는 지점'이다. 그 점에서 사제관계의 인연을 맺는

---

21) 김자운, 「조선시대 서원(書院) 강학(講學) 관련 자료의 유형과 특징」, 『유학연구』, 2019, 162~163쪽.

의례가 강조되지 않을 수 없었으리라 본다.

그렇다면 소론의 인물들이 중심이 되는 노강서원은 어떠한 인물을 길러 내고자 했을까? 당연히 '주자학 절대주의의 입장'은 아니었을 것이다. 소론의 연원은 牛溪 成渾(1535~1598)으로, 그는 어느 한쪽에 매몰되지 않는 절충주의적 입장을 지닌 인물이었다. 이러한 성혼의 입장을 계승하는 소론의 특징은, 앞서 살펴본 윤증의 아버지 윤선거가 경전에 대한 주체적 해석을 제시하는 윤휴에게 동의하였다는 사실에서도 확인해 볼 수 있다. 이처럼 소론은 노론과 달리 경전 해석에 있어서 유연한 입장을 취하고 있었다. 심지어 일부 소론에서는 당시 이단으로 배척되는 양명학을 받아들여 강화학파라는 한국의 양명학파를 이루기도 하였다. 소론의 입장은 禮의 가변성을 인정하여 지나치게 종법에만 의거하는 태도를 거부하였다. 예송논쟁에서 소론은 사대부·평민과는 달리 왕만은 예외적으로 다른 예법을 취할 수 있다는 입장을 표명하였다.

노강서원에서는 아마도 주자학을 맹종하는 유학자가 아닌 '주체적이고 유연한 생각을 지닌 유학자'를 길러내고자 했을 것이다. 아마도 노강서원의 강당에서는 유교경전에 대한 다양한 주석들을 탐구하였을 것이며, 그 주석들 가운데 주희의 주석이 아니더라도 자신이 납득할 수 있는 주석이라면 받아들일 수 있는 태도를 기르고자 했을 것이다. 무엇보다 주자학의 崇法과 禮法을 무조건적으로 고수하는 인물을 길러내고자 하지는 않았을 것이다. 노강서원의 제향 공간인 崇義祠라는 이름에서 유추할 수 있듯이, 그 초점은 '義의 실현'에 있다. 이를 볼 때, 노강서원에서는 '義를 실현할 수 있다면 상황에 따라 禮法도 바꾸어 행할 수 있는 유연하고 주체적인 유학자'를 길러내고자 했을 것이다.

이처럼 돈암서원과 노강서원의 차이는 두 서원의 건축물들이 아니라, 그 철학과 교육의 지향점에 있는 것이다. 물론 두 서원 모두 '聖人·君子라는 도덕적 인간'을 양성했다는 점은 동일하다. 더불어 두 서원은 禮와 義 모두를 중시하였다. 돈암서원이 예를 강조한다고 해서 의를 버리고, 노강서원이 의를 강조한다고 해서 예를 버리는 일은 결코 없었다. 다만 두 서원의 초점이 달랐던 것이다. 특히 두 서원은 '聖人·君子'에 대한 입장이 달랐다. 돈암서원은 '주자학의 禮法을 삶에서 철저하게 구현하는 儒道의 계승자'가 '성인·군자'였다. 돈암서원의 숭례사에 모셔진 '김장생·김집·송준길·송시열'은 그러한 인격적 모범이었다. 반면, 노강서원은 '유연하고 주체적인 입장에서 상황에 따라 禮法을 바꾸어 義를 행하는 자'가 '성인·군자'였던 것이다. 노강서원의 숭의사에 모셔진 '윤황·윤문거·윤선거·윤증'은 그러한 인격적 모범이었던 것이다. 이 돈암서원과 노강서원에 모셔진 인물들의 차이는 두 서원이 다른 교육철학을 지녔음을 보여주는 것이다. 두 서원이 비록 다른 교육철학을 지녔지만 그 교육원리와 방식에 있어서는 동일하였다. 곧 '공부하는 공간으로서의 강학 공간'과 '인격적 모델을 모셔놓은 제향 공간'을 통해, 배우는 이들이 서원에 배향한 인격적 모범의 속성이 저절로 무젖어가도록 한다는 교육원리와 방식에서는 동일하였던 것이다.

Ⅳ. 나가는 말

지금까지 살펴보았듯이, 돈암서원과 노강서원에 모신 인물들의 차이는 두 서원이 다른 교육철학을 지녔음을 보여 주고 있는 것이다. 두 서원이 비록 다른 교육철학을 지녔지만 그 교육원리와 방식에 있어서는 동일하였다. 곧 '공부하는 공간으로서의 강학 공간'과 '인격적 모델을 모셔 놓은 제향 공간'을 통해, 배우는 이들이 서원에 배향한 인격적 모범의 속성이 저절로 무젖어 가도록 한다는 교육원리와 방식에서는 동일하였던 것이다.

우리의 학교교육은 도덕적 인간을 길러내지 못하는 심각한 상황에 직면에 있다. 아니, 우리의 학교교육은 취직과 출세와 같은 '일생 동안 어떻게 먹고 사느냐'를 위한 기술을 가르치는 데 너무나 집중되어 있다. 또한 '올바른 생각을 지니고 이를 행동으로 옮기는 연습'보다 '주어진 지식을 무조건적으로 암기하고 이해하며 이를 답안지에 옮기는 연습'을 중시하는 교육기관이 되어버렸다. 그와 같은 이유는 무엇인가? 우리 학교교육이 자본주의의 이념과 결합되어 출세와 성공을 한 인물들을 너무도 尊崇하기 때문인 것이다.

　서원의 강점은 바로 여기에 있다. 서원에 모셔둔 위대한 인물들이 근본적으로 '도덕적 인간'이라는 점이고, 배우는 이들에게 그들을 닮아가라는 점에서 말이다. 도덕적 인간은 출세와 성공을 많이 한 사람이 아니다. 그는 자기 혼자 살아남는 법을 중시하는 자가 아니라 타인관계를 잘하기 위한 덕성을 소중히 여기는 자이다. 또한 그는 자신에게 주어진 지식을 삶으로서 실천할 때 참으로 아는 것이라고 생각하는 자이다. 바로 서원은 인성교육의 장으로서 충분한 장점을 지닌 것이다. 이러한 장점을 바탕으로 서원은 주변의 교육기관들을 비롯한 지역의 가정들과 연계하여 학생들이 서원의 교육철학과 원리를 체험할 수 있도록 해야 할 것이다. 무엇보다 서원건축에서 나타나는 교육철학을 현대적으로 논의하고 해석해야 할 것이다. 예컨대, 과거의 돈암서원에서 '儒道의 정통성을 계승한 사람이라는 자부심과 책임감을 지니도록 했던 것'처럼, 오늘날 돈암서원에서는 '한국인으로서의 자부심과 책임감을 지니는 교육과정'을 마련하고 시행하도록 해야 할 것이다. 그리고 과어의 노강서원에서 과거에 '義를 실현할 수 있다면 상황에 따라 禮法도 바꾸어 행할 수 있는 유연하고 주체적인 유학자'로 키우려 했던 것처럼, 오늘날 노강서원에서는 '유연하고 주체적인 한국인으로 키우기 위한 교육과정'을 마련하고 시행해야 할 것이다. 세계문화유산위원회가 인식하고 있듯이, 중요한 것은 서원의 가치이다. 서원의 가치를 현대적으로 되살리는 것이 그 무엇보다도 중요하다. 그것이야 말로 유네스코(UNESCO) 세계유산위원회가 지적한 "오늘날까지 교육과 사회적 관습 형태로 지속되고 있는 한국의 성리학과 관련된 문화적 전통의 증거"로서의 서원을 되살리는 일일 것이다.

【참고문헌】

『論語集註』, 『退溪集』, 『竹溪志』

스티븐 볼, 이우진 옮김, 『푸코와 교육』, 청계출판사, 2007.
엘리아데, 이은봉 옮김, 『성과 속』, 한길사, 1998.
정순우, 『서원의 사회사』 태학사, 2013.

김자운, 「조선시대 서원(書院) 강학(講學) 관련 자료의 유형과 특징」, 『유학연구』, 2019.
김자운, 「조선시대 소수서원 강학 연구」, 한국학중앙연구원 한국학대학원 박사학위논문, 2013.
오주연 외, 「1910년대 유교비판의 담론지형: 신지식층의 學之光 논설을 중심으로」, 『동서철학연구』 100, 2021.
윤원현, 「유교자본주의 담론에 대한 비판적 검토」, 『동양철학』 21, 2004.
이우진, 「신채호의 민족에 대한 상상과 영웅 양성: 『독사신론』과 영웅론을 중심으로」, 『퇴계학논집』 25, 2019.
이우진, 「유학(儒學)에서의 배움: 본받음의 길 – '희철학(希哲學)'과 '묘학제(廟學制)'를 중심으로」, 『퇴계학논집』(22), 2018.
이은봉, 「일제에 의해 강압된 유교 문화 연구: 교육칙어, 호주제도, 현모양처를 중심으로」, 『인문학연구』 33, 2020.
이주강, 「유교자본주의라는 용어에 대한 비판적 고찰」, 『퇴계학논집』 17, 2015.
이철승, 「'유교자본주의론'의 논리 구조 문제」, 『중국학보』 51, 2005.
이해준, 「노강서원 자료의 유형과 성격」, 『한국서원학보』, 2011.
이희환, 「조선 후기 당쟁의 원인」, 『역사학연구』, 2010.
정순우, 「주세붕의 「심도(心圖)」 편찬과 그 사상적 의미(意味)」, 『퇴계학보』 123, 2008.
정순우, 「한국 초기 서원의 교육사적 의의」, 『한국학논총』, 2007.

유네스코와 유산(https://heritage.unesco.or.kr/), 검색일(2023.01.25.)

■ 저자 소개(집필 순)

이해준
- 국민대학교 국사학과 문학박사
- 공주대학교 명예교수
- 「고문서를 통해 본 조선후기 회덕의 사족문화」(2020), 「한국의 서원, 역사적 가치와 활용방안」(2020), 「조선 서원의 지성사적 전통과 문화」(2020) 외

송석현
- 경북대학교 사학과 박사수료
- 세명대학교 강사
- 「조선시대 상주지역 서원의 동향」(2022), 「간재 이덕홍의 관직 활동과 상소문에 나타난 임신왜란 대책」(2022) 외

이병훈
- 영남대학교 국사학과 문학박사
- 영남대학교 민족문화연구소 연구교수
- 『동아시아 서원의 기원과 제의례의 완성』(공저, 2021), 『역주 옥원사실』(공저, 2021), 『동아시아 서원 아카이브와 지식 네트워크』(공저, 2022), 「조선후기 선산 금오서원의 건립과 운영」(2021), 「19세기 한중서원 자료를 통해 본 서원의 출입과 그 목적」(2021) 외

박소희
- 영남대학교 국사학과 문학박사
- 영남대학교 역사학과 객원교수
- 『산청지역의 남명학파 I』(공저, 2022), 「17세기 후반~19세기 전반 거창 강동 草溪鄭氏家의 내력과 위상」(2022), 「인조반정 이후 경상우도 남명학파의 결집 양상-鄭蘊·朴絪을 중심으로-」(2022), 「산청지역 남명학파의 규모와 동향」(2021) 외

김순한
- 영남대학교 역사학과 객원교수
- 경주 동국대학교 국사학과 강사
- 『경산의 생활사와 기억 I, II』(공저, 2019·2020), 「상주 옥동서원 소장 자료의 유형과 특징」(2019), 「18세기 후반 상주 옥동서원 청액활동과 사액의 의미」(2019), 「조선후기 상주 백옥동영당의 운영과 승원」(2021) 등

이구의
· 영남대학교 국어국문학과 문학박사
· 경북대학교 한문학과 교수
· 「구미 선비들의 삶과 문학정신」(2021), 『박촌 확힌이 리더시프 항사시업」(공서, 2021), 『국익 송낭집』(2020), 「人文學의 境界와 國語國文學」(2022), 「四佳 徐居正의 〈次韻祁戶部大平館登樓賦〉의 서술양상과 지향의식」(2022), 「芝山 曺好益의 시에 나타난 自我와 外物」(2021) 외

이연숙
· 충남대학교 사학과 문학박사
· 한국고전번역원 연구원
· 「조선후기 서울 송동(宋洞)의 역사 · 문화적 의미와 장소성」(2019), 『사우당 송국택의 선비적 삶과 우국정신』(공저, 2018) 외

이경동
· 고려대학교 한국사학과 문학박사
· 공주대학교 백제문화연구소 연구교수
· 「조선시대 해주 소현서원의 운영과 위상」(2019) 「조선후기 율곡 이이 문집 편찬의 추이와 의의」(2020) 「17세기 사상계의 율곡 경세론 수용과 전개」(2021) 외

홍제연
· 전북대 사학과 박사수료
· (재)충남역사문화연구원 책임연구원
· 〈17~18세기 충청도 홍주지역 재지사족과 소론계서원〉(2020), 〈17~18세기 충청우도 소론가의 형성과 활동〉(2020), 〈최석정의 강학활동과 청주지역 소론계 서원〉(2023), 『합평오씨 공주입향과 문화유산』(공저,2021), 『공주의 청송심씨』(공저,2022) 외

김자운
· 한국학중앙연구원 한국학대학원 교육학박사
· 공주대학교 사범대학 교육학과 부교수
· 『동아시아 서원의 기원과 제의례의 완성』(공저, 2021), 『동아시아 서원 아카이브와 지식 네트워크』(공저, 2022), 「17세기 말-18세기 초 석실서원의 강학 실제와 특징」(2020), 「조선시대 호계서원의 위상과 강학활동」(2021), 「도학서원으로의 정착 과정과 조선후기 죽림서원 강학의 특징」(2022) 외

이우진

- 한국학중앙연구원 한국학대학원 철학박사
- 공주교육대학교 교육학과 교수
- 『하와일록』(공저, 2022), 『인류세의 철학』(공역, 2022), 『동아시아 서원의 기원과 제의례의 완성』(공저, 2021), 「죽음을 통한 한 유학자의 성장」(2022) 외

한국 서원의 로컬리즘
-상주와 논산지역을 중심으로-

초판 인쇄 2023년 04월 04일
초판 발행 2023년 04월 14일

편　자　영남대학교 민족문화연구소

펴낸이　신학태
펴낸곳　도서출판 온샘
등　록　제2018-000042호
주　소　서울시 용산구 한강대로62다길 30, 트라이곤 204호
전　화　(02) 6338-1608　팩스　(02) 6455-1601
이메일　book1608@naver.com

ISBN 979-11-92062-25-9　93910
값 39,000원

ⓒ2023, Onsaem, Printed in Korea
* 잘못 만들어진 책은 구입하신 서점에서 교환해 드립니다.